한상기의
소셜미디어 특강

Copyright ⓒ acorn publishing Co., 2014. All rights reserved.

이 책은 에이콘출판(주)가 저작권자 한상기와 정식 계약하여 발행한 책이므로
이 책의 일부나 전체 내용을 무단으로 복사, 복제, 전재하는 것은 저작권법에 저촉됩니다.
저자와의 협의에 의해 인지는 붙이지 않습니다.

한상기의
소셜미디어 특강

한상기 지음

i!i
에이콘

To Jennifer, Peter, and Mike

추천의 글

불특정 다수 대중에게 일방적으로 메시지를 전달하는 채널에 불과했던 전통 매체와 달리 소셜미디어는 네트워크에 참여하는 각 개인에 의해 생성-공유-변형-확산되는 인류 최초의 유기적 미디어다. 따라서 소셜미디어에 대한 탐구는 사회적 존재로서의 자아에 대한 성찰과 맞닿아 있다. 이 책의 진정한 가치는 소셜미디어를 기술 혁신 혹은 미디어 현상의 하나로 관찰하는 데 그쳤던 기존 관점을 뛰어넘어, 소셜미디어를 통해 자신을 표현하는 현대인의 정체성에 대한 탐구까지 아우름으로써 우리 인식의 지평을 넓혀주었다는 데 있다. **- 김상헌 / 네이버 대표이사**

한상기 박사와 대화를 하다 보면 문과 출신으로 착각할 때가 많다. 테크놀로지에 대한 지식 못지 않게 문학, 사회과학 같은 문과적 소양이 대단히 풍부하기 때문이다. 요즘 같은 융합시대엔 보기 드문 장점이다. 『한상기의 소셜미디어 특강』을 읽으면서 한 박사의 이런 장점이 잘 발휘된 책이라는 생각이 들었다. 이 책에서 한 박사는 소셜미디어의 역사부터 발전 과정, 주요 연구 동향뿐 아니라 사회 이슈까지 깔끔하게 정리한다. 읽는 내내 저자의 해박한 사회과학적 지식과 테크놀로지에 대한 깊이 있는 이해가 잘 결합됐다는 생각을 했다. 덕분에 이 책은 소셜미디어에 입문하려는 대학생이나, 소셜 마케팅에 관심 있는 직장인들에게 훌륭한 길라잡이 역할을 해낼 것이다. 한 박사는 아이뉴스24에 '테크프론티어' 칼럼을 연재하면서 가까운 미래에 각광받을 테크놀로지에 대해 쉬우면서도 깊이 있게 설명해줬다. '테크프론티어'에서 봤던 뛰어난 칼럼들도 조만간 책으로 만날 수 있길 기대한다.

– 김익현 / 아이뉴스24 글로벌리서치센터장, 언론학 박사

21세기 온라인 소셜미디어는 전문가들도 쫓아가기 버거울 만큼 쉴 틈 없이 진화해왔다. 한상기 선배님의 특강 원고 중 절반을 받자마자 앉은 자리에서 쭉 읽어버리곤, 다음 특강을 벌써 기다리고 있는 이유는 그렇게 쫓아가기도 힘든 사회현상을 한눈에 쏙 들어오게 훑으면서도 맥을 짚어주셨기 때문이다. 논문처럼 모든 자료에 꼼꼼하게 주석을 챙겨주셔서 읽으면서 든든할 뿐만 아니라, 천재 기질이 있다는 후배들의 평가처럼, 공학도로서는 보기 드문 인문학적 소양으로 21세기 우리의 온라인 행태를 꿰뚫어보신다. 일반인을 위한 전문서적이 많이 부족한 국내 출판계에 선배님의 특강이 단 한 번에 그치는 단비가 아니길 바란다.

– 문수복 / 카이스트 전산학과 교수

때로는 소셜미디어를 둘러싼 모든 것이 흐릿해 보인다. 소셜미디어를 누비는 사람들의 정체성도 그렇고, 공적 공간과 사적 공간의

경계도 그렇고, 다양한 목소리와 집단적 편향의 차이도 그렇다. 하지만 우리에게 정말 필요한 건 흐릿한 것을 명확하게 구분하는 기준이 아니라 무너진 경계가 갖는 함의와 그 미래를 이해하는 일이다. 친절한 분석과 예리한 통찰로 소셜미디어의 시작부터 미래를 짚어 주는 이 책이 반가운 이유도 그 때문이다.

- 윤종수 / 법무법인세종 변호사, CC Korea 프로젝트 리드, CC 이사회 멤버

한상기 대표는 국내에서 소셜미디어란 말이 생소한 초창기부터 심층 연구를 한 전문가다. 이 책은 소셜미디어가 어떻게 발전했으며 또한 득과 실은 무엇인지에 대해 파워 소셜미디어 생산자, 연구자, 오피니언 리더로서 저자의 생생한 경험을 바탕으로 이야기를 알기 쉽게 풀어낸다. 더불어 공공 빅데이터, IoT 등 앞으로 다가 올 초연결 사회에서 소셜미디어가 어떤 역할을 할 것인가에 관한 전망도 담고 있어 소셜미디어 분야에 새롭게 입문하거나 이를 기반으로 기존 시각의 변화를 꾀하고자 하는 사람들에게 좋은 입문서가 될 것이다. - 이동만 / 카이스트 문화기술대학원장 교수

최근 몇 년 사이 소셜미디어의 성장세가 눈부시다. 비단, 페이스북, 트위터, 링크드인과 같이 소셜미디어 기능을 가진 서비스의 성장세만을 이야기하지 않는다. 오히려 쇼핑에도, 책을 읽는 데도, 뉴스에도, 라이프스타일 곳곳에 '소셜'의 요소가 스며들고 있다. 그런데 아이러니 한 것은, 소셜미디어가 대중화되면서 오히려 이

중요한 소셜미디어에 대한 관심은 빛이 바래진다는 느낌이다. 이미 많은 사람들이 '소셜미디어'를 충분히 알고 있다고 생각하는 것도 같다. 하지만, 우리 생활 속에 뿌리를 내리고 있기 때문에 소셜미디어는 훨씬 더 중요하고, 그 의미를 되짚어 보아야 한다. 단순히 새로운 서비스로서의 호기심은 사라졌다고 해도, 사회적 의미나 앞으로의 발전 방향에 대한 부분은 그 어느 때보다 더 중요해졌다. 『한상기의 소셜미디어 특강』은 소셜미디어의 정의에서 시작해서 발전사, 사회적 의미, 앞으로의 발전 방향까지를 아우르는 '소셜미디어에 대한 모든 것'을 다룬다. 소셜미디어 대중화 시기에 참 반갑고 고마운 책이다. - 이지선 / (주)미디어유 대표이사

구텐베르그 혁명이 종교혁명과 민주주의의 출현을 가져왔고 방송 미디어의 출현이 전체주의와 대중문화의 시대를 불러왔다. 이처럼 소셜미디어의 출현도 다양한 사회적 변화를 일으키고 있다. 특히 대한민국은 IT강국이라는 말처럼 준비된 수용자들이 새로운 미디어의 출현을 적극적으로 맞이하면서 어쩌면 세상의 트렌드를 선도하고 있다. PC통신 시대로부터 핵심적인 역할을 담당해왔던 한상기 박사가 페이스북, 트위터로 대변되는 소셜미디어의 영향과 현상을 종횡무진으로 설명한다. 그의 소셜미디어 특강은 한마디로 자신의 이름값을 한다. 명불허전이다. 그리고 소셜미디어에 대한 모든 것을 설명한다. 이론부터 실제까지. - 이창현 / 서울연구원 원장

벤처 1세대 기업가로서, 학자로서, 그리고 전문가로서 오랜 기간 동안의 연구와 고민, 그리고 생생한 경험을 담아, 자칫 지루하고 어려울 수 있는 소재를 재미있고 읽기 쉽게 설명한다. 소셜미디어의 과거와 현재, 그리고 미래를 뛰어난 식견과 통찰력으로 풀어내어 SNS 초보자부터 소셜미디어를 활용하고자 하는 기업인, 그리고 인터넷/모바일 창업을 꿈꾸는 미래의 사업가에 이르기까지 누구나 읽고 배울 만한 가치가 있다.

— 조원규 / &Beyond 파트너, 전 구글코리아 R&D 총괄 사장

세상은 하나였으나, 컴퓨터와 인터넷이 등장하면서 온라인이라는 새로운 세상이 창조되었다. 세상은 두 개가 되었어도 인간의 삶은 하나였지만 소셜미디어의 확산으로 이제는 사람들이 오프라인과 온라인이라는 서로 다른 공간에서 두 개의 삶을 살게 되었다. 두 개의 공간을 넘나들며 생활하게 되면서 나라는 존재 자체도 두 개로 나뉘게 된다. 사회적 존재로서만 살아온 인간은 이제 스스로가 미디어가 된 세상, 즉 소셜미디어 속에서 소셜미디어로 살아가는 방법을 익혀나가야 한다. 소셜미디어에 대한 이해와 적응이 우리의 가장 큰 관심사이자 이 시대의 가장 중요한 과제 중 하나가 된 것은 매우 당연하다. 이 책의 출간이 무척 반가운 이유다.

— 한창민 / 오픈넷 사무국장

지은이의 말

내가 소셜미디어 총론에 관한 집필을 구상한 것은 5년 전쯤의 일이었다. 이후 국내에 수많은 종류의 책이 출간되었지만 대부분 소셜미디어 마케팅에 대한 가이드거나 기본 사용 설명서 수준의 책들이었다. 이런 서적들을 기반으로 한두 달 교육을 받거나 몇 번의 세미나를 통해 자신이 소셜미디어를 이해한다고 생각하거나 대부분 다 알고 있다고 보는 견해는 그다지 바람직하지 않은 모습이라 안타까움이 느껴졌다. 또한 기업 강의나 대학원 강의를 하면서 경험해보니, 많은 사람이 소셜미디어의 기본 개념과 이론적 바탕도 없이 그 흐름이나 활용 방법에 대한 설명만 듣고 있다는 점은 다소 문제라고 생각했다.

그간 학자들의 학술적 연구 결과, 산업계의 전략, 그리고 사용자의 대응과 변화를 지켜 보면서, 사람들이 소셜미디어에 대해 좀 더 근본적인 기초를 다질 수 있는, 그리고 기업이나 학계가 미디어 사용자 성격을 이해해서 마케팅 전략을 수립하는 데 도움을 줄 수 있는 내용을 담아 한 권의 책으로 엮어야 한다는 사명감에 차곡차곡 자료를 정리해왔다.

우리는 뉴미디어인 소셜미디어를 통해 많은 데이터를 분석해서 사람들의 행동과 태도의 특성과 변화를 이해하고, 우리 사회에 미치는 다양한 의미와 영향에 대해 파악해야 한다. 나는 컴퓨터과학 전공자로서 다양한 사회 과학 영역에서 오랫동안 연구가 이루어진 이론이나 결과를 살피고 그 중에서도 특히 소셜미디어에 연관된 여러 학자들의 연구 결과를 위주로 중요한 이론이나 논문을 참고하면서 다시 지금 시대에 적용하거나 확인해 보는 연구도 다수 수행했다. 특히 컴퓨터과학과 사회 과학이 접목되어 새로운 컴퓨팅 분야를 만들어 낸 소셜컴퓨팅이라는 영역은 내게 새로운 시각을 안겨 주었고, 이 분야를 널리 알리기 위해 국내 학술지나 언론에 기고를 하고 나아가서 새로운 국제 학술회의에 여러 편의 논문을 싣기도 했다. 미래의 소셜컴퓨팅은 컴퓨터과학이 성장해 가는 큰 줄기 중 하나가 될 것이다.

급속도로 이어지는 소셜미디어의 변화와 산업에서의 성장을 따라가며 이를 하나의 책으로 엮어내는 것은 쉽지 않은 일이었다. 소셜미디어에 대한 관심이 높아지면서 논문의 수와 주제의 다양성도 커져갔고, 기업의 전략은 시시각각으로 바뀌었으며, 사용자들은 빠르게 하나의 서비스에서 다른 서비스로 옮아가기도 했다. 정리했던 데이터는 6개월만 지나면 쓸모 없는 데이터가 되어서 계속 수정이 필요했다. 책을 출간하는 지금 시점에서 이 책에 소개한 데이터의 일부는 간혹 구 데이터가 되어버렸을 수도 있겠으나, 큰 흐름을 이해하는 데에는 문제가 없을 것이다.

이 책은 크게 네 가지 파트로 구성했다.

1부는 이 책을 시작하는 도입부로서 소셜미디어의 정의와 경제,

사회, 역사적 의의와 중요성을 짚어본다. 소셜미디어가 무엇이며 왜 중요한지에 대한 개요를 잡아보고, 오늘날 우리가 소셜미디어의 기본을 처음부터 다시 훑어야 하는 이유를 설명한다.

2부는 소셜미디어가 어떻게 태동하고 발전했으며, 어떤 서비스들이 성장하고 몰락했는지, 현재 가장 눈에 띄는 서비스와 혁신적인 시도는 무엇인지를 소개했다. 서비스의 발전 역사와 진화 흐름을 이해하는 것이 앞으로 나올 새로운 서비스의 강점을 이해하는 데 큰 도움이 될 것이라고 생각했기 때문이다. 1990년대 후반부터 시작한 서비스 중에는 매우 급속한 성장을 보이다가 몰락한 서비스도 있으며, 지금 우리가 가장 많이 사용하는 서비스도 따지고 보면 지난 10년간 꾸준히 발전되어 온 것이다. 특히 모바일 중심의 사용환경 변화는 전체 서비스 판도를 크게 흔들어 놓았고, 기존의 메인 서비스 외에 새로운 혁신적인 많은 서비스가 등장하는 배경이 되었다. 물론 주류 서비스들 역시 이러한 파괴적 변화에 적극 대응하며, 매우 빠른 속도로 적응하고 있다.

3부에서는 다양한 사회 문화적 이슈에 대한 연구 결과를 소개했다. 우리가 소셜미디어를 사용하는 이유와 동기, 정체성과 감성에 대한 분석, 프라이버시와 공적 공간에 대한 논의, 영향력자에 대한 다양한 시각과 분석, 사회 변화와 집단 행동에 대한 의미 등을 설명했다. 흥미로운 것은 지난 세기 동안 연구해 온 기본적인 인간의 욕망이나 사회 구성의 기본 개념이 유지되는 가운데, 기술에 의해 급속도로 변화되는 환경은 우리에게 새로운 연구 주제와 이슈를 던지고 있다. 일부 연구는 과거 사회학이나 심리학, 인류학 등에서 발견한 결과를 다시 온라인이나 소셜미디어 공간에서 재확인하는 것이지만, 때로는 인간 행동의 변화나 새로운 요인의 등장이 과거와는 다르게 나타나는 결과도 있다. 특히 과거 사회과학이 소규모의 데이터나 집단을 갖고 대표성을 고민하면서 연구했던 것과 달리, 이제 소셜미디어 공간에서는 수천만 명이나 수억 명의 행동 데이터 모두를 갖고 분석하게 됨으로써 연구 방법에 있어 새로운 지평을 열었다고 볼 수 있다. 이러한 대규모 데이터는 소셜 빅데이터 분석이라는 새로운 분야를 탄생시키기도 했지만, 근본적으로 학계의 연구 흐름을 크게 바꾸기도 했다.

다만, 데이터를 확보한 연구가들과 그렇지 못한 사람들의 정보 활용에 대한 격차가 분명히 존재한다는 점과, 서비스 사업자는 직접 내부 데이터를 분석하고 결과를 발표하지만 개인정보나 프라이버시 이슈 때문에 같은 데이터를 갖고 제3자는 검증하지 못한다는 연구 방법의 한계 등은 앞으로 우리가 풀어갈 이슈이기도 하다. 3부에서 다루어진 주제들은 그 동안 여러 칼럼을 통해 짧게 소개한 바 있는 것이어서, 이 지면을 통해 내용을 채우고 완성했다. 따라서 간혹 이전에 나의 칼럼을 접한 독자가 있다면, 해당 칼럼에서는 자세히 소개하지 못했던 연구 내용이 새로이 포함되어 있으므로 익숙한 제목이나 주제라고 해도 반드시 다시 읽어 보기를 권한다.

4부에서는 평판과 피드 랭킹에 대한 이슈 등을 여러 학자의 주장과 연구, 기업의 시각, 실제 사례를 중심으로 설명하고, 소셜미디어에 대한 근본적인 연구 주제와 향후 과제, 소셜데이터의 공공적 가치와 의의, 앞으로 사회 변화가 가져올 이슈와 주요 논점을 정리했다. 특히 소셜컴퓨팅, 웹 사이언스, 계산 사회과학이 서로 비슷하면서도 상이한 시각과 주제를 갖고 있음을 설명하고자 했으며, 이 내용을 다루는 16장은 이 책 중에서 가장 학계와 가까운 논의 주제를 담고 있다. 소셜미디어에서 생성되는 수많은 데이터를 공공적 목적으로 사용하거나 큰 시각으로 재조명하면 어떤 의미가 있을 것인가 하는 주제 역시 4부에서 논의되며, 이는 소셜데이터에 대한 새로운 가치 조명이기도 하지만, 데이터의 소유권이 누구에게 있는 것인가 하는 또 다른 이슈를 남기기도 한다.

4부의 마지막 장이자 이 책의 대단원인 17장에서는 우리 사회가 진화해가면서 나타나는 하이퍼 커넥티드(초연결) 사회, 하이퍼 퍼블릭, 하이퍼 커뮤니케이션의 양상이 어떤 의미이며 오늘날 무슨 논의가 필요한 것인가를 정리했다. 이는 내가 수행했던 한 연구의 결과이기도 하지만 지금도 정부 기관 등에 의해 매우 중요하게 다뤄지는 주제이기도 하다. 특히 사물(만물)인터넷(IoT)이 논의되는 이 시점에서 소셜미디어에서의 경험이 스마트 기기와의 소통과 협력, 기기를 통한 타인과의 연결에서 어떤 의미를 갖는가를 논하고 싶었으며, 사물인터넷의 사회적 영향에 대한 논의가 조속하게 이루어지기를 바랐다. 그렇지 않으면 소셜미디어 발전 과정에서 우리가 겪었던 많은 시행착오나 사회적 비용보다도 훨씬 막대한 비용을 치르면서 사물인터넷 시대를 맞이하게 될 것이기 때문이다.

얼마 전 모 대기업의 디지털 마케팅 부문을 담당하는 사람들을 대상으로 주요 연구 주제와 논문을 소개하는 기회가 있었는데, 모두들 매우 흥미롭게 받아들이고 큰 도움이 되었다는 평을 내게 전해왔다. 그간 칼럼과 기고문 등에서 호평을 받았던 여러 흥미로운 이야기가 이 책에 다수 실려 있으므로 독자들도 책에서 설명하는 주제와 연구 내용, 기업에서 중요하게 받아들여야 하는 이유 등에 대해 관심을 갖고 읽어주시면 좋겠다. 대학 학부생은 관련 분야를 전공할 때 이 책을 기본 교재로 활용할 수도 있으며, 소셜미디어 영역에서 일하는 인력들은 지금까지의 경험을 바탕으로 다시 한 번 이 분야의 주요 논점과 이슈를 점검하기 위해 읽어도 좋을 것이다.

부디 독자들이 이 책을 읽고 산업의 흐름, 연구의 주요 주제와 결과, 향후 방향을 이해하고, 소셜미디어를 좀 더 효과적으로 사용하는 방법을 익히며, 기업에서는 소셜미디어 기반 마케팅이나 커뮤니케이션 전략을 좀 더 잘 짤 수 있게 되기를 바란다. 또한 이 분야에 관심 있는 학생들이 전체 큰 그림을 이해하는 데 도움이 되고, 가르치는 사람들에게도 체계적인 교육의 교재로 활용된다면 더 바랄 나위가 없겠다.

이 책이 나오기까지 도움을 주신 분이 참 많지만, 오랜 시간 동안 참고 기다려주신 에이콘출판사의 권성준 사장님과 김희정 부사장, 그리고 출간 작업을 진행해준 여러 출판사 직원 분들께 깊은 감사를 드린다.

학교에 근무하던 시절 연구에 도움을 주고, 나이 많은 나를 오히려 이끌어 주었던 카이스트 전산학과의 문수복 교수, 문화기술대학원의 차미영, 이원재 교수, 서울대의 장덕진 교수 등이 내게는 늘 큰 자극과 힘이 되었다. 물론 함께 논문을 썼던 여러 대학원생들도 이 책이 나오는 데 도움을 준 고마운 친구들이다.

소셜컴퓨팅연구소를 만든 이후에는 미래부, 인터넷진흥원, 정보화진흥원 관계자들이 여러 가지 프로젝트로 연구 기회를 제공해 주신 점에 대해 깊은 감사를 표한다. 당시 함께해 준 연구 참여자들 역시 일일이 거론하지 못함을 이해해 주시기 바란다. 또한 소셜미디어 분석과 마케팅 전문 회사에 있는 후배들, 각 기업의 소셜미디어 담당자들과의 대화는 이 책의 주제를 정리하고 책에 소개할 내용을 결정하는 데 매우 중요한 역할을 했다.

마지막으로 지난 연말 크리스마스에 가족이 있는 캐나다에 가서도 책 원고 정리와 다른 연구 보고서를 쓴다고 방에만 처박혀 있던 나를 이해해준 내 아내와 아이들에게 사랑의 마음을 보낸다. 가족이 없었으면 이 책을 완성하지 못했을 것이다.

목차

추천의 글   6
지은이의 말   11

1부 소셜미디어 특강을 시작하며   23

1장 소셜미디어란 무엇이며 왜 중요한가   25
1.1 소셜미디어의 정의   25
1.2 소셜미디어의 경제적 의의   31
1.3 소셜미디어의 사회적 의의   41

2부 소셜미디어 발전사   47

2장 소셜미디어의 태동과 발전   49
2.1 소셜미디어의 종류와 특징   49
2.2 1세대 SNS와 소셜미디어의 등장   53
2.3 세계 최대 오픈 백과사전의 탄생 위키피디아   57
2.4 친구맺기 사이트의 원조 프렌스터의 성장과 몰락   60
2.5 최초의 글로벌 SNS 마이스페이스의 흥망성쇠   62
2.6 공유의 범위를 넓힌 딜리셔스   66
2.7 사진 공유로 미디어 공유의 가치를 알려준 플리커   67
2.8 소셜 뉴스의 원조 디그닷컴   70

3장 세상을 뒤흔든 5대 소셜미디어 서비스   75
3.1 평행 인터넷 페이스북   75
3.2 정보 네트워크 트위터   92
3.3 비즈니스 네트워크 링크드인   114
3.4 구글의 소셜 레이어 구글플러스   119
3.5 글로벌 미디어 플랫폼 유튜브   126

4장 개성 강한 모바일 기반 소셜미디어 서비스 — 135

    4.1 모바일 SNS의 새로운 지평을 연 인스타그램 — 135

    4.2 위치 기반 SNS 포스퀘어, 페이스북 근처 장소, 스핀들, 씨온 — 143

    4.3 페이스북과 차별화 전략을 편 패스 — 152

    4.4 청소년에게 인기를 얻은 모바일 기반 블로그 서비스 텀블러 — 157

5장 국내 소셜미디어 서비스의 혁신과 성장 — 163

    5.1 국내 소셜미디어 사용 현황 — 163

    5.2 글로벌 소셜미디어 서비스의 침공 — 165

    5.3 국내 서비스의 선전과 몰락 — 169

    5.4 국내 동영상, 소셜뉴스, 위치기반 서비스 — 174

    5.5 국내 소셜미디어 지도 — 178

6장 모바일 우선에서 모바일 중심 전략의 시대로 — 181

    6.1 모바일 시장의 급성장 — 181

    6.2 소셜미디어 기업의 모바일 전략과 현황 — 183

    6.3 메신저를 넘어 플랫폼으로: 모바일 메시징 앱의 진화 — 191

    6.4 모바일만을 위한 서비스: 스냅챗, 액체 자아의 시대 — 203

3부 소셜미디어의 사회적 가치와 의의 — 209

7장 소셜미디어의 발단이 된 인간 행동과 동기 — 211

    7.1 자기애와 관음증, 인간의 원초적 본능 발현 창구 — 211

    7.2 소셜미디어 사용 동기와 목적 — 215

8장 6단계 분리 이론과 관계 이론 — 229

    8.1 소셜미디어 수치를 통해 보는 작아진 세상 — 229

    8.2 온라인 관계, 온라인 친구는 어떤 의미가 있을까 — 237

9장 소셜미디어에서 '나'는 누구인가? — **247**
    9.1 만들어진 자아 정체성 — 247
    9.2 소셜 아이덴티티가 만들어내는 사회 문제 — 257

10장 소셜미디어 속의 행복지수 — **267**
    10.1 소셜미디어에서 외로움을 느끼는 사람들 — 267
    10.2 소셜미디어는 사회 자본을 증가시키는가 — 278

11장 공적 공간과 사적 공간, 새로운 프라이버시 시대 — **287**
    11.1 소셜미디어가 만들어내는 새로운 공공성 — 287
    11.2 소셜미디어 프라이버시 정책에 대한 논란 — 292
    11.3 프라이버시 시대는 끝났는가 — 300

12장 영향력자에 대한 진실 혹은 환상 — **309**
    12.1 영향력자를 찾기 위한 학계의 노력 — 309
    12.2 평판을 점수로 전환해서 서비스하는 회사들 — 322

13장 집단 사고와 편향성, 집단 행동을 통한 사회 변화 — **331**
    13.1 대중의 지혜와 소셜미디어 — 331
    13.2 소셜미디어와 집단 행동: '혁명은 트윗될 것인가' — 342

4부 소셜미디어의 진화와 미래 — **353**

14장 피드 랭킹과 추천, 그리고 디지털 평판 — **355**
    14.1 소셜미디어의 정보 과잉 문제 — 355
    14.2 신뢰할 수 있는 글을 어떻게 가려낼까 — 364
    14.3 검색의 시대에서 발견의 시대로: 추천 기술의 발전 — 369

15장 소셜데이터의 공공적 가치   **383**
    15.1 소셜미디어 데이터를 통한 질병 확산 예측   383
    15.2 위치 정보를 이용한 세상의 재구성   389
    15.3 소셜데이터로 파악하는 사람들의 감정 변화   394

16장 소셜컴퓨팅, 웹 사이언스, 계산 사회과학   **403**
    16.1 웹 2.0의 등장과 소셜웹으로의 진화   403
    16.2 소셜컴퓨팅과 웹 사이언스   407
    16.3 웹 사이언스의 탄생과 주요 연구 영역   412
    16.4 새로운 사회과학의 탄생: 계산 사회과학   419

17장 하이퍼 커넥티드, 하이퍼 커뮤니케이션, 하이퍼 퍼블릭 시대   **427**
    17.1 초연결 사회와 사물인터넷 기술의 확산   427
    17.2 사람과 사물의 온갖 대화가 넘쳐나는 세상   430
    17.3 연결된 세상에서 프라이버시와 공공의 균형 과제   435

    참고문헌   440
    찾아보기   471

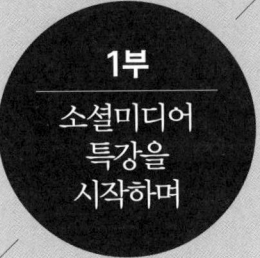

1부
소셜미디어 특강을 시작하며

1장 소셜미디어란 무엇이며 왜 중요한가

1장 │ 소셜미디어란 무엇이며 왜 중요한가

1.1 소셜미디어의 정의

인류 역사상 처음으로 전 세계 수십억 명이 서비스 하나로 연결되어 소통하고 의견을 나누면서 과거와 다른 방식으로 정보에 접근하는 시대가 되었다.

2013년 12월 미국 퓨 인터넷 프로젝트의 조사[1]에 따르면 인터넷을 사용하는 성인의 73%가 소셜미디어 사이트를 이용한다고 한다. 세계적으로도 인터넷 사용자의 80% 이상이 SNS를 하나 이상 이용하는 것으로 조사되었고, 국내에서도 SNS 사용자는 2,000만 명이 넘는다. 이마케터eMarketer의 예측에 의하면 전 세계에서 SNS를 이용하는 사람은 2013년 17억 3,000만 명에서 2017년 25억 5,000만 명에 달할 것으로 본다.[2] 현대인의 필수품이 된 스마트폰은 2013년 한 해만 해도 10억 대 이상이 팔렸는데,[3] 28%에 달하는 스마트폰 사용 시간이 모두 SNS를 하는 데 사용된다는 조사 결과[4]도 있다. 한국의 경우도 SNS를 이용하는 시간이 하루 평균 70분이 넘는다고 한다.[5]

사람들은 이제 블로그나 포럼을 넘어서 SNS라는 새로운 공간에서 친구를 만난다. 유튜브로 영상을, 인스타그램으로 사진을, 포스퀘어로 자신의 현재 위치를 공유한다. 왓츠앱^{WhatsApp}이나 스냅챗^{Snapchat}, 라인^{Line}으로 메시지를 주고받으며, 트위터로 현재 일어난 상황을 전 세계에 알린다.

이렇게 소셜미디어는 정보를 얻는 방식부터 사회 문제를 논의하고 사회 변화를 추구하는 방식까지 바꿔가고 있다. 오프라인에서 발생했던 이슈가 사이버 공간으로 옮겨져 같은 모습으로 또는 전혀 다른 방식으로 재현되는 것도 목격된다. 현실 세계에서 하던

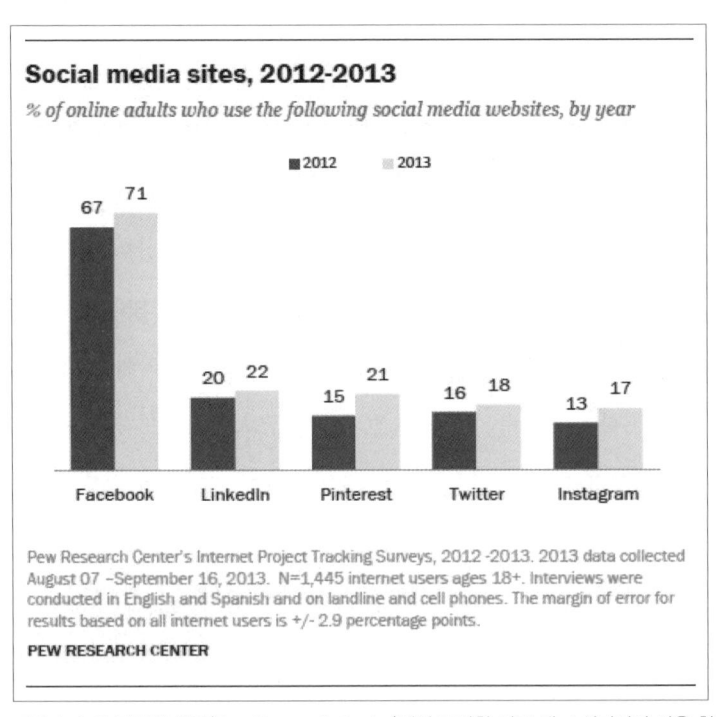

그림 1-1 퓨 리서치 센터(Pew Research Center)에서 조사한 미국 내 소셜미디어 사용 현황

행동을 온라인 공간, 특히 소셜미디어 공간에 투영하면서 새로운 사회를 구축하는 것이다. 이와 같은 경험이 축적되면서 많은 사람들이 소셜미디어를 어느 정도는 이해하는 듯하다. 소수의 앞선 기업들은 소셜미디어 채널을 이용해 마케팅과 고객 지원에 활용하기도 한다. 그러나 일반 사용자는 물론이고 소셜미디어 관계자와 실제로 얘기를 나눠보면, 소셜미디어의 가치와 철학에 대한 이해가 매우 부족하다는 사실을 알게 된다. 또 사용하는 과정에서 겪는 경험의 폭이 매우 제한적이고, 그 과정에서 생긴 약간의 혼란과 불편을 해소하지 않고 사용을 중단하는 경우도 봤다.

소셜미디어 안에서 사용자들은 다른 사용자의 행동이 미치는 영향이나 사용자들의 집단 행동에 놀라기도 하고, 사회 이슈에 분노하면서 동참하기도 한다. 또 타인의 글에 공감하거나 반대로 타인의 글로 인해 상처를 받기도 한다. 그러면서 이제 소셜미디어에서 어디까지가 자신의 모습이고 온라인 친구는 과연 무슨 의미인지, 나를 부담스럽게 하는 댓글과 포스팅은 어디까지 허용해야 하는지, 내 프라이버시는 어떻게 지키고 관리해야 하는지 고민에 빠져 있다.

더구나 소셜미디어 공간에 들어온 지 몇 년 되지 않은 대부분 사용자들은 규범과 질서에 대한 명확한 기준 없이 조금씩 학습하면서 정착하고 있다. 따라서 어려서부터 디지털 기술을 익히고 온라인 세계에서 자연스럽게 성장한 디지털 원주민과, 웹 1.0 시대에서 진화하여 온라인 세계에 편입한 디지털 이주민 세대 간의 격차도 크게 나타난다. 디지털 원주민이라는 세대는 웹을 기반으로

10년 동안 호황을 누려온 서비스를 버리고 모바일 시대에 맞는 새로운 서비스로 이동 중이고, 나이 많은 기성 세대는 각기 다른 이용 동기와 욕구를 갖고 새롭게 참여하고 있다. 저마다 배경이 다른 각 세대들은 같은 서비스 내에서도 사용 패턴이 매우 다르고, 각자의 서비스에서 자신들만의 사회를 건설해 나간다.

따라서 소셜미디어는 선사시대를 거쳐, 왕국이 건설되고 역사를 기록하는 단계에 도달했다고 볼 수 있다. 많은 부족국가와 지역 세력이 나타났다가 사라지는 과정이 끝나고, 이제는 커다란 왕국이 자리 잡고 본격적인 세력 싸움을 시작한 시점이다. 사용자들 역시 각자의 활동 공간에서 체계를 익히고 규칙을 정하고 남의 활동에 나름대로의 기준을 세워 대응하며 서로 인정할 수 있는 규범을 조금씩 정립하는 중이다.

온라인과 오프라인 공간의 통합이 본격적으로 이루어지는 중이기 때문에, 온라인에서 경험하는 많은 일들은 실제로 과거에 현실 세계에서 겪었던 일이기도 하다.[*] 그러나 온라인에서는 규모와 영향력이 매우 다르게 나타나기도 한다. 기준과 원칙이 다르기도 하고 권력의 구조와 흐름이 현실 세계와 큰 차이가 나기도 한다. 이런 측면에서 먼저 소셜미디어가 어떤 배경으로 등장하고 성장했으며, 우리 사회에서 어떤 의미를 지니는지 살펴보겠다.

---

[*] 마이크로소프트의 펠로우인 게리 플레이크(Gary Flake) 박사는 2006년 이를 '인터넷 특이점'이라고 명명했다. http://s3.amazonaws.com/transcripts/transcripts/03/5073.html

소셜미디어는 1990년대 후반에 활성화된 웹 2.0 기술, 특히 소셜 소프트웨어의 발전에 힘입어 확산된 새로운 미디어를 의미한다. 위키피디아에서는 소셜미디어를 카플란[Kaplan]과 핸레인[Haenlein]이 정의한 내용을 인용해 '웹 2.0의 이데올로기와 기술적 기반 위에서 만들어진 일단의 인터넷 응용으로, 사용자 생성 콘텐츠의 창조와 교환이 가능한 서비스들'이라고 기술했다.[6] 메리엄 웹스터 사전에서는 소셜미디어를 '소셜 네트워킹이나 마이크로블로깅 웹사이트 같은 전자 커뮤니케이션 형태로, 사용자가 정보와 아이디어, 개인 메시지, 영상 같은 콘텐트를 공유하기 위해 생성한 온라인 커뮤니티'라고 정의한다. 그러나 내가 가장 좋아하는 정의는 알티미터[Altimeter] 그룹의 수석 연구원 브라이언 솔리스[Brian Solis]가 내린 정의다.[7]

> 소셜미디어는 정보의 민주화로, 사람들을 독자에서 발행인으로 변화시킨다. 이는 방송 메카니즘의 '일 대 다수' 관계에서 저자, 대중, 주변 사람 간의 대화에 뿌리를 둔 '다수 대 다수' 관계로의 전환을 뜻한다.

브라이언 솔리스는 2006년부터 소셜미디어를 간략하게, 때로는 풀어서 설명해왔다. 초기에는 기술과 기능적 특징으로 소셜미디어를 정의했다면, 솔리스는 소셜미디어가 우리 사회에서 왜 새로운 미디어며 어떤 역할을 할 것인가를 좀 더 명료하게 보여준다고 할 수 있다.

국내에서 소셜미디어라는 단어가 널리 쓰이기 시작한 시기는 2008년부터인데, 사실 그전부터 많은 소셜미디어 서비스가 사회에 많은 영향을 주고 있었고, 사회적 영향력을 크게 발휘한 경우도 있었다. 초기 소셜네트워크 서비스Social network service(이하 SNS)의 대표격인 싸이월드를 비롯해, 2,000만 명 이상이 가입한 블로그 서비스, 정치 의사 표현과 시민 참여의 광장 역할을 했던 다음 아고라, 동영상 서비스로 인기를 끌었던 판도라 TV 등이 있었고, 그보다 앞서 PC 통신의 각종 게시판 역시 초기의 소셜미디어라고 해도 틀린 말은 아니다.

전통 미디어나 인터랙티브 미디어와 소셜미디어의 가장 큰 차이는 콘텐트를 생산하는 구조와 참여하는 사람들의 참여 방식이다. 전통 미디어는 소수의 저작자와 이를 편집하고 선별하는 사람들에 의해 미디어가 생성되었다. 인터랙티브 미디어도 역시 출판의 주체는 있으면서 시민 저널리스트나 전문가들이 참여는 했지만, 대부분이 콘텐트 생성보다는 댓글을 달거나 평가하는 수준에 머물렀다. 그러나 누구나 글을 올리고 생각을 공유할 수 있는 참여형 플랫폼이 등장하면서 소셜미디어에서는 모든 사람이 작가가 되었다. 누구나 의견을 주고받고 공동 작업을 할 수 있게 되면서 정보의 민주화가 이루어져 사회에 큰 영향을 미쳤다. 이러한 변화에 큰 역할을 한 것은 공유 기능이다. 여러 가지 유형의 콘텐츠가 서로의 글에 링크를 통해 연결되고 확산되는 것이다. 저널리스트면서 뉴욕 대학 저널리즘 대학원 교수인 제프 자비스$^{Jeff\ Jarvis}$는 이를 링크 경제^{8}라 부르며, 미디어는 이제 콘텐트 경제에서 링크 경제로 이동하고 있다고 주장했다.

이 책의 전반부에서는 이와 같은 소셜미디어의 진화 과정을 설명한다. 수십억 명의 사용자를 보유한 글로벌 서비스의 초기 발달 과정, 그리고 각종 서비스의 탄생과 몰락의 배경과 원인을 살펴본다. 또 페이스북, 트위터, 유튜브, 링크드인, 구글플러스 등 5대 주요 서비스의 특징을 소개한다. 또한 소셜미디어 진화에서 가장 중요한 전환점인 모바일 시대의 도래에 따른 새로운 서비스의 등장과 아울러, 일반적인 SNS와 달리 특화된 목적이나 주제를 기반으로 하는 버티컬^{vertical} 서비스, 그리고 외국과는 또 다른 특성을 지닌 국내 소셜미디어 환경을 논의할 예정이다.

1.2 소셜미디어의 경제적 의의

소셜미디어의 경제 효과는 다양한 측면을 살펴봐야 한다. 그중 가장 명확한 데이터는 서비스의 매출 규모와 성장률이다. 두 번째는 서비스가 만들어 내는 새로운 가치와 시장이 평가하는 기업 가치, 그리고 인터넷 생태계에 의한 경제 가치다. 세 번째 측면으로서, 소셜미디어를 활용하는 또 다른 영역, 즉 기업 마케팅 같은 영역에서 새로운 기회를 찾아낼 수 있다. 이와 같은 세 가지 관점을 바탕으로 소셜미디어의 경제적 의의와 가치를 살펴보자.

소셜미디어 기업의 사업 모델은 기본적으로 광고다. 소셜미디어

이전 미디어 기업의 매출은 대부분 거대 광고주를 통한 광고 수입이었고, 타겟 광고는 부분적으로 실행했다. 하지만 소셜미디어 시대에는 더 다양한 유형의 광고주가 참여하는 마케팅 미디어로 발전하고 있다.

소셜미디어는 광고 업계에서 가장 뜨거운 관심을 받는다. 시장조사기관 이마케터에 따르면, 2013년 8월에서 소셜 광고는 전체 마케팅 예산의 6.6%를 차지했는데, 2014년에는 9.1%로 늘어나고, 앞으로 5년 안에는 비중이 15.8%로 증가할 것이라고 한다.[9] 또 다른 조사기관은 미국의 소셜 광고 규모가 2017년에 110억 불에 달할 것으로 내다 봤다.[10] 소셜 광고가 광고 시장에서 큰 폭으로 성장하는 이유에 대해서 세일즈포스닷컴이 발행한 '소셜미디어 광고에 대해 알아야 할 모든 것'이라는 보고서에서는 다음과 같은 분석을 내놨다.[11]

- 소셜 광고는 광고 회상율이 기존 광고보다 55% 이상 높다.
- 팬의 친구가 페이스북에서 광고를 본 후 타겟에서 쇼핑할 확률이, 그렇지 않은 경우보다 27% 높다.
- 구매의 90%는 소셜 서비스의 영향을 받는다.

이마케터는 전체 디지털 광고 시장의 규모가 2014년 1,375억 불로서 이 중 구글이 차지하는 비중이 31.66%이며, 페이스북은 7.82%, 트위터는 0.5%, 링크드인은 0.36%를 차지할 것으로 예상하고 있다.[12] 특히 페이스북이 모바일에서 챙긴 매출이 자사 전체 매출의 53%를 차지한다는 것은 시사하는 바가 매우 크다. 페이스북이 전세계 모바일 광고에서 차지하는 비중은 2013년 17.5%에서 2014년 21.7%로 증가할 것으로 예상되며, 이는 구글의 점유율 46.8%에 이어 모바일 광고 시장에서 2인자의 위치를 차지한다는 의미다.

트위터가 2013년 11월에 기업 공개를 신청하면서 제출한 S-1 문서를 보면 트위터의 매출 규모와 구성을 알 수 있다.[13] 2012년 매출은 3억 1,690만 불이고, 2013년 상반기 매출은 2억 5,370만 불을 달성했다고 한다. 이후 공식적으로 4사분기 실적을 발표했는데, 흑자는 아니지만 2013년 매출이 6억 6,500만 불이라고 발표했다.[14] 트위터 광고 매출의 75%는 모바일에서 발생하는데, 모바일 시장의 본질적인 특성 때문에 향후 모바일 광고 시장에서 트위터의 성장 가능성은 더 높아질 것으로 보인다.

트위터의 사업 모델은 기본적인 광고 매출이 발생하는 기준을 1,000회의 타임라인 뷰로 파악한다. 타임라인 뷰는 사용자가 트위터에서 타임라인을 보거나 검색 결과를 보는 것을 말한다. 전체 사용자 기준으로는, 2013년 2사분기에 1,000번의 타임라인 뷰당 0.8불의 매출이 발생하는 것으로 봤다.[15] 물론 이 수치는 나라마다 다르다. 미국의 경우는 2.17불, 그 밖의 지역은 매출이 0.3불 발생하는 것으로 나타났는데, 그런 이유로 미국 외 지역에 있는 사용자의 비율은 77%이지만 매출에서 차지하는 비중은 25%에 불과하다. 2013년 4사분기 실적에서는 1,000 타임라인 뷰에 따른 매출이 1.49불로 일 년 전에 비해 76% 뛰었다.

페이스북이 벌어들이는 1인당 평균 매출은 1.6불로서, 북미가 4.32불로 가장 높고 아시아는 0.75불에 불과하다. 즉 주요 소셜미디어 사용자의 75% 이상이 미국 밖에 있지만 실제 매출에 기여하는 것은 대부분 북미 사용자들이다. 링크드인LinkedIn은 2013년 매출 규모를 14억 5,500만 불에서 14억 5,700만 불로 예상한다. 그러나 링크드인은 광고보다는 유료 사용료가 매출에서 더 큰 비중을 차지한다. 링크드인이 투자자들에게 긍정적 평가를 받는 이유 중 하나는 이같이 다양한 수익 모델이 가능한 사업이기 때문이다.

소셜미디어는 기존의 미디어 사업자나 통신사업자에게 큰 영향을 주고 때로는 와해성 변화를 일으키기도 한다. 특히, SNS는 통신사업자에게 큰 위협 요인으로 작용한다. 그 중에서 가장 큰 타격을 주는 영역은 문자 서비스다. 전 세계적으로 통신사가 잃은 문자 서비스 매출액은 2010년에 87억 불, 2011년 139억 불에 달한다고 한다.[16]

기업의 경제적 가치는, 기업이 투자 받을 때의 가치나 기업 공개 후 시장에서 평가 받는 기업 가치로도 판단할 수 있다. 현재 페이스북과 링크드인, 트위터는 기업이 공개된 상황이다. 페이스북과 같은 SNS에 기반을 둔 징가Zynga 같은 소셜 게임 회사들도 있고, 공동 구매를 기반으로 하는 소셜 쇼핑 회사들 역시 상장되었다. 페이스북은 공개 초기에 1,000억 불이 넘는 가치로 평가되었으나 이후 지속적인 하락세를 이어갔다. 페이스북의 상장 가격은 역사상 가장 큰 규모로 기록된다. 그후 380억 불 수준까지 떨어졌다가 최근 모바일에서의 성장 가능성에 힘입어 기업 가치가 다시 1,000억 불을 넘었다.[17]

월스트리트가 가장 사랑한 기업은 링크드인이다. 페이스북보다 앞선 2011년 5월에 기업 공개를 했는데, 상장 첫 날 두 배로 올랐고 90억 불의 기업 가치를 기록해 가장 매력적인 주식이 되었다. 이후 실적이 좋아 주가가 지속적으로 올랐다. 현재 링크드인의 주가 지수 196불, 기업 가치는 237억 불에 달한다. 상장 첫날에 비해 3배 이상 오른 것이다. 트위터 역시 2013년 11월에 상장하여 250억 불의 가치를 인정받았다. 이후 급속도로 상승했으나 4사분기 실적에 실망한 투자자들에 의해 하루에 24% 폭락해 87억 불의 하락 조정을 거쳐 현재 300억 불을 웃도는 가치로 평가된다.

기존 인터넷 기업이나 다른 소셜미디어 기업에 인수 합병될 때의 가치로 평가할 수 있는 경우도 있다. 인스타그램은 페이스북이 10억 불에 인수한다고 발표했으나 이후 페이스북 주가 하락으로 최종 인수가는 7억 1,500만 불이 되었다.[18] 가장 규모가 컸던 페이스북의 왓츠앱 인수는 190억 불에 성사되었다.[19] 야후가 인수한 텀블러(Tumblr)는 현금 11억 불에 인수되었기 때문에 주가에 의한 가격 변동은 없다. 포스퀘어(Foursquare)는 최근 새로운 변신을 꾀하면서 마이크로소프트로부터 데이터 라이선싱 계약과 함께 1,500만 불의 투자를 받았다.[20]

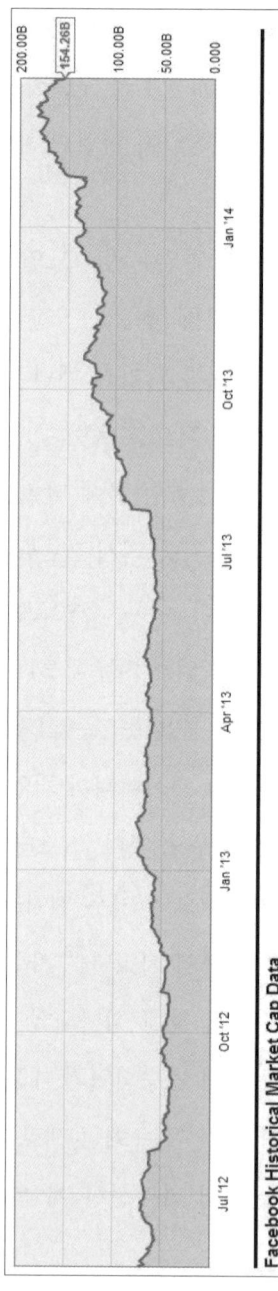

그림 1-2 페이스북 주가에 따른 기업 가치 변화 [출처: ycharts.com]

지금까지 알아본 주요 소셜미디어 기업 가치를 표로 정리하면 표 1-1과 같다. 라인 덕분에 가치가 크게 상승한 네이버가 252억 불, 다음이 8억 9,000만 불, SK텔레콤 157억 8,000만 불, 삼성전자 1,812억 불[*]인 점을 감안하면, 소셜미디어 기업이 얼마나 높은 가치로 평가받고 있는지 알 수 있다.

표 1-1 주요 소셜미디어 회사의 기업 가치

소셜미디어 기업	기업 가치 (2014년 2월 21일 기준) 또는 인수가
페이스북	1,639억 불
트위터	304.6억 불
링크드인	231.8억 불
왓츠앱	190억 불 (2014년 2월 페이스북 인수 금액)
스냅챗	30억 불 (2013년 11월 페이스북 인수 제안), 40억 불 (텐센트가 제안한 금액)
스포티파이	30억 불 (2012년 11월 1억 불 추가 투자시)
인스타그램	11억 불
패스	10억 불 가치로 펀딩 중 (2012년 최종 펀딩에는 2억 5,000만 불로 가치 평가)
포스퀘어	8억 불 (2013년 4월 시리즈 D 펀딩 시점)
텀블러	7억 1,500만 불

소셜미디어의 경제적 가치를 파악할 수 있는 다른 하나는 파트너십이다. 소셜미디어는 플랫폼으로 제공되는 경우가 많기 때문에 다양한 파트너 기업이 존재한다. 파트너 기업들은 소셜미디어 플랫폼 위에 새로운 기능의 앱을 만들어 제공하기도 하고, 콘텐트를 연동해서 플랫폼 안에서 소비되도록 통합하기도 한다. 이렇게 소

---

[*] 2014년 3월 13일 기준이며, 환율을 1달러당 1,067원으로 적용

셜미디어에 공식적인 파트너로서 콘텐트를 제공하는 경우도 있지만, 소셜 아이디를 로그인 아이디로 활용해서 사용자 확대와 콘텐트 보급과 확산을 꾀하기도 한다.

2012년 6월 기준으로 900만 개의 앱과 웹사이트가 페이스북과 연동되었으며, 2012년 8월 한 달 동안 2억 3,000만 명의 사용자가 페이스북에서 게임을 즐겼다.[21] 아이폰 게임 10위 안에 드는 게임 중 8개는 페이스북과 연동되며, 한 달 동안 페이스북에서 애플 앱스토어나 구글 플레이로 접속을 유도한 건수는 1억 5,000만 건에 달한다. 페이스북은 최근 게임 개발자 컨퍼런스에서 매달 3억 7,500만 명이 페이스북에 연결된 게임을 하며, 매일 7억 3,500만 명을 게임 사이트로 연결시킨다고 밝혔다.[22]

게임 시장을 약 150억 불로 봤을 때, 그 중 페이스북은 30억 불 정도의 시장을 장악하고 있으며, 이미 2012년에 페이스북이 개발자에게 지불한 돈은 20억 불에 달한다. 2011년 메릴랜드 대학 연구에 따르면 페이스북 앱 경제는 23만 개의 일자리와 150억 불에 달하는 경제 효과가 있다.[23] 페이스북에서 거래되는 가상 상품의 규모도 이미 2012년에 16억 5,000만 불 규모를 넘었는데, 이 중 30%가 페이스북의 몫이다. 트위터 역시 이미 300만 개가 넘는 파트너사가 있고 또 다른 생태계를 형성하고 있다. 인스타그램에는 저장된 사진을 기반으로 새로운 서비스를 만드는 파트너사나 인스타그램에 추가 정보를 연계해서 사진을 업로드하게 해주는 파트너사들이 있다.

국내 소셜미디어 서비스 제공자 중에는 카카오톡이나 라인 같은 메신저 서비스 사업자들이 제3의 서비스나 앱을 통해 생태계를 형성한다. 토종 SNS였던 싸이월드와 미투데이가 이런 생태계에서 살아남지 못한 것이 국내 서비스의 한계였다.

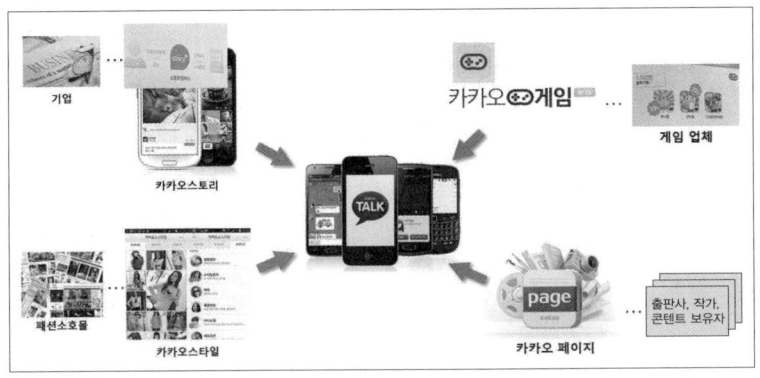

그림 1-3 카카오톡 생태계

또 다른 사업 파트너로는 광고주가 있다. 앞에서도 얘기했듯 소셜미디어 광고는 전 세계의 광고주들이 사용자의 취향, 관심사, 친구와의 관계 등에서 얻을 수 있는 정보를 활용해 개인화된 광고를 제공한다. 콤스코어 분석에 의하면, 페이스북에 게시 가능한 디스플레이형 광고 공간의 25% 이상이 유휴 상태라고 한다. 페이스북은 이를 위해 페이스북 익스체인지^{FBX}를 통해 광고주 고객이 직접 광고 공간과 대상을 찾을 수 있도록 유도하고 있다. 페이스북 광고는 광고 효과와 기능을 두고 구글의 검색 광고와 끊임없이 경쟁할 것이다. 사용자 역시 포스팅 홍보를 위해 저렴한 비용으로 광고를 집행할 수 있기 때문에 소셜미디어는 출판 플랫폼이면서 동시에 광고 플랫폼의 역할을 한다. 이런 의미에서 모든 소셜미디어는 마케팅 플랫폼을 지향한다고 볼 수 있다.

쇼핑 분야에서도 소셜미디어는 새로운 경제 효과를 만들어낸다. 이컨설턴트^{eConsultant}의 조사에 의하면, 구매의 90%는 어떤 종류의 사회적 영향을 받아서 이루어진다.[24] 소셜미디어의 발전으로 공동 구매가 소셜 쇼핑의 영역으로 확장됐다.

소셜 공유는 아주 강력한 구전 마케팅 도구며, 고객을 브랜드 홍보에 동참하게 한다. 고객이 어떤 브랜드나 제품과 소셜미디어에서 연결되어 있는 경우 구매 가능성이 51% 증가하며, 소셜미디어에 공유 기능을 넣을 경우 친구에게 전송할 수 있는 옵션을 인지하는 비율은 98% 증가한다는 조사 결과가 있다.[25] 같은 조사에서 사용자의 75%는 SNS에서 친구의 글을 통해 어떤 제품의 링크가 보이면 클릭한다고 한다.

소셜미디어는 공유 경제 영역에도 큰 영향력을 발휘한다. 공유 경제가 새로운 경제시스템으로 거론되고 있지만, 개인 간 공유와 거래를 위해 가장 필수적인 신뢰와 검증의 문제를 SNS가 많은 부분 해결해주기 때문이다. 즉, 에어비앤비^{airbnb}같이 집을 공유하는 사이트를 이용할 경우, 숙박을 원하는 사람이나 제공하는 사람이 얼마나 믿을 수 있는 사람인지는 SNS를 보고 확인할 수 있다. 상대방의 SNS에서 그가 어떤 사람이고 친구 관계는 어떤지, 올리는 글의 내용은 어떤지 그 사람의 평판은 어떤지를 확인할 수 있기 때문이다. 또 자신의 경험을 다시 공유함으로써 공유 경제라는 새로운 경제 시스템으로 저변을 확대하고 타인에게도 믿음을 심어준다. 공유 경제의 가능성에 가장 긍정적인 입장을 대변하는 레이첼 보츠만$^{Rachel\ Botsman}$은 서로 모르는 사람들끼리 신뢰하는 것이 공유 경제의 핵심이라며 SNS를 기반으로 한 개인 간 거래의 중요성을 언급했다.[26] 보츠만은 개인 간 렌탈 거래 규모가 260억 불에 달할 것으로 예측했다.[27]

1.3 소셜미디어의 사회적 의의

2010년 구글의 마케팅 세일즈 매니저 와엘 고님$^{Wael\ Ghonim}$은 페이스북에 익명으로 '우리는 모두 칼레드 사이드$^{We\ Are\ All\ Khaled\ Said}$'라는 페이지를 개설했다. '칼레드 사이드'는 이집트 북부 알렉산드리아 주에서 경찰 고문으로 사망한 젊은이의 이름이다. 와엘 고님이 만든 페이스북 페이지를 통한 저항은 '좋아요'를 누르는 소극적 저

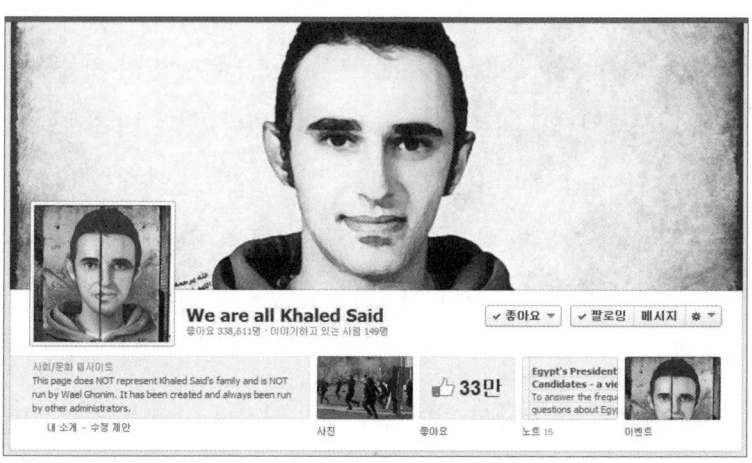

그림 1-4 지금도 운영되고 있는 '우리는 모두 칼레드 사이드' 페이지

항을 넘어 적극적 행동을 이끌어냈다. 대표적인 시위가 '사일런트 스탠드silent stand'라는 침묵 시위 플래시 몹이었다.

2011년 1월 14일에는 '튀니지에서 일어난 시민 혁명을 우리도 하자'라는 이벤트로 '고문, 부패, 실업, 부정에 대항하는 혁명'이라는 주제의 집회가 1월 25일에 열렸으며, 이는 이집트 혁명의 도화선이 되었다.

2011년 6월 캐나다의 반 소비주의 잡지인 「애드버스터Adbusters」는 가입자 9만 명에게 '미국에도 타히르 광장이 필요하다'는 메일을 보냈다. 편집장인 에스토니아계 캐나다인 칼레 라슨Kalle Lasn과 미국 버클리에 살던 편집인 미카 화이트Micah White는 생각을 구체적인 행동으로 옮기자는 메일을 주고받는다. 화이트는 6월 9일 '월스트리트를 점령하라'는 웹사이트(OccupyWallStreet.org)를 만들었다. 7월 13일 다시 전체 가입자에게 메일을 보내 9월 17일에 월스트리트를 점령하는 행동에 나서자는 제안을 한다. 이 글은 트위터와 레딧Reddit을 통해 퍼졌으며, 전 세계 행동주의자와 반 자본주의자, 무정부주의자에 의해 공유되고 토의되었다. 런던 대학의 무정부주의 이론가인 데이비드 그래버David Graeber 교수는 화이트에게 메일을 보내 이 행동을 어떻게 시작할 것인지 물어봤으나 그는 '우리는 어떤 일을 의도적으로 주도하려고 노력하지는 않는다'고 답했다.[28]

60대의 라슨과 20대의 화이트가 함께 시작한 이 운동은 소셜미디어를 통해 확산되고 중계되고 논의된 전 지구적 사건이었다. 그러나 얼마 후 사람들이 원하는 것이 무엇이고 어떤 정치 행동이나 규합을 이루어낼 수 있는지에 대한 숙제만 남기고 가라앉고 말았다. 이는 한국에서 벌어진 2008년 촛불시위와 유사한 점이 많다.

소셜미디어는 이렇듯 사회 변화나 집단 행동을 일으키고 확산시키는 데 큰 역할을 한다. 전혀 정치적이지 않았던 집단이 행동을 취하게 하기도 하고, 매우 복잡한 구조로 메시지가 전달되거나 조직이 구성되게 만든다. 클레이 셔키 Clay Shirky는 이를 '조직이 없는 조직화'라고 불렀다.

정치, 사회 이슈뿐 아니라 기업 활동에서도 소셜미디어의 영향은 날로 증가하고 있다. 2010년 그린피스Greenpeace는 킷캣kitkat 초콜릿 과자를 판매하는 네슬레가 팜 오일을 얻기 위해 인도네시아의 오랑우탄 서식지를 파괴한다고 비난하는 영상을 유튜브에 올렸다. 네슬레가 유튜브에 저작권 이슈를 제기하며 영상을 내려달라고 요청하자, 그린피스는 다시 비메오Vimeo에 영상을 올렸고, 이 영상은 트위터를 통해 전파됐다. 결국 네슬레는 인도네시아에서 팜 오일을 구매하지 않겠다고 발표하고 페이스북 등 소셜미디어 채널을 일시 폐쇄했다. 네슬레의 행동에 더 많은 사람들이 분노했고, 결국 오랑우탄 복장을 한 시위자들이 스위스 본사 앞으로 몰려가 비판의 메시지를 담은 영상을 대형 화면을 통해 내보내는 등 항의 시위를 했다.

국내에서도 소셜미디어를 통해 채선당 사건, 대기업 상무의 승무원 폭행 사건 등 많은 사건이 수면 위로 떠올랐다. 소셜미디어

그림 1-5 그린피스가 제작한 네슬레 비판 유튜브 비디오 [출처: 유튜브]

는 이제 기업의 홍보, 마케팅 채널 중 가장 민감하게 다루어야 하는 채널이 되었다. 그러나 소셜미디어가 혁명을 촉발할 수 있는가에 대해서는 매우 다양한 시각이 있다. 뉴요커의 유명 칼럼니스트이자 작가인 말콤 글래드웰Malcolm Gladwell은 2010년 10월 그의 칼럼 '작은 변화: 왜 혁명은 트윗되지 않을 것인가?'에서 소셜미디어가 혁명을 유발하지 못하는 이유를 설명했다.[29] 글래드웰은 혁명을 위해서는 큰 희생을 감수하는 행동과 이를 유발하는 강한 연대, 그리고 느슨한 네트워크형 구조가 아닌 계층적 조직 구조가 필요한데, 트위터 같은 소셜미디어는 그러한 특성과 거리가 멀다고 주장했다. 글래드웰의 칼럼에 많은 학자들이 반론했는데 특히 클레이 셔키가 「포린어페어스Foreign Affairs」 지에 반박하는 장문의 에세이를 기고한 후 계속 토론을 주고받았다.

소셜미디어가 사회에 끼치는 영향과 그 과정은 상황에 따라 전혀 다른 결과를 내기도 한다. 사회의 전반적인 민주주의나 미디어 접근성, 인터넷 인프라 등 외부 조건이 갖춰졌을 때는 효과가 매우 폭발적일 수 있다. 그러나 때로 기존 미디어나 커뮤니케이션 수단이 더 효과를 발휘하고 소셜미디어는 이를 보강하거나 확대하는 역할만을 수행하기도 한다. 이 문제는 13장에서 차차 다루기로 한다.

소셜미디어가 사람들의 정치 참여에 대한 관심과 행동을 불러일으키는지에 대한 이슈는 이미 여러 논문과 조사를 통해 확인되었다. 우리나라의 경우 2011년 서울시장 보궐 선거와 2012년 대통령 선거, 미국의 2010년 중간 선거와 2012년 대통령 선거에서, 소셜미디어는 선거 캠페인 채널의 역할을 톡톡하게 수행했다. 동시에 유권자들의 소셜미디어를 분석해서 정치적 성향을 알아내면 선거 결과의 사전 예측도 충분히 가능함을 알게 되었다. 이제 정치인들이 소셜미디어로 유권자와 소통하고 메시지를 전파하면서 소셜미디어에서 존재감을 발휘하는 것은 선거에서 매우 중요한 전략이 되었다.

소셜미디어의 사회적 가치와 의의, 그리고 관련 이슈들은 이 책의 3부에서 주제별로 다룰 것이다. 소셜미디어가 사적 공간인지 공적 공간인지와 소셜미디어를 이용하면 행복해지는지 아니면 더 외로워지는가, 소셜미디어 데이터의 공공적 가치는 어디에 있는지, 프라이버시 개념은 어떻게 달라지는지 하는 문제들도 앞으로 고민하고 논의할 것이다.

온라인에 수많은 친구가 있음에도 정작 그 사람의 죽음은 아무도 몰랐다는 뉴스를 접하거나, 한 사람의 실수가 소셜미디어로 인해 수백, 수천만 명에게 퍼져 공개적으로 비난받고 명예 훼손으로까지 번지는 현상을 보면, 과연 이것이 우리가 지향해야 하는 모습이 맞는지 근본적인 논의가 이루어져야 한다. 할아버지가 자살한 모습을 사진으로 찍어 온라인 커뮤니티에 올린 손자의 이야기가 2013년 한 매체를 통해 보도됐다.[30] 이런 행동에 개탄하고 비난만 할 것이 아니라, 사용자들의 이와 같은 행동을 유발하는 근본적인 원인을 알아야 한다. 이 책에서는 소셜미디어에서 이루어지는 일탈과 왜곡된 행동이 어떤 심리와 욕망에서 비롯된 것인지도 살펴보겠다.

2부
소셜미디어 발전사

2장 소셜미디어의 태동과 발전
3장 세상을 뒤흔든 5대 소셜미디어 서비스
4장 개성 강한 모바일 기반 소셜미디어 서비스
5장 국내 소셜미디어 서비스의 혁신과 성장
6장 모바일 우선에서 모바일 중심 전략의 시대로

2장 | 소셜미디어의 태동과 발전

2.1 소셜미디어의 종류와 특징

소셜미디어는 플랫폼과 기반 기술에 따라 분류되고 커뮤니케이션 방식과 목적에 따라 다양한 스펙트럼으로 나뉜다. 기본적인 플랫폼을 살펴보면 다음과 같다.

- 블로그
- SNS
- 미디어 공유 플랫폼
- 팟캐스팅podcasting
- 메시지 보드
- 위키
- 커뮤니티
- 채팅

즉 콘텐트를 올리고 이를 다른 사람과 공유하거나 의견을 받고,

토의하고, 전달하는 대부분의 플랫폼은 모두 소셜미디어 플랫폼이라고 봐도 무방하다. 이런 플랫폼을 구현하는 소프트웨어를 '소셜 소프트웨어'라고 부르는데 이 분야에서 가장 주목할 만한 학자는 뉴욕대학 교수인 클레이 셔키다. 셔키는 이런 소셜 소프트웨어가 정치 철학의 강력한 날개가 될 것임을 인식하고 대중이 이를 활용하는 방식에 주목했다.

'소셜 소프트웨어'라는 단어를 처음 사용한 사람이 누구인지에 대해서는 다양한 주장이 존재한다. 클레이 셔키가 2002년에 처음 사용했다는 주장도 있지만, 유명 블로거 크리스토퍼 알렌Christopher Allen이 추적한 소셜 소프트웨어의 역사[1]에 의하면 1987년 에릭 드렉슬러Eric Drexler가 하이퍼텍스트 '87 컨퍼런스에 낸 '하이퍼텍스트 출판과 지식의 진화'라는 글[2]에서 처음 사용되었다고 한다. 2002년 클레이 셔키의 주도하에 소셜 소프트웨어 서미트가 개최되면서 이 단어가 널리 알려지고 본격적으로 사용되기 시작했다. 클레이 셔키가 간략하게 내린 소셜 소프트웨어의 정의는 '그룹 상호작용을 지원하는 소프트웨어'다.

2007년 유명 블로거와 전문가(진 스미스*, 매튜 웹†, 스튜어트 버터필드‡)들은 소셜 소프트웨어를 구성하는 7가지 요소를 정리했다.[3] 이들은 이 구성 요소를 다음과 같은 벌집 모델로 표현했는데, 소셜미디어의 특징을 이해하는 데 도움이 된다.

---

* 캐나다의 컨설턴트. 『Tagging 태깅』(에이콘출판, 2011)의 저자로 유명함
† 디자인회사 BERG의 CEO
‡ 사진 공유 사이트 플리커의 창업자. 현재는 게임 스튜디오 '타이니 스펙'을 운영 중

- 아이덴티티: 시스템에서 사용자를 특정하게 확인할 수 있는 기능
- 존재 상태: 누가 온라인이거나 대화 가능한지, 또는 근처에 있는지 알 수 있는 기능
- 관계: 두 명의 사용자가 어떻게 연결되는가를 기술하는 기능
- 대화: 시스템을 통해 다른 사람에게 이야기하는 기능
- 그룹: 공통 관심사의 커뮤니티를 구성하는 기능
- 평판: 시스템에서 다른 사람의 신뢰 수준이나 지위를 알 수 있는 기능
- 공유: 참여자에게 의미 있는 것을 공유하는 기능

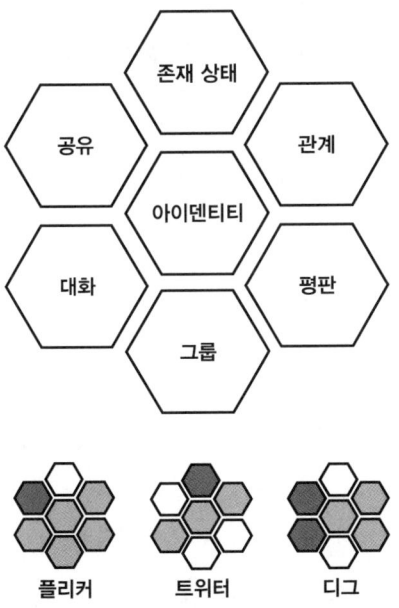

그림 2-1 소셜 소프트웨어 분석을 위한 벌집 모델
[출처: 진 스미스의 블로그]

이와 같이 기능을 통한 분석은 개념적이고 시간이 좀 지난 모형이지만, 현재 널리 쓰이는 소셜미디어의 기능을 포괄적으로 비교 분석하는 데 유용한 기준이 될 수 있다.

소셜 소프트웨어 기술이 발전함에 따라 1990년 후반에 들어오면서 사용자 수가 많은 소셜미디어 서비스가 등장하기 시작했다. 90년대 후반 이후 10여 년 동안 구글, 야후, 이베이, 아마존 등 막강한 인터넷 회사들이 업계 강자로 자리 잡음과 동시에, 각종 소셜미디어 회사들이 새롭게 탄생하고 경쟁했다. 이런 현상을 인터넷 서비스의 진화 측면에서 보면, 정보의 시대에서 소통하고 공유하는 '소셜 시대'로 변화하는 전환기라고 할 수 있다. 2010년 무렵에는 인터넷 산업의 중심이 소셜미디어 기업으로 옮겨갔다. 이 당시 의미있는 기업들을 살펴 보는 것은 흥미로울 뿐 아니라 시사하는 바도 클 것이다.

소셜미디어의 초기 역사는 2010년 점프미디어가 그래픽으로 정리한 자료 그림 2-2와 다나 보이드$^{Danah\ Boyd}$와 니콜 엘리슨

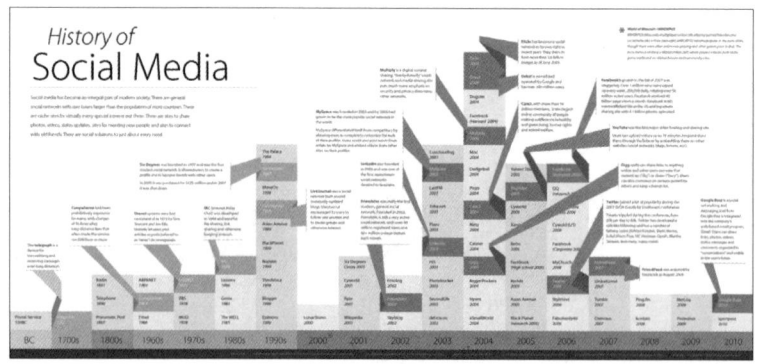

그림 2-2 도해로 그려본 소셜미디어의 역사 [출처: 점프미디어]

Nicole Ellison이 2007년 「컴퓨터 매개 커뮤니케이션Computer-Mediated Communication」 저널에 기고한 원고⁴에서 상세하게 기술한다.

2.2 1세대 SNS와 소셜미디어의 등장

1997년에는 최초의 온라인 SNS 식스디그리즈닷컴SixDegrees.com이 등장했다. 스탠리 밀그램 교수의 6단계 분리 법칙*으로 알려진 가설에서 이름을 따왔는데, 이 서비스는 2001년까지 운영되었다. 친구, 가족, 지인의 리스트를 이용해 메시지를 주고받고, 자신의 3단계 친구의 게시판에까지 글을 올릴 수 있었으며, 다른 사용자가 그 관계를 볼 수 있었다.

식스디그리즈닷컴은 100만 명의 사용자를 확보했고 2000년에 유스스트림 미디어 네트워크YouthStream Media Networks에 1억 2,500만 불에 매각되었다. 그러나 시기적으로 너무 앞선 서비스였다. 인터넷 사용자의 큰 관심을 끌지 못했고 회원 대부분은 실제 아는 사람이 아닌 낯선 사람을 친구로 맺는 것을 거부했다. 회원들마저 친구 맺기 이후 별로 할 기능이 없다는 점을 불평했다. 2001년에 서비스를 중단한 뒤 2010년에 기존 멤버를 대상으로 다시 오픈했으나 시장의 관심에서 이미 멀어진 후였다.

1999년에는 라이브저널LiveJournal과 블로거닷컴Blogger.com 같은 주목할 만한 블로그 서비스가 시작됐다. 프로필을 기반으로 친구를 맺을 수 있는 아시안애비뉴AsianAvenue, 블랙플래닛BlackPlanet, 마이젠

---
* 이 법칙과 SNS와의 관계는 다른 장에서 좀 더 깊이 있게 다루고자 한다.

트^MiGente 같은 데이팅을 위한 프로필 기반 서비스들이 선보였다. 한국에서 아직 SNS 기능을 갖추지 않은 싸이월드가 창업을 한 시점도 1999년이다. 싸이월드에 본격적인 SNS 기능이 추가된 때는 2001년이다.

라이브저널은 블로그와 커뮤니티를 중심으로 발전했고 젊은 세대에게 사랑받은 서비스다. 라이브저널의 등록 계정은 2013년 1월 기준으로, 4,460만 명 수준이지만 활성화된 사용자는 200만 정도이고, 미국과 캐나다, 영국을 비롯해 러시아에서도 인기를 얻고 있다. 라이브저널은 원래 브래드 피츠패트릭^Brad Fitzpatrick이 만든 것이지만* 2005년 1월에 식스어파트^SixApart에 매각됐다. 식스어파트는 원래 블로그 소프트웨어 '무버블 타입^Movable Type과 타입패드^TypePad' 호스팅 서비스를 운영하는 회사로 유명했다. 식스어파트는 라이브저널을 2007년 12월에 러시아의 온라인 미디어 회사 SUP에 다시 매각했고 현재는 러시아 회사 소유다.

라이브저널에는 2013년 1월 8일 당시, 5,820만 개의 저널과 커뮤니티가 존재하고 하루 11만 건 이상의 포스팅이 올라오고 있었다. 가장 인기 있는 커뮤니티는 유명인이나 연예인의 가십을 다루는 ONTD^Oh No They Didn't로 회원이 10만 명이 넘는다. 라이브저널의 각 포스팅 단위인 저널 엔트리^Journal Entry는 고유의 웹 페이지가 있

---

* 브래드 피츠패트릭(Brad Fitzpatrick)은 유명한 오픈 소프트웨어 개발자로 멤캐쉬디(memcashed)와 오픈아이디의 주요 개발자였으며 현재는 구글에서 안드로이드 관련 개발을 하고 있다. 블로그 등 미디어 구독 프로토콜인 아톰(Atom)이나 RSS를 개선한 PubSubHubbub 프로토콜이 그의 최근 작품이다.

는데, 다른 사용자가 코멘트를 달 수 있다. 또 친구 리스트를 통해 친구별로 다양한 공개 옵션을 제어할 수 있으며, 두 사용자 간의 관계는 네 가지 관계 중 하나를 가질 수 있다. 즉 아무 사이도 아니거나 서로 친구이거나 둘 중 한 사람만 친구가 되는 것이다.

블로거닷컴은 피라 랩스$^{Pyra\ Labs}$에서 1999년에 선보인 초기의 블로그 작성용 도구에서 출발한 서비스로, 개인이나 여러 명이 작성할 수 있는 블로그 플랫폼이다. 피라 랩스는 지금은 트위터 창업자의 한 사람으로 유명한 에반 윌리엄스$^{Evan\ Williams}$와 맥 하우리안$^{Meg\ Hourihan}$에 의해 설립되어 구글이 2003년에 인수했다.

'블로그'라는 단어는, 1997년에 존 바저$^{Jorn\ Barger}$가 처음 사용한 '웹 로그^{weblog}'라는 단어를 피터 머홀츠$^{Peter\ Merholz}$가 we와 blog로 유머러스하게 분리해서 만들어냈다. 여기서 파생된 blog라는 단어

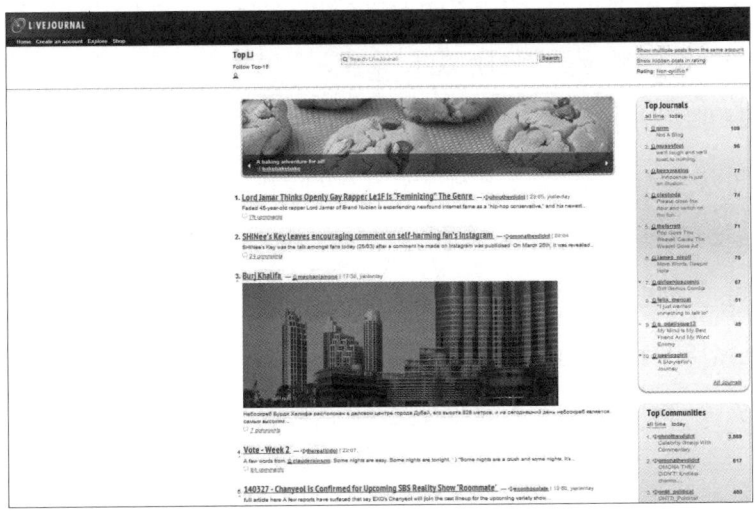

그림 2-3 라이브저널 화면

를 명사이자 동사로 활용한 것이 피라 랩스의 블로거닷컴 서비스다.[5] 블로그를 운영하는 1,000명을 대상으로 한 조사에서 응답자의 35%가 블로거닷컴을 사용한다고 답했다.[6] 이를 보면 블로거닷컴이 워드프레스WordPress에 버금 가는 블로그 플랫폼 역할을 하는 것을 알 수 있다.* 블로거닷컴의 서비스는 이제 구글의 한 서비스로 통합되어 포스트를 구글플러스GooglePlus 서비스로 쉽게 공유할 수 있으며, 구글플러스의 아이디와 통합을 권장하고 있다. 국내에서는 2008년에 구글이 인수한 텍스트큐브textcube.org가 2010년에 블로거닷컴에 통합되었다.

2001년에는 비즈니스 네트워크를 위한 서비스인 라이즈닷컴Ryze.com이 론칭했다. 처음에는 냅스터Napster의 초기 설립 투자자이자 창업자 아드리안 스코트Adrian Scott가 샌프란시스코 지역에 사는 자신의 비즈니스와 기술 커뮤니티 멤버, 그리고 SNS 사업가와 투자가를 위해 만든 사이트였다. 실제로 라이즈닷컴 멤버들에 의해 트라이브닷넷Tribe.net, 프렌스터Friendster, 링크드인LinkedIn 등이 만들어졌다. 라이즈닷컴은 현재 회원이 60만 명이라고 밝혔다.

2001년은 한국의 싸이월드에 SNS 기능이 추가된 해로 기억한다. 1999년에 창업한 싸이월드는 초기에는 같은 고향이나 학교 출신의 회원들 간에 리스트와 주소를 공유하는 인맥 관리 서비스였다. 2001년 이람†에게 새로운 디자인을 의뢰하여 나온 것이 미

---

* 워드프레스는 블로거의 42%가 사용한다.
† 이람은 네이버에서 블로그 서비스를 맡았으며, 현재는 네이버에서 분사한 캠프모바일 대표를 맡고 있다.

니홈피의 개념이었고 이를 통해 SNS의 모습을 갖췄다. 공식 오픈은 2002년 9월이었다. 2003년 8월에는 SK텔레콤에 인수되어 한국의 대표적인 SNS가 되었으며 이후 많은 SNS가 벤치마킹했다. 싸이월드는 2007년에 사용자를 2,000만 명 이상 거느린 대형 서비스로 발전했고, '싸이질'과 '일촌'이라는 단어로 대변되는 새로운 인터넷 문화를 이끌어 나갔다.

2.3 세계 최대 오픈 백과사전의 탄생 위키피디아

2001년에 소셜미디어의 역사에서 또 다른 큰 이정표가 생겼는데, 지미 웨일즈^{Jimi Wales}와 래리 생거^{Larry Sanger}가 그해 1월에 시작한 위키피디아^{Wikipedia}다. 하와이 말인 '위키('빠른'이라는 의미)'와 백과사전의 '피디아'가 합쳐진 이 서비스의 이름은 래리 생거가 만들었다.

원래 전문가들의 협업으로 만들었던 온라인 백과사전인 누피디아^{Nupedia}에서 출발한 위키피디아는 위키 소프트웨어 기술을 도입하면서 새로운 집단 지성의 장으로 변화했다.* 2001년 말에 이미 18개 언어로 2만 개의 항목이 만들어졌고, 2004년에는 161개의 언어가 제공됐다. 285개의 언어로 된 항목이 3,100만 개 등록되어 있으며, 영어 항목은 450만 개로 가장 많다. 한글로 된 항목도 27만 5,000개 수준이다. 전 세계 언어권에서 등록한 사용자는

---

* 이런 변화를 시도한 것은 래리 생거였지만 나중에는 지미 웨일즈와의 반목으로 위키피디아의 실제 창업자가 자신임을 알리는 포스팅을 통해 지미 웨일즈에 대한 비판을 지속했다.

3,500만 명으로 알려져 있다. 이 중 실제 편집에 참여하는 활동적 편집자는 7억 7,000명 수준이다. 위키피디아는 알렉사$^{alexa.com}$ 사이트 순위 집계에서 세계 7위를 차지했으며, 전 세계에서 3억 6,500만 명이 사용하는 것으로 집계된다.

  2002년에는 비용 문제로 광고를 게재하려고 한 지미 웨일스에 반발해 스페인어 사용자들이 독립하려 했다. 위험을 느낀 웨일스는 앞으로 위키피디아에 광고를 싣지 않겠다고 선언했고 도메인을 wikipedia.com에서 wikipedia.org로 바꿨다. 웨일스는 2003년에 위키피디아 재단을 설립하고 위키피디아와 관련된 자산을 대부분 재단에 기증했다. 현재 위키피디아는 세계의 수많은 단체와 사람들이 후원한 기부금으로 운영된다.

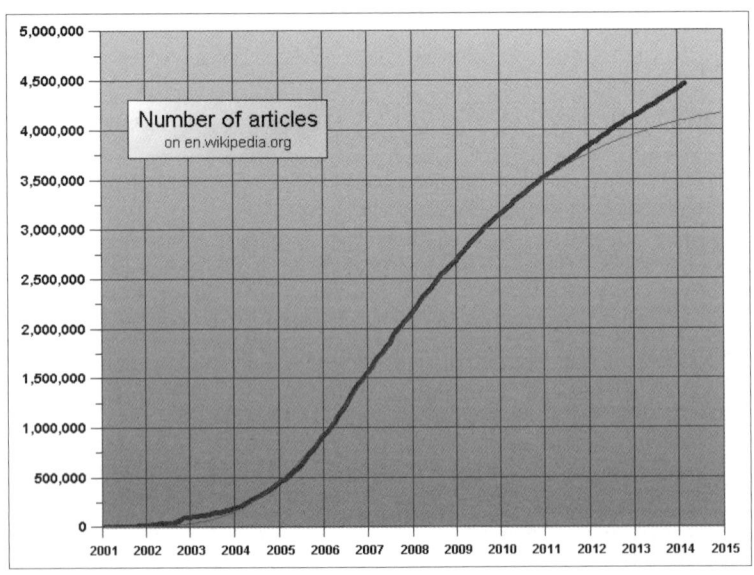

그림 2-4 영어로 된 위키피디아 항목 증가 그래프 [출처: 위키피디아]

위키피디아의 등장은 소셜미디어의 역사에서 큰 비중을 차지한다. 가장 큰 공헌은 전문가가 아닌 아마추어에 해당하는 일반인의 노력으로 얼마나 신뢰할 수 있고 정확한 사전이 만들어지겠느냐는 전문가들의 우려와 비판을 넘어서 세계 최대의 오픈 백과사전을 만들어냈다는 점이다.

2005년 「네이처」에 기고된 분석 논문[7]에서 과학 분야 위키피디아의 내용이 브리태니커 백과사전과 비슷한 수준의 정확성을 갖고 있다는 내용이 발표되자, 위키피디아의 신뢰성에 대한 의문을 갖던 사람들도 위키피디아의 유용성을 인정하게 되었다. 그러나 아직도 확인되지 않거나 상호 모순적인 내용 때문에 품질에 의구심을 갖는 학자들이 많다. 특히 전통 학문에 종사하는 학자들 사이에서는 위키피디아를 근거로 학술적 논의를 하는 것에 대한 비판적 시각이 여전하다. 아직도 교수들은 대학의 학술 연구에서 위키피디아를 참고자료로 삼는 것을 권장하지 않거나 아예 금지한다.[8] 또 가끔 의도적으로 악랄한 내용을 올리는 편집 전쟁이 일어나거나 특정인에게 유리한 정보를 올리는 사건이 발생한다. 그러나 이러한 경우에도 대부분 매우 빠른 시간 안에 다른 편집자들에 의해 바로 잡히는 경우가 많다.

그림 2-5는 2009년을 기준으로 위키피디아 편집에 참여한 사람들의 성별과 나이, 교육 수준, 관계, 가족 유무를 조사한 데이터다. 이를 보면 남성이 압도적으로 많고, 젊은 세대에 치우쳐 있으며, 전문 지식의 부족이 어느 정도 보인다. 그러나 이런 평범한 사람들

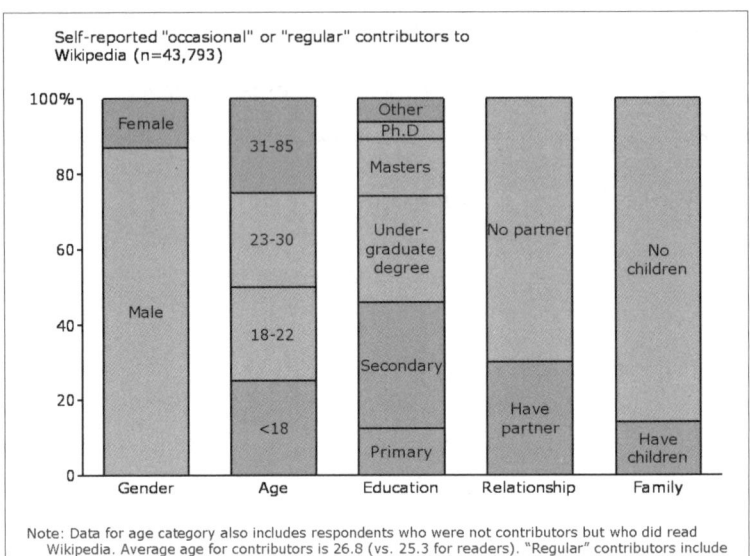

그림 2-5 위키피디아 편집에 참여한 사람들의 인구 통계 분포 [출처: UNU-MERIT]

의 노력으로 세계 최대의 백과사전이 만들어졌고 또 계속 성장하고 있다는 것은 많은 연구가에게 흥미로운 연구 주제를 던져준다.

2.4 친구맺기 사이트의 원조 프렌스터의 성장과 몰락

2002년에는 많은 벤처 캐피탈이 SNS에 투자하는 계기가 된 프렌스터[Friendster]가 등장했다. 데이트 상대를 찾아주는 매치닷컴[match.com]에 대항하기 위해 디자인된 프렌스터는 한때 세계 각국에서 놀라운 성장을 보이는 등 SNS 업계에서 가장 주목 받는 서비스 중 하나였다. 캐나다 프로그래머였던 조나단 에이브럼스[Jonathan Abrams]가 창업한 프렌스터는 매치닷컴과 달리 데이트 상대로 친구의 친구를 추천하는 전략을 사용했다. 완전히 모르는 낯선 사람보다는 친구의 친구에게 호감을 가질 가능성이 높다고 생각한 것이다.

초기 프렌스터의 사용자는 블로거들과 아티스트 그리고 게이 그룹이었다.[9] 몇 개월 만에 300만 회원을 모은 프렌스터는 각종 언론에 보도되기 시작했고 2003년 구글이 3,000만 불에 인수하겠다고 제안할 정도였다.[10] 2003년 10월에는 5,300만 불의 가치를 인정받아 클라이너퍼킨스[KPCB]와 벤치마크 캐피탈[Benchmark Capital] 등 최고의 벤처 캐피탈에서 투자를 받았다.

프렌스터는 2008년에 1억 1,500만 명의 사용자를 확보했고 특히 동남아시아에서 큰 성장을 이루어냈다. 그러나 2009년을 지나면서 트래픽이 급격히 줄었고(페이스북의 성장이 가장 결정적인 타격이라고 보는 해석이 많다.) 그해 12월 말레이지아의 MOL 글로벌에 2,640만 불에 매각되었다. 2011년 6월부터는 SNS 서비스를 중단하고 소셜게임 사이트로 전환했다.

프렌스터의 몰락에는 몇 가지 원인이 있다. 첫째는 급격히 성장하는 트래픽을 감당하지 못한 미흡한 기술력이다. 프렌스터는 제2의 구글이 될 거라고 생각하면서 덩치만 키웠지 실제로 반드시 해야 하는 기술 혁신을 등한시 했고, 사용자들은 계속된 사이트 오류에 불만이 컸다. 두 번째 문제는 사용자들의 사회적 마찰이다. 데이트 파트너로 추천된 사람들이 직장 상사거나 옛 동창인 경우가 발생한 것이다. 본인의 성적 취향을 밝히고 싶지 않은 사용자들에게 이런 문제가 프렌스터를 떠나게 했다. 세 번째는 정책적 실수였다. 프렌스터에서는 나와 네 단계까지 연결된 친구의 프로필만 볼 수 있었다. 따라서 새로운 사람을 만나기 위해 더 많은 프로필을 보려면 친구를 늘려야만 했기 때문에 사람들은 무작위로 친구를 늘리기 시작했다. 문제는 수많은 사람들이 본인의 아이덴티티를 거짓으로 올려서 사용자들을 속이게 된 것이다. 페이크스터[Fakester]라는 말이 나올 만큼 신뢰할 수 없는 프로필이 마구 생성되면서 사용자들은 프렌스터를 멀리하게 되었다.

2.5 최초의 글로벌 SNS 마이스페이스의 흥망성쇠

2003년부터 2005년까지는 지금 우리가 아는 많은 메이저 소셜미디어 회사들이 탄생된 시기다. 이는 웹 2.0에서 강조한 기술과 새로운 비즈니스 모델이 구글, 야후, 아마존, 이베이 시대를 넘어서기 위한 에너지가 모여서 폭발적인 힘을 발휘한 시기라고 볼 수 있다. 미국의 벤처 캐피탈도 2000년대 중반에 오면서 누가 제2의 구글이 될 것인가를 겨냥해 전략적 투자를 하기 시작했다. 구글이나 야후는 웹 2.0 기반 회사들의 새로운 사업 모델이나 이에 참여한 역량 있는 기술자와 사업가를 지속적인 인수 합병을 통해 끌어들이고 사업에 변화를 꾀했다.

마이스페이스[MySpace]는 2003년에 창업된 가장 유명한 회사다. 또 전문 인력과 기업을 위한 비즈니스용 SNS인 링크드인과 라틴 아메리카 지역에서 인기를 얻은 하이파이브[hi5.com], 그리고 사진 저장과 공유를 위한 포토버킷[photobucket.com], 북마크 공유 사이트 딜리셔스$^{delicious.com}$, 영국의 음악 전문 서비스 라스트에프엠$^{last.fm}$, 그리고 가상 세계를 통해 새로운 소셜 공간을 제공한 세컨드라이프 $^{secondlife.com}$를 들 수 있다. 이 중 우리가 살펴 볼 서비스는 마이스페이스, 딜리셔스, 링크드인이다. 그중에서도 링크드인은 지금도 가장 영향력 있는 SNS 중 하나이기 때문에 3장에서 따로 다루고자 한다.

마이스페이스는 2003년에 실리콘 밸리가 아닌 로스앤젤레스 비버리힐스에서 탄생했다. 마이스페이스 창업에 관여한 팀은 여러 명이 있지만 가장 알려진 것은 크리스 드울프$^{Chris\ DeWolfe}$와 톰 앤더슨$^{Tom\ Anderson}$이다. 둘은 2000년 엑스드라이브^{XDrive}라는 회사에서 만난 동료다. 엑스드라이브가 문을 닫은 후 두 사람은 리스폰스베이스^{ResponseBase}라는 다이렉트 마케팅 회사를 차렸고 이 회사는 곧 이유니버스^{eUniverse}라는 회사에 매각된다. 이들이 이유니버스에서 프렌스터의 급부상을 본 후 만든 것이 마이스페이스다.

스웽크^{Swank}라는 밴드의 리드 싱어였던 앤더슨의 영향과 로스앤젤레스라는 지역 특성에 힘입어 마이스페이스는 뮤지션과 아티스트의 가입을 유도할 수 있었고, 이에 따라 젊은 세대에게 자유와 자기 표현, 예술 감각, 스타와 팬의 교류 등의 문화를 만들어 내면서 빠른 속도로 성장했다.[*]

2005년에 이미 35만 명의 밴드와 아티스트를 확보하고 2,500

---

[*] 톰 앤더슨은 마이스페이스에 처음 가입하면 무조건 친구로 등록되었다. 따라서 앤더슨의 얼굴은 누구에게나 알려졌다. 어떻게 보면 마이스페이스는 톰 앤더슨이 이끌어 낸 문화라고 볼 수 있다. 앤더슨은 최근에도 페이스북, 트위터, 구글플러스에서 활동하면서 많은 팬을 거느리고 있다.

만 명의 사용자를 보유한 마이스페이스는 모회사 인터믹스[Intermix]의 다른 30개 사이트와 함께 루퍼트 머독의 뉴스 코퍼레이션[News Corporation]에 5억 8,000만 불에 인수된다.[11] 이후 2008년까지 마이스페이스는 전 세계 SNS의 왕좌를 차지했고 앤더슨과 드울프는 가장 촉망받는 창업자로 언론의 사랑을 받는다. 심지어 2006년에 사용자가 1억 명을 돌파했고 마침내 6월에는 구글을 제치고 미국 내 1위의 사이트로 등극하기도 했다.[12] 2007년 마이스페이스의 가치는 120억 불로 추정되었다. 구글은 2006년 3년 계약으로 9억 불을 지불하면서 마이스페이스의 모든 문자 광고와 검색 권리를 얻었다.[13] 이 계약은 안정적인 매출을 제공해 준 반면에, 가뜩이나 광고가 많았던 마이스페이스 페이지에 더욱 많은 광고가 노출되어 오히려 마이스페이스의 몰락을 불러왔다고 분석하는 전문가들도 있다.[14]

2010년 사용자가 1억 3,000만 명으로까지 성장했던 마이스페이스는, 2008년 4월에 전 세계 UV에서 페이스북에 뒤지고 2009년 5월에는 미국 내에서도 뒤처졌다. 2011년 1월과 2월에는 단 두 달 만에 1,000만 명의 사용자를 잃기도 했다. 여러 번의 구조 조정을 겪던 마이스페이스는 결국 2011년 6월 스페시픽 미디어 그룹[Specific Media Group]과 가수 저스틴 팀버레이크에게 3,500만 불에 매각됐다.

마이스페이스는 팝 문화와 음악뿐만 아니라 소위 소셜게임의 산실이 되었고, SNS를 일상화시키면서 많은 사회, 법률, 문화 이슈를 불러 일으켰다. 앞으로 이 책에서 거론될 많은 사회적 이슈는 외국에서 이미 마이스페이스 시대를 겪으면서 나타났던 문제들이다.

왜 마이스페이스가 몰락하게 되었는가에 대해 여러 가지 분석이 가능하지만 그 중 많은 전문가들이 인정하는 첫 번째는 서비스의 포지셔닝과 정체성의 문제였다. 마이스페이스는 어린 세대를 주 타겟으로 삼았고 대부분의 디자인과 기능이 어린 세대에 맞춰져 있었다. 화려하지만 복잡하고 자유분방한 디자인과 기능들은 다른 세대로 확산되기 어려운 점이 있었다. 또한 SNS에서 엔터테인먼트 미디어 사이트로 방향 전환을 시도했으나 이는 사이트의 본질을 혼란스럽게 만들었다.

두 번째는 기술 혁신의 부족이다. 페이스북이 지속적인 기술 혁신으로 사람들에게 새로움과 놀라움을 제공하는 동안 마이스페이스는 기술 문제를 계속 일으켰다. 더군다나 주요 경영진이 기술을 전혀 이해하지 못하는 상황에서 전체 기술 개발은 혼란으로 치닫고 주요 엔지니어들은 새로운 도전을 찾아 떠났다. 이로 인해 제품 개발 과정에 혼란이 있었고 페이스북을 따라 잡을 기회를 놓쳤다.[15]

세 번째는 투자자의 무지와 지나친 매출 압박에 의한 경영상의 실수다. 마이스페이스를 인수한 뉴스 코퍼레이션의 입장에서 마이스페이스는 작은 비즈니스였고 따라서 지속적인 손실이 발생해도 누구도 문제 삼지 않았다. 그런데 2007년 머독이 마이스페이스의 매출이 10억 불에 이를 것이라고 예측하면서, 모든 경영진은 사용자 경험이나 서비스 경쟁력보다는 매출을 올리는 데만 급급했다. 구글과의 광고 계약이 오히려 독이 된 사례도 이러한 결과에 대한 방증이다.

2.6 공유의 범위를 넓힌 딜리셔스

딜리셔스는 우리가 즐겨찾는 웹 페이지 주소를 저장하는 북마크를 공유하게 만들었다. 소셜 북마킹이라는 새로운 분야를 창출한 딜리셔스는, 모건 스탠리^{Morgan Stanley}의 애널리스트였던 조슈아 새크터^{Joshua Schachter}가 2003년에 시작한 서비스로 2005년 3,000만 불에 야후에 인수되었다.[16]

딜리셔스는 '도메인 해크^{domain hack}'라는 방식으로 'delicious'가 아닌 'del.ico.us'를 도메인으로 사용했고 이 방식은 한동안 여러 서비스에 채택되는 유행을 보였다. 딜리셔스의 가장 큰 특징은 저장된 정보를 찾거나 새로운 정보를 찾아내기 위한 검색의 수단으로 '태그'를 도입해 새로운 정보 공유와 검색 방식을 활성화시킨 것이다. 이에 따라 태그에 관련된 많은 연구들이 딜리셔스를 대상으로 이루어졌다.

2008년 말에는 530만 사용자와 1억 8,000만 개의 북마크가 저장되기도 했으나, 야후의 무관심과 운영에 불만을 가진 새크터가 2008년 6월에 야후를 떠나면서 딜리셔스는 점점 그 위상을 잃게 됐다. 2011년 4월 야후는 딜리셔스를 유튜브^{YouTube} 창업자인 채드 헐리^{Chad Hurley}와 스티브 첸^{Steve Chen}이 만든 에이보스 시스템즈^{Avos Systems}에 매각했다. 이들은 딜리셔스를 완전히 새로운 UI로 변화시켜 핀터레스트^{Pinterest}와 유사한 느낌을 주는 버전을 선보였으며, 여러 개의 링크를 모아놓을 수 있는 '스택^{stack}'이라는 개념을 소개했다.

2004년 역시 소셜미디어 역사에서 큰 사건들이 많이 생긴 격동의 해였다. 오늘날 가장 중요한 서비스인 페이스북[facebook.com]이 하버드 대에서 창업되었고, 사진 공유 사이트 플리커[flickr.com]가 캐나다 밴쿠버에서, 믹시[mixi.jp]가 일본에서 론칭했다. 또한 후에 포스퀘어[Foursquare]를 창업한 데니스 크라울리[Dennis Crowley]의 닷지볼[dodgeball.com]의 서비스가 시작되었고, 소셜 뉴스로 몇 년간 큰 주목을 받은 디그닷컴[digg.com], 커스텀 SNS 생성 플랫폼인 닝[ning.com] 역시 2004년에 개발이 시작되었다. 구글의 터키계 엔지니어 오커트 부유콕텐[Orkut BuyuKkoten]이 개발한 SNS인 오커트[orkut.com]가 조용히 등장한 것도 이때다. 오커트는 인도와 브라질에서 특히 인기를 끌었고, 2008년 8월부터는 아예 운영을 구글 브라질에서 담당했다. 현재도 운영되며 3,300만 가입자를 보유하고 있다.

2.7 사진 공유로 미디어 공유의 가치를 알려준 플리커

플리커[Flickr]는 부부 사이인 스튜어트 버터필드[Stewart Butterfield]와 카테리나 페이크[Caterina Fake]가 루디코프[Ludicorp]라는 밴쿠버 소재 게임 회사에서 만들었다.* 초기 버전은 다중 사용자를 위한 사진 공유 기능이 있는 채팅방이었다. 그러나 곧 사진 저장과 공유 중심으로 바꿨다.

2005년 야후는 3,500만 불에 플리커를 인수하고† 모든 데이터를

---

* 버터필드가 아내를 얻기 위해 노력한 이야기는 IT 업계의 유명한 로맨스이다.
† 나는 이때 마침 밴쿠버의 한 회사와 회의하러 갔었는데, 상대방이 환한 미소를 짓고 나타났다. 자기가 플리커 초기 투자자인데 야후가 오늘 인수한다고 발표했다고 하는 얘기를 전해주었다.

2장 소셜미디어의 태동과 발전   67

미국으로 이전했다.[17] 2008년부터 비디오 업로드 기능을 시작했고 2009년 3월에는 HD급 비디오를 업로드하고 재생할 수 있게 했다. 플리커는 전형적인 프리미엄^{Freemium} 사업 모델을 갖고 있다. 기본 기능은 무료지만 더 많은 용량이나 기능이 필요한 사람에게는 유료로 서비스를 제공하는 방식이다. 플리커는 2011년 6월 기준으로 5,100만 명의 등록 사용자를 갖고 있으며 전 세계 기준으로 8,000만 명의 UV를 갖고 있다. 또 2013년 5월 기준으로 60억 장의 사진이 업로드 되어 있다고 한다.[18]

그러나 야후 임원조차 잘 사용하지 않는 분위기에서 플리커 역시 그 성장 동력을 상실했다. 2008년 두 창업자는 야후를 떠났고, 이후에 인원 감축이 꾸준히 이루어졌으며, 야후는 인수 이후에 딜리셔스와 마찬가지로 플리커의 성장 기회도 놓쳤다는 비판을 받는다. 한 조사에 의하면, 2012년에만 플리커의 트래픽이 40% 하락했다. 야후는 한때 웹 2.0 회사들을 적극적으로 인수하면서 소셜미디어 시대를 대비하여 대변신을 꾀한다고 인정 받았으나, 실제로는 인수한 대부분의 회사들이 내부 경영진의 무관심을 극복하지 못하고 자생력을 잃고, 흡수한 주요 인력이 회사를 떠나는 실패의 길을 걸었다.

이제 웹에서 가장 큰 사진 공유 사이트는 페이스북이며, 모바일 기반 인스타그램 등의 등장과 성장으로 플리커 시대는 이미 저물고 있었다. 그러나 야후의 새로운 CEO 마리사 메이어$^{Marissa\ Mayer}$는 이러한 예측을 넘어서 플리커에 새로운 전환을 마련했다. 2013년

5월 야후는 완전히 변신한 플리커를 세상에 내놨다. 무료 저장 공간을 1테라바이트나 제공하면서 새롭고 세련된 이미지 중심의 UI로 탈바꿈했다.[19] 이는 핀터레스트나 텀블러의 UI가 젊은 세대에게 크게 각광 받는 흐름을 따른 것으로 보인다. 마리사 메이어는 "플리커가 한때 부침을 겪었으나 이제 다시 멋져졌다고 선언하면서 8,900만 명의 사용자가 80억 장의 이미지를 저장하고 있다."고 밝혔다.

나중에 등장한 사진 중심의 소셜미디어 사이트에 비해서 플리커가 가장 강점으로 내세울 수 있는 점은 큰 용량과 고화질 사진을 중심으로 한 새로운 사진의 베이스 캠프라는 점이었다. 플리커와 이를 기반으로 다양한 소셜네트워크에 접근하게 하는 전략을 추진해 나갈 것이다. 이러한 전략의 기반은 사용자들이 콘텐트를 일단 한 번 저장하고 나면 다른 곳으로 쉽게 옮기지 못하는 특성이 주효하게 작용했다. 또한 이미 빛 바랜 브랜드로 여겨졌던 서비

그림 2-6 완전히 새로워진 플리커 화면 (이미지는 나의 플리커 홈 모습)

스도 새로운 감각으로 재탄생할 수 있음을 보여준 것이 플리커 변신의 의의라고 할 수 있다.

2.8 소셜 뉴스의 원조 디그닷컴

디그닷컴^{digg.com}은 케빈 로즈와 그 동료들이 개발한 소셜 뉴스 서비스로 사용자들이 발견한 웹 콘텐트를 공유하고 추천하는 기능이 기본이다. 사용자가 자기가 좋다고 생각하는 웹 페이지를 디그닷컴에 게재하면 다른 사용자들이 투표를 한다. 좋다고 생각하면 '파고^{dig}', 그렇지 않으면 '묻는^{bury}' 것이 기본 투표 방식이다. 이런 식으로 중요한 뉴스나 웹 페이지를 사용자의 참여에 의해 결정하는 집단 지성을 활용하고자 했던 것이다. 서비스는 2008년 한 해 동안 2억 3,600만 명의 방문자를 기록할 정도로 큰 인기를 끌었다. 디그닷컴에 올라간 웹 페이지는 갑자기 트래픽이 폭증하기도 했는데 이를 '디그 효과'라고 불렀다.

그러나 점차 디그마피아^{Digg Mafia}라 불리는 일부 사용자들이 자신들에게 유리하거나 원하는 내용만을 집중적으로 디그하면서 이런 방식의 소셜 뉴스 서비스의 가치와 방법의 유효성에 대해 의구심을 불러일으켰다. 더군다나 디그닷컴의 영향력이 커지면서 돈을 받고 이야기를 띄워주는 행태까지 발생하면서 신뢰에 큰 타격을 입었다. 디그닷컴의 투자자들은 2006년부터 디그닷컴을 매각하려고 노력했고 2008년에 구글과 2억 불에 인수 협상을 벌였으나 구글은 실사 과정에서 철회했다. 결국 2012년 7월 디그닷컴은 세 부문으로 나뉘어 매각되는데, 브랜드와 웹사이트, 기술은 50만 불에 베타웍스[Betaworks]에, 인력은 1,200만 불에 「워싱턴포스트」의 소셜코드 프로젝트에, 갖고 있던 특허는 링크드인에 400만 불에 넘어간다.

디그닷컴이 우리에게 주는 교훈은 그룹의 투표로 대중의 지혜를 얻는 방식이 생각보다 쉽지 않다는 점과 이에 대한 악용을 어떻게 막을 것인가 하는 점이다. 또 군중이 몰려들어 의도적인 왜곡을 가하거나 서로 영향받는 환경에서 집단지성을 어떻게 구현해야 하는가에 대한 연구 과제 또한 남았다. 이는 우리나라의 다음 블로거 뉴스(지금의 다음 뷰) 서비스도 마찬가지다.[*]

2005년에도 소셜미디어에는 주목할 만한 몇 개의 서비스가 등장했다. 첫 번째가 유튜브고, 그 다음으로 국내에서는 크게 활성화되지 않았지만 미국에서 영향력이 큰 또 다른 소셜 뉴스 서비스인 레딧[Reddit]이다. 이 밖에 야후의 야후!360, 비보[Bebo] 등의 SNS가 등장했고, 페이스북은 고등학생까지 문호를 개방했다. 유튜브 역시 오늘날 가장 중요한 소셜미디어이기 때문에 3장에서 자세히 다룰 것이다.

2006년의 주목할 만한 사건은 바로 트위터[Twitter]의 탄생이다. 트위터 역시 3장에서 따로 다룰 예정이다. 그해 페이스북은 모든 사람에게 개방되었고, 급격한 성장을 보이면서 공유된 사진 수가 40억 장을 넘기면서 1위로 올라섰다. 중국에서는 QQ가 론칭했으며,

---

[*] 실제로 2009년 나는 다음 블로그 뉴스팀과 같이 투표 알고리듬을 개선하는 연구를 수행했고 결과를 제1회 국제 소셜컴퓨팅 학회에서 발표한 적이 있다.

한국의 싸이월드가 미국 진출을 시도했다.

쇼핑 분야에서도 새로운 도전이 시작되었다. 친구나 지인과 함께 쇼핑 정보를 공유하거나 제품을 소개하고 추천하는 기능을 중심으로 소셜 쇼핑 분야에서 새로운 스타트업들이 나타나기 시작했고 '스타일하이브Stylehive.com'가 2006년에 처음 문을 열었다. 2005년에 이미 야후의 쇼포스피어Shoposphere와 위스츠Wists가 등장했고, 스타일하이브의 뒤를 이어 카부들Kaboodle 등* 소셜 쇼핑 전문 사이트가 속속 등장하기 시작했다. 사실 소셜 쇼핑이라는 단어를 시장에 알린 것은 야후다. 이와 비슷한 성격을 가진 엣시닷컴Etsy.com은 지금까지 서비스를 운영하고 있다. 이런 소셜 쇼핑 사이트들은 공동 구매 방식의 그루폰Groupon이나 리빙소셜LivingSocial과 달리, 회원 간 쇼핑 정보 공유와 구매 과정 협의를 더 중요한 기능으로 하는 서비스다.

2007년에 등장한 프렌드피드FriendFeed.com는 구글의 핵심 엔지니어들이 나와서 만든 실시간 피드 통합 서비스로 여러 소셜미디어에서 생성한 콘텐츠를 한 곳에서 받아보는 서비스였으며, 새로운 개념의 소셜 검색에 도전했다. 이를 높이 평가한 페이스북은 프렌드피드를 2009년에 5,000만 불에 인수한다.[20] 이후 프렌드피드의 CEO였던 브렛 테일러Bret Taylor가 페이스북의 기술 총괄 임원이 됐다. 테일러는 구글맵과 맵용 API를 만든 핵심인물이었고, 토네이도

---

* 카부들은 2007년에 허스트 인터랙티브 미디어(Hearst Interactive Media)에 3,000만 불에서 4,000만 불 정도로 매각되었다.

^Tornado^ 웹 서버를 만들기도 했다. 테일러는 2012년 6월에 페이스북을 떠나 새로운 회사를 창업한다고 선언했다.*

2008년과 2009년에 일어난 굵직한 사건은 페이스북의 프렌드피드 인수와 함께 위치 기반 SNS인 포스퀘어의 등장이다. 또 이 기간 동안 페이스북과 트위터가 본격적으로 성장했고, 유튜브가 미디어 공유 서비스로 독보적인 위치를 차지하기 시작했다. 페이스북이 마이스페이스를 1위 자리에서 끌어 내렸으며, 강력한 서비스들이 많이 나타났지만 페이스북과 경쟁하기보다는 오히려 페이스북의 플랫폼을 활용하는 방식으로 변하기 시작했다. 이 시기를 통해 강력한 메인 소셜미디어 자리를 차지하는 주요 서비스의 역량이 타 서비스와 구별되기 시작했으며, 시장 최강자의 윤곽이 드러나기 시작했다.

다음 장에서는 세상을 변화시킨 5대 주요 소셜미디어 서비스를 좀 더 깊이 살펴보자.

---

* 브렛 테일러의 신규 회사는 퀍(Quip.com)으로 모바일 기반의 협업적 문서 작성용 앱을 출시했다.

3장 | 세상을 뒤흔든 5대 소셜미디어 서비스

3.1 평행 인터넷 페이스북

페이스북의 탄생

2003년 10월 23일 하버드 대학 기숙사에서 탄생한 페이스매시 facemash.com는 순식간에 화제가 되었다. 두 명의 학생을 놓고 '핫'한

그림 3-1 미국 실리콘 밸리 멘로파크에 위치한 페이스북 본사. 주소가 '1 해커웨이(Hacker Way)'이다.

지 아닌지를 투표하는 이 서비스는 마크 주커버그$^{Mark\ Zuckerberg}$가 대학교 데이터베이스를 해킹해서 만들어 낸 것이었다.* 며칠 뒤 이 서비스는 학교에 의해 폐쇄됐다. 하지만 마크 주커버그는 사람들이 인터넷을 통해 친구 사진을 보는 것에 열광한다는 사실을 간파했고 이것이 페이스북^{Facebook} 탄생의 밑거름이 되었다.

그림 3-2 하버드 대학 신문 「하버드 크림슨」에서 보도한 페이스매시에 관련된 조처 내용

주커버그는 2004년 1월 11일 thefacebook.com 도메인을 정식 등록하고 2004년 2월 4일에 사이트를 오픈했다. 룸메이트 더스틴 모스코비츠$^{Dustin\ Moskovitz}$의 증언에 의하면 사이트를 오픈하자마자 하루 만에 1,200명 가량이 등록했다고 한다. 초기에 스탠포드, 예

---

* 사실 이 서비스는 2000년에 등장한 'hot or not' 서비스를 흉내낸 것이다.

일, 콜롬비아 등 유명 대학을 중심으로 확장한 페이스북은 2004년 6월에 미국 30여 개의 캠퍼스로 퍼져나가 15만 명의 대학생 회원을 확보했다. 같은 해 12월 말에 이미 100만 명의 회원을 확보한 페이스북은 고등학교, 대학교 출신 직장인 순서로 회원을 확대하면서 급속히 성장했다. 페이스북의 설립과 성장 과정은 이미 많은 책과 보도를 통해 널리 알려졌다. 그중 가장 참고하기 좋은 책은 유명 저널리스트 데이비드 커크패트릭이 직접 취재해 쓴 『페이스북 이펙트』(에이콘출판, 2010)다. 이 책에는 페이스북의 창업 과정과 성장 과정이 담겨있다.*

초기 페이스북 성장에 큰 기여를 한 사람은 냅스터의 공동 창업자 숀 파커$^{Sean\ Parker}$다. 2004년에는 페이팔^{PayPal}의 창업자인 피터 씨엘$^{Peter\ Thiel}$로부터 50만 불의 개인 투자를 받았다. 피터 씨엘은 투자의 대가로 지분을 10.2% 받았으며, 이는 사업 가능성에 큰 확신을 심어주는 상징적인 사건이었다. 2005년 5월 액셀파트너스$^{Accel\ Partners}$는 1,270만 불을 투자했고† 2007년 10월 24일에는 마이크로소프트가 1.6%의 지분을 2억 4,000만 불에 사들였다.

2006년에는 야후의 페이스북 인수설이 나돌았다. 야후의 제안은 10억 불이었고 주커버그도 이에 동의했다. 그러나 나중에 페이스북의 주가가 떨어져서 실제 인수가가 10억 불 아래로 떨어지자

---

* 나는 실제로 「포춘」의 수석 기자였던 데이비드 커크패트릭이 책을 썼다는 것에 큰 인상을 받았고, 에이콘출판사에서 출간된 이 책의 추천사를 썼다.
† 2007년에 나는 액셀파트너스의 한국계 파트너와 서울에서 저녁식사를 할 기회가 있었는데, 내가 페이스북 투자는 정말 잘한 것 같다고 하자, 그는 만족해 하면서 이 투자는 자기들에게 대박을 안겨줄 것이라고 했다.

주터버그는 매각을 철회했다. 그 후 구글이 20억 불을 제시했다는 뉴스가 블로그와 언론을 통해 흘러나왔으나 성사되지는 않았다. 그 당시 AOL, 바이어컴^{Viacom}, NBC, 마이크로소프트 등 많은 기업들이 페이스북 인수에 관심이 있었다. 심지어 나중에 페이스북에 인수된 프렌드피드까지 이때까지만 해도 페이스북 인수 의향이 있었다고 한다.[2]

페이스북의 성장

2009년 5월 페이스북의 트래픽은 처음으로 마이스페이스를 넘어섰다. 8월에는 프렌드피드를 인수했고 9월에는 처음으로 흑자를 냈다고 발표했다. 프렌드피드의 인수는 서비스보다는 인력 확보를 위한 수단이었는데 프렌드피드는 지메일을 만든 폴 버크하이트$^{Paul\ Buckheit}$를 비롯해 구글 출신인 브렛 테일러, 짐 노리스$^{Jim\ Norris}$, 산지브 싱$^{Sanjeev\ Singh}$ 등 막강한 인력으로 구성되어 있었다. 구글맵을 만든 브렛 테일러는 2012년 여름까지 페이스북의 기술 총괄을 맡았다.[3]

   2010년 4월 21일에 페이스북은 F8(페이트라고 읽음) 개발자 컨퍼런스에서 오픈 그래프 프로토콜과 그래프 API를 소개하고 다양한 소셜 플러그인을 공개했다. 이 때 등장한 것이 '좋아요', '공유', '추천' 버튼이다. 특히 가벼운 공감을 나타내는 '좋아요' 버튼은 이후 페이스북의 상징이 되어 2013년 그래프 검색*이 등장할 때까지 회사 입구의 상징물이었다.

---

  * 소셜 그래프 검색의 의미에 대해서는 14장에서 다루고자 한다.

그림 3-3 페이스북 본사 앞에 있던 '좋아요' 버튼 상징물. 많은 사람들이 그 앞에서 같은 손 모양을 하고 사진을 찍곤 한다.

다음 해 F8 컨퍼런스에서 사용자의 프로필과 함께 모든 포스팅을 시간순으로 보여주는 타임라인을 선보였으며 2013년에 디자인을 다시 변경했다. 2011년에는 또한 좀 더 광범위한 버전의 오픈 그래프를 소개하고 페이스북 크레딧^{Credit}을 통해 새로운 수익원을

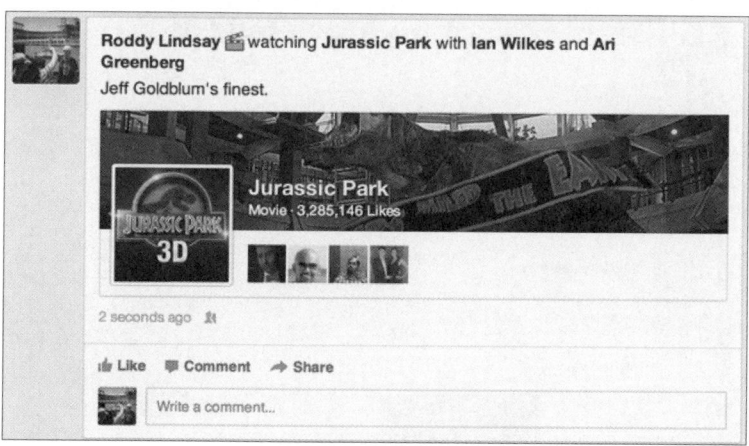

그림 3-4 사용자들이 다양한 행동을 표현할 수 있는 기능

얻고자 하는 방향을 설정했다. 또한 사용자들이 단지 '좋아요'를 표현하는 것을 넘어, 사용자의 다양한 행동을 포스팅하고 이를 공유하겠다는 전략 방향을 제시했다. 2013년 4월에 이를 구체화해서 사람들이 행동을 공유하고자 할 때, 무엇을 보고, 읽고, 듣고, 먹고, 마시는가에 대한 표현을 포스팅할 수 있는 기능을 소개했다.

2013년 2월에는 그래프 검색 기능을 발표함[4]으로써, 페이스북 상에서 표현된 더 상세한 정보와 관계를 기반으로 친구나 사진, 장소를 검색할 수 있게 되었다. 영어권에서는 2013년 7월부터 서비스가 시작되었고, 9월에는 상태 포스팅, 댓글, 사진 설명, 노트, 체크인까지 검색 영역이 확장되었다.[5] 이 기능은 전체 사용자에게 확대 적용되고 있다.

2013년 6월에는 트위터 기능 중 가장 눈에 띄는 기능인 해시태

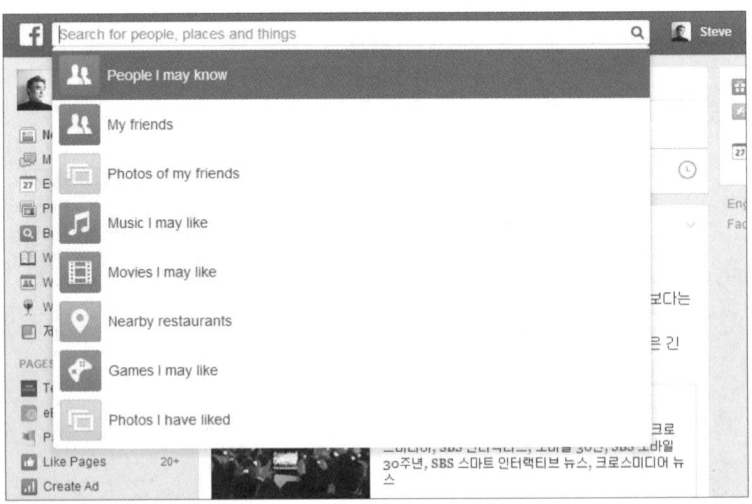

그림 3-5 그래프 검색의 주요 기능

그를 도입해 전격 채택했다.[6] 해시태그를 클릭하면 친구들이 올린 포스팅과 사용자들이 공개적으로 올린 가장 최근의 포스팅을 모아준다. 그림 3-6처럼 #PRISM이라는 해시태그를 클릭하면 이와 관련된 포스팅을 모아서 볼 수 있다. 페이스북은 공식 블로그에서 해시태그에 대해 '다른 사람들이 특정 주제에 대해 어떤 얘기를 하는지 알려주고 공공 대화에 참여하게 하는 첫 발'이라고 설명했다. 트위터와의 차이점은, 트위터는 대중의 의견을 모으는 데 의미를 둔 것이라면, 페이스북은 지인들의 의견을 들여다 보는 것에 더 비중을 두었다는 점이다.

페이스북은 2012년 2월 1일 기업 공개를 단행했다. 페이스북은 실 사용자$^{active\ user}$가 8억 4,500만 명이고 매일 27억 건의 '좋아요'와 댓글이 생성되는 세계 최대의 SNS로 성장했다. 상장 가격은 주당 38불로 회사 가치가 1,040억 불이었다. 흥미로운 것은 상장 시 주커버그의 지분이 22%였는데 투표할 수 있는 권리는 57%로 회사 경영의 거의 모든 결정권을 갖고 있었다는 점이다. 상장할 때 제출한 자료를 바탕으로 2012년 페이스북의 주요 지표를 살펴보자.[7]

- 월간 실 사용자 10억 6,000만 명 (2011년에 비해 25% 성장)
- 일간 실 사용자 6억 1,800만 명
- 모바일 사용자 6억 8,000만 명
- 친구 관계 1,500억 건
- 하루에 업로드 되는 사진 3억 5,000만 장

그림 3-6 페이스북 해시태그 사용 예 [출처: 필자 페이스북을 통한 검색]

- 공유되는 사진 하루 2,400억 장
- 하루 평균 27억의 '좋아요' 생성

- 10개 이상 '좋아요'를 받은 페이지 5,000만 개
- 평균 친구 수 141.5명

페이스북은 분기별 주요 경영 실적을 발표한다. 이에 따른 사업의 현황과 전망을 많은 언론과 시장조사 기관에서 다음과 같이 인용, 발표하고 있다.

- 페이스북 광고는 2013년 미국 전체 디지털 광고의 7.4%, 전 세계 기준으로 5.64%를 차지할 것으로 예상된다. 구글의 31.91%에 비하면 아직은 격차가 크다.[8]
- 모바일 광고는 미국 전체에서 9%에서 16%로 크게 성장했다. 그러나 41.5%는 아직 구글 차지다.
- 2013년 4사분기 실적과 주요 데이터
  - 월간 실 사용자 12억 2,800만 명. 일간 실 사용자 7억 5,700만 명. 일간 실 사용자는 월간 사용자 대비 62% (2012년 4사분기에 비해 16.3% 성장)
  - 모바일 사용자 월 9억 4,500만 명. 일 년 전에 비해 39% 성장. 모바일만 이용하는 사용자 2억 9,600만 명
  - 2013년 전체 매출 78억 9,900만 불. 4사분기 매출은 25억 8,500만 불이고, 이 중 모바일 광고 수입이 전체 매출의 53%. 2사분기 다른 매출은 2억 4,100만 불
  - 1인당 매출은 2.14불로 일 년 전 1.54불에 비해 크게 성장

- 광고주는 100만 이상이고 지역 광고주가 빠르게 성장 (2사분기 기준)

페이스북의 성장 요인과 경쟁력

페이스북의 성장 이유를 사회 현상이나 SNS의 유행으로 보는 시각이 있으나 그보다 더 중요한 핵심 요인은 기술의 탁월성과 전략적 의사 결정이다.

첫 번째 페이스북의 차별화 전략은 뉴스피드^{newsfeed}의 도입이었다. 그 전까지 대부분의 SNS는 친구의 상태 변화나 새로운 포스팅을 보려면 친구의 메인페이지를 일일이 방문해야 했다. 싸이월드의 경우에도 일촌이 사진을 올리거나 스킨을 바꾸거나 새로운 글을 썼다는 업데이트 소식은 알 수 있지만, 그 내용은 친구의 미니

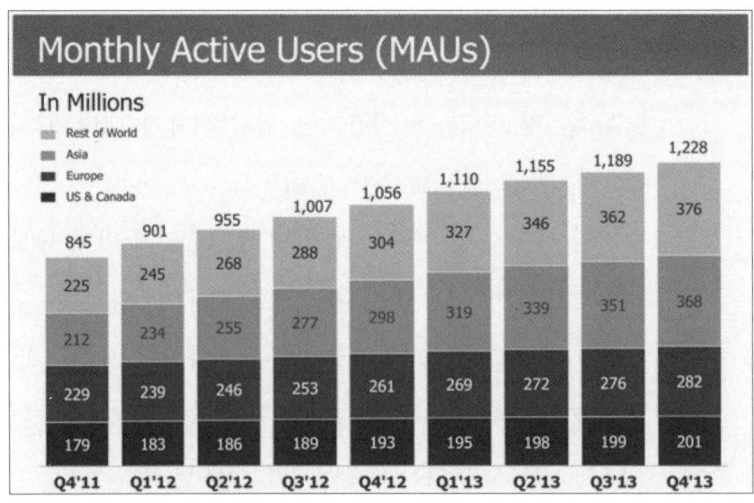

그림 3-7 페이스북의 사용자 증가 추세 [출처: 페이스북]

홈피를 돌아다니면서 확인해야 했다.* 2006년 페이스북은 내 담벼락에 친구의 업데이트가 발생한 내용(피드라고 부른다)을 모아서 하나의 스트림으로 보여주는 방식을 채택했다.⁹ 사용자들은 친구의 홈을 방문하지 않았는데도 글을 다 보여주는 이 방식을 초기에는 부담스러워했으며, 내가 원치 않음에도 내 포스팅이 친구들에게 노출되는 것에 매우 부정적이었다. 그러나 차차 이 방식이 훨씬 더 편하다는 것을 알게 되었고 친구들의 업데이트를 모아서 한 번에 보는 것에 익숙해지기 시작했다. 그러나 그와 동시에 페이스북의 프라이버시 정책에 대한 문제점이 불거지기 시작했다.

2009년 3월에는 공인이나 기관의 새로운 프로필을 소개하는 기능을 추가했고 글을 업데이트하는 방식에 편의성을 제공했다. '지금 무슨 생각을 하고 계신가요?'라는 질문이 쓰인 입력창을 상단부로 올리고, 텍스트뿐 아니라 링크, 사진, 비디오 등의 업로드를 가능하게 해서 본격적인 출판의 개념을 도입했다. 2011년에는 티커ticker를 소개했는데 이는 상단 우측에 실시간으로 친구의 행동을 표시해주는 뉴스피드의 확장형이다. 이후에도 뉴스피드는 조금씩 개선과 변경을 시도하고 있다. 2013년 1월에는 사진을 부각시키고 모바일 기기와 뷰를 일치시키는 방향으로 변화가 이루어졌다.

사람들이 뉴스피드에 익숙해짐에 따라 뉴스피드의 기능은 점점 더 스마트해졌다. 친구들의 모든 업데이트를 시간순으로 보여주는

---

* 사실 싸이월드는 배경음악을 포함해서, 개인 미니홈피를 장식하고 꾸미는 다양한 기능을 도토리라는 가상화폐로 판매하는 사업 모델을 갖고 있기 때문에 각자의 미니홈피에 방문하도록 유도하는 정책을 벗어나기 어려웠다.

방식이 아니라, 사용자와 친밀도를 분석해서 친밀도가 높은 친구나 친구의 업데이트를 선별해서 보여주는 알고리듬(과거에는 '엣지랭크^{edgerank}'라고 불렀다.)이 뉴스피드의 내용과 순서를 결정했다.*

두 번째 차별성은 플랫폼 전략이다. 2007년 5월 24일에 페이스북은 누구나 페이스북 위에 새로운 응용프로그램을 동작시킬 수 있는 플랫폼화를 선언했다. 나는 이러한 페이스북의 플랫폼 공개가 소셜미디어 산업 역사상 가장 큰 혁신이었다고 생각한다. 일 년 뒤 제2회 F8 개발자 컨퍼런스에서 발표한 내용을 보면 3만 3,000개의 앱이 등장했고 등록된 개발자만 해도 40만 명이 넘었다.

플랫폼 전략의 또 다른 요소로는 페이스북 아이디를 통한 소셜 로그인 전략을 꼽을 수 있다. 소셜 로그인을 지원하는 사이트에는 별도의 회원가입 없이 페이스북 아이디로 로그인이 가능해졌다. 사용자에게는 편리성을 주고 협력 사이트에는 자연스럽게 페이스북에 있는 사용자 정보에 접근할 수 있는 기회를 제공해주는 소셜 로그인 기능은 급속도로 확대되었다. 소셜 로그인 기능은 2008년 F8 개발자 컨퍼런스에서 '페이스북 커넥트'로 소개했다가 2010년 F8에서는 '페이스북 로그인 소셜 플러그인'으로 이름을 바꿨다. 2010년 1월에 이미 8만 개가 넘는 사이트에서 페이스북 커넥트를 지원했고 이후 대부분의 SNS 서비스에서 제공하는 기본 기능으로 정착됐다. 지금까지 언급한 앱 연동이나 소셜 로그인의 연결 방식

---

* 엣지랭크에 대해서는 15장에서 자세히 검토한다. 이제 페이스북은 엣지랭크라는 표현을 사용하지 않는다.

을, 포괄적으로 오픈 그래프 통합이라 칭하는데, 페이스북이 밝힌 자료에 의하면 2012년 12월에 총 1,000만 개 이상의 앱과 웹사이트가 페이스북과 연결되어 있다.[10] 최근 잰레인(Janrain)의 조사에 의하면 페이스북을 통한 로그인이 46%, 구글플러스가 34%를 차지하며, 트위터는 6%를 차지한다.[11] 잰레인의 다른 조사에서는 87%의 사용자가 소셜 로그인을 알고 있으며, 반 이상이 사용해보았다고 대답했다 한다.

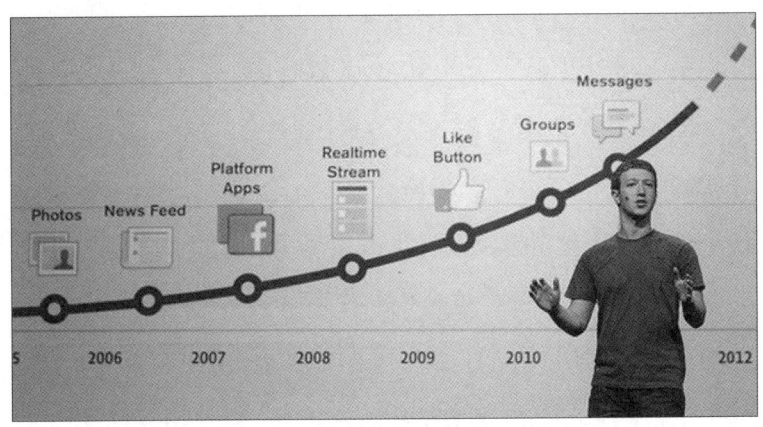

그림 3-8 페이스북의 지속적인 플랫폼 전략과 기능 확대

세 번째 페이스북의 경쟁력은 기술의 탁월성에서 비롯된다. 10억 명이 넘는 사용자, 25억 건의 공유, 매일 3억 장의 사진과 32억 건의 '좋아요'와 댓글을 실시간으로 처리하기 위한 기술은 누구나 쉽게 가질 수 없다. 페이스북은 데이터 대부분을 클러스터 하나에 보관하는데 저장 공간을 100페타바이트 이상 갖고 있다고 한다. 대용량 처리 수준은 30분마다 105테라바이트의 데이터를 스캔하

며, 하루에 500테라바이트 이상의 새로운 데이터를 소화한다.[12]

페이스북은 대부분의 영역에서 오픈 소프트웨어를 사용하는데, 데이터웨어 하우징을 위해 하둡 클러스터$^{Hadoop\ Cluster}$ 기반의 하이브^{Hive}를 사용한다. 저장은 HDFS, 실행은 맵리듀스^{MapReduce}를 활용한다. 대형 분산 처리 시스템을 위한 기반 기술을 바탕으로 자체 성능과 확장성을 개선해 사용한다. 주요 인프라에는 아파치 카산드라$^{Apache\ Cassandra}$, 플래시캐시^{FlashCash}, 스크라이브^{Scribe}, 스리프트^{Thrift}, 토네이도^{Tornado} 등이 사용된다. 페이스북의 데이터 센터는 오리곤 주 프라인빌에 두 곳이 있다.* 2012년 8월에 페이스북의 서버는 18만 대 정도로 알려졌는데, 2009년에 3만 대였던 것에 비하면 급속도로 늘어난 것이다. 2014년에는 노스캐롤라이나 포리스트 시티에 데이터 센터를 한 곳 더 지을 예정이고, 스웨덴 루리아에도 한 곳이 있는 것으로 알려져있다.[13]

페이스북은 2011년 4월 오픈 컴퓨터 프로젝트를 설립해서 서버 디자인을 공개하고, 더 효율적이고 확장 가능한 컴퓨팅 기술을 개발하고 공유하려는 노력을 하고 있다.[14] OCP에는 현재 50여 개의 기업이 참여하고 있으며 에너지 효율이 지금보다 24% 이상 높고 비용 절감이 38% 가능한 서버 하드웨어 제작을 목표로 한다. 페이스북 개발자를 위한 사이트에 가면 사내에서 사용하는 개발 도구와 하부 구조, 자신들이 공헌하는 다양한 소프트웨어 정보를 제공한다.

---

* 데이터 센터 하나가 33만 제곱피트 크기에 이른다.

페이스북의 향후 과제

2014년 4월 기준으로 페이스북의 사용자가 12억 8,000만 명을 넘어선 현재, 미국에서는 69%, 유럽에서는 48.7%, 아시아에서는 25.7%의 사용자가 페이스북을 사용한다.[15] 페이스북의 제품 담당 부사장 크리스 콕스^{Chris Cox}는 '페이스북은 더 많은 사람을 가입시키려는 회사가 아니다. 우리는 세상 모든 사람이 쓸 수 있는 서비스를 만들고자 한다.'라고 말했다. 많은 전문가들은 이제 페이스북은 그 자체로 또 다른 인터넷이라고 얘기한다. 전 세계 인터넷 사용자의 50%가 사용하는 서비스는 그 자체로 또 다른 세계라고 할 수 있다. 그러나 페이스북이 추가로 10억 명의 사용자를 확보하기란 쉽지 않을 것이다. 미국에서는 이미 포화의 조짐이 있고,[16] 해외에서의 증가율도 둔화되었다.

무엇보다 모바일 시대로의 변화에 어떻게 대응하느냐가 페이스북의 새로운 도전 과제다. 이미 주커버그는 페이스북이 '모바일 우선' 전략을 넘어서 '모바일 중심'의 회사로 변화했다고 선언했다. 지난 2013년 2사분기 실적 발표에서 페이스북 모바일 매출이 전체 광고 매출의 41%에 달했다는 (2012년 3사분기의 14%에서 괄목할 성장을 했다.) 발표를 보면 페이스북은 모바일 시장에 잘 안착한 것으로 보인다.[17] 소셜미디어의 모바일 전략과 현황에 대해서는 6장에서 상세히 설명할 것이다. 전 세계 모바일의 일 사용자 수가 2012년 4사분기에 처음으로 웹 사용자를 넘어섰다. 따라서 인터넷 기업들은 모바일 중심 전략에 더욱 큰 강조점을 두고 있다. 이를 위해 페이스북은 2,500종류의 단말기에서 페이스북을 서비스하고 있다. 특히 급부상중인 시장에서 발판을 마련하기 위해 전 세계 통신사업자와 협력 중이다. 매출의 53%가 모바일 광고에서 발생하기 때문에 페이스북은 이제 모바일 기업으로 변모하고 있다고 볼 수 있다. 그러나 모바일이 중심이 되는 젊은 세대가 페이스북보다는 타 서비스를 선호하는 경향이 있기 때문에 도전은 여전히 이어지고 있다.

이에 따라 페이스북은 적극적인 인수 합병을 추진하고 있다. 인스타그램을 10억 불에 인수한 후 모바일 기업을 계속 사들이고 있다. 새로운 개념의 메시징 회사인 스냅챗Snapchat을 30억 불에 인수하려다 거절 당하자, 2014년 2월에 4억 5,000만 명이 사용하는 메시징 서비스 왓츠앱WhatsApp을 190억 불이라는 거액에 인수한다고 발표했다.[18] 동시에 다양한 모바일 기반 제품도 출시 중이다. 2013년 4월에는 '페이스북 홈'을 발표해 안드로이드 사용자의 홈스크린을 장악하려는 시도를 했으며, 다음 해 2월에는 페이스북 '페이퍼Paper' 앱을 발표해 모바일에서 뉴스피드를 새롭게 경험하게 했다. 페이퍼는 개인의 취향과 인간 관계에 따라 뉴스의 접근과 소비 방식이 달라질 수 있다는 것을 보여주는 의미있는 시도다.

두 번째 도전은 프라이버시, 보안, 안전에 대한 사용자의 요구가 매우 다양하고 때로 사회적 마찰까지 빚어내고 있는데, 이것을 어떻게 대응할 것인가이다. 사실 페이스북은 성장기부터 프라이버시나 보안 문제에서 많은 이슈가 있었다. 페이스북은 이 책 3부에 나

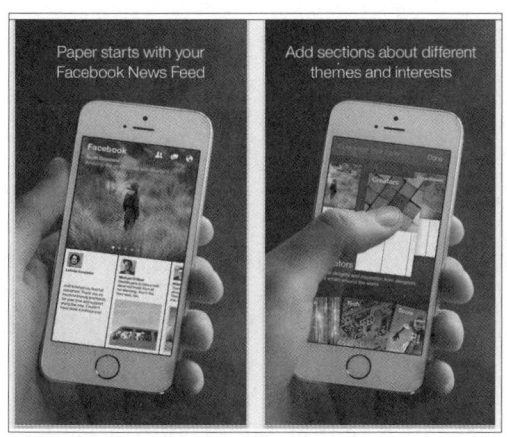

그림 3-9 페이스북 '페이퍼(Paper)' 앱 화면

오는 주요 사회 이슈 중 어느 한 부분에서도 자유로울 수 없다.

페이스북은 자신들의 서비스가 사회 정치적으로 매우 민감한 사안의 한가운데에 있음을 인식하고 정책을 꾸준히 보완하는 동시에 정책 입안자에 대한 로비도 강화하고 있다. 2012년에 이미 로비 예산을 전년에 비해 3배 늘렸다. 또 구글, 아마존, IAC, 야후 등과 함께 인터넷협회라는 단체를 만들어 연방 정부의 규제 담당자에 대한 공식 로비 채널도 구축했다.[19] 최근에는 미국 이민법 개정 완화를 목적으로 하는 비영리 단체 'Fwd.us' 설립에 적극적으로 참여했다.[20]

또 다른 시도로는 에릭슨, 노키아, 오페라, 퀄컴, 삼성과 함께 아직 인터넷에 접속하지 못하는 50억 명에게 인터넷 접속의 기회를 제공하기 위한 Internet.org를 구성한 일이다.[21] 이 조직은 2013년 9월에 '효율로의 집중'[22]이라는 70페이지짜리 백서를 발행했는데 앞으로 어떤 기술을 사용할 것이며 1,000배 더 많은 트래픽을 처리하기 위해 어떤 수단을 사용할 것인지를 설명한다.

페이스북은 가장 강력하고 광범위한 소셜미디어로서 그 영향력을 글로벌 시장에 뻗치고 있지만 동시에 미국 기업이기도 하다. 따라서 각국의 데이터 보호 정책이나 사용자 프라이버시 정책 때문에 수시로 갈등을 빚고 있다. 때로 외국의 사용자 그룹에게 매우 강한 저항을 받기도 한다. 글로벌 소셜네트워크로서 페이스북의 힘은 앞으로도 당분간 계속될 것이다. 어쩌면 페이스북이 구글을 넘어서는 기업이 될 것이라는 예상도 하게 된다.

3.2 정보 네트워크 트위터

트위터의 탄생과 역사

에반 윌리엄스Evan Williams는 2003년에 블로거닷컴을 구글에 매각하고 2004년 10월에 오디오Odeo라는 팟캐스팅 회사를 창업했다. 어느 날 브레인스토밍 회의에서 당시 뉴욕대 학생이던 잭 도시Jack Dorsey가 아이디어를 냈다. 단문 문자메시지 서비스SNS를 이용해서 아주 짧은 단문으로 소통하는 모델이었다. 회사는 자체 사업을 접고 이 사업으로 변신하기 위해 기존 투자자들에게 투자금을 모두 돌려주고 새로운 회사 오비어스Obvious를 창업한다.* 이 회사는 이후에 에반 윌리엄스와 비즈 스톤Biz Stone의 새로운 사업 인큐베이팅을 위한 회사로 운영되고 있다.

---

* 이는 내가 일본에 있던 2004년 에반 윌리엄스의 당시 발표에서 직접 들은 얘기다.

잭 도시가 첫 프로토타입을 만드는 데 걸린 시간은 단 2주였다. 프로젝트 코드 네임은 'twttr'였으며, 2006년 3월 21일에 '트위터를 방금 세팅했다just setting up my twttr'라는 트윗이 처음으로 올라왔다. 또 다른 글로벌 소셜미디어인 트위터는 이렇게 탄생했다. 이후 트위터가 정식 서비스를 시작한 것은 2006년 7월 15일이었다. 트위터는 2007년 SXSWi South by Southwest Interactive 컨퍼런스를 통해 인기를 얻어 최고의 히트작이 된다. 당시 하루 트윗이 2만 개에서 6만 개로 증가했고 컨퍼런스 회의장에는 트윗을 보여주는 60인치 PDP TV가 설치되었다. 유명한 소셜미디어 연구가인 다나 보이드는 트위터가 컨퍼런스를 점령했다고까지 표현했다.[23] 2012년 9월 실 사용자가 1억 명을 돌파했고 2013년 1월에는 2억 명에 이르렀다.[24]

트위터의 이런 성장에는 흥미로운 배경이 있다. 기능들이 사용자의 참여로 생기고 확장됐다는 것이다. 트위터에서 가장 많이 사용되는 기능인 리트윗retweet과 해시태그는 원래 트위터의 본래 기능이 아니었다. 사용자들이 만들어서 쓰고 있던 것을 트위터가 정식 서비스로 채택한 것이다. 트위터는 이렇게 사용자들이 기능을 제안하고 이를 더 많은 사용자들이 받아들이는 식으로 진화해왔다.[25] 2007년 사용자들에 의해 해시태그 기능이 활용된 이후, 2008년에는 트위터에서 화제가 되는 토픽을 알고리듬으로 선정해서 보여주는 실시간 트렌드Trends가 도입되었다. 사용자를 그룹으로 정리해서 관리하는 리스트 기능은 리트윗과 함께 2009년에 정식 기능이 됐다. 2011년에는 한국어 서비스를 시작했으며 2012년에

그림 3-10 미국 샌프란시스코에 있는 트위터 본사

실시간 트렌드의 한국어 서비스가 시작됐다.

트위터는 가벼운 플랫폼이라 외부의 개발 회사나 개인이 기능을 확장하고 새로운 앱을 만들 수 있었다. 그러나 트위터가 본격적으로 메인 소셜미디어의 위치를 차지한 후 다른 사업자와 경쟁하면서 정책을 바꿨다. 2011년 3월 트위터는 트위터의 핵심 기능을 만들거나 이를 흉내내는 클라이언트 앱의 개발을 금지한다고 공식 선언했다.[26] 당시에 이미 75만 개의 앱이 등록되어 있었는데 이제 가이드라인을 따르는 앱만을 허용하겠다는 뜻이었다. 개발자들이 만들어도 되는 앱은 다음과 같은 영역이다.

- 퍼블리셔 도구: 자신들의 미디어에 사용자 참여를 위한 트위팅을 할 수 있게 하는 도구

그림 3-11 잭 도시의 2006년 트위터 개발을 위한 스케치 [출처: 위키피디아]

- 큐레이션: 새로운 소식이나 토픽, 이벤트를 알리는 트윗을 선택적으로 보여주는 경우
- 실시간 데이터 시그널: 트위터 데이터를 받아서 또 다른 수준의 서비스를 제공하는 것. 클라우트^{Klout}처럼 평판 지표를 만드는 경우
- 소셜 CRM: 트위터상의 자신의 브랜드에 대한 반응을 보거나 고객과의 관계 유지를 위해 트위터를 사용하는 경우
- 부가적인 콘텐트나 버티컬 경험: 포스퀘어, 인스타그램, 쿠오라^{Quora}처럼 트위터 사용자에게 추가적인 콘텐트를 제공하거나 서비스가 더 많은 사용자에게 도달하게 하는 경우

트위터의 기술 혁신

하루에 생성되는 트윗은 현재 5억 개 정도다. 트윗이 가장 많이

올라온 날은 미국 대통령 선거일로, 선거 당일에만 3,200만 개의 트윗이 올라왔다.[27] 방송에서 오바마 대통령의 재선 승리를 선언하는 순간 32만 7,452개의 트윗이 올라와 선거기간 중 트윗이 가장 많이 발생한 순간으로 기록됐다. 가장 유명한 트윗은 미국 오바마 대통령이 재선되면서 올린 '4년 더$^{Four\ more\ years}$'로, 81만 1,000번 리트윗되었다. 이 밖에 런던 올림픽이나 미국 슈퍼볼 경기가 있는 일요일 저녁에 2,410만 개의 트윗이 발생한 기록도 있다.[28] 또 2012년 런던 올림픽 기간 중에는 1억 5,000만 개가 넘는 트윗이 발생했다.

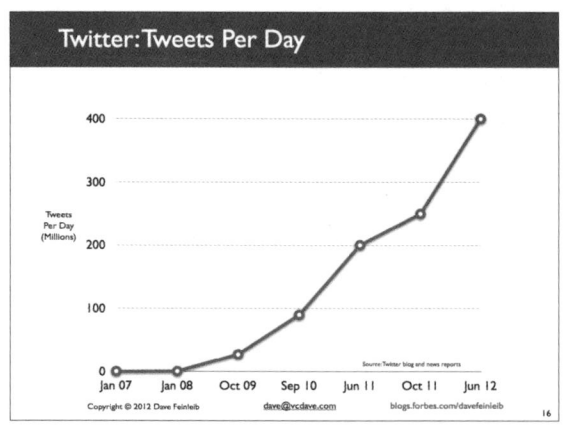

그림 3-12 하루 트윗 양의 증가 추세 [출처: 포브스]

지금까지 초당 가장 많이 올라온 트윗의 기록은 일본이 갖고 있었는데 이 기록은 금방 깨졌다. 2013년 8월에 TV에서 미야자키 하야오의 《천공의 성 라퓨타》가 방영되자 초당 14만 3,199개의 트윗이 올라온 것이다.[29] 그 전의 기록 역시 일본으로 2013년 1월 1일에 새해 인사 트윗이 폭발적으로 발생했는데 초당 올라온 트윗이 3만 3,388TPS$^{\text{Tweets Per Second}}$였다. 하루 5억 개의 트윗은 평균적으로 초당 5,700개의 트윗을 의미한다. 그림 3-13의 그래프는 2013년 8월 당시 일본에서 발생했던 피크 현상을 나타낸다.

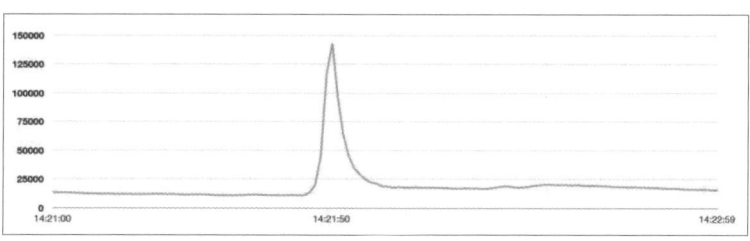

그림 3-13 초당 14만 3,199개의 트윗이 발생한 모습 [출처: 트위터 공식 블로그]

미 의회 자료에 의하면 지난 7년간 발생한 트윗은 모두 1,700억 건을 넘었으며 이는 133테라바이트에 해당하는 양이다.[30] 지난 24개월 동안 생성된 건수만 1,490억 건으로, 최근에 트윗이 훨씬 더 많이 올라옴을 알 수 있다.

트위터의 엔지니어들은 이런 폭발적인 데이터 폭주를 처리하기 위해 꾸준히 새로운 아키텍처와 소프트웨어를 개발해왔다. 그렇게 문제를 해결하고 이를 공식 블로그에 상세하게 밝혔다.[31] 트위터는 2010년을 넘어서면서 루비온레일스$^{\text{Ruby on Rails}}$와 MySQL 중심의 내부 구조에 필요한 기계를 10분의 1로 줄이면서도 성능까지 확보하는 프로젝트를 가동했다. 루비 가상머신에서 자바 가상머신 기반으로 코드를 다시 짜고 무정지 분산 데이터베이스 구현을 위해 기자드^{Gizzard}라는 프레임워크를 도입했다. 이를 MySQL 앞단에 붙이면서 기자드의 문제인 유니크 ID 생성 문제는 스노우클레이크^{Snowflake}를 이용해서 해결했다. 트위터는 하루에 10억 건 이상의 검색을 실행하는데 이를 위해 2010년에 실시간 분산 처리를 위한 백타입 기술인 스톰^{Storm}을 도입해 사용하고 있다. 또 아마존의 메카니컬 터크$^{Mechanical Turk}$를 활용해 검색엔진이 찾은 정보가 옳은지, 검색 결과가 입력된 검색어와 연관된 정보가 맞는지 등을 판단한다.[32]

이러한 도전은 모든 소셜미디어의 진화 과정에서 나타난다. 급격히 증가하는 트래픽이나 데이터를 초기 구조로 감당할 수 없게 되면, 이처럼 약간 개선하는 것이 아니라 전체 구조를 재구성해야 한다. 트위터는 이런 프로젝트를 통해 완전히 새로운 시스템 아키텍처를 개발하는 능력을 발휘해내고 있다.

트위터, 화제의 중심에 서다

트위터는 SNS인가? 국내에서는 트위터를 소셜네트워크로 보는 견해가 많지만 실제로 트위터는 자사의 서비스를 소셜네트워크라고 생각한 적이 없다. 정보 네트워크 또는 뉴스 전달의 새로운 체계라고 정의했다. 2010년 노키아 월드 컨퍼런스에서 당시 트위터의 사업 개발 부사장인 케빈 타우$^{Kevin Thau}$는 공식적으로 트위터는 소셜네트워크가 아니라고 선언했다.[33] 실제로 트위터 소개 페이지에 가면 트위터는 자사의 서비스를 이렇게 설명한다.[34]

"트위터는 내가 찾는 관심 분야의 최신 이야기, 아이디어, 의견, 새로운 소식을 접할 수 있는 실시간 정보 네트워크입니다."

트위터의 글로벌 시장 담당 부사장인 케이티 스탠턴^{Katie Stanton}은 트위터는 '세계의 광장'과 같은 곳이고, 미디어 비즈니스 범주에 있는 테크놀로지 기업이라고 정의했다.[35] 이를 반영하듯이 2012년 12월에는 전임 교황 베네딕트 16세가 8개의 언어로 트윗을 하기도 했다. 그의 첫 트윗 중 영어로 된 트윗은 다음과 같다.

> Dear friends, I am pleased to get in touch with you through Twitter. Thank you for your generous response. I bless all of you from my heart.
> - Benedict XVI(@Pontifex) December 12, 2012
> 친구 여러분, 트위터를 통해 여러분과 연락하게 되어 기쁩니다. 친절한 답변에 감사드립니다. 여러분께 축복이 함께하길 진심으로 바랍니다.
> -베네딕트 16세(@Pontifex), 2012년 12월 12일

트위터가 빛을 발하는 순간은 자연 재해, 스포츠 경기같이 현재 눈 앞에서 일어나는 사건을 실시간으로 전달할 때다. 2009년 뉴욕 허드슨 베이에 불시착한 US 에어웨이즈 1549편 항공기의 사진이 어떤 언론사보다 먼저 트위터에 올라온 흥미로운 경우도 있었다.

첫 번째 트윗이 올라온 시각은 사고 발생 4분 후였는데 이는 주요 미디어보다 15분이나 빠른 시각이었다. 아이폰을 갖고 있던 재니스 크럼스는 사진을 찍어 트윗픽에 올렸고 이 사진은 1,300번 리트윗되어 이 사고의 가장 인상적인 기록이 되었다.[36]

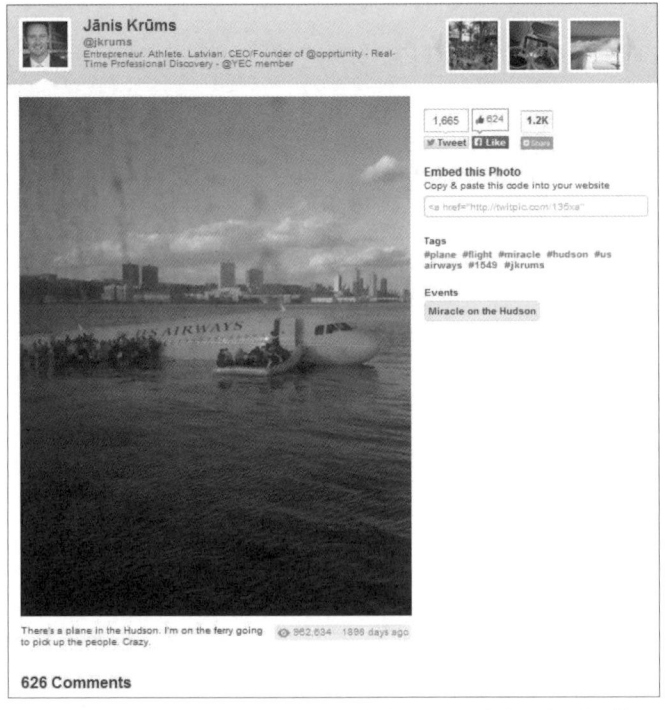

그림 3-14 허드슨강에 불시착한 항공기 사진을 올려서 유명해진 크럼스의 트윗

제임스 카메론[James Cameron] 감독은 지구의 가장 깊은 바다인 마리아나 해구를 탐사하러 내려가서 다음과 같은 트윗을 전송했다.

"Just arrived at the ocean's deepest pt. Hitting bottom never felt so good. Can't wait to share what I'm seeing w/ you @deepchallenge
- James Cameron(@JimCameron) March 25, 2012
심해에 방금 도착했다. 물밑에 닿는다는 것이 이리 기분 좋을 줄이야. 내가 본 걸 어서 빨리 여러분과 @deepchallenge 공유하고 싶다. - 제임스 카메론(@JimCameron) 2012년 3월 25일

또 무슨 일이 벌어지는지는 모른 채 그저 뭔가 이상하다는 생각에 올린 트윗이 오사마 빈 라덴 거주지 침투 작전을 목격한 세계적 트윗이 되기도 했다.

"Helicopter hovering above Abbottabad at 1AM (is a rare event). - Sohaib Athar(@ReallyVirtual) May 1, 2011
새벽 1시 아보타바드 상공에 헬리콥터가 출몰했다.(흔치 않은 일인데) - 소하이브 아타르(@ReallyVirtual) 2011년 5월 1일

이후 트위터는 세계 각국에서 일어나는 지진이나 화재, 폭동, 혁명 등의 현장을 가장 빨리 전달하면서 위상이 급속히 높아졌다. 트위터는 이제 페이스북, 유튜브와 함께 사회를 바꾸는 새로운 미디어라는 평가를 받으며 많은 언론정보학자와 저널리스트에게 새로운 과제를 안겨주었다. 이 새로운 실시간 미디어를 어떻게 받아들

일 것이냐는 주제를 놓고 많은 전문가들이 토론을 펼쳤다. 결국 뉴스의 원천으로 활용하면서 저널리스트들이 적극 참여해야 한다는 결론을 얻었다.

튀니지에서 이집트로 이어진 재스민 혁명에서 나타난 소셜미디어의 역할과 효과에 대해서도 많은 논쟁이 있었고 그 중심에는 항상 트위터가 있었다. 국내에서도 정치적 사건이 터졌을 때나 선거철에는 트위터의 역할이 과장되어 소개되기도 했다. 그러나 많은 사회과학자들에게 트위터는 중요한 연구 대상이다. 이 문제에 대해서는 13장에서 다루겠다.

트위터가 연구자들에게 준 또 다른 기회는 사용자의 데이터를 수집할 수 있는 API를 제공한 것이다. 초기에 화이트 리스트로 등록된 IP로는 횟수 제한 없이 데이터를 받을 수 있었다. 나도 초기

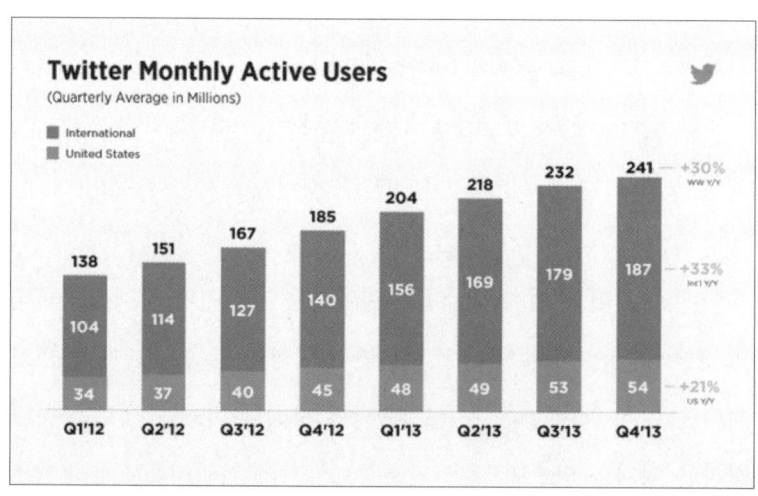

그림 3-15 트위터의 월 사용자 증가 [출처: 트위터]

에 화이트 리스트에 등록을 했기 때문에 2010년 2월부터 10월까지 국내 사용자 약 25만 명의 트윗 1억 1,000만 개를 수집해서 분석할 수 있었다. 많은 대학과 연구소, 기업들이 이 데이터를 이용해 트위터의 구조, 정보의 확산, 영향력자, 친구 관계 등에 대한 연구를 수행했다. 이처럼 트위터는 대규모 데이터를 기반으로 실증적 연구를 가능하게 하는 훌륭한 사례였다.

그러나 2011년 2월에 트위터는 화이트 리스트 등록 요청을 더 이상 받아들이지 않겠다고 발표하고 협력업체를 통해 트위터의 데이터를 유료로 판매하는 전략을 채택했다. 관련 업체로는 탑시^{Topsy}, 그닙^{Gnip}, 데이터시프트^{DataSift} 등이 있다. 또 소셜 분석 회사나, 트위터와 연동 가능한 인게이지먼트 파트너$^{engagement\ partner}$를 선정해 자사의 데이터베이스에 접근할 수 있는 권리를 판매하는 비즈

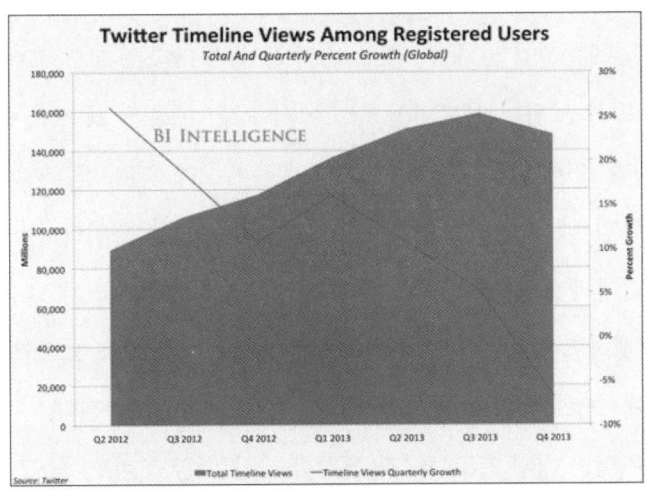

그림 3-16 트위터 타임라인 뷰의 성장률 저하 [출처: BI 인텔리전스]

니스 모델도 만들었다.

반면 트위터를 통해 사회적 이슈도 많이 발생했다. 가장되거나 거짓 정체성, 루머의 확산, 신뢰의 문제, 명예 훼손, 사칭 등 다양한 사례들이 등장했다. 이는 온라인 공간과 실세계 사이의 문제를 어떻게 관련지어 풀어나갈 것인가 하는 문제와 새로운 사회 공간에서 사람들의 행동 변화와 특성이 다양한 사회적 문제를 일으킬 수 있다는 이슈가 드러난 것이다. 동시에, 트위터는 이런 사회적 이슈를 다각도로 파악하고 분석할 수 있는 환경을 제공했다고 볼 수 있다. 이에 대해서는 3부에서 다양한 주제로 논의하겠다.

트위터의 성장과 비즈니스 모델

트위터는 최근 급속도로 매출 신장을 보이고 있다. 「포브스」지는 트위터의 매출이 2013년에 5억 8,000만 불을 넘었다고 발표했고 2014년에는 9억 5,000만 불로 10억 불대에 다다를 것으로 예상했다.[37] 특히 트위터가 모바일 광고에서 얻은 매출은 2012년에 1억 1,700만 불에 달한다. 페이스북의 매출이 2억 3,400만 불인 것을 감안하면 매우 의미있는 수치로 평가된다. 이는 트위터가 애초에 모바일에서 출발했다는 특성을 감안해 광고 매출의 65%가 모바일에서 발생하고 있는 상황을 반영하는 것으로서, 앞으로도 모바일 광고 시장에서 트위터의 성장 가능성은 더 높을 것으로 예측된다.

트위터는 기업 프로모션과 연계한 다양한 광고 비즈니스 모델을 갖고 있다. 그 중 가장 독특한 광고 기법은 프로모티드 트윗 Promoted

Tweet이다. 프로모티드 트윗은 광고주가 사용자에게 메시지를 전달하거나 팔로워의 반응을 촉발하기 위해 비용을 지불하고 올리는 트윗이다. 트위터는 이 광고 모델을 2010년 8월에 공개했는데[38] CEO인 딕 코스톨로Dick Costolo는 프로모티드 트윗을 일러 '원자 단위'의 회사 광고 전략이라고 칭했다. 프로모티드 트윗은 트윗에 '프로모티드'라는 표시가 붙는데 일반 트윗처럼 답글을 달거나 리트윗을 할 수 있다. 해당 광고주를 팔로우하는 사람의 타임라인에는 일반 트윗으로 올라간다. 사용자들이 검색을 행할 때 검색어와 관련이 있는 프로모티드 트윗은 검색 결과 상단에 표시된다. 또는 광고주가 특정 사용자와 관련 있는 트윗을 프로모션한 경우 사용자의 타임라인에 프로모티드 트윗이 나타나는 경우도 있다.

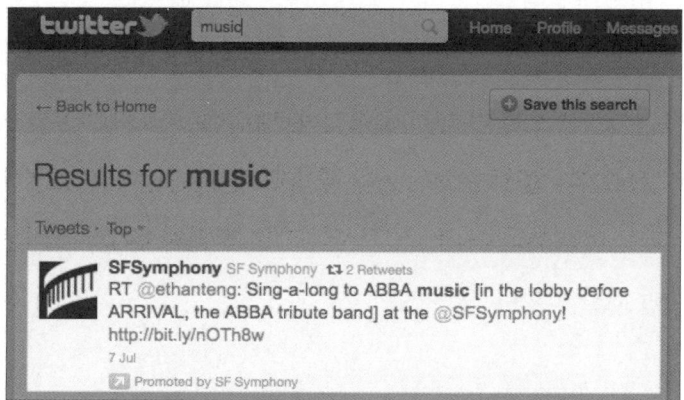

그림 3-17 검색할 때 나타나는 프로모티드 트윗의 사례 [출처: 트위터 공식 페이지]

해당 프로모티드 트윗은 사용자의 관심사와 일치하고 관련이 있는 경우 사용자의 타임라인에 나타나며, 관련된 사용자의 팔로잉, 트윗에 대한 반응, 사용자가 리트윗하는 트윗 등 다양한 요소를 바탕으로 결정한다.[39]

두 번째 광고 기법은 프로모티드 계정이다. 이는 개인에게 관심 있을 만한 계정을 추천하는 팔로우 추천 방식인데 이 역시 '프로모티드'라는 표시가 붙는다. 이 계정은 사용자가 팔로우하는 계정에 근거해서 추천된다. 예를 들어 게임 관련 계정을 많이 팔로우하는 사용자들 대부분이 @xbox도 팔로우한다면, 게임 관련 계정을 많이 팔로우하면서 @xbox를 팔로우하지 않는 사용자에게 트위터가 @xbox를 추천해주는 방식이다.

세 번째는 프로모티드 트렌드다. 광고주가 홍보하는 시간, 문맥, 이벤트와 연관성이 큰 트렌드를 사용자에게 트렌드로 보여주는데 역시 프로모티드라는 표시가 붙는다. 특히 프로모티드 트렌드는 프로모션 기간 중에는 모든 사용자에게 노출되는 특징이 있다. 프로모티드 트렌드는 미국에서 하루 동안 노출되는 데 20만 불을 지불해야 한다고 한다.[40]

그림 3-18 프로모티드 트렌드의 사례

2012년 6월에 트위터는 트위터의 140자 한계를 확장하기 위해 새로운 확장 개념을 소개했다. 트위터 카드Twitter Cards라고 불리는 이 기능은 다양한 멀티미디어 콘텐트를 링크로 연결하여 보여준다. 예를 들어, 그림 3-19처럼 내포된 링크의 기사가 어떤 내용인지 요약을 바로 보여준다.[41] 트위터 카드에는 요약 카드, 대형 이미지 요약 카드, 사진 카드, 갤러리 카드, 앱 카드, 플레이어 카드, 제품 카드 등 6가지 유형이 있다. 트위터 카드가 등장하면서 주요 미디어나 출판사, 나이키 같은 대형 브랜드, 그리고 인스타그램 앱이나 유튜브 같은 주요 앱들이 활용하기 시작했다. 그러나 인스타그램은 2012년 12월부터 카드를 통한 통합을 하지 않기로 결정한다.[42] 사진은 온전히 인스타그램 앱 안에서만 보여야 한다는 게 그 이유였다. 트위터 카드에서는 인스타그램에서 보이던 모습 그대로 보이지 않았기 때문이다. 트위터 카드는 이제 트위터를 통한 정보

그림 3-19 트위터 카드 중 '요약' 카드로 만들어진 예 [출처: 트위터 개발자 페이지]

는 가능한 한 트위터 안에서만 봐야 한다는 것을 의미한다. 앞으로도 앱을 만들 때는 트위터 안에서 동작하는 앱을 만들라는 의미다. 그래서 카드 기능은 트위터의 공식 앱에서만 작동된다.[43]

2013년 5월 트위터는 다시 리드 제너레이션 카드Lead Generation Card를 선보였다. 프로모티드 트윗을 통해 제시된 트위터 카드에 별도 정보를 입력하지 않아도 '제출' 버튼만 누르면 트위터 계정을 통해 개인 정보가 광고주에게 전달된다. 그림 3-20은 트위터 광고 블로그에 있는 리드 제너레이션 카드의 사례다.[44]

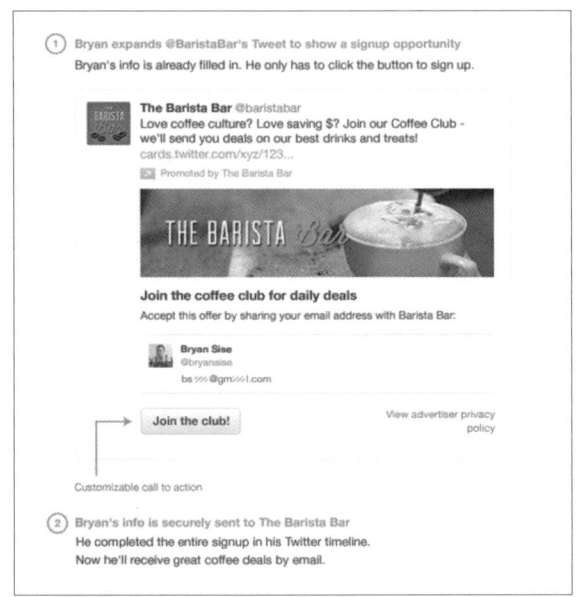

그림 3-20 트위터의 리드 제너레이션 카드 사용 예 [출처: 트위터 광고 블로그]

트위터의 미디어 분야 진출

트위터와 TV 프로그램을 연계하고자 하는 움직임은 기본적으로 트위터가 TV 프로그램에 대한 시청자의 반응과 상호간 의견 교환을 나타내는 공간으로 매우 효과적이라는 관찰에서 비롯한 것이다. 실시간 방송에 대한 대화의 95%가 트위터에서 이루어지고 있다는 블루핀Bluefin 사의 보고는 이를 방증하며, 소셜 TV로 가는 또 다른 모습을 보여주고 있다. 트위터 앰플리파이Amplify는 2013년에 트위터가 TV 프로그램 제공자와 협력해 내놓은 프로그램으로서, 스포츠 등의 주요 경기 장면이나 TV 클립을 트위터 내에서 때로 실시간으로 제공해주면서 사용자들의 참여와 관심을 유도해낸다. 이는 TV나 스포츠 경기 운영 주체들이 자기 프로그램을 프로모션하는 광고의 한 종류이기도 하다. 트위터 앰플리파이는 그동안 협력 관계였던 ESPN, BBC 아메리카, 웨더 채널, 퓨즈, 폭스 같은 방송사와 A&E, 블룸버그TV, 콩데나스, MLB, 디스커버리, 뉴욕 매거진, 비보, 워너 뮤직, 버라이어티 등의 수많은 매체들과 파트너 계약을 맺어 활용하고 있다.

 2013년 트위터는 TV 영역에 진출하겠다고 선언했다. CEO 딕 코스톨로는 TV 방송사들이 트위터의 소중한 파트너이며, '트위터는 TV의 소셜 사운드트랙'이라고 말했다.[45] 2014년 매출 10억 불을 목표로 하면서 광고 매출을 강화하기 위해 비디오 콘텐츠를 추가하는 전략으로 해석할 수 있다. 실제로 디즈니 미디어 네트웍스의 앤 스위니 회장은 올씽즈디지털All Things Digital 컨퍼런스에서, 트위터가 프로그램 제작에 많은 영향을 주고 있다면서 이제 소셜미디어는 TV 프로그램 제작 과정, 캐스팅, 프로그램 방향에까지 큰 영향을 끼친다고 말했다.[46] 이렇듯 트위터의 사업 다각화와 미디어 영역으로의 진출은 다방면으로 진행되고 있다.

그 첫 번째가 비디오 영역이다. 트위터는 2013년 1월 바인^{Vine}이라는 6초 이하의 영상을 보여주는 소셜 비디오 서비스를 시작했다. 2012년 10월에 바인을 인수해서 트위터에 도입한 것이다. 또 다른 움직임은 TV 네트워크와 협의 중이데, 고화질 비디오 콘텐트를 트윗에 삽입하기 위한 것으로 광고와 함께 서비스할 계획도 갖고 있다.

그림 3-21 트위터 음악의 #NowPlaying

두 번째는 음악 서비스 진출이다. 트위터는 #music이라는 앱을 통해 음악 서비스를 시작했다. 라디오^{Rdio}, 스포티파이^{Spotify}, 아이튠즈^{iTunes}를 통해 음악 전곡을 들을 수 있는데 그러려면 라디오와 스포티파이 계정이 있어야 한다. #music은 트위터 활동, 즉 트윗과 트윗에 대한 사람들의 인게이지먼트를 기반으로 가장 인기 있는 트랙이나 떠오르는 아티스트를 발견하게 해준다. 특히 #NowPlaying 기능으로 친구가 현재 듣고 있는 음악뿐 아니라 아티스트들이 추천하는 곡도 볼 수 있다.* 과거에 애플도 핑^{Ping}이라는 음악 기반 소셜네트워크 서비스를 론칭했다가 실패한 적이 있다. 결코 쉽지 않은 영역임에도 트위터는 음악의 소셜 추천 영역에 재도전하고 있다.

트위터의 향후 과제

트위터는 성장 과정에서 경영 주체가 자주 바뀌는 등 진통을 겪었다. 설립 초기 잭 도시가 맡았던 최고 경영자 자리를 2008년 10월에는 에반 윌리엄스가 맡았다. 2년 뒤 에반 윌리엄스가 CEO에서 물러나고 COO였던 딕 코스톨로가 새 CEO가 되었다. 트위터에서 잠시 손을 떼고 모바일 결제 솔루션 스퀘어^{Square}를 창업했던 잭 도시는 2011년 9월에 다시 트위터로 돌아와 제품 개발을 담당하는

---

* 올씽즈디지털 보도에 의하면 4월에 시작한 이 서비스의 성과가 좋지 않아서 곧 서비스를 닫을지도 모른다고 한다. 개발을 총괄했던 케빈 타우가 회사를 떠나 비즈스톤과 창업한 것도 하나의 이유일 듯하다. 참고: http://allthingsd.com/20131019/twitter-likely-to-kill-its-music-app/?mod=atd_homepage_carousel

경영 회장을 맡았다. 이후 에반 윌리엄스와 비즈 스톤은 비즈니스 인큐베이션을 하는 오비어스를 통해 다시 미디엄^{Medium}이라는 미디어 플랫폼을 준비 중이다.[47]

트위터는 기업 공개를 신청하면서 매출액을 정확하게 밝혔는데, 2012년 매출은 3억 1,690만 불이고 2013년 상반기에는 2억 5,370만 불을 달성했다. 기업 공개 후 처음 발표한 실적 보고서 내용은 다음과 같다.

- 실 사용자는 2억 4,100만 명이다. (2013년 4사분기에 새로 확보한 사용자가 900만 명, 이 가운데 100만 명이 미국 거주자)
- 4사분기 매출은 2억 4,270만 불이고 광고 매출은 2억 2,200만 불이다. 이 중 75%가 모바일에서 발생했다. 2013년 연간 매출은 6억 6,500만 불이다.
- 4사분기는 5억 1,100만 불 적자를 냈다. 데이터 라이선싱 등으로 벌어들인 매출은 2,300만 불이다.
- 미국 외 지역에서 얻은 매출은 27%로, 미국에서의 매출이 전체 매출의 73%를 차지한다.

실적 발표 후 급상승하던 트위터의 주가는 크게 곤두박질쳤다. 투자자 입장에서 가장 중요한 시장인 미국에서 사용자 증가가 100만 명에 그쳤고 광고 수입에 가장 중요한 타임라인 뷰(임프레션) 수치가 전 분기에 비해 감소한 때문이었다. 트위터의 성장성에 대한 의구심은 이어진 2014년 1사분기 실적 보고 이후 더욱 증폭되었다. 매출 실적은 시장의 예상을 넘는 2억 5,000만 불이 되었으나, 사용자 기반은 단지 25%만이 증가한 2억 5,500만 명에 머물러 1년 전 성장률에도 못 미친 결과가 나타난 것이다. 사용자 증가 못지 않게 중요한 사용자 인게이지먼트 지표로 판단되는 타임라인 뷰 역시 15% 증가에 그쳐 전 분기의 26%에 비해 현저히 줄어들었다. 이는 트위터의 성장 가능성에 큰 우려를 갖게 했으며, 2014년 5월에 다시 한 번 주가가 17.8% 떨어지면서 상장한 이후 가장 낮은 주가인 31.85불로 내려 앉았다.

트위터는 곧 사용자 프로필 디자인을 교체할 계획이다. 페이스북의 프로필과 유사한 모습의 디자인을 통해 자신을 좀 더 드러내게 할 것이며, 많은 사람이 참여한 트윗이나 사용자 페이지에 붙박이로 붙이고 싶은 트윗(핀드 트윗 Pinned Tweet), 트윗의 일부를 필터링하는 방식 등을 도입할 예정이다. 또한 많은 사람들이 부담스러워 하는 지나치게 공격적이거나 불쾌한 트윗을 생성하는 사람들과 관계를 끊지 않으면서 트윗만 안 보이게 하는 뮤트Mute 기능 등도 도입할 계획이다.

트위터는 이제 점점 정보 네트워크로서 해결해야 하는 지나치게 많은 뉴스, 불편한 관계, 왜곡되거나 신뢰할 수 없는 정보, 페이크 계정 등의 문제를 어떻게 풀어나갈 것인가 하는 커다란 벽에 점점 다가가고 있다. 자신을 좀 더 명확히 드러내게 함으로써 지속적인 필명 시스템으로 유지하면서 신뢰를 확보할 것인지, 아니면

익명을 허용하는 페이스북 방향으로 전환할 것인지를 선택해야
하는 중요한 기점에 와 있다고 본다.

3.3 비즈니스 네트워크 링크드인

링크드인^{LinkedIn}은 사실 주요 SNS 중에서 가장 먼저 개발됐다. 2002년 12월에 설립되어 2003년 5월에 서비스를 개시했다. 창업자는 리드 호프만$^{Reid\ Hoffman}$을 비롯한 페이팔과 소셜넷닷컴$^{SocialNet.com}$ 출신 멤버들이다.

그림 3-22 마운틴 뷰에 있는 링크드인 본사

대학 졸업 후 애플의 당시 온라인 서비스인 이월드^{eWorld}에 참여했던 호프만은 이후 소셜넷과 페이팔을 거쳤다. 페이팔 매각 후 전문가들끼리 연락하고 같이 일할 사람을 찾을 수 있는 사이트를 만들고자 했다.[48]

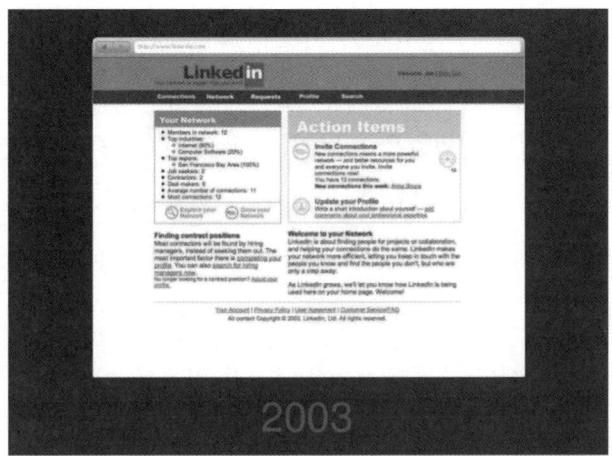

그림 3-23 2003년의 링크드인 사이트 모습 [출처: 링크드인 공식블로그][49]

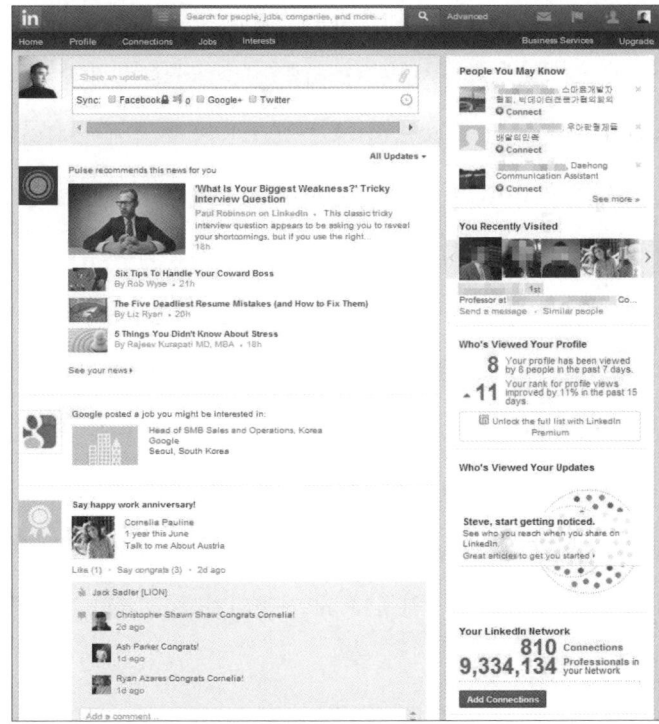

그림 3-24 현재의 링크드인 화면

2003년 세콰이어 캐피탈$^{Sequoia\ Capital}$에서 투자를 받은 후 2011년 기업 공개까지 총 1억 300만 불의 투자를 받았다. 기업 공개시 주가는 45불로 책정되었으나 단 하루 만에 94.25불로 치솟았다. 2013년 10월에 주가가 238.9불을 넘었고 회사 가치가 267.8억 불을 넘었다. 현재 SNS 서비스 중에서 성장 가능성과 수익 구조가 가장 바람직한 회사로 인정받고 있다.

링크드인의 회원 수는 2008년 3,200만 명에서 2010년에 9,000만 명을 넘어섰다. 2011년에 1억 4,500만 명을 돌파했고, 2013년 1월 9일에 링크드인은 공식 블로그를 통해 회원 수가 2억 명을 돌파했다고 발표했다.[50] 2013년 2사분기를 기준으로는 2억 3,800만 명이 공식 발표된 사용자 수로서, 이는 일 년 전에 비해 37% 증가한 수치다. 링크드인은 19개 언어로 200여 개 국가에서 서비스되고 있는데 사용자가 미국은 7,400만 명이고 인도가 1,800만 명으로 뒤를 잇는다. 구직자들이 많이 사용하기 때문이다. 현재 1초에 2명 꼴로 회원가입이 이뤄지고 있으며, IT 서비스 분야 사람들이 400만 명으로 가장 많다. 그 다음이 금융업으로 200만 명, 컴퓨터 소프트웨어와 통신 분야가 각각 165만 명과 169만 명을 차지한다. 따라서 링크드인은 리쿠르트 담당자, 구직자, 기업 네트워킹을 목적으로 하는 사람들에게 가장 중요한 사이트로 자리매김했다. 내게도 새로운 프로젝트나 업무에 대한 문의가 링크드인을 통해 끊임없이 들어오고 있다.

2012년 링크드인의 총 매출은 9억 7,200만 불을 넘어 전년 대비 86% 성장했다. 2012년 4사분기 매출도 3억 360만 불로 일 년 전에 비해 81% 증가했다.[51] 이 중 탤런트 솔루션즈^{Talent Solutions}라는 리쿠르터용 서비스로 얻은 매출이 1억 6,100만 불로 53%를 차지한다. 그 다음으로 마케팅 솔루션즈라는 광고 수입이 27%, 세 번째는 20%를 차지하는 프리미엄 가입비다. 2013년 매출액은 14억 5,500만 불 수준으로 예상된다.[52]

링크드인 역시 수없이 기능을 개선하고 발전시켰는데, 가장 최근에는 프로필 기능을 강화했고, 영향력자^{Influencers}라는 기능을 넣어서 잘 알려진 유명인을 팔로우하여 업데이트된 글과 활동을 꾸준히 받아보게 했다. 또한 링크드인은 비즈니스 영역에 필요한 회사나 기능 개선을 위해 필요한 기술이 있으면 적극적으로 인수한다. 2012년 5월에 슬라이드 콘텐트의 유튜브라 불리는 슬라이드셰어^{SlideShare}를 인수했고, 디그닷컴의 주요 특허를 400만 불에 인수했다. 2013년 4월에는 콘텐트 큐레이션 서비스로 유명한 펄스^{Pulse}의 인수를 발표했다.

링크드인의 성공 요인

링크드인은 오늘날 가장 성공적으로 이익을 산출하는, 전문가를 위한 SNS지만 이른 출발에도 불구하고 성장 속도는 더뎠다. 2003년 8월에 가입자가 3만 6,000명이었고, 2003년 말에 가서도 회원이 15만 명에 그쳤다. 2004년 말에 가서야 100만 명이 됐는데, 이는 다른 소셜 기반 서비스에 비해 한참 뒤처지는 숫자였다. 세콰이어에서 투자를 받기 전까지 26번이나 투자를 유치하기 위한 발표를 했지만 투자자들에게 큰 관심을 받지 못했다. 그래서 2005년부터 회사의 수익을 올리기 위해 엄청난 노력을 했다.

첫 번째 노력은 사람을 구하는 사람들에게 돈을 받고 구인 정보를 올리는 기능을 만든 것이다. 서비스 론칭 후 단 두 달 만에 한 달에 3만 불의 매출이 발생했고 이는 꾸준하고 중요한 수익원이 되었다. 두 번째 시도는 공개 프로필 전략이었다. 사용자가 올린 프로필을 구글에서 검색되게 한 것이다. 구인하는 사람이나 구직자 모두 구글로 정보를 얻는 것을 중요하게 생각했기 때문에, 이를 통해 더 많은 사람들이 이력서를 올리는 데 링크드인을 사용하게 됐다. 세 번째로는 회사 성장에 가장 중요한 최고 경영자를 찾아낸 것이다. 창업자인 호프만은 상품에 집중하기 원했고 회사 경영과 성장을 챙기기는 어려웠다. 한 번의 영입 실패를 맛 본 후 야후에서 네트워크 부문을 성장시킨 제프 와이너$^{Jeff\ Weiner}$를 최고 경영자로 영입하면서 성장을 이루어냈다. 와이너는 데이비드 행크$^{David\ Hanke}$를 영입해서 링크드인이 급성장하는 과정에 꼭 필요한 기술 인프라를 책임지게 한다.

2011년 2월 구글에서 합류한 케빈 스콧$^{Kevin\ Scott}$은 백엔드의 문제를 해결했다.[53] 스콧은 새로운 기능 개발을 모두 멈추고 두 달 동안 전체 구조를 재정비했다. 데이터 저장을 위해 사용하던 오라클을 볼드모트^{Voldmort}로 바꾸고 메시징 시스템은 아파치 카프카$^{Apache\ Kafka}$를 선택했다. 대부분의 소프트웨어를 오픈소스로 바꿨다.

링크드인은 또 사용자 언어와 그래픽 선택을 추적해서 모바일 페이지가 더 빨리 움직이게 했다. 업데이트를 하루에 세 번 하는데, 하루 한 번이나 며칠에 한 번씩 하는 페이스북이나 구글보다 훨씬 빠른 대응이었다.

3.4 구글의 소셜 레이어 구글플러스

페이스북의 성장을 지켜본 구글은 소셜네트워크 영역에서 무언가를 해야한다는 압박에 시달렸다. 그러나 SNS를 지속적인 서비스로 제공할 계획은 없다고 선언했다. 대신 서비스 하나가 아닌 모든 서비스에 연계되는 소셜 레이어를 구축하는 데 관심을 가졌다. 그렇게 탄생한 서비스가 구글플러스^{Googleplus}다. 구글플러스는 2011년 6월에 초대 형식으로 필드 테스트 버전을 시작했다. 초기에는 구글플러스 회원 한 명이 150명까지 초대할 수 있었으나 9월부터는 18세 이상의 모든 사용자에게 개방했다. 초대 방식은 지메일부터 구글이 잘 사용하던 마케팅 기법이다.

구글플러스가 나오기 전까지 구글은 여러 가지 실험을 했는데 대부분 실패로 돌아갔다. 대표적인 것이 트위터와 유사했던 자이쿠^{Jaiku}*, 이메일로 메시징과 소셜미디어를 구현하려 했던 구글 웨이브^{Wave}, 그리고 다시 지메일 사용자를 대상으로 소셜네트워크를 구성하게 유도했던 구글 버즈^{Buzz}다.

---

* 구글은 이 마이크로블로깅 서비스를 2007년에 인수해서 2009년에 서비스를 중지했고 코드를 오픈 소스로 제공했다.

그림 3-25 구글 본사의 구글 로고

구글이 본격적으로 '타도 페이스북'의 기치를 내걸고 야심차게 발표한 기능으로 초기 IT 전문가들과 기술 중심 언론의 관심을 끄는 데는 성공을 했다. 구글플러스의 독특한 기능은 다음과 같다.

- 서클^{Circle}: 구글플러스에서는 사람들을 서클이라는 그룹으로 모을 수 있다. 페이스북이나 트위터도 친구나 팔로잉 리스트를 구성할 수 있지만 구글플러스만큼 대표 기능으로 내세우지는 않는다. 특히 드래그앤드롭 방식으로 사람들을 손쉽게 서클에 집어넣고 뺄 수 있는 사용자 인터페이스가 매우 간편하다. 기본 서클은 친구, 가족, 지인, 그리고 팔로잉으로 제공되며 이름을 바꾸거나 생성할 수 있다. 특히 특정 서클을 선택하면 그 서클에 포함된 사람의 글만 스트림에 보여주기 때문에 내가 보고 싶은 피드 스트림만 볼 수도 있다. 서

클은 이제 구글 검색에도 통합되어 나온다. 검색 결과에 나온 웹페이지의 정보를 제공한 사람이 어떤 서클에 속해있는지까지 보여줌으로써 정보의 신뢰와 가치를 판단하는 데 중요한 지표가 된다.

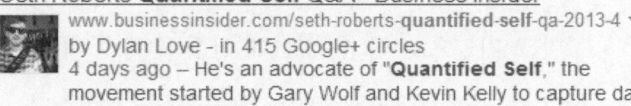

그림 3-26 구글 검색에서 나오는 서클 정보

- 행아웃Hangout: 구글플러스 초기에 가장 관심을 받았던 기능으로 최대 10명까지 참여할 수 있는 비디오 채팅 서비스다. 2011년 8월에 지금 보고 있는 유튜브 영상을 행아웃으로 친구들과 같이 볼 수 있는 기능을 도입했다. 이후 스마트폰용 행아웃을 제공했고, 행아웃 온에어 기능으로 즉각적인 웹캐

그림 3-27 구글 행아웃 화면

스팅을 할 수 있게 했다. 행아웃은 IT 분야 종사자들에게 크게 환영받았으며, 토론이나 유명인의 발표, 심지어는 오바마 대통령의 국민과의 질의응답에 사용되기도 했다.[54]

- 스팍스Sparks: 지금은 사라진 기능이지만 특정 단어나 주제에 대해 구글플러스 사용자와 공유할 수 있는 기능이다. 일종의 북마크 기능으로 볼 수 있는데 관심 주제에 대해 구글이 관련 자료, 블로그, 뉴스를 모아 제공해주는 서비스다.
- +1 버튼: 페이스북의 '좋아요' 같은 기능으로 구글의 모든 서비스에 적용되어 있는데 공유하거나 추천하는 용도로 사용된다. 특히 +1 버튼은 구글 검색에 영향을 미치기 때문에 구글 검색이 소셜 검색으로 진화하는 데 큰 역할을 하고 있다.[55]

그림 3-28 구글 +1 버튼. 위는 버튼을 누르기 전의 상태

구글플러스는 초기에 주로 엔지니어나 저널리스트 그룹에서 환영받으면서 대부분 남성 사용자 중심으로 확장되었고, 그나마 실제 사용자가 별로 없는 데다가 남초 현상이 짙어 수많은 언론과 블로그에서 '남탕', '유령 마을' 등의 비판이 쏟아져 나왔지만[56] 구글은 과거의 실패를 반복하지 않기 위해 수많은 노력을 했다. 구글플러스는 SNS가 아니라 아이덴티티 서비스라고 선언[57]하면서 자

사의 모든 서비스와 통합하기 시작했다.

2011년 11월 지메일과의 통합을 시작으로 구글 사용자가 모든 서비스를 사용할 때 기본적으로 구글플러스 아이디를 이용해서 글을 올리거나 g+1 버튼을 이용해서 정보를 공유할 수 있게 했다. 구글플러스를 맡고 있는 빅 군도트라^{Vic Gundotra}는 다음과 같이 구글플러스는 구글 2.0이라고 선언했다.[58]

> "구글플러스는 구글의 다음 버전이라고 본다. 구글의 모든 것을 이를 통해 업그레이드하고 있으며, 이미 구글을 쓰는 사용자를 기반으로 하는 것이다. 우리는 구글 2.0으로 간주하는 이 서비스로 사용자를 업그레이드할 것이다"

2012년 12월에는 커뮤니티 기능을 추가해서 그룹이나 포럼의 방식을 구현하게 했다. 다른 SNS에서 볼 수 있는 그룹처럼 특정 주제에 대한 질문, 답변, 콘텐트를 공유할 수 있으며, 사적으로 또는 공적으로 개방된 커뮤니티도 만들 수 있다. 이로써 다른 SNS에 있는 대부분의 기능에 대한 대응을 모두 마쳤다고 할 수 있다.

2012년 12월 구글플러스 등록 사용자는 5억 명, 실 사용자는 한 달 기준 2억 3,500만 명에 이른다.[59] 여기에는 구글플러스 스트림에서 활발하게 활동하는 사람뿐 아니라 구글 플레이의 앱에 +1 버튼을 누르거나 지메일에서 행아웃을 하거나 검색에서 친구를 맺은 사람 모두를 포함한다. 페이스북이 자기 서비스 내에서의 활동만을 기준으로 하는 것에 비해 구글은 전체 구글 서비스를 사용하는 모든 사람에게 구글플러스 기능을 제공한다. 이는 이 서비스가 일종의 소셜 레이어임을 다시 한 번 상기시켜준다.

한편, 구글플러스의 성장에 중요한 역할을 한 것은 모바일 앱의 뛰어난 UI라고 볼 수 있다. 페이스북이 모바일 앱에서 문제를 많이 보이고 디자인에서 뒤떨어진 반면, 구글은 일찍이 모바일 앱을 미적으로 매우 뛰어나게 만들었다. 그러나 구글플러스는 모바일에서 아직 수치상으로 의미있는 성장을 보이진 못했다. 군도트라가 2012년 6월에 당시 2억 5,000만 명의 사용자 중 데스크톱 사용자보다 모바일 사용자가 더 많다고 말했으나,[60] 같은 해 10월 콤스코어의 조사에 의하면 구글플러스의 모바일 사용자는 미국 내에서 700만 명 정도로, 다른 소셜미디어와 비교했을 때 7위에 그친다. 이는 어쩌면 구글플러스의 미국 외 국가 사용자가 75%에서 85%

그림 3-29 구글플러스의 모바일 앱 모습

로 추정되고, 안드로이드 사용자의 상당수가 미국 외 국가에 있기 때문일 것이다. 2013년 3월에는 스냅시드^{Snapseed}의 사진 향상 기능, 더 빨라진 포스팅 기능, 특정 서클에게 현재 위치를 공유하는 프로필, 개선된 커뮤니티 등 다양한 기능 업그레이드를 발표하면서 모바일 앱에서 앞선 모습을 보이고 있다.

구글플러스의 최대 이슈는 사용자가 머무는 시간이 페이스북에 비해 훨씬 짧다는 것이다. 콤스코어가 2012년 1월에 조사한 데이터를 보면 사용자들은 구글플러스에 한 달 평균 3분 머무는 것으로 나온다. 페이스북이 405분인 것에 비하면 너무 볼품 없는 수치다. 2012년 6월에 구글이 발표한 자료에 따르면 구글플러스의 실 사용자는 스트림 안에서 하루에 12분을 보낸다.[61] 3개월 전 9분에 비해 증가한 것이라고 자체적으로 긍정적인 평가를 내렸다. 특히 구글 서비스 전체를 통해서는 1시간 이상을 사용한다고 했는데 이는 논란의 여지가 있다. 왜냐하면 구글플러스는 구글이 주장하는 대로 소셜 레이어이기 때문에, 일단 구글플러스에 로그인한 후에 다양한 구글서비스를 사용할 수 있기 때문이다.

구글플러스는 하나의 서비스 개념보다는 구글 서비스 전체에 스며든 레이어 역할을 하기 때문에 앞으로도 단순 데이터 분석은 의미가 적을지도 모른다. 이미 실 사용자 수에서 페이스북 다음으로 올라섰지만 앞으로도 그 성장은 구글 서비스 전체의 변화와 연결될 것이고 이는 바로 페이스북과 구글의 전면전으로 나타날 것이다.

3.5 글로벌 미디어 플랫폼 유튜브

유튜브^{YouTube}는 2005년 2월 14알 페이팔 출신의 채드 헐리$^{Chad\ Hurley}$, 스티브 첸$^{Steve\ Chen}$, 조드 카림$^{Jawed\ Karim}$이 설립한 회사다. 아이디어는 일 년 전 샌프란시스코의 디너 파티에서 떠올랐다고 한다.[62] 아이디어의 출발점은 2004년에 발생한 자넷 잭슨의 수퍼볼 공연 노출 사건과 인도 쓰나미 사건이었다고 한다. 2005년 5월에 첫 베타 사이트가 공개되었고 2005년 4월 23일에 조드 카림의 첫 비디오인 19초짜리 '동물원에서의 나$^{Me\ at\ the\ Zoo}$'가 올라왔다.

2005년 9월에 100만 히트를 기록한 영상이 등장했는데, 그것은 바로 나이키 광고였다. 이 사례를 통해 나이키는 초기부터 유튜브의 프로모션 잠재력을 인정했다고 한다. 2005년 11월 세콰이어 캐피탈로부터 350만 불의 투자를 유치한 유튜브는 2005년 12월 15일에 정식 론칭한다.

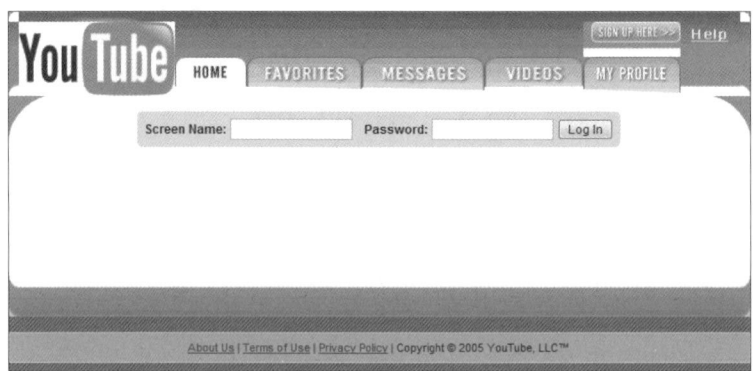

그림 3-30 유튜브의 첫 베타 사이트 [출처: 위키피디아]

2006년 6월 NBC는 자사의 인기 프로그램 SNL의 비디오 클립인 '레이지 선데이'를 내려달라고 유튜브에 요청했고 유튜브는 이에 동의했다. 이 사건은 많은 비디오 공유 사이트의 관심을 끌었다.[63] 2007년 10월에 유튜브는 콘텐트 판별 프로그램을 만들어서 콘텐트 소유자가 자신의 비디오 저작권이 침해 받는지를 파악할 수 있게 했다. 그러나 NBC는 곧 자사의 프로그램을 유튜브를 통해 프로모션하는 계약을 체결했는데 이는 콘텐트 제공자들이 유튜브와 긍정적인 파트너십을 맺는 데 큰 역할을 했다.

2006년 10월 구글은 유튜브를 '인터넷 진화의 다음 단계'라고 부르며 16억 5,000만 불에 인수하기로 결정했다.[64] 당시 유튜브 직원은 65명에 불과했다. 인수 조건은 현금 1,500만 불과 클래스 A 보통 주 321만 7,560주, 그리고 44만 2,210주의 제한 주식과 워런트였다. 모든 인수 절차가 끝났을 때 주가로 환산한 인수가는 17억 7,500만 불이었다.[65]

그림 3-31 5억 건의 시청을 넘어선 '찰리가 내 손을 물어요' 비디오

2007년 5월부터는 개인이 올린 영상이 히트를 치면 돈을 받을 수 있는 파트너 프로그램을 시작했고 일 년 뒤에는 실제로 수십만 불을 버는 사용자가 등장했다.[66] 같은 해 아기가 형의 손을 깨무는 비디오(그림 3-31)가 5억 뷰를 달성해 메가 히트를 기록했고, 2012년 2월 기준으로 이 가족은 15만 불을 벌었다고 한다.

2007년 7월 유튜브는 CNN과 공동으로 대통령 후보 토론회를 개최했고 시민들은 질문을 영상으로 제출했다. 이렇듯 유튜브는 여론과 정치 문제에도 매우 유용한 플랫폼이 될 수 있음을 보여주었다. 2009년에는 미 의회가 유튜브에 공식 채널을 개설했다.

2007년 8월에는 오버레이 방식으로 첫 광고가 게재되었다. 구글이 인수한 후 유튜브를 통해 매출을 낼 수 있음을 보여주는 신호였다. 2009년 4월 비방디^{Vivendi} 산하 유니버설 뮤직 사 등과 함께 뮤직비디오 서비스 베보$^{Vevo.com}$를 시작하면서 그동안 저작권 침해에 불만이 있던 음반 업계와 처음으로 우호 관계를 정립했다. 구글은 현재 베보를 5억 불로 평가하면서 5,000만 불을 투자할 것을 검토 중이다.[67]

유튜브는 또 2010년 1월 영화 렌탈 사업에 참여했고 이듬해 4월에는 유튜브 라이브로 방송을 시작했다. 넥스트 뉴네트웍스를 인수한 후 2011년 3월에 처음으로 오리지널 채널 방영을 시작했다. 유튜브 독점 영상을 만들기 위해 콘텐트 창작자들에게 1억 불을 쏟아 부을 계획도 밝혔다.[68] 이로써 유튜브는 스포츠 중계, 콘서트, 뉴스까지 공급하는 종합 미디어 회사가 되었다.

2011년 아랍의 봄 혁명 기간 중 유튜브는 자유와 민주주의 메시지를 전파하는 데 큰 역할을 했다고 평가받았다. 다음 해 7월에는 올림픽 경기를 생중계해서 전 세계 사람들이 컴퓨터, 모바일폰, 태블릿PC로 올림픽을 즐기게 됐다. 싸이의 〈강남스타일〉은 단 5개월 만에 10억 뷰를 돌파했고, 이후 2014년 5월 말 최고 시청 비디오 기록을 20억 뷰로 갈아치우는 신기록을 세웠다. 이렇게 유튜브는 전 세계의 엔터테인먼트 산업뿐 아니라 기업의 홍보, 사회적, 정치적 메시지까지 전달하는 가장 중요한 미디어 플랫폼이 되었다.

현재 유튜브는 1분당 100시간 분량의 비디오가 업로드된다. 한 달에 재생되는 영상의 러닝타임은 40억 시간이며 70%의 트래픽이 미국 외의 지역에서 발생한다. 한 달 방문자가 10억 명을 돌파했다는 발표도 있다.[69] 유튜브의 최근 성장에 크게 기여한 것은 모바일 기기의 확대와 모바일을 통한 영상 소비의 증가다. 유튜브의 공식 집계에 따르면 글로벌 유튜브 시청의 25%가 모바일 기기를 통해 이루어지고, 모바일에서 하루 10억 건의 시청이 이루어진다.[70] 2011년에 비해 3배 뛴 수치다.

닐슨 그룹은 인터넷, 모바일, 소셜로 연계된 세대를 C세대라고 부른다.[71] C세대는 기본적으로 멀티스크린을 통해 정보를 소비하는 경향이 있고 스마트폰 보유율이 76%에 달한다. 이들이 스마트폰으로 유튜브를 보는 비율이 74%나 되며 두 개 이상의 기기를 통해 유튜브를 시청하는 비율도 67%다. 다른 세대가 53%인 데 비해 월등히 높다. C세대는 유튜브 영상을 소셜미디어를 통해 소비하는 비중도 높다. 유튜브 내에서 검색해서 영상에 접근하는 비율이 47%로 가장 높지만, 소셜네트워크의 링크를 클릭해서 보는 비중이 18%로 이메일을 통한 9%나 일반 검색을 통한 10%에 비해 훨씬 높다.* 유튜브에 소셜 기능을 넣으려는 시도는 2009년부터 여러 가지로 시도되었다. 유튜브 리얼타임(그림 3-32)이라고 해서 화면 아래 툴바를 이용해 같은 비디오를 시청하는 사람이 누구고 현재 누가 로그인해있는지를 알려주는 형태였으나 지속되지는 못했다.

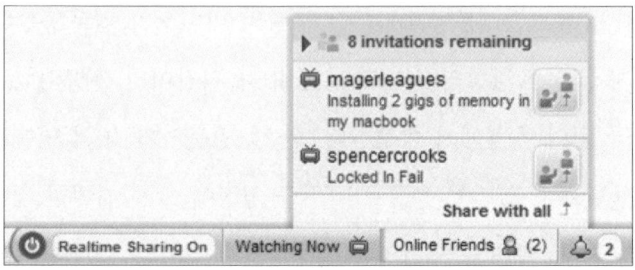

그림 3-32 잠시 실험했던 유튜브 리얼타임 [출처: CNet]

구글플러스가 나온 후 유튜브는 구글플러스와 완벽하게 통합되었고 페이스북, 트위터를 통해서도 자연스럽게 공유되게 했다. 흥미로운 기능은 '비디오 콜'을 넣어서 구글 행아웃을 하면서 유튜브 영상을 공유하는 기능이다.

---

* 이 비율은 데스크톱이 아닌 스마트폰 사용에서의 수치다.

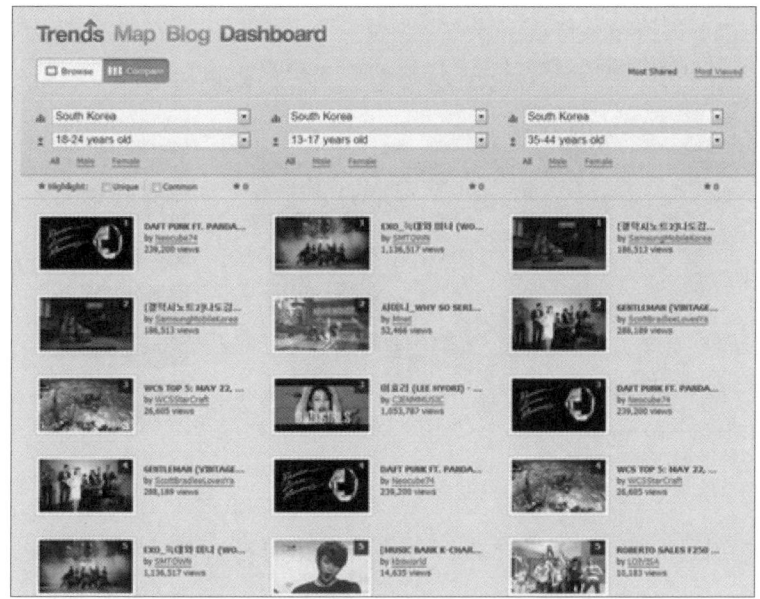

그림 3-33 대시보드를 통해 본 국내 13세에서 44세까지의 유튜브 시청 비디오의 순위

유튜브는 사용자들이 시청하는 영상을 통해 현재 지구촌이 무엇을 보고 무엇을 얘기하는지, 웹에서 비디오 소비의 동향이 어떤지 알 수 있는 서비스를 제공하고 있다. 유튜브 트렌드 대시보드 Trend Dashboard라는 이 서비스는 2010년에 도입되었는데 각 지역이나 인구 통계 기준으로 사용자가 가장 많이 보거나 공유한 영상이 무엇인지 알 수 있다. 또한 트렌드맵을 통해 미국 내에서 지난 12시간 동안 가장 많이 재생되거나 공유된 영상을 시각화해 보여주는 서비스도 있다. 이는 검색어의 변화 추세로 사람들의 관심 변화를 보여주는 구글트렌드처럼 영상 소비의 변화를 보여주려는 의도다.

3장 세상을 뒤흔든 5대 소셜미디어 서비스   131

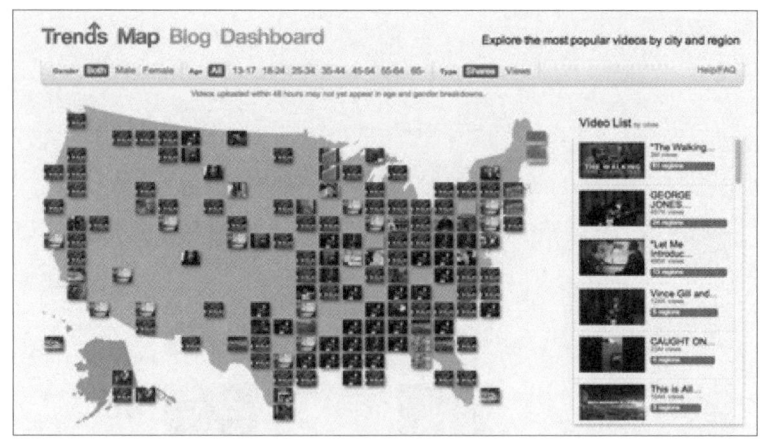

그림 3-34 유튜브 트렌드맵

지금까지, 가장 큰 규모로 성장한 다섯 가지 소셜미디어 서비스의 특성과 발전 과정을 살펴봤다. 이들 서비스도 최근에 들어와서는 새로운 평가를 받거나 전략 방향에 큰 수정이 이루어지고 있다.

페이스북은 모바일 전환과 전 세계 시장 진출에는 성공했으나 기존 사용자 중 젊은 세대의 이탈이라는 도전에 직면하고 있다. 또한 여러 영역에서 인수 합병을 하면서 전체적인 사업 영역의 재정비가 필요하게 되었다. 이에 따라 크게 뉴스, 메시징, 사진을 따로 분리해 나가면서 전체 서비스를 모바일 앱들로 구성된 군단으로 재배열하는 전략을 선언했다.[72]

트위터는 상장한 이후 지속적으로 성장성에 의심을 받고 있으며, 결국 주요 임원진의 사임을 불러왔다.[73] 제품 전략에 대한 최고 경영진 사이의 불화로 최고 운영 책임자였던 알리 로우가니(Ali Rowghani)가 사임하고 딕 코스톨로가 다시 전체 제품 전략을 맡게 되었다. 이는 트위터가 전반적인 재정비를 하지 않으면 큰 위기에 봉착할 수 있음을 보여주고 있다. 주식 시장에서는 이를 긍정적으로 받아들이고 있지만 어떤 전략적 방향을 선택할지는 아직 미지수다. 페이스북을 닮아가려는 새로운 디자인에 대해 많은 전문가들이 우려를 표하고 있기 때문이다.

가장 큰 변화는 구글플러스다. 그 동안 구글플러스를 총괄하던 빅 군도트라가 2014년 4월 구글을 떠나면서 구글플러스의 미래에 대한 우려가 제기되었다. 결국 2014년 5월 구글 창업자인 세르게이 브린이 리코드[ReCode] 컨퍼런스에서 자신은 소셜한 사람이 아니며 구글플러스는 실수였다는 고백을 했다.[74] 향후 구글의 전략에서 소셜미디어가 차지하는 비중이 축소될 것이라는 전망이 자연스럽게 나오게 되었다.

명확한 매출 전망과 실적으로 투자자들에게 가장 사랑받던 링크드인마저 2014년을 들어서면서 성장이 둔화되고 그에 따른 주가의 지속적 하락이 이루어졌다.[75] 특히 프로필 등록의 증가보다는 실 방문자와 그에 따른 페이지 뷰가 더 중요한데, 이 수치는 2013년 4월 이후로 줄어들고 있다. 링크드인은 「뉴욕타임스」가 혁신 보고서에서 중요한 경쟁자로 지적하고 있듯이 중요한 정보 및 뉴스 생산자로서의 위상을 높이고 있다. 이러한 변화가 링크드인의 새로운 성장 동력을 만들어 낼 수 있는지 지켜보는 것도 흥미로운 주제다.

이런 모든 변화의 가장 중요한 원인은 서비스들이 이제 10년 가까이 되었고, 대부분 웹을 기반으로 출발했다는 점이다(물론 트위터는 예외지만). 새로운 세대와 서비스의 등장, 모바일이 바꿔놓은 시장의 흐름, 거대해진 조직 등 대부분 성장 과정에서 겪을 수 있는 도전들이고, 이런 도전을 주력 소셜미디어가 어떻게 헤쳐나갈 것인가를 지켜보면, 소셜미디어의 진화에 대한 올바른 시각을 가질 수 있을 것이다. 또한 새로운 개념과 특성, 모바일 시대에 대응한 서비스들을 비교해서 살펴보는 것도 소셜미디어의 진화를 이해하는 데 중요한 시각이 될 것이다.

4장 | 개성 강한 모바일 기반 소셜미디어 서비스

4.1 모바일 SNS의 새로운 지평을 연 인스타그램

친구 관계를 기반으로 다양한 일상과 정보를 공유하는 범용 소셜미디어를 벗어나, 특정 주제나 상황에 대한 경험과 느낌, 새로운 관계 수립을 원하는 사람들을 위한 버티컬 SNS가 등장했다. 특히 모바일 시대에 들어서면서 실시간이면서 문맥을 기반으로 하거나 새로운 계층을 타겟으로 하는 모바일 기반 SNS가 활발하게 등장했다. SNS에서의 친구 관계는 현실의 관계나 친밀도, 공감도를 바탕으로 하는데, 이렇게 관계를 엮어주는 주제나 매개체를 소셜 객체$^{Social\ Object}$라고 한다. 소셜 객체에는 책, 음악, 영화, 사진, 관심사, 장소 등이 활용될 수 있다. 4장에서는 버티컬 SNS와 이 서비스가 모바일 시대에 갖는 의미를 살펴본다.

　인스타그램은 모바일 중심의 서비스가 하나의 주력 서비스로 성장할 수 있음을 보여준 중요한 사례. 플리커가 사진 공유 사이트 시장을 주도하고 있을 때, 스마트폰 사진을 중심으로 해서 공유와 새로운 인터랙션, SNS 형성이 가능할 것이라고는 누구도 쉽게 생각하지 못했다. 인스타그램의 창업자 중 한 명인 케빈 시스트롬Kevin Systrom은 블로그에서 이미지는 모든 배경, 언어, 문화와 상관없이 사람들을 연결시키는 능력이 있다고 얘기했다.

그림 4-1 인스타그램의 화면 이미지 [출처:인스타그램]

인스타그램은 성장속도에 비해 아직 어린 회사다. 2010년 10월에 창업됐다. 인스타그램이 애플 앱스토어에 등장한 것은 2010년 10월 6일이다. 창업자인 케빈 시스트롬과 마이크 크리거Mike Krieger는 버번Burbn이라는 사진, 위치 공유, 게이밍Gaming의 특징이 있는 앱을 만들다가 인스타그램의 아이디어를 얻었다고 한다. 베이스라인 벤처스Baseline Ventures의 스티브 앤더슨Steve Anderson과 안드레센 호로비츠Andreessen Horowitz는 투자자 미트업 모임에서 서비스를 HTML5로 구현하겠다는 아이디어를 듣고 50만 불을 투자했다. 인스타그램은 그렇게 시작됐다. 그러나 위치 기반 서비스는 이미 포스퀘어가 장악했음을 느낀 시스트롬은 창업자인 크리거가 합류한 첫날, 사진 중심의 모바일 서비스를 만들기로 결정한다.[1]

인스타그램은 사진의 크기를 대부분의 스마트폰이 사용하는 16×9 사이즈가 아니라, 코닥의 인스타매틱이나 폴라로이드가 채택한 정사각형으로 채택했다. 이것은 인스타그램 사진의 가장 큰 외형적 특징으로 자리 잡았다. 시스트롬은 이처럼 빈티지 사진에 애정이 있었던 것으로 유명했다. 실제로 시스트롬은 대학 3학년 때 사진을 배우러 이탈리아 플로렌스에 갈 정도로 사진에 관심이 많았다. 이때 경험한 올가^{Holga} 카메라를 통해 빈티지 사진의 불완전성이 주는 아름다움을 알게 되었고, 나중에 인스타그램과 접목하는 계기가 되었다. 2011년 1월에는 사진이나 사람을 쉽게 찾기 위한 해시태그 기능을 도입했고, 2011년 9월에 버전 2.0을 내놓았으며 이때 새로운 필터, 틸트시프트, 고해상도 사진, 테두리 기능, 원 클릭 회전 등의 기능을 추가했다.

　인스타그램의 성공 요인은 첫째로, 매우 세련된 기능이 있는 필터를 무료로 제공한 것을 꼽을 수 있다. 가볍게 찍은 스마트폰 사진도 몇 가지 필터만 거치면, 오래되고 감성적인 사진으로 탈바꿈시킬 수 있었기 때문에 사용자들은 마치 자신이 전문 사진작가가 된 듯한 기분이 들었다.

　「포브스」의 인터뷰에 따르면, 필터에 대한 아이디어는 처음 만든 앱이 별로 특징이 없어 고민하던 차에, 시스트롬이 여자친구와 멕시코에 휴가를 갔다가 얻었다고 한다. 친구들에게 멋진 사진을 보여 주려면 어떻게 해야 하는지 여자친구가 물었을 때 시스트롬의 대답은 '필터'였다. 시스트롬은 플로렌스에서 경험했던 싸구려 카메라의 감성을 담을 수 있는 필터를 만들었고 그것이 X-Pro II다. 그 후 자신이 즐겨 마시던 헤페바이젠 맥주를 기념해서 헤페 필터를, 디그의 창업자 케빈 로즈의 강아지를 기념해서 토스터 등을 만들었다. 이러한 필터 기능이 오데오^{Odeo} 인턴 시절 알던 잭 도시를 통해 트위터에서 소개되었고 커다란 반향을 일으키게 되었다.

그림 4-2 인스타그램의 필터들

두 번째로, 스마트폰의 빠른 보급과 지속적으로 개선된 카메라의 기능도 인스타그램의 활성화에 큰 도움을 주었다. 아이폰5는 800만 화소에 고해상도 레티나 디스플레이를 지원해, 사진을 감상하기에 부족함이 없다. 안드로이드의 선두 제품인 삼성 갤럭시 S4도 1,300만 화소의 CCD를 제공하고, 사진의 품질을 향상시키는 다양한 기능이 있다. 이렇게 고성능 카메라 기능을 가진 스마트폰이 보급되면서 누구나 고화질 사진을 찍을 수 있게 되자 사진은 소셜미디어에서 가장 많이 생성되고 공유되며 공감을 얻는 미디어가 되었다.

 세 번째로는 소셜 기능의 채택이다. 초기 스마트폰 카메라 앱들이 대부분 유료 필터나 꾸미기 기능에 집중한 반면, 인스타그램은 사진을 바탕으로 새로 맺어지는 사람들 간의 관계를 중요하게 봤다. 아이러니한 점은, 플리커는 사람들이 사진을 저장하거나 현상하는 것보다 사진을 통해 얘기 나누는 것을 더 좋아한다는 사실을 이미 알았으면서도 모바일에서 강자가 되지 못했다는 사실이다. 인스타그램은 팔로우 기능을 통해 관심이 가는 사진의 사진 스트림을 받아 볼 수 있게 했고 인기 사진을 추천함으로써, 경쟁과 함께 아마추어 사진 작가나 길거리 패션 작가들에게 인스타그램에서 유명인이 될 수 있는 기회를 제공했다. 또 태그 기능과 아이콘을 통한 호감 표시는 사람들 사이에 또 다른 상호 교류를 가능하게 하여, 모바일 SNS의 가능성을 처음으로 보여줬다. 페이스북의 전 부사장이며 현재 벤치마크 캐피탈의 제너럴 파트너인 매트 콜러[Matt Cohler]는 '인스타그램이 '처음으로 진정 모바일에 맞춰 만들어진 서비스'라고 평가했다.[2]

 인스타그램은 애플 앱스토어에 등장한 첫 날에만 2만 5,000건의 다운로드가 이루어졌고, 한 달 만에 100만 명의 사용자를 끌어모았다. 서버에 부하가 생긴 것을 해결하기 위해 인스타그램을 아마존 서버에 올리고 트래픽에 맞게 확장하고 적응하도록 도움을 준 이는 페이스북의 기술 총괄 출신의 쿠오라Quora 설립자인 아담 단젤로Adam D'Angelo였다. 아이폰 버전만 제공하던 인스타그램은 2012년 4월에 드디어 안드로이드 버전을 발표했다. 이후 일주일 만에 500만 다운로드가 추가로 이루어졌으며, 열흘이 지나 1,000만 명의 사용자를 추가로 얻어, 4,000만 명의 사용자를 확보했다. 이후 페이스북 인수 시점에는 전체 사용자가 5,000만 명에 달했다.

  2012년 4월 9일 페이스북은 10억 불의 현금과 주식으로 인스타그램을 인수할 것을 선언했다. 그보다 얼마 전에 인스타그램은 5억 불의 가치로 평가받아 5,000만 불의 투자를 추가로 받아냈다. 페이스북의 주커버그는 인스타그램 인수를 결심하고 시스트롬을 만났고 협상은 단 이틀 만에 이뤄졌다고 한다.[3] 인수는 3억 불은 현금으로, 나머지는 페이스북 주식을 주는 것으로 결정됐지만, 이 후 페이스북의 주가 하락으로 실제 최종 인수가는 7억 1,500만 불로 낙찰됐다.[4] 페이스북이 이 금액에 인수를 선언하자, 많은 언론에서는 거품이라고 했지만 내부에서는 오히려 헐값에 샀다고 생각했다고 한다. 당시 인스타그램의 직원은 겨우 13명이었다. 페이스북의 입장에서는 인스타그램이 다른 회사로 넘어갔을 때의 위험을 생각하지 않을 수 없었다. 모바일 영역에서 입지가 그다지 강하지 않았던 페이스북은 경쟁사가 인스타그램을 인수해서 모바일에서 강자가 되는 것이 무엇보다 두려웠기 때문이다.

지난 2012년 9월에 이미 1억 명의 사용자를 확보한 인스타그램은 매달 10%씩 성장했고 2013년 1월 한 달 실 사용자는 9,000만 명에 이르렀다. 총 등록된 사진은 40억 장이 넘고 하루에 4,000만 장의 사진이 포스팅 된다고 한다.[5] 2013년 1사분기에 이르러 1억 명의 월 실 사용자$^{MAU, Monthly Active User}$ 수를 달성했으며, 초당 8,500개의 '좋아요'가 이루어지고 1,000개의 댓글이 달린다고 한다.[6] 2013년 10월 기준으로는 월 실 사용자 1억 5,000만 명, 공유 사진이 160억 장이고, 하루에 올라오는 사진은 5,500만 장, 하루에 생성되는 '좋아요'는 15억 건이다.

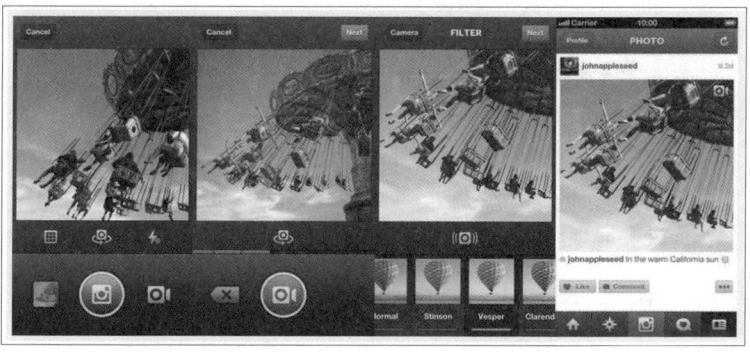

그림 4-3 인스타그램 비디오 기능들 [출처: 인스타그램 공식 블로그]

2013년 6월 20일 인스타그램은 비디오 업로드 기능을 발표했다.[7] 비디오는 3초에서 15초까지 가능하며 13가지 필터를 제공한다. 또 특정 프레임을 제공하는 편집 기능도 포함되어 있다. 물론 창업자 시스트롬은 비디오를 초기부터 구상했다고 얘기하지만 트위터의 6초 비디오인 '바인' 서비스의 흥행에 자극을 받은 것으로 추측된다. 트위터의 바인은 인수된 후 급속한 성장을 기록해서 2013년 5월 기준으로 360만 순 방문자 수$^{UV, Unique Visitor}$를 기록했다고 컴피트닷컴이 발표했다.[8] 앱데이터에 따르면 미국의 아이폰 마켓에서 8%가 사용하며 총 1,300만 다운로드를 기록했다.

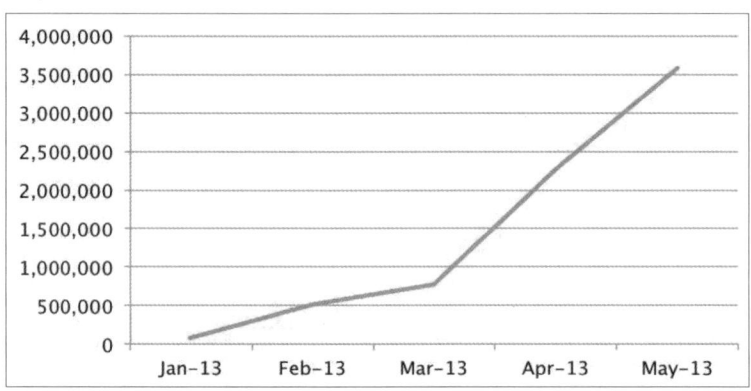

그림 4-4 트위터 바인의 UV 성장 현황 [출처: 컴피트닷컴]

인스타그램 비디오는 론칭하자마자 24시간 만에 500만 개의 비디오가 업로드됐다.[9] 또 바인의 트래픽을 앞질렀으며, 모바일 비디오에서는 잠깐동안이지만 유튜브의 트래픽을 뛰어넘는 등 시작에서 그 잠재력을 인정받았다.[10] 올릴 수 있는 영상이 왜 15초인가에 대한 논의가 있으나, 이는 앞으로 페이스북이 제공할 비디오 광고 길이를 염두에 둔 것이라는 분석이 나왔다.[11] 비디오 광고는 사용자들이 가장 관심이 많고 효과가 좋은 광고 미디어이기 때문에 이를 통해 페이스북 광고 효과와 인스타그램의 매출을 한 번에 높이려는 전략이다.

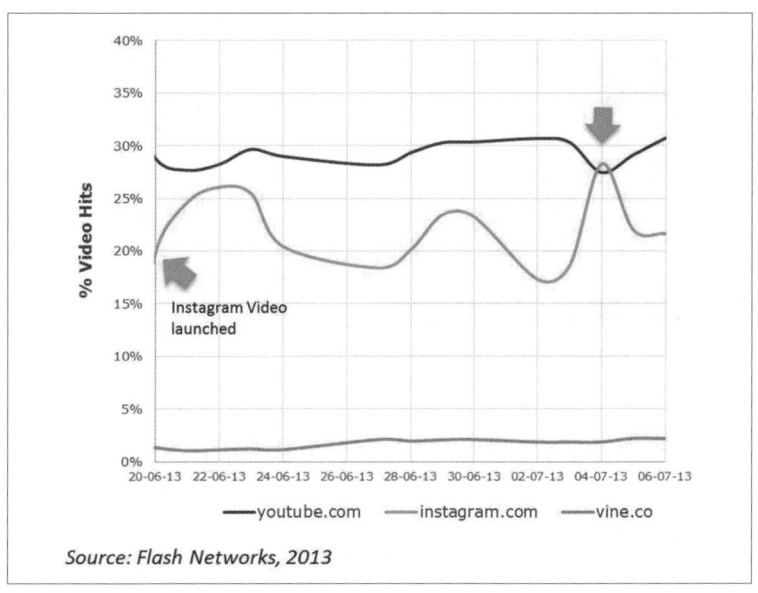

그림 4-5 미 독립기념일에 모바일에서 잠시 유튜브 트래픽을 넘어선 인스타그램 비디오

이제 그동안 관심을 받아온 소셜캠^{Socialcam}이나 비디^{Viddy} 같은 서비스를 뛰어넘은 트위터의 바인과 인스타그램 비디오가 유튜브의 차세대 모델로 부상할 것인가는 매우 흥미로운 주제가 되었다.

4.2 위치 기반 SNS 포스퀘어, 페이스북 근처 장소, 스핀들, 씨온

구글에 닷지볼^{Dodgeball}을 매각해 구글에 합류한 데니스 크라울리$^{Dennis\ Crowley}$는 구글이 자신의 서비스에 관심을 보이지 않자 다시 뛰쳐나와 2009년에 새 회사를 설립했다. 그것이 포스퀘어^{Foursquare}의 시작이다.

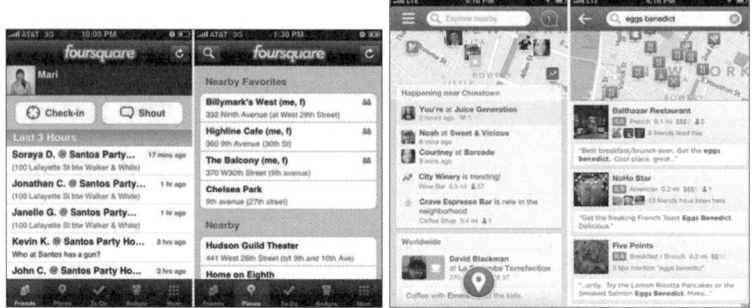

그림 4-6 2009년의 포스퀘어 화면과 현재의 포스퀘어 [출처: 포스퀘어 공식 블로그]

사용자가 방문한 지점의 위치를 체크인해주면 방문 횟수에 따라 그 위치에 있는 기업이나 가게, 또는 어떤 의미 있는 공간이나 장소의 가상 시장^{Mayor}이 되게 해준다는 흥미로운 게임 스타일의 서비스였다. 더구나 사람들의 반복적인 방문 형태에 따라 다양한 뱃지를 주는 방식으로 사람들에게 새로운 재미를 주는 기법도 사용했다. 이에 따라 본격적으로 소셜미디어에서 게임화^{Gamification}라는 개념이 나오기 시작했다.

그림 4-7 내가 확보한 포스퀘어의 다양한 뱃지 중 일부

포스퀘어의 이러한 재미는 초기 회원 확보에 매우 중요한 역할을 했다. 그러나 시간이 지나면서 사용자들이 위치를 밝히고 뱃지를 얻는 것에 열성을 보이지 않게 되었다. 사용자들의 위치 정보는 가장 중요한 자산이면서 가장 예민한 정보다. 특히 마케팅이나 광고에 있어서 사용자의 위치는 매우 중요한 가치가 있다. 점심 시간에 강남역에 있는 사람들에게 15% 할인 쿠폰을 보내는 것은 아무에게나 보내는 것보다 훨씬 의미 있는 프로모션이기 때문이다. 그러나 사용자들, 특히 여성의 경우 위치를 노출하는 것을 점점 꺼리게 되었고, 나아가 체크인은 하되 그 내용을 SNS를 통해 공유하는 일을 삼가게 되었다. 프라이버시에 대한 우려 때문이었다.

또 내가 가상 시장이 된다고 해서 생기는 이득이 무엇인가, 하는 질문이 나오게 됐다.[12] 재미있지만 그래서 내게 생기는 실제적인 이득이 무엇인가 하는 문제였다. 이 문제는 곧바로 트래픽 저하로 나타났다.[13]

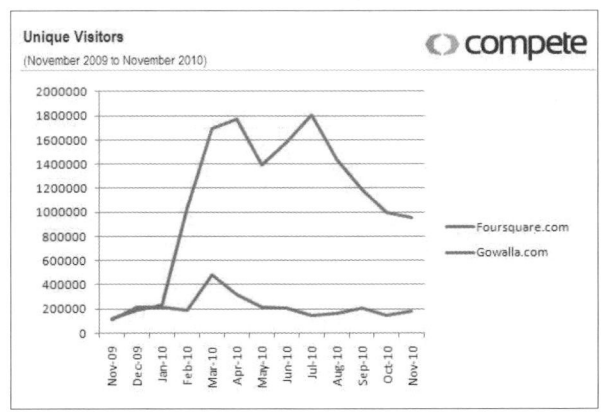

그림 4-8 포스퀘어와 고왈라 같은 위치 기반 서비스의 사용자 감소 추세
[출처: compete]

4장 개성 강한 모바일 기반 소셜미디어 서비스

물론 포스퀘어의 가상 시장이 되면 그 가게에서 특별한 할인이나 무료 음료 등을 제공받는 경우도 있었지만 항상 그런 것은 아니었다. 사실 사업을 운영하는 측에서도 누가 자주 오고 누가 언제 체크인을 하는가가 참고자료가 되기는 하지만 중요한 것은 사실 오지 않았던 사람을 끌어오는 것이지 이미 와서 체크인 한 사람은 따지고 보면 매출을 더 올려주는 사람이 아니었던 것이다. 따라서 포스퀘어는 단순 체크인에서 모아진 체크인 정보를 통해 더 의미 있는 서비스를 제공해야 하는 도전에 마주하게 되었다. 현재 포스퀘어 버전은 6.0으로 이러한 경험을 통해, 과거의 서비스에서 많은 진화를 거듭했다. 가장 중요한 변화는 과거 체크인 중심에서 이제는 검색이 가장 중앙에 위치한다는 것이다. 이는 위치 중심의 SNS에서 지역 검색으로 특화되는 과정이다.

두 번째는 현재 위치에 있는 친구들과 흥미로운 장소를 보여주는 기능이다. 이를 통해 친구들이 추천하는 장소를 보여주는 지역 추천이나 친구와의 인터랙션을 더 강조했다. 동시에 개인화된 추천 기능으로 내 친구가 체크인한 곳 중에 내가 가장 관심 가질 만한 곳을 보여주었다. 이전 버전에서 포스퀘어는 익스플로러 기능을 통해 특정 위치에서의 추천 장소를 보여주는 기능을 선보였으며 이를 다시 강화했다. 이는 포스퀘어가 초기에 위치 기반 SNS에서 지역 추천으로 변화했고, 다시 지역 검색으로 변화하는 상황을 보여준다.

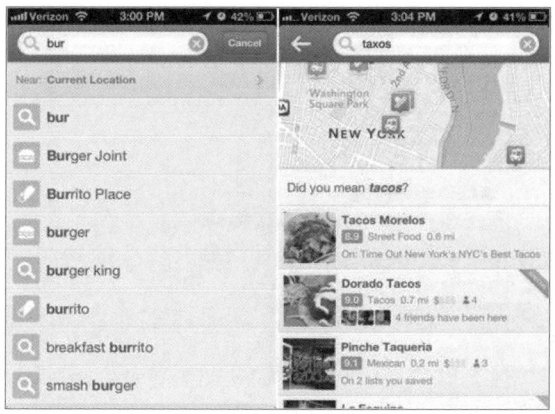

그림 4-9 포스퀘어의 익스플로러 기능

현재까지 알려진 포스퀘어의 실적을 보면 가입자는 3,000만 명이고 2012년 매출은 200만 불 수준이다. 지난 4년간 누적된 체크인 수는 35억 건이다.[14] (이러한 체크인 데이터를 모으면 도시와 지역에 대한 새로운 시각을 볼 수 있다는 것을 15장에서 설명한다.) 포스퀘어와 제휴를 맺은 기업이나 지역의 상점도 130만 곳에 달한다.[15] 특히 비즈니스를 하는 포스퀘어 가입자에게는 머천트 API, 대쉬보드와 분석 도구를 제공한다. 위치 기반 데이터는 마케팅에 매우 유용하기 때문에 이 데이터를 수집하려는 소셜미디어의 움직임이 최근 매우 활발하다. 페이스북이나 트위터 역시 사람들이 포스팅하는 위치나 위치에 대한 평가, 의견을 얻으려는 노력을 기울여 왔다.

페이스북은 2010년 8월에 플레이스 기능을 소개했으며, 11월에는 지역의 상점이나 바, 커피숍에서 할인 쿠폰, 무료 제공 쿠폰을 제공하는 '딜^{Deal}'을 소개했다. 이 서비스는 그루폰 같은 스타일이

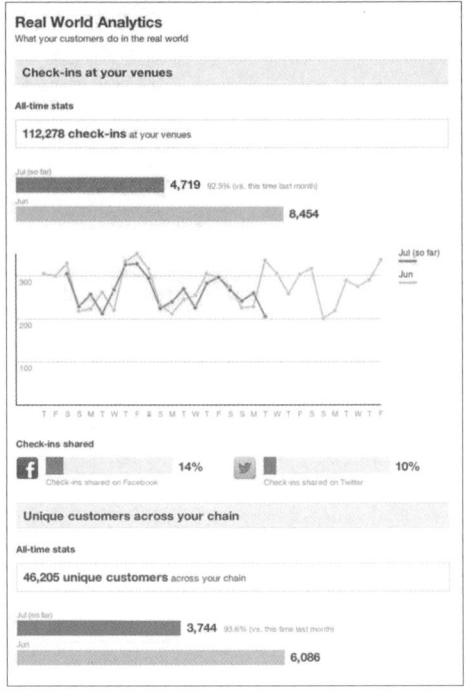

그림 4-10 포스퀘어 비즈니스 가입자가 사용하는 대시보드 도구

 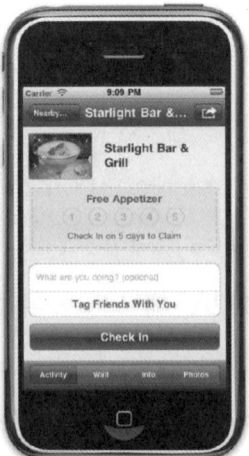

그림 4-11 서비스 중단된 페이스북 딜

었으나 4개월의 운영 후 더 이상 운영하지 않기로 했다.[16]

페이스북은 2012년 5월에 주변 위치 기반 서비스 업체인 글랜시^{Glancee}를 인수했다.[17] 인스타그램의 인수를 선언한 지 한 달도 되기 전에 발표한 것이라 사진 공유 다음으로 위치 정보 활용과 공유에 전략적 의미가 있음을 알 수 있다. 글랜시는 2010년에 시작한 회사인데 내 주변에 누가 있는지 보고, 나와의 공통점을 바탕으로 친구를 추천 받아 채팅을 하는 서비스였다. 페이스북은 이후 지역 검색 기능을 강화해 2012년 12월에 '근처 장소^{Nearby}'라는 이름으로 현재 위치 근처의 사업체를 추천하는 기능을 선보였다.

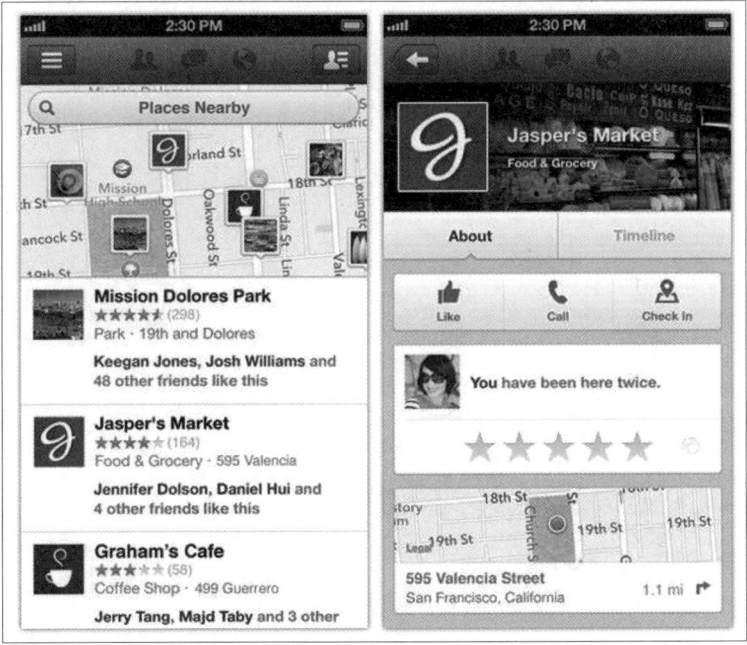

그림 4-12 페이스북의 '근처 장소' 기능 [출처: 페이스북 공식 페이지]

2013년 4월에는 다시 서비스 이름을 '지역 검색'으로 바꾸고 좀 더 이해하기 쉽게 만들었다. 그러나 이는 iOS용이고 아직 모바일 사이트와 안드로이드앱에서는 '근처 장소'라는 이름으로 사용된다. 국내의 경우도 '근처 장소'라는 이름으로 제공된다. 이유는 사용자들이 이 이름의 기능을 근처의 친구를 찾는 것으로 오해하고 있다는 코멘트들이 달리기 때문이다.

트위터 역시 2009년 8월부터 위치 정보를 트윗에 삽입하는 방식을 도입했다. 그러나 트위터의 경우는 위치 정보를 바탕으로 지역 검색을 하려는 것이 아니라 사람들이 생성하는 트윗에 신뢰를 주기 위해서였다. 예를 들어, 그림 4-14처럼 월드컵 경기를 보면서 올린 트윗이 실제 경기장에서 올린 것이라면 더 신뢰가 가기 때문이다. 특히 이런 경기를 TV를 통해서 보는 것인지 스타디움에서 직접 관람하는 것인지를 알게 해줌으로써 트윗의 문맥을 확인할 수 있다.

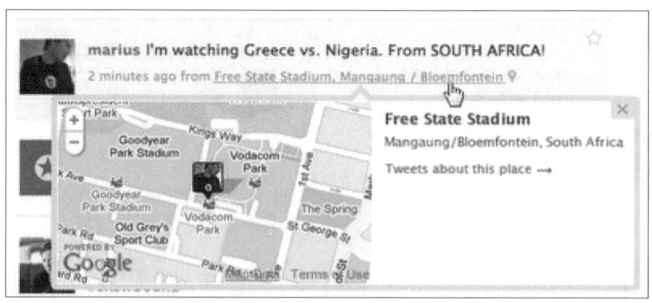

그림 4-13 트위터 플레이스 [출처: 트위터 공식 블로그]

그러나 초기 사용 실적은 매우 저조했다. 2010년 1월 시소모스 Sysomoso가 1,000만 개의 트윗을 분석한 결과 겨우 0.23%만이 위치 정보를 표시하고 있었다.[18] 트위터에 위치 정보를 삽입하는 방식은 사용자가 사용하는 플레이스 방식과 외부 개발자가 만든 앱이나 모바일 기기의 GPS 등을 이용해 '정확한 위치'를 나타내는 두 가지 방식이 있다. 전 세계 트윗의 10%를 제공하는 그닙Gnip의 데카호스Decahose 자료를 바탕으로 확인한 결과 전체 사용자의 2.02%만이 위치에 관한 메타데이터를 갖고 있고, 이 중 1.8%가 플레이스를 통해서 그리고 1.6%가 '정확한 위치'를 갖고 있었다. 그러나 1.1%의 트윗이 추가적으로 사용자들에 의해 정의된 위치 정보를 갖고 있어서 총 위치정보를 갖고 있는 트윗의 비율은 3.04% 정도로 파악할 수 있다.[19]

트위터는 2013년 6월 19일 지역 검색의 스타트업인 스핀들 Spindle을 인수한다고 발표했다.[20] 스핀들은 마이크로소프트 출신의 엔지니어들이 설립한 소셜 디스커버리 회사로서, SNS에 올라온 글 중에 위치와 시간을 기반으로 해서 사용자들이 찾는 정보와 관련된 정보를 찾아주는 앱이었다. 트위터는 이를 통해 위치에 적합한 광고와 프로모션을 사용자들에게 제공할 수 있다. 이제 위치는 사용자들에게 개인화된 서비스를 제공하거나 마케팅에 활용하기 위해 매우 중요한 정보이고, 이 정보는 모든 소셜미디어에서 반드시 확보해야 하는 데이터가 됐다.

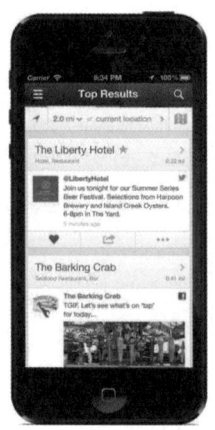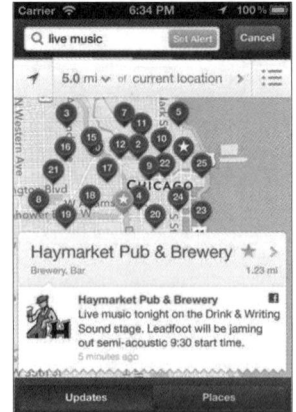

그림 4-14 스핀들의 화면 예 [출처: 스핀들 홈페이지]

4.3 페이스북과 차별화 전략을 편 패스

페이스북에서 페이스북 커넥트와 플랫폼 등 중요한 개발을 담당했던 데이브 모린Dave Morin과 냅스터의 창업자 숀 패닝Shawn Fanning이 2010년 11월에 창업해서 유명해진 패스Path는 또 다른 특성이 있는 모바일 SNS다. 데이브 모린은 "페이스북이 쉐보레라면 패스는 BMW이다."라는 말을 남기기도 했다.

  패스는 사진, 생각, 위치, 음악 등의 주제를 친구와 공유하는 서비스로서, 모든 콘텐트 작성을 모바일에서 한다. 흥미로운 점은 던바Dunbar 교수의 이론에 기반해서 초기에는 최대 친구의 수를 50명으로 제한해서 내 주변에서 내가 정말 신뢰할 수 있는 친구 관계만을 바탕으로 매우 사적인 내용을 공유하는 서비스로 출발했다. 이 전략은 어쩌면 모바일에서 한국의 싸이월드가 추구해야 했던 방향일 수도 있다. 2011년 8월 패스는 친구의 숫자를 50에서 150

으로 확대한다. 150이라는 숫자 역시 던바의 수로 우리가 친구라고 부를 수 있는 관계의 인지적 한계에 해당하는 숫자다. 즉, 신뢰의 관계에서 더 확장된 관계를 담아내겠다는 뜻이다.

그림 4-15 패스 이미지 [출처: 구글플레이의 패스 소개 이미지]

패스는 소셜네트워크보다는 '퍼스널 네트워크'로 인식되기를 원한다며, 데이브 모린은 패스의 탄생에 대해 다음과 같이 얘기했다.[21] "2009년 나는 페이스북을 옛날 여자친구가 아닌 지금 아내가 된 사람과 소통하고 있음을 알았다. 또는 내 어머니와 여자 형제와 얘기하고 있었다. 그래서 사람들이 매일 상호작용하는 네트워크를 만들고 싶었다. 미디어나 광고가 주도하는 것이 아닌 사람이 주도하는 서비스를 만들고 싶었다."

패스는 창업자들의 경력과 능력에 대한 기대감으로 초기부터 매우 관심을 받았다. 현재까지 클라이너 퍼킨스, 인덱스 벤처스, 레드 포인트 같은 유수의 벤처 캐피탈로부터 4,200만 불을 투자받았다. 투자자 중에는 유명한 버진 그룹의 리차드 브랜슨 회장도 있다. 2013년 7월 패스는 5억 불로 가치 평가를 받아 5,000만 불의 시리즈 C 펀딩을 추진했다.[22] 과거 2억 5,000만 불의 평가에서 현저히 늘어난 평가이며, 2011년에 구글이 1억 불에 인수 의사를 밝혔던 것에 비하면 매우 높은 평가라서 그 귀추가 주목되고 있다.

현재 패스의 사용자는 1,200만 명이며, 사용자의 50%는 가족끼리 연결되어 있다고 한다. 패스는 현재 18개의 언어를 지원하고 검색은 아직 영어에서만 지원된다. 검색 기능이 지원된 후 트래픽이 50%나 늘었다고 한다.[23] 흥미로운 점은 패스가 동아시아, 영국, 독일에서 활발히 사용된다는 점이다. 이것은 프라이버시가 매우 중요하게 여겨지는 문화적 배경과 관련이 있다고 판단된다. 아트 딜러나 부동산 중개인들 같은 일부 사람들은 패스가 추구하는 방향은 아니지만 패스를 기업용 SNS인 야머Yammer처럼 비즈니스 용도로 사용하고 있다고 한다.

2012년 2월 패스는 사용자 프라이버시 침해와 관련한 사건을 일으켜 공식 사과했다. iOS 기기에 패스가 한 번 설치되면 사용자의 주소록을 모두 패스의 서버로 보낸다는 사실이 밝혀졌기 때문이다.[24] 모린은 사용자가 친구나 가족을 쉽게 찾도록 도와주기 위함이라고 발표했지만, 안드로이드 기기에는 옵트인 정책을 사용하고 있었기 때문에 더욱 논란이 되었고 결국 패스는 자사의 서버에서 모든 주소록 데이터를 삭제했다.

또 13세 이하 아이들 3,000명의 개인 정보를 부모의 동의 없이 수집했다는 이유로 FTC에서 80만 불의 벌금을 내게 됐다.[25] 이 사건은 패스의 이미지에 심각한 타격을 주었고, 사용자로 하여금 개인정보의 중요성에 대해 경각심을 불러일으켰다. 2013년 5월에는 페이스북이 패스의 '친구 찾기' 연결을 차단했다.[26] 페이스북은 이 기능이 스팸처럼 무차별적으로 사용자들에게 초대 메시지를 보내는 것을 문제 삼았다.

그림 4-16 패스와 나이키 퓨얼밴드의 통합 [출처: 패스 공식 블로그]

그럼에도 패스는 개인의 삶을 정리하고 이를 기록하기 위한 스마트 일기장의 위치를 차지하려고 노력하고 있다. 그 전략 중 하나로, 자기 정량화Quantified Self* 유형의 콘텐트를 지향하는 패스의 전략은 나이키의 퓨얼밴드Fuelband와의 협력을 들 수 있다.[27] 퓨얼밴드를 통해 사용자의 활동을 모니터링하고, 목적에 따른 진행 과정 그래프를 친구와 공유할 수 있게 했다. 친구의 그래프에 자극을 받아

---

* 자기 정량화란 사물인터넷(IoT)에서 새로 등장하는 용어로서, 자신의 모든 활동을 데이터로 기록하여 분석하고 이를 통해 삶의 질을 올리고자 하는 움직임을 말한다.

나이키 퓨얼밴드의 목표를 달성하게 하기 위해 목표 대비 진행 과정도 포스팅되게 했다.

재미있는 연구 중 하나는, 패스에서 사람들이 가장 잘 쓰는 기능이 '잠자리에 든다'와 '일어났다'는 표현이라는 것이다. 스위스 로잔 대학에서는 1,000만 개의 패스 포스팅 중 잠자는 시간에 대한 10만 건의 데이터를 분석했다.[28] 이 조사에 따르면 여자는 남자보다 조금 더 자고, 더 일찍 잠자리에 든다. 나이가 들수록 더 일찍 자고, 덜 자며, 대학생은 새벽 1시나 되어야 잠에 들고 아침 9시 이후에 잠에서 깬다. 특이한 것은 헬스 클럽에 다니는 사람은 바나 밤에 어울리는 장소에 가는 사람들에 비해 한 시간 이상 일찍 잠을 잔다는 사실이다. 패스를 사용하면서 때로는 패스가 자동으로 나의 행동을 표시해주고 있음을 알 수 있다. 깨어나는 기능뿐 아니라, 여행을 할 때 공항에 도착해서 비행기 모드에서 통화 가능 모드로 바꾸는 순간 내 도착 위치를 패스가 알아서 포스팅 해 준다. 이런 모든 활동에 대해 기록하는 것이 패스의 목표고 이것이 친구 관계를 제한적으로 제공하는 이유이기도 하다.

패스의 수익 모델은 가상 제품의 판매와 유료 서비스 제공이다. 이미 유료 사진 필터를 제공하고 있으나 아직 규모가 작다. 2013년 상반기에 가상 제품을 판매할 예정이며, 프리미엄 사용자를 위한 서비스도 제공할 계획이라고 밝혔다. 과거보다 프리미엄 모델에 대한 사용자의 거부감이 적고 특히 모바일에서는 서비스 이용이 잘 이루어지기 때문이다.

4.4 청소년에게 인기를 얻은 모바일 기반 블로그 서비스 텀블러

텀블러^{Tumblr}는 2007년 당시 21세였던 고등학교 중퇴자 데이비드 카프$^{David\ Karp}$가 시작한 서비스다. 뉴욕에서 자라 11세에 이미 HTML 프로그래밍을 배워 컨설팅 비즈니스를 시작한 것으로 유명한 카프는 17세에 일본에 가서 프로그램 실력을 키웠고 다시 뉴욕에 돌아와 21세의 어린 나이에 텀블러를 세웠다.

그림 4-17 나의 텀블러 기본 화면

텀블러는 마이크로블로그이면서 SNS의 특성을 함께 갖고 있는 서비스로, 멀티미디어 콘텐트와 짧은 블로그를 작성하게 되어 있다. 그런 이유로 텀블러를 트위터+유튜브+워드프레스라고 말하기도 한다. 텀블러에는 사용자가 팔로우하는 다른 블로그의 포스

그림 4-18 텀블러의 테마 선택 기능

팅을 보여주는 대시보드라는 기능과 태깅^{Tagging} 기능, 포스트를 예정된 시간에 올리는 큐^{Queue} 기능, 그리고 HTML 편집 기능이 있다. 특히 HTML 편집 기능으로 블로그의 외관을 제어할 수 있는데 워드프레스처럼 다양한 테마를 무료로 제공하거나 판매한다. 포스팅을 위한 기능은 상단의 7개 버튼으로 되어 있다. 텍스트, 사진, 하이퍼링크, 비디오, 음악, 채팅, 인용 등을 버튼으로 바로 삽입할 수 있게 해 놓았다. 텀블러는 다른 SNS보다 더 감각적이고 감성적인 느낌이며, 사진, 음악, 애니메이션, 음악, 영상이 섞여서 대시보드에 올라온다. 사용자는 '좋아요' 표시를 하트로 하고, 다른 사람의 포스팅을 리블로깅$^{re\text{-}blogging}$ 하는 형식으로 공유하도록 유도한다. 텀블러는 격식을 갖춰야 하는 구글플러스나 페이스북을 진부하다고 여기는 젊은 세대가 다시 만나는 과거의 '마이스페이스' 서비스 같은 곳이라고 볼 수 있다. 그리고 모바일과 멀티미디어 중심의 새로운 세대를 위한 공간이다.

서비스 시작 2주 만에 7만 5,000명의 사용자가 가입하는 놀라운 반응을 얻은 후, 2007년 10월에 스파크 캐피탈과 유니온 스퀘어 벤처스에서 75만 불을 투자받았다. 이후 지속적인 펀딩으로 1억 2,500만 불의 펀딩이 이루어졌다. 2011년 9월에는 이미 기업 가치를 8억 불로 인정받았다. 2010년 9월에는 공동 창업자이자 최고 기술 임원인 마르코 아멘트$^{Marco\ Arment}$가 인스타페이퍼^{Instapaper} 프로젝트에 전념하기 위해 텀블러를 떠난다.[29] 그러나 아멘트는 카프의 가장 오래된 동료로 지속적으로 자문을 해주고 있다.

텀블러는 2012년 5월에 유료 광고 모델을 선보였다.[30] 가장 대표적인 것으로, 사용자의 대시보드에 나타나는 레이더^{Radar} 영역에 스폰서의 포스트가 보이는 광고 모델을 들 수 있다. 이미 당시에 레이더는 하루에 1억 2,000만 임프레션^{impression*}을 보이고 있었기 때문에 충분한 광고 공간이 될 수 있었다.

사실 2010년에 카프는 「LA타임스」 인터뷰에서 광고에 반대한다는 입장을 밝혔지만, 광고 모델을 소개하는 자리에서는 당시 자신의 생각은 바보 같았다고 말한 바 있다. 텀블러의 광고 기능은 젊은 세대를 겨냥한 미디어, 패션, 스포츠 회사들이 큰 관심을 보였

---

* 광고 노출 횟수를 말하며, 특히 웹사이트가 한 번 열려 배너광고가 한 번 노출된 경우를 1임프레션이라고 한다.

다. 2012년 6월에 처음으로 메이저 브랜드인 아디다스가 텀블러에 공식 축구 블로그를 열고 한 달 동안 광고 캠페인을 했다. 이 블로그는 사용자의 대시보드에 있는 '레이다' 슬롯에 프로모션이 보이는 유료 서비스였다.[31] 또 텀블러의 스포츠 블로그 페이지에 '스포트라이트'로 나타나게 했다.

2012년 텀블러의 매출은 총 1,300만 불이었지만 2013년에는 1억 불을 돌파할 것으로「포브스」지는 예측한 바 있다.[32] 1월 기준으로 한 달에 180억 페이지뷰를 달성했기 때문에 앞으로도 매출이 발생할 여지는 매우 크다고 예측했다. 이를 위해 2012년 11월에는 오길비Ogilvy, 호라이즌 미디어Horizon Media 등 12개 광고 에이전시를 최우선 파트너에게 부여하는 A 리스트 파트너십 프로그램의 파트너로 계약했다.[33]

텀블러의 성장은 매우 놀라울 정도로 가파르게 높아지고 있다. 2013년 6월 말 기준으로 1억 2,000만 개의 블로그를 호스팅하고 있으며 540억 개의 블로그 포스팅을 갖고 있다.[34] 2013년 5월 야후는 현금 11억 불에 텀블러 인수를 선언해서 세상을 깜짝 놀라게 했다.[35] 야후의 인수는 많은 논란을 일으켰다. 마리사 메이어의 새로운 리더십이 발휘된 강력한 도전이라는 시각과, 섞이기 어려운 두 조직과 사업 영역의 편차로 인해 인수가 그 가치를 발휘하기 어려울 것이라는 전망이 나왔다. 이를 의식한 야후도 발표 당시, 텀블러를 망치지 않을 것이며 앞으로 특별하고 멋진 일들이 이루어질 것이라고 마리사 메이어의 텀블로그를 통해 밝혔다.[36] 한편, 텀블러의 기존 사용자 이탈과 반발을 막기 위해 야후는 텀블러를 독립된 회사로 유지하겠다고 발표했고 창업자인 카프 역시 사람들에게 회사의 공식 텀블러를 통해서 텀블러는 결코 야후의 상징인 보라색이 되지 않을 것이며 실망시키지 않을 것이라고 재차 강조했다.[37]

당시 야후의 텀블러 인수는 젊은 텀블러를 인수해서 야후의 오래된 이미지를 개선하고 새로운 사용자를 확보하겠다는 의지로 해석된다. 텀블러 인수를 계기로 야후 고객의 50%가 증가해서 방문자가 월 10억 명이 될 것이라는 예측도 나왔다.[38] 야후의 텀블러 인수는 마치 구글이 유튜브를 인수한 것과 같은 도전이었다. 새로운 고객, 새로운 소셜미디어를 확보함으로써 과감하게 변신을 이뤄내겠다는 전략이었다. 백엔드에서는 통합이 이루어질 수 있지만, 향후에도 텀블러에 야후의 느낌은 가져가지 않을 것이다.

텀블러는 다른 주류 소셜미디어에도 매우 중요한 의제를 던지는 서비스다. 새로운 세대는 5년 전의 서비스에 흥미를 잃고, 그들 선배들과 차별성을 갖고자 하며, 완전히 모바일 중심으로 바라봐야 한다는 것이다. 동시에 그들은 자기 나름대로 자신을 표현할 수 있는 수단을 찾고 있으며, 기존 세대와 같은 느낌을 갖지 않을 것이다. 자신들의 정체성을 표현할 수 있는 플랫폼을 찾으며 이게 바로 인스타그램이나 텀블러가 모바일 시대의 새로운 흐름을 나타내고 있는 것이다.

5장 국내 소셜미디어 서비스의 혁신과 성장

5.1 국내 소셜미디어 사용 현황

국내에서 2013년을 기준으로 가장 많이 사용하는 소셜미디어는 무엇이었을까? 국내에서 사용되는 SNS는 상위 4개의 서비스(카카오스토리, 페이스북, 트위터, 싸이월드)가 전체 이용률의 97.4%를 차지한다. 이용 순위는 카카오스토리가 55.4%로 가장 높고 페이스북은 23.4%로 2012년에 비해 4.6%가 감소했다. 싸이월드의 하락세는 예상대로 매우 컸다. 모바일 메신저를 제외하면 카카오톡과 연계한 카카오스토리가 가장 많은 사용자를 확보하고 있다.

순위	SNS 서비스사	2013년 (N=3,270)	2012년 (N=2,057)	증감률
1	카카오스토리	55.4%	31.5%	+23.9%p
2	페이스북	23.4%	28.0%	-4.6%p
3	트위터	13.1%	19.4%	-6.3%p
4	싸이월드 미니홈피	5.5%	17.0%	-11.5%p
5	기타	1.3%	4.0%	-2.7%p

그림 5-1 SNS 서비스별 이용률 [출처: 정보통신정책연구원(KISDI)]

정보통신정책연구원이 2013년 1,464명의 사용자와 4,381가구를 대상으로 조사한 '국내 SNS 이용 추이 분석'[1]에 따르면, 조사 대상의 31.3%가 SNS를 사용한다고 응답해 2012년의 23.5%에 비해 7.8% 증가했다. 그러나 이 보고서는 보통 인터넷 사용 인구의 80% 이상이 SNS를 사용한다고 나오는 다른 조사와 큰 차이를 보여, SNS 사용률보다는 각 서비스 별 사용 분포를 파악하는 데에만 참고해야 한다.

조사에 따르면, 카카오스토리, 페이스북, 트위터, 싸이월드 등 4대 SNS가 전체 SNS 이용자의 대부분을 차지하고 있으며 그 중 카카오스토리의 점유율이 55.4%로 가장 높다. 20대는 SNS 서비스별 이용점유율이 다른 연령대에 비해 비교적 고르게 나타나는 편이나, 10대, 30대, 40대는 1위 서비스 이용점유율이 50%를 넘어 서비스별 격차가 매우 크다. 특히, 40대는 1위 서비스 이용률이 전년도에 비해 1.7배 높아져 70%에 육박하여 이용 쏠림 현상이 매우 큰 것으로 나타났다.

순위	서비스사	10대		20대		30대		40대	
		2013	2012	2013	2012	2013	2012	2013	2012
1	카카오스토리	60.7	33.0	38.8	20.8	59.7	41.4	69.7	39.6
2	페이스북	21.6	23.9	34.5	38.9	20.4	18.8	13.6	23.2
3	트위터	8.4	13.8	18.3	22.0	11.8	18.2	10.3	22.7
4	싸이월드 미니홈피	7.5	23.0	5.9	15.2	5.3	19.1	3.6	9.4
5	기타	1.8	6.4	2.5	3.1	2.7	2.6	2.7	5.1

주: 10대 미만과 50대 이상의 연령대는 SNS를 이용하는 수가 적어 제외함

그림 5-2 연령대별 SNS 서비스 이용률 [출처: 정보통신정책연구원(KISDI)]

SNS 이용자의 하루 평균 이용 시간은 72.8분이며, 남성과 여성의 차이는 2012년에는 거의 없었으나 2013년에는 남성이 82.7분으로 여성보다 17.5분을 더 이용했다. 20대의 SNS 이용량이 78.4분에서 85.1분으로 가장 큰 폭으로 증가해 전 연령대에서 가장 높으며, 40대는 64.8분에서 61.3분으로 3.5분 감소해 전 연령대에서 유일하게 이용자당 하루 평균 이용량이 감소한 것으로 나타났다.

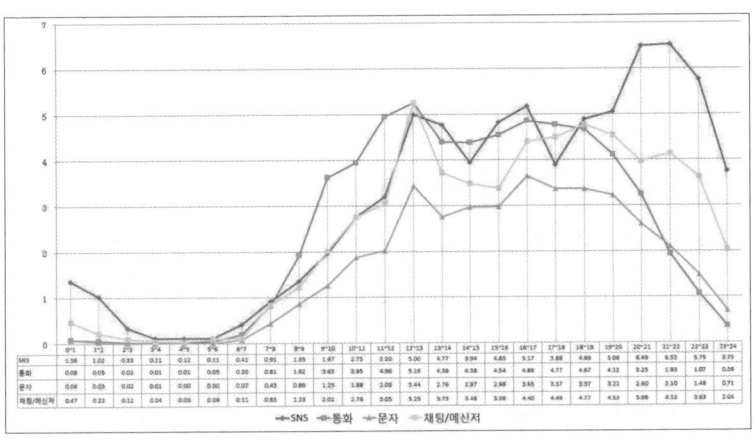

그림 5-3 시간대별 통화, 문자, 채팅/메신저, SNS 이용시간 [출처:KISDI]

5.2 글로벌 소셜미디어 서비스의 침공

페이스북 코리아는 한국의 페이스북 사용자가 1,100만 명을 넘어섰고, 이 중 55%가 하루에 한 번 이상 로그인 한다고 발표했다.[2] 국제적인 SNS 영향력 평가 사이트인 소셜베이커스Socialbakers의 조사에 따르면, 페이스북의 경우 국내 사용자의 59%가 남성으로 남자 사용자의 비중이 좀 더 높게 나타났다.[3] 또 사용자의 55%가 브랜드 페이지에 '좋아요'를 눌렀고 이에 따른 마케팅 성공 사례도 나타나고 있다.* 가장 최근 자료는 닐슨코리안클릭의 보고서인데 2014년 2월 기준으로 페이스북의 한국 방문자가 1,700만 명으로 전체 11위로 올라섰다.[4]

한국에서 페이스북은 해외에 친구가 있는 계층에서 시작되었다. 외국 거주 경험이 있거나 외국에 있는 친지와 연락하고 싶은 사람이 사용하기에 가장 좋은 소셜미디어였기 때문이다. 그 후 페이스북이 세계적인 주목을 받으면서 국내 IT 전문가들이 진입했다. IT 전문가들은 트위터와 페이스북 양쪽에서 활동하는 경우가 많았으며, 각 서비스의 차이를 경험했다. 이후 페이스북 게임이 인기를 끌면서 일반 사용자들도 게임을 하기 위해 가입했다. 이는 대만에서 페이스북이 성장한 것과 비슷한 과정이었다.[5]

특히 너무 정치 지향적이고 이데올로기 싸움이나 문맥 없는 얘기, 일방적인 포스팅이 많은 트위터에 식상함을 느낀 사용자들이, 대화하는 방식의 SNS인 페이스북으로 옮기는 경향이 두드러졌다. 또 국내에서 사용자가 가장 많던 싸이월드의 사용자 중 20대 후반부터 30대 중반의 사용자들이 글로벌 서비스에 매력을 느껴 페이스북으로 이동했다. 이유는 간단했다. 싸이월드의 유아적 UI 때문이었다. 싸이월드의 미니홈피는 10대 후반이나 20대 초반에게는 매우 깜찍한 느낌을 줬지만, 오래 사용한 사람들이 자신을 대표하는 페이지로 내세우기에는 감성적 격차가 있었다. 트위터는 흐르

---

* KFC가 페이스북에서 45일간 진행한 모바일 타겟팅 광고는 매출 20%의 신장을 가져왔다.

는 타임라인을 모아 볼 수 없었다. 미투데이 역시 마이크로블로그 형식으로 자신의 생각과 논의를 다 보여주는 데 한계가 있었다. 결국 국내에서 뭔가 수준 있고 그럴 듯 해 보이면서 자기를 보여주는 공간으로 페이스북 만한 대안이 없었다. 게다가 페이스북은 글로벌 시장에서 1위 서비스로 자리 매김하고 있었다.

한편, 트위터는 한국에서 사회, 정치적 이슈가 터질 때마다 큰 주목을 받았다. 트위터는 정보 확산이 특히 빠르기 때문에 사용자들이 자신의 입장을 지지하는 뉴스와 정보를 적극적으로 전파하려고 노력하기 때문이다. 한국에서 트위터의 초기 성장에 많은 역할을 한 그룹은 PC 통신을 경험했던 네티즌들이었다. 기술 중심적이고, 시사에 관심이 많으며, 자유롭고 진보적인 그룹에게 트위터는 필명 사용과 해외 서비스, 보수적 정부로부터 간섭 받지 않는 매력적인 공간의 역할을 하기 시작했다. 2008년 스타트업으로 출발한 미투데이가 네이버에 인수된 후 여러 변화에 의해 유명 연예인을 추종하는 팬들이 밀려 들어오면서, 미투데이 핵심 사용자들 역시 또 다른 공간을 찾기 시작했다. 그들의 선택은 트위터나 페이스북이었다. 따라서 트위터의 초기 사용자들은 주로 IT 전문가와 과거 PC통신의 논객들, 진보적 소신을 가진 행동 그룹들 그리고 매우 자유분방한 디자인, 마케팅, 기획 전문가들이었다. 그래서 트위터에서 과거 PC 통신의 필명을 다시 사용하면서 반가운 인사를 나누는 경우를 종종 볼 수 있었다.

트위터에서 한국인의 트위터 계정 수를 추적하는 서비스 중 가장 오래된 것은 오이코랩(@oikolab)의 트위터 한국인 인덱스다. 그러나 2013년 6월 1,073만 명이 넘은 데이터 업데이트 이후에는 새 글이 올라오지 않고 있다. 국내 소셜 분석 회사의 경우에도 대체적으로 한국의 트위터 사용자를 600~700만 명 수준으로 파악한다. 트위터 본사가 국가별 성장세나 사용자 수를 밝히고 있지 않기 때문에, 각기 다른 조사 기관이나 서비스를 통해 수집 분석된 자료들 간에는 차이가 많다. 특히 국내 거주 외국인이나 IP를 우회해서 들어온 중국 사용자들 때문에 국내 페이스북이나 트위터 사용자는 순수 한국인 사용자가 아닌 사람도 많이 포함되어 있다.

국내 소셜분석 회사인 코난테크놀로지의 집계에 따르면, 한국에서는 모바일을 통한 트위터 접속률이 80%에 달하고[6] 하루에 생성되는 트윗량은 평균 500만 건에 이른다. 하지만 지난 2012년 대선을 거치고 나서 트위터 적극 이용자 숫자가 눈에 띄게 줄어들고 있다. 소셜네트워크 분석 업체인 사이람의 조사에 따르면, 한달에 한 번 이상 사용하는 적극 사용자가 2012년 12월에는 124만 명이었는데 2013년 5월에는 95만 명으로 23% 정도 줄어들었다. 또 전체 사용자 720만 개 중 휴면 계정이 63% 정도라고 한다. 신규 가입자 역시 8월 기준으로 3만 9,000명으로 매우 줄어든 상황이다.[7]

5.3 국내 서비스의 선전과 몰락

카카오스토리는 한국에서 가장 특별하게 성장한 소셜미디어다. 카카오톡의 인기에 힘입어 2012년 3월에 출시되었는데 짧은 기간 에 폭발적으로 성장했다. 사진을 기반으로 하는 모바일 SNS로 자리매김하면서, 2013년 2월에 가입자 3,500만 명*에 일일 순방문자 1,230만 명, 게시글 11억 건, 댓글 108억 개를 돌파했다.[8] 국내에서 발달한 초기 SNS인 싸이월드가 새로운 변화에 대응하지 못하고 1위 자리에서 물러난 후 세상이 급격히 모바일 시대로 넘어가면서 국내의 모바일 메신저가 다시 국내 최고 SNS의 위치를 차지한 것은 매우 의미있는 일이다. 사람들은 전화번호부에 등록된 친한 친구들과 일상을 교류하는 네트워크를 선호하는 경향이 있었던 것이다. 또 외국에서 개발된 트위터나 페이스북의 사용에 어려움을 느낀 사용자들이 대거 싸이월드에서 카카오스토리로 이동했다고 볼 수 있다.

싸이월드 입장에서는 기존 사업 모델인 도토리라는 가상 화폐 중심의 서비스 개념을 벗어나지 못하고 주저하다가 카카오스토리 같은 모습으로 모바일 시장에 진입하지 못한 아쉬움이 있다. 이 개념을 뉴스피드로 바꾼 것이 페이스북인데, 싸이월드도 이에 대응하기 위해 여러 서비스를 내놓았지만 사용자의 호응을 얻는 데 실패했다. 가장 대표적인 것이 SK커뮤니케이션즈가 2010년 9월에

---

* 2013년 10월 기준으로는 전체 사용자가 5,000만 명을 넘어선 것으로 집계되고 있다. 2014년 5월 카카오스토리 웹 서비스도 오픈했다.

그림 5-4 카카오스토리 화면 [출처: 구글플레이 카카오스토리 페이지]

선보인 C로그다. C로그는 페이스북의 뉴스피드 개념을 도입한 것으로 일촌의 글을 모아 보여주는 방식이었다. 론칭 후 초기에는 400만 이상의 순 방문자를 기록했으나 2013년 3월에는 결국 섹션을 종료하고 신규 생성을 중단했다.[9] *

그후 싸이월드는 차세대 소셜 플랫폼을 준비하면서 2013년 하반기에 싸이월드와 네이트온을 결합한 새로운 모델로 변신할 예정이라고 발표했다.[10] 특히 독자적인 카메라 앱인 싸이메라가 2,000만 다운로드를 기록했고, 그 중 3분의 1의 사용자가 해외 사용자라는 점이 아직 싸이월드의 가능성을 기대하게 한다. 또 싸이월드에는 아직 5억 5,000만 건의 배경음악과 120억 건의 사진이 저장되어 있다. 이 점 역시 싸이월드가 갖고 있는 중요한 자산이다.[11] 그러나 결국 2013년 12월에 SK커뮤니케이션즈는 싸이월드를 분사하기로 결정하고,[12] 2014년 4월 8일에 직원 30명으로 새출발시키기로 한다.

---

* SK컴즈는 2013년 10월 16일자로 C로그 서비스를 종료했다.

또 다른 한국형 SNS로는 NHN이 운영해온 미투데이가 있다. 미투데이는 창업자 박수만이 2007년 2월에 작은 벤처로 시작했다. 당시 트위터의 140자 단문의 마이크로블로깅 방식에 힌트를 얻어 150자의 제한된 글쓰기를 제공했고 한 번 쓴 글은 삭제하지 못하게 하는 방식으로 초기 사용자들에게 새로운 재미를 제공했다.* 2008년 12월 한국의 가장 큰 포털 사업자인 NHN은 미투데이를 22억 4,000만 원으로 100% 인수해 자사 서비스로 편입시켰다. 이후 '글감 쓰기' 등 새로운 개념으로 미투데이만의 새로운 문화를 만들어냈으며, 페이스북과 달리 필명을 사용하게 해서 사용자들이 새로운 자아 정체성을 만들고 새로운 친구를 만날 수 있게 했다.

미투데이는 서비스 당시 가입자가 1,300만 명이라고 주장했지만 실제 사용에 있어서는 한계가 있었다. 초기에는 매우 수준 높고 자유로운 문화와 예술, 디자인, 마케팅, 기획 직종 종사자들을 중심으로 한 문화 공간이었다. 그러다가 유명인이나 연예인을 유입시키고 그들의 팬덤이 형성되면서 미투데이 문화는 두 갈래로 나뉘었다. 미투데이에 충성도 높았던 열성 사용자들은 트위터나 페이스북으로 이동했고, 이후 미투데이의 여러 가지 문화적 특징이 사라졌다. 한때 미투데이는 카카오톡처럼 전화번호부를 기반으로 새로운 친구 맺기를 시도했다. 그러나 급격한 반발에 직면해 서비스 당일에 서비스를 취소하는 초유의 사태가 벌어지기도 했다. 미투데이가 싸이월드나 카카오스토리처럼 신뢰할 수 있는 실제 친

---

* 한번 쓴 글을 지우지 못한다는 '낙장불입'의 개념은 나중에 철회한다.

구 중심의 네트워크가 아니라, 새로운 만남을 찾는 가상의 자아를 위한 공간이라는 것을 인식하지 못했기 때문에 나온 실수였다. 미투데이 사용자들은 미투데이에 올리는 글이나 사진을 자기 동료나 상사가 보기를 원하지 않았으며 심지어 연인에게도 공개하지 않으려 했다.

미투데이는 과거 닉네임을 중심으로 하는 PC 통신의 게시판 문화를 많이 도입했고 외부 개발자에 의해 플러그인이 추가되는 오픈 플랫폼을 지향하는 서비스였다. 이에 따라 미투앱스라는 미투데이를 기반으로 하는 게임 등의 앱을 개발하도록 유도했다. 그러나 당시 앱스에 등록된 앱은 200여 개에 불과했다.

미투데이의 고유 문화로는 미투데이 친구를 '미친'이라고 부르며 자신들만의 새로운 친구관계를 의미하는 그룹 정체성과 태그 문화를 보였다. 원래 태그는 작성한 포스팅을 분류하거나 검색을

그림 5-5 지금도 유지되는 미투데이의 태그문화 [출처: 미투데이투데이 이야기]

하기 위한 수단이었지만 미투데이에서는 사용자들이 150자로 한정된 포스팅을 보완하거나 포스팅에 반전을 가하는 유머러스한 수단으로 사용했다.

또 다른 활성화된 기능은 미투밴드라는 커뮤니티 기능이다. 일부 사용자끼리 그룹을 형성해 공개되지 않는 글을 공유하는 공간이었는데 이는 사용자들이 비밀 공간을 만드는 의미가 있었고 결과적으로 트래픽이 증가했다. 그러나 미투밴드는 중요하고 의미 있는 글들이 소수의 사용자에게만 보인다는 문제가 있었고, 미투데이 문화가 가상의 자아를 실현하는 목적이 컸기 때문에 사용자들이 공개 공간보다 밴드를 더 선호하는 상황이 발생했다. 이는 미투데이 본연의 정체성이 흔들리는 결과를 가져왔다.

사실 미투데이는, 보이는 형식은 트위터를 본떴지만 사용 문화는 익명이 기반이었어도 싸이월드에 더 가까운 측면이 있었다. 그러나 싸이월드에 익숙한 사용자에게는 너무 어려웠고, 페이스북을 선호하는 사용자에게는 한계가 너무 많았다. 결국 페이스북과 카카오스토리가 시장을 주도하는 상황에 직면한 네이버는 미투데이 서비스를 2014년 6월자로 종료하는 결정을 내리게 된다.

다음 역시 미투데이에 대항하는 자체적인 모바일 SNS를 추진해 2010년 '요즘'을 만들었다. 게임을 좋아하는 10대를 겨냥해 만든 서비스로 출발했지만 가입자를 300만 명 확보하는 데 그쳤다. 그에 따라 2013년 8월에 서비스 종료를 발표했고[13] 모바일 커뮤니티에 다시 도전하면서 '캠프'라는 서비스를 론칭했다.

그림 5-6 캠프모바일 '밴드' 스크린샷 [출처: 밴드 아이폰앱 소개]

이에 대항해 네이버도 '캠프'와 비슷한 '밴드'라는 서비스를 출시했다. 페이스북이나 카카오스토리의 성장을 본 네이버는 모바일 시장에 도전하기 위해 아예 밴드를 기반으로 2013년 2월에 자회사 '캠프모바일'을 설립했다.[14] 동창회와 모임, 그룹을 기반으로 급성장한 밴드는 모바일 시대의 국내 특성을 잘 반영한 서비스로, 이미 다음 카페와 네이버 카페의 체류 시간을 넘어섰다. 2014년 4월 기준으로 모바일 앱 다운로드 수 3,000만을 넘었고, 이용자의 20%가 해외에 있으며, 현재 게임 서비스 등으로 영역을 확대하고 있는 중이다.

5.4 국내 동영상, 소셜뉴스, 위치기반 서비스

동영상 공유 서비스는 유튜브 외 국내 서비스 판도라TV, 다음TV팟 등이 있다. 유튜브는 국내에서 빠르게 성장해 한국 진출 2년만에 업계 1위로 올라섰고, 이에 따라 국내 서비스 사업자인 엠앤캐

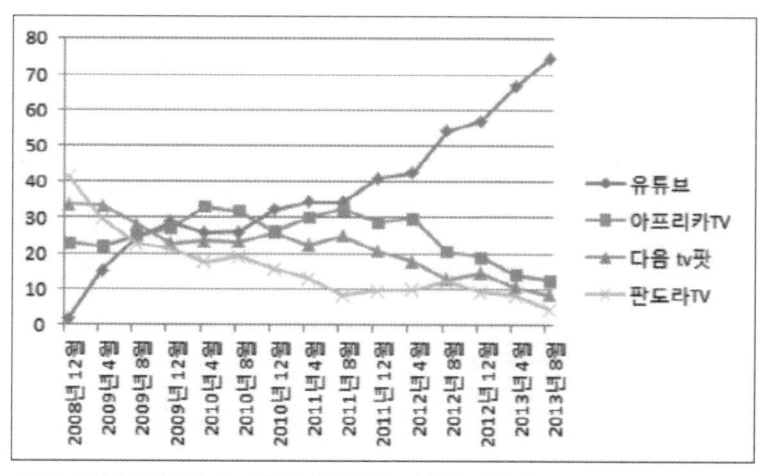

그림 5-7 국내 동영상 서비스 점유율 변화 [출처: 미래창조과학부]

스트, 엠군, 판도라TV 모두 사업을 접거나 방향을 전환하기 시작했다.

판도라TV는 현대HCN과 합작해, 160여 개의 케이블 방송을 PC와 모바일 기기로 실시간 시청할 수 있는 '에브리온TV' 서비스와 '젤리캠'이라는 N 스크린 기반의 동영상 큐레이션 서비스를 내놓았다. 판도라TV는 또 KM플레이라는 동영상 플레이어를 기반으로 하는 새로운 사업 영역으로 글로벌 시장에 도전하고 있다.

국내에서 독특한 소셜미디어로 탄생한 '아프리카TV'도 있다. 실시간 방송으로 다양한 사회 이슈에 참여하는 방식이나, 개인의 강연, 실황 중계, 개인의 특별한 능력을 보여주는 미디어로 발전했다. 2008년 촛불시위에서 현장 중계의 힘을 보여줌으로써 하나의 미디어가 될 수 있음도 증명했다. 그러나 동시에 개인 방송이기 때문에 지나친 노출이나 사회적으로 받아들이기 힘든 내용의 콘텐트를 모니터링해야 했다.

그러나 구글의 막강한 지원과 기술력, 그리고 어떤 브라우저에서도 문제 없이 동작되는 표준 지원 등은 국내 서비스가 가질 수 없는 유튜브만의 강력한 경쟁력이었다. 국내 서비스는 서비스 규모가 확대될수록 비용이 더 늘어나는 구조를 기술적으로 해결하지 못한 것이다. 또 다른 문제는, 국내에서 시행된 제한적 본인 확인제와 2009년 7월말부터 시행된 저작권법 삼진아웃제에 의한 제도적 역차별이다. 국내 기업에는 불리하게 작용하고, 해외 서비스인 유튜브에게는 오히려 시장 확대의 기회가 되었다.[15]

디그 같은 소셜 뉴스는 몇 개의 회사가 비슷한 시도를 했으나 성장하지 못했고, 다음커뮤니케이션의 '다음 뷰'와 '위키트리'라는 사용자가 직접 생성하는 뉴스 사이트가 만들어졌다.

다음 뷰는 등록된 블로그를 중심으로 '추천' 버튼을 통해 가장 많은 관심을 받은 블로그 포스팅을 보여주는 메타블로그의 성격이 강했다. 국내에서 시작한 메타블로그인 '올블로그'나 '블로그코리아'가 실패로 돌아간 이후 현재 메타블로그 모습을 하고 있는 것은 다음 뷰가 유일하다. 그러나 다음 뷰 역시 다음 전체에서 차지하는 중요도가 떨어지고, 메인에서도 찾기 어려운 상황이 되면서 위상이 크게 추락했다. 더군다나 발행글 수의 감소와 질적 저하가 생기면서 블로거들에게 주는 영향력도 이제 미미해졌다. 결국 2014년 6월 30일부로 서비스를 종료했다.

게다가 모바일 세상이 펼쳐지면서 사람들이 더 이상 블로그를

PC로 접근하지 않게 되면서 SNS를 통해 노출되는 블로그 링크가 더 중요해졌다. 다음 뷰의 공식블로그에 가면 2013년에 올라온 글이 단 3건에 불과하고 이조차도 사과 공지나 서비스 종료에 대한 것임을 보면 국내에서 메타블로그의 시대가 저물었다고 볼 수도 있다.

메타블로그의 영향력은 줄어들었으나 블로그 자체가 의미를 잃은 것은 아니다. 아직도 국내에는 3,650만 개의 블로그가 있다는 한국소비자원의 보고가 있으며, 20세 이상 성인 41%가 매일 블로그를 이용하고 있다.[16] 블로그 범주로 보면 여행이 61.6%로 가장 많고 그 다음이 요리(39.7%), 미용 패션(24.6%), 엔터테인먼트(24.3%)의 순이고 여성 취향의 블로그가 인기를 끌고 있음을 알 수 있다. 영향력이 강한 소위 '파워 블로거'들은 각 포털 사이트에서 선정한 사람들인데 약 1,400개의 파워블로그가 있다.*

위키트리는 2009년 가을에 설립된 사이트로 출범 일 년 만에 하루 방문자 10만 명, 기사수 3만 건을 달성하고 하루에 80여 건의 사용자 생성 뉴스가 올라오는 수준으로 성장했다.[17] 현재 위키트리는 트래픽의 70%가 SNS에서 유입되는 온라인 뉴스 사이트로 성장했고, 2011년 「블로터닷넷」이 창간 5주년 시점에 분석한 결과 트위터에서 가장 영향력이 큰 언론사로 선정되었다.[18]

국내의 위치기반 모바일 SNS 시장도 해외와 비슷하다. 포스퀘어

---

* 나는 개인적으로 '파워 블로그'라는 말을 좋아하지 않는다. 외국에서도 액티브 블로그, 알파 블로그라는 표현을 더 일반적으로 사용한다.

외에 '아임인', '씨온', '피캣' 등이 있었으나 KTH의 아임인이 2013년 5월 20일자로 서비스를 종료했고, SK 플래닛의 피캣은 2012년 12월에 출시하여 아직 그 성과를 판단하기 어렵다.

유일하게 성장하고 있는 서비스는 씨온으로 다운로드 430만 이상, 월 실 사용자 60만 이상을 달성하고 있으며, 씨온샵, 돌직구 등 다양한 기업용 서비스를 선보이고 있다. 2011년 말에 시작한 씨온샵은 1만 개를 돌파했으며, 소상공인을 대상으로 하는 서비스를 더욱 강화할 예정이다. 현재 씨온에 등록된 위치 정보는 1억 건이 넘으며, 향후 이를 기반으로 하는 위치 추천 서비스를 시행할 예정이다. 이는 포스퀘어의 방향을 많이 따르는 것 같지만 실제 서비스는 포스퀘어와 다르다. 포스퀘어처럼 위치 정보 확인 중심이라기보다는 위치를 기반으로 하는 SNS에 더 가까우며, 사용자들도 트위터나 페이스북과 달리 소셜 연결보다 독자적 사용자군을 형성한다. 이들은 하위 문화를 형성하는 것도 아니고 지나치게 어렵고 글로벌 수준의 서비스를 원하지도 않는 매우 일반적인 삶을 공유한다. 10대와 20대 사용자가 중심이 되는, 위치와 지역 기반의 대화형 서비스로 변하고 있다.

5.5 국내 소셜미디어 지도

국내에서 소셜미디어의 사용이 확산되면서 과거와 달라진 점 중 하나는 뉴스의 소비 형태다. 모바일을 통한 뉴스 소비가 급증했고 소셜미디어를 통한 뉴스 소비 역시 크게 증가했다. 한국언론진흥

재단의 연구에 의하면 '소셜미디어를 통해 인터넷 뉴스를 이용했다'는 답변은 2012년 12.5%에 불과했지만, 2013년에 30.4%로 2배 이상 늘었다.[19] 모바일을 통한 뉴스 접근 역시 47.4%에서 55.3%로 뉴스 접근 경로에서 가장 큰 비중을 차지한다. 한국 사회에서는 이제 모바일과 함께 소셜미디어가 여론을 형성하고 새로운 소식을 접하는 가장 중요한 채널인 것이다.

국내 사용자는 2000년 싸이월드와 아이러브스쿨을 시작으로 초기 소셜네트워크 형태인 카페, 아고라, 아프리카TV 등을 거쳐 포럼과 커뮤니티, 온라인 미디어를 통해 사회 문제에 참여하는 등 스마트 군중의 역할을 적극적으로 담당해왔다. 그런 의미에서 글로벌 소셜미디어가 한국에 진입할 때는 이미 많이 학습된 사용자를 공략해야 하는 어려움을 안고 있었다. 그러나 사회·정치적 이슈가 트위터 문화와 접목되고 싸이월드가 그 동력을 상실하면서 페이스북이 한국 시장 진출에 성공할 수 있었다. 특히 익명성을 보장하는 트위터는 정치적 저항과 사회 운동에 유용한 도구가 되었고, 더 이상 어리지 않은 싸이월드 사용자들에게 페이스북은 글로벌 서비스라는 매력이 어필했다고 생각한다.

그러나 여전히 국내에서는 결속력이 강한 문화적 특성과 언어 문제 때문에 카카오톡이라는 메신저 기반의 카카오스토리가 큰 비중을 차지한다. 스마트폰이 급속도로 보급화되면서 서비스 시장 자체를 크게 흔들어 놓았기 때문에 모바일 기반의 SNS가 빠른 시간 내에 정착됐다고 생각한다.

이런 점에서 기존 포털이 기회를 놓친 것이 사실이고, 미투데이를 인수한 네이버조차도 모바일 영역에서 SNS 비즈니스 기회를 놓친 것으로 판단할 수밖에 없다. 이미 한국 시장에 강력한 플레이어가 존재하는 바람에 일본에서 시작한 '라인'으로 다시 국내 시장에 진입하려 했던 막강한 포털인 네이버가 오히려 해외 시장을 우선시하게 된 흥미로운 상황이 된 것이다.

과거에는 국내 서비스가 시장을 주도했었으나, 이제 SNS는 카카오스토리와 페이스북이, 동창이나 학연, 취미 그룹을 위한 서비스는 밴드, 동영상은 유튜브, 블로그는 네이버나 다음의 호스트형 블로그, 버티컬 서비스는 다양한 서비스들이 경쟁하는 상황이다. 그러나 결국 이 모든 흐름은 모바일을 중심으로 재편되고 있음을 알 수 있다. 앞으로 2~3년 동안 국내 소셜미디어 시장은 글로벌 서비스와 국내 서비스가 치열한 경쟁을 하는 매우 흥미로운 격전지가 될 것이다.

6장 | 모바일 우선에서 모바일 중심 전략의 시대로

6.1 모바일 시장의 급성장

스마트폰은 전세계적으로 10억 대가 넘게 보급됐다. ABI리서치에서는 향후 5년간 12억 대가 더 보급될 것으로 예상한다. 이는 전체 휴대폰의 40%에 해당하는 수치다.

기업과 소비자를 위한 모바일 앱 프로젝트는 향후 3년동안 PC 기반 프로젝트 대비 4배가 될 것으로 전망하는 조사기관도 있다.[1] 시스코는 2016년에는 모바일 기기의 수가 세계 인구의 수를 넘어설 것으로 예측했다.[2] 시스코의 예측에 의하면 2011년에서 2016년까지 모바일 데이터 트래픽은 연간 78% 늘어날 것이며 모바일 기기는 100억 대를 넘고 글로벌 모바일 데이터 트래픽은 월 평균 10.8엑사바이트에 달할 것이라 한다. 이는 연간 130엑사바이트 수준이며 DVD 330억 장에 해당하는 규모다.

모바일 인터넷 사용자가 급증한 것이 큰 이유라고 볼 수 있다. 에릭슨은 2019년 모바일 인터넷 가입자 수가 64억 명일 것으로 예상하는데 사람들이 다양한 모바일 기기를 활용할 것이기 때문이다.

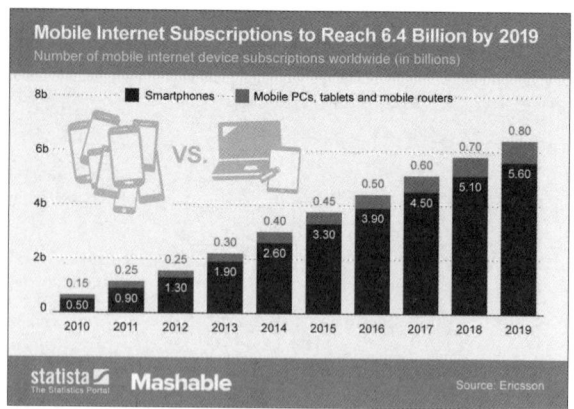

그림 6-1 모바일 인터넷 가입 증가 [출처: 에릭슨]

미국의 유명 벤처 캐피탈인 클라이너 퍼킨스 코필드 & 바이어 KPCB에서 발표한 인터넷 트렌드 리포트에 따르면 글로벌 인터넷 트래픽에서 모바일 트래픽이 차지하는 비중이 2013년 5월에 15%를 넘었다.[3] 모바일의 급성장은 많은 소셜미디어 기업에게 새로운 전략을 요구하고, 새로운 서비스가 등장하는 기회가 되기도 한다.

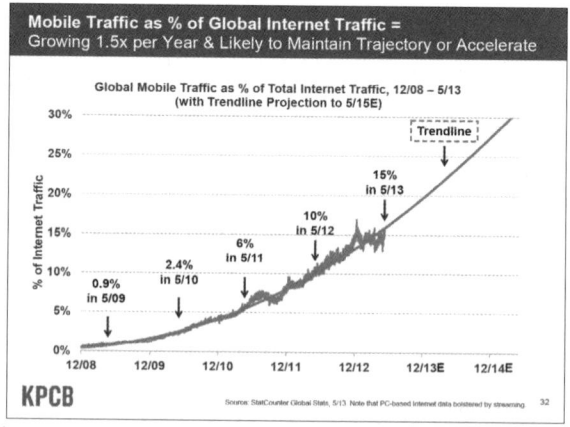

그림 6-2 글로벌 인터넷 트래픽에서 모바일 트래픽이 차지하는 비중 [출처: KPCB]

6.2 소셜미디어 기업의 모바일 전략과 현황

페이스북은 기본적으로 웹을 기반으로 성장했기에, 2012년에 주식 상장을 할 때에도 가장 큰 위험 요인으로 다음과 같이 모바일 분야에서의 취약성을 언급했다.[4]

> "우리는 현재 페이스북 모바일 제품에서 의미있는 매출을 창출하지 못하고 있으며, 성공적으로 해낼 수 있으리라는 것도 증명하기 어렵다. 따라서 사용자들이 PC 대신 모바일 기기로 접속하는 비율이 지속적으로 늘어날 경우, 또한 모바일 사용자에 대한 매출 상승 전략이 성공하지 못한다면, 경영 실적이 부정적인 영향을 받을 수 있다."

그러나 페이스북은 기대보다 더 빠르게 모바일 시장에서 성공적으로 대응하고 있다는 평가를 받는다. 페이스북의 모바일 사용자는 2013년 4사분기 기준으로 9억 4,500만 명으로 성장했으며, 모바일로만 사용하는 사용자도 2억 9,600만 명에 달한다. 페이스북의 모바일 사용자 증가는 회사의 매출 구성에도 큰 변화를 주었다. 2013년 1사분기 매출 중 3분의 1 정도에 해당하는 3억 7,500만 불이 모바일 광고에서 발생했고 이는 매출 성장이 전년 대비 38%를 달성하는 데 큰 역할을 했다.[5] 2사분기에서도 모바일 광고 비중이 41%로 성장했다. 주식 시장에서도 페이스북이 모바일 시대에 매우 대응을 잘하고 있다고 평가받으면서 기업 공개 이후 주

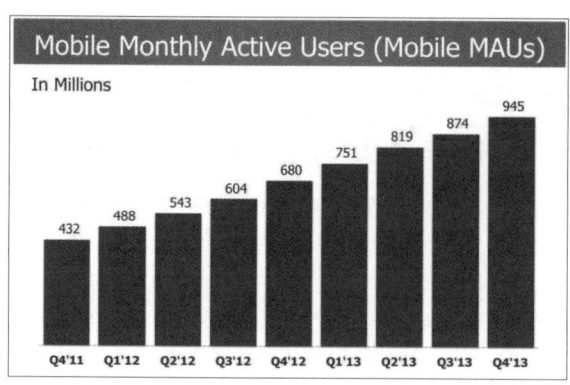

그림 6-3 페이스북의 모바일 사용자 증가 [출처: 페이스북]

가가 가장 높아지는 계기가 되었다. 4사분기를 기준으로 모바일 매출 비중은 다시 53%로 늘어나서 이제 명실상부한 모바일 기업으로의 전환에 성공했다.

2013년 3월에 페이스북은 뉴스피드의 디자인을 다시 한 번 수정했다.[6] 주커버그는 뉴스피드는 '개인화된 신문'이라고 말하면서 뉴스피드가 회사의 가장 큰 혁신이라고 강조했다. 페이스북 제품 디자인 매니저인 줄리 저우Julie Zhou는 변화의 중심은 모바일이며 개편의 방향도 모바일이 먼저고 그 다음이 웹이라고 말했다. 디자인의 미래가 모바일에 있고 그에 따라 서비스와 디자인을 모바일에 맞추고 그 다음에 웹과 다른 서비스를 접목하는 것이 현재 페이스북의 기본 전략인 것이다.

모바일에서의 페이스북 사용 확대는 시장조사기업인 IDC가 페이스북의 지원을 받아서 수행한 조사에서도 드러난다.[7] 미국 내에서 7,446명의 아이폰과 안드로이드 스마트폰 사용자(18세에서 44세까지의 연령대)를 조사한 결과, 스마트폰으로 이메일(78%)과 웹 브라우징(73%) 다음 세 번째로 페이스북을 이용하는 것으로 나타났다. 또한, 페이스북 메시징은 단문메시지(49%), 음성 통화(43%) 다음인 40%로, 친구 간의 연결을 위해 세 번째로 많이 사용하는 기능이 되었다. 조사 대상자의 70%는 페이스북을 사용하고, 61%는 매일 접속하며, 하루 평균 14번 페이스북을 체크하고 2.5분마다 포스팅하거나 대응하고 '좋아요'를 누르는 것으로 밝혀졌다.

모바일을 사용하는 시간 중 SNS가 차지하는 비중은 이제 20%를 넘는다. 미국 플러리 애널리틱스Flurry Analytics의 자료에 따르면 SNS 사용시간은 모바일 사용 시간의 26%로 게임의 43%에 이어 2위를 차지하고 있다. 2012년 AOL과 BBDO, 인사이트 나우가 함께 연구한 모바일 사용자 분석[8]을 보면, 모바일 사용자가 소셜미디어에서 시간을 보내는 비중은 19%에 이르며 이는 뭔가 자신에게 흥미로운 일과 재미를 찾거나, 휴식을 취하는 'Me Time'의 46% 다음으로 가장 많은 비중을 차지한다.

주요 인터넷 기업의 모바일 부문 실적을 보면 구글은 이미 15%에서 25%의 검색 질의가 모바일에서 발생하며, 링크드인의 모바일 페이지 뷰도 15%~20% 수준이다. 래리 페이지의 발표에 따르면 유튜브의 경우도 모바일 트래픽이 40%에 달한다.[9] 이는 2011년 6%, 2012년 25%에서 비약적으로 증가한 수준이며, 하루에 10억 건이 넘는 시청 수를 의미한다. 그러나 이 수치가 꼭 이동 중 사용을 의미하는 것은 아니다. 이제 거실이나 침대에서도 휴대폰이나 태블릿으로 영상을 보기 때문이다.

트위터 역시 2013년 4사분기에 월 2억 4,100만 사용자 중 1억 8,400만 명이 모바일 사용자며 이는 사용자의 76%에 해당하는 비율이다.[10] 또한, 모바일 광고 부문 강화를 위해 모퍼브[MoPub]를 3억 5,000만 불에 인수했다.[11] 트위터 전체 광고 매출에서 모바일이 차지하는 비중 역시 75%에 달한다.

아마존[Amazon]의 매출 역시 2012년 30억 불에서 50억 불이 모바일 기기에서 발생했다고 시티그룹의 애널리스트가 발표했다.[12] 2012년 매출이 600억 불에 달하기 때문에 이는 5%에서 8%에 해당하는 규모다. 이 통계는 모바일 기기에서 아마존 상품을 구매한 것만 포함한 것으로 킨들을 통한 디지털 상품 구매는 제외된 수치이며, 데이터를 분석한 닐 도시에 따르면 이 정도도 매우 보수적인 예측이라 10%에 달할지도 모른다고 했다. 놀라운 것은 2013년 연말 쇼핑 매출에서는 모바일을 통한 매출이 50%를 넘었다는 것이다.[13]

이베이[eBay]의 경우, 2012년 모바일 매출 규모가 100억 불 수준이며 이는 이베이 전체 매출의 12%에 해당한다. 2013년 2사분기에 새로 유입된 사용자 중 36%는 모바일에서 이루어졌다. 그러나 모바일 사용자들이 구매력이 떨어지는 젊은 세대이기 때문에 수익으로 바로 연결되지 못하는 문제가 있다.

검색에 있어서 모바일이 사용이 급증하는 현상은 2012년 런던 올림픽 기간 중 본격적으로 나타났다. 그래서 런던 올림픽을 최초의 모바일 올림픽이라고 부르기도 한다. 올림픽 기간 중 구글을 통한 모바일 검색이 40%를 넘은 국가가 많았으며 일본은 55%에 달했다. 국내에서도 올림픽 기간 중 다음커뮤니케이션의 하이라이트 다시보기 재생 횟수가 5,200만 회를 기록했고, 이 중 70%는 모바일 기기에서 이뤄졌다.

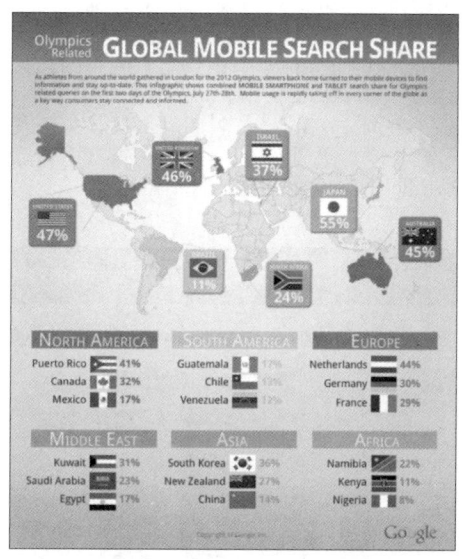

그림 6-4 런던 올림픽 기간 중 구글의 모바일 검색 비중. 아래는 개막 공연시 이루어진 폴 매카트니 검색에서 사용자들이 사용한 기기 [출처: 구글]

미국 프로야구 메이저리그 사장인 밥 보우맨은 최근 모바일폰이 이제 퍼스트 스크린의 역할을 하고 있고, 오히려 현실이 두 번째 스크린일 수 있다고 말할 정도다. 이처럼 많은 사람들이 모바일을 통해 경기를 시청하는 추세로 변하고 있다.[14]

이처럼 모든 기업들은 모바일 우선 전략에서 아예 모든 서비스의 중심을 모바일로 전환하는 방향을 선택하고 있다. 그러나 여기에 가장 큰 걸림돌은 광고다. 인터넷 서비스 대부분의 주요 매출원이 광고인데 모바일 광고는 여전히 기존 광고에 비해 단가가 낮다.

KPCB의 메리 미커^{Mary Meeker}는 정기적으로 인터넷 트렌드 보고서를 발표하는데, 2013년 보고서에 인터넷 광고 비용은 370억 불인데 비해 모바일 광고 비용은 아직 40억 불에 불과하다고 주장했다. 그러나 긍정적으로 본다면 인터넷을 하는 시간이 26%인 것에 비해 모바일에서 보내는 시간이 이미 12%이기 때문에 앞으로 미국에서만 200억 불의 가능성이 있다고 한다.

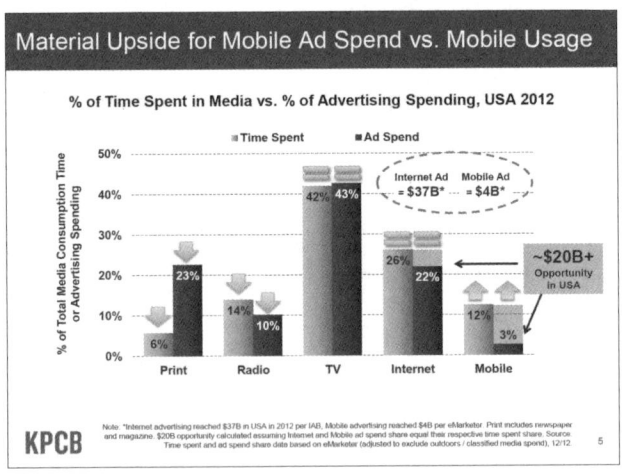

그림 6-5 모바일 광고의 성장 가능성 [출처: KPCB]

그러나 반론도 있다. 미디어에서 머무는 시간이 늘어난다고 광고 매출이 오르는 게 아니고 마케터들은 아직 모바일 광고에 비용을 지불할 준비가 안 되어 있다는 점이다. 이러한 경향은 광고 인벤토리만 늘리는 것이라 전체적인 광고에 투입되는 비용의 감소

를 가져올 뿐이라는 점도 지적한다.[15]

조금 다른 모바일 광고 시장의 크기와 성장에 대한 분석도 있다. IAB와 IHS가 공동으로 발표한 자료다. 2012년 전세계 모바일 광고 규모는 89억 불로 2011년에 비해 83%가 증가했다.[16] 그 중에서 디스플레이형이 38.7%, 검색 광고가 52.8%, 메시징을 이용한 광고가 8.5%를 구성한다. 지역별로는 북미가 39.8%, 아시아 태평양이 40.2%, 서유럽이 16.9%를 차지한다. 한편 이마케터eMarketer는 주요 기업별로 조사했는데, 가장 눈에 띄는 성장은 페이스북이다. 페이스북은 모바일 광고 매출 비중이 2012년 겨우 5.35%에서 15.8%로 늘어났다. 또 2013년 전 세계 모바일 광고 시장은 전년에 비해 89% 성장했고 금액은 166.5억 불로 예상된다.[17]

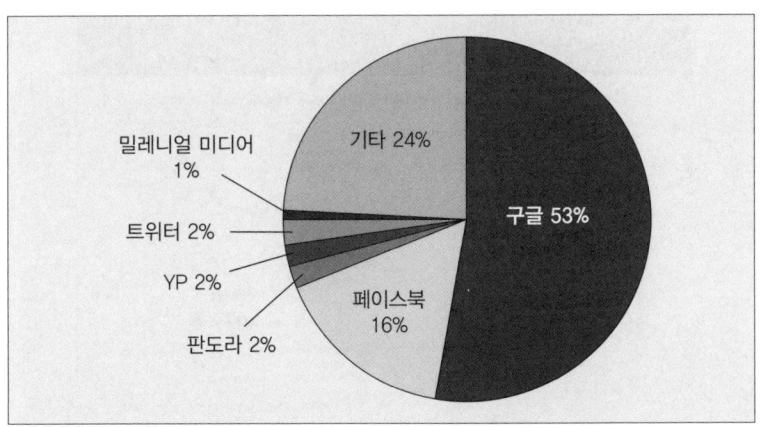

그림 6-6 2013년 세계 모바일 광고 시장 기업별 시장 점유율 [출처: 이마케터]

국내 인터넷 환경도 PC에서 모바일로 급격히 전환 중이다. 2012년 12월 19일, 대통령 선거가 있던 날 국내 최대 포털인 네이버 뉴스의 일일 페이지뷰[PV]를 보면, PC가 6,300만, 모바일이 2억에 가까운 수치를 기록했다고 한다. 다음도 선거 당일 대선 특집 서비스의 일일 모바일 페이지뷰가 2억 1,300만을 기록했으며 PC는 1억 3,000만이었다.

특히 의미 있는 것은 네이버 검색 비율의 변화이다. 2012년 4사분기를 기준으로 네이버 모바일 검색 질의어가 PC 검색 질의어를 넘어섰다는 보고다.[*] 신영증권에 따르면, 광고주 비중도 유선 대비 93%까지 늘어났으며, 모바일 검색 매출에 있어 중요한 요소인 검색 광고 클릭 수도 2012년 4사분기 유선 대비 비중이 20%로 올라섰다. 2013년 네이버의 모바일 검색 광고 매출은 지난 해보다 두 배 이상 늘어난 2,781억 원이 될 전망이다.

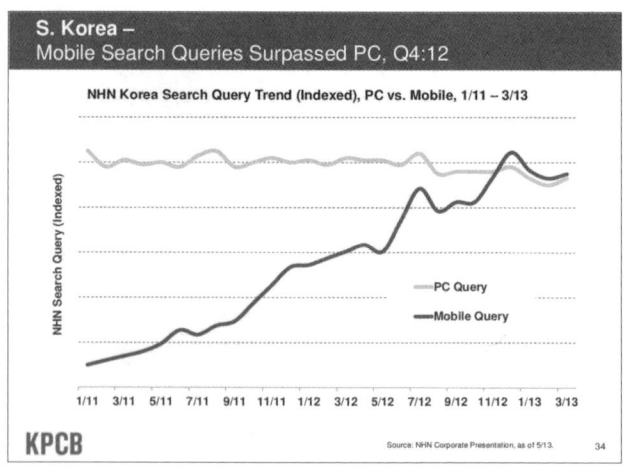

그림 6-7 네이버 검색 질의어 중 모바일 질의어가 PC를 넘어섬 [출처: KPCB]

---

[*] KPCB의 인터넷 트렌드 리포트 참고

국내외에서 모바일이 가장 핵심의 변화 축이 되면서, 이를 먼저 예측한 기업도 그렇지만 후발 기업 역시도 모바일 혁명에 대응하기 위해 사업 전략에 변화를 추진하거나 아예 모바일에 특화된 새로운 서비스를 출시하며 기존의 소셜미디어와 대응에 나섰다. 모바일 시장에서의 성공 여부는 이제 모든 인터넷 기업의 존속 여부를 가늠 짓는 중요한 잣대가 되었으며, 대부분의 대형 인터넷 기업은 모바일 우선에서 모바일 중심으로 전략을 수정하고 기업의 핵심 역량을 총동원하는 중이다. 모바일 인터넷 성장과 사용자 접근 채널의 변화는 많은 기업의 조직 구조와 대응 전략에 변화를 가져왔으며, 대규모 인수합병이 이루어지고 제품이나 서비스 중심 축의 변화를 가져오고 있다.

6.3 메신저를 넘어 플랫폼으로: 모바일 메시징 앱의 진화

SMS를 대체하던 모바일 메신저는 확보한 사용자를 바탕으로 새로운 사업자들이 부가 기능을 제공하면서 새로운 플랫폼의 역할을 하기 시작했다. 부가 서비스는, 유료 스티커나 이모티콘의 판매, 메신저 기반 게임, 선물하기 등 다양한 영역에서 이루어지고 있다. 특히 라인과 카카오톡 같은 아시아권의 메시징 앱이 플랫폼화되면서 새로운 글로벌 서비스 사업자로의 성장 가능성을 보여주기 때문에 영어권 서비스인 페이스북 메신저 역시 이들을 벤치마킹하는 중이다.

현재 전세계 모바일 메시징 시장은 지역별 강자 중심으로 파편화되고 있다. 페이스북이 인수한 오나보Onavo의 자료에 따르면, 미국에서는 페이스북 메신저와 왓츠앱이 메시징 앱 영역에서 1,2위를 차지하고, 서유럽이나 라틴 아메리카에서는 왓츠앱의 강세가 두드러진다. 라인은 일본에서, 위챗은 중국에서, 카카오톡은 한국에서 강력한 위치를 점하고 있다. 눈에 띄는 것은 라인이 스페인과 남미 일부 국가에서 급성장하고 있다는 사실이다. 네이버 라인은 네이버톡이 실패로 돌아간 후 일본 법인을 통해 새롭게 시도한 메

onavo
INSIGHTS
The largest mobile intelligence service

GLOBAL MESSAGING APP REACH

		FB Msngr	KakaoTalk	LINE	Pinger	Skype	WeChat	WhatsApp
Anglo		13%	1%	1%	8%*	16%	1%	9%
		18%	1%	-	-	23%	2%	18%
		15%	-	-	-	23%	-	46%
		20%	2%	4%	-	27%	4%	22%
Latin America		29%	-	12%	-	51%	-	91%
		33%	-	-	-	35%	-	83%
		28%	-	9%	-	59%	-	91%
		31%	-	10%	-	32%	-	90%
Europe		31%	-	1%	-	23%	-	90%
		13%	-	57%	-	23%	-	98%
		20%	-	1%	-	24%	-	18%
		34%	-	3%	-	24%	-	90%
E. Asia		-	2%	12%	-	15%	79%	17%
		22%	3%	41%	-	21%	45%	95%
		18%	10%	69%	-	35%	-	7%
		6%	94%	11%	-	8%	-	2%

Data: market share (reach) of iPhone apps in selected countries during May 2013.
* Pinger doubles its market share and jumps to the lead in the US when factoring in all iOS devices (iPhone, iPad, iPod Touch)

Onavo Insights, the largest mobile intelligence service, delivers actionable metrics and never-before-seen competitive insights, based on the world's largest mobile panel, to drive decision-making and media buying in the world's leading mobile companies. For more information visit insights.onavo.com

그림 6-8 2013년 5월 아이폰 앱을 기준으로 한 모바일 메시징 앱의 시장 점유율 비교 [출처: 오나보]

신저로서 일본에서 시장을 확보한 후 아시아 시장을 거쳐 남미 시장을 공략해 나가고 있다.

네이버는 라인의 가입자 수가 2014년 4월 1일 기준으로 230개국에서 4억 명을 넘어섰다고 밝혔다. 이는 2011년 6월 23일 출시 이후 33개월 만의 일로, 2013년 11월에 3억 명을 돌파한 이후 불과 4개월여 만에 1억 명이 증가한 것이다. 가입자 수 3억 명을 넘어선 이후 1일 최대 170만 명이 신규로 가입하는 등 동남아시아와 서유럽 등의 글로벌 이용자 수가 급증하고 있다. 라인의 다른 지표도 매우 급격히 증가해서, 전 세계 일일 메시지 송수신 100억 건, 스티커 전송 수 18억 건, 통화 횟수 1,200만 건 이상을 기록하고 있다.

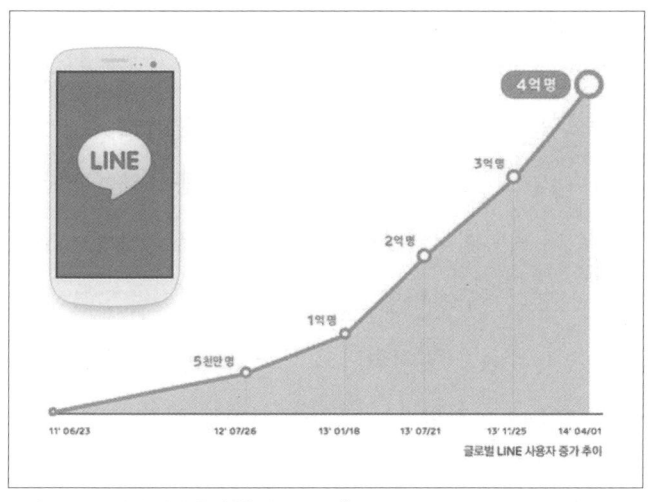

그림 6-9 라인의 성장 추세 [출처: news1]

라인의 성장은 감정 표현을 하는 스티커와 음성/영상 통화, 친구와 즐기는 게임 등 다양한 부가 기능을 제공하고, 가입자 기반으로 새로운 서비스를 제공하는 파트너를 확보한 전략이 주효했다. 라인의 성장에서 이러한 부가 기능의 개발과 플랫폼화를 통한 파트너 확보가 긍정적인 역할을 했음을 그림 6-10에서 볼 수 있다.

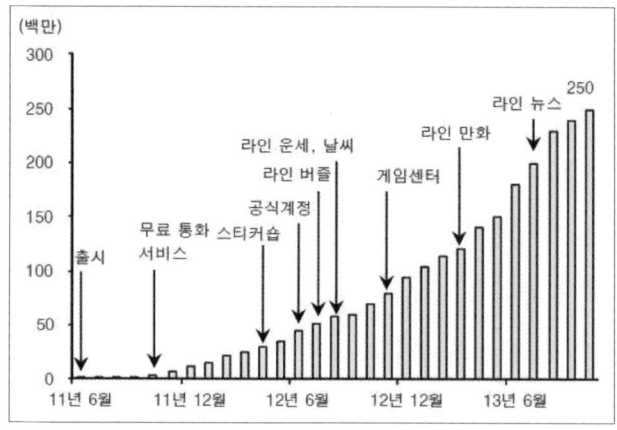

그림 6-10 라인의 가입자 증가 추이 [출처: 삼성증권]

라인 이모티콘은 2013년 8월 기준으로 하루 10억 건 이상 송수신되고 있다. 또 10초 이내의 짧은 동영상을 공유하는 스냅무비를 공개해 트위터 바인이나 인스타그램 비디오, 스냅챗과 경쟁하겠다는 의지를 보였다. 「뉴욕타임스」는 2013년 9월 9일 일본에서 라인이 페이스북과 구글을 넘어섰다고 보도했으며, 2015년 라인이 미국 나스닥 시장에 상장한다는 조건을 전제로 시가 총액이 30조 원에 이를 거라고 전망했다.

라인의 성장은 웹을 기반으로 하던 네이버에게 새로운 성장 동력을 가져왔으며 이를 통해 네이버가 글로벌 회사로 자리매김할 수 있는 기회를 제공하고 있다. 라인 매출이 네이버 전체 매출에서

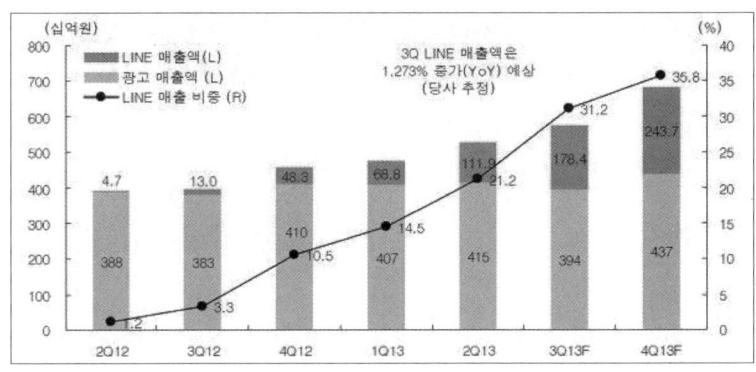

그림 6-11 네이버의 주요 사업 부문 매출액 추이 [출처: KDB투자증권 자료]

차지하는 비중도 급속히 늘어나고 있는 상황이다.

세계 시장에서 가장 많은 사용자를 갖고 있는 왓츠앱[WhatsApp]은 월 이용자 수가 4억 5,000만 명을 넘어섰으며 매달 100만 명의 새로운 가입자가 생기고 있다. 브라질에서 90%, 러시아에서 75%, 영국에서 50%를 넘는 점유율을 보이고 있다.[18] 2013년 8월 기준으로 하루에 보내는 메시지가 110억 건, 받는 메시지가 200억 건에 달한다.[19] 왓츠앱은 메시징 앱임에도 사용자가 하루동안 주고 받는 사진의 개수가 4억 장에 달한다. 페이스북이나 스냅챗에서 공유되는 사진이 하루에 3억 5,000만 장인 것을 생각하면 사진 공유 서비스로서의 잠재성이 매우 높다고 볼 수 있다. 본격적인 사진 기반 SNS인 인스타그램에서 공유되는 사진이 5,500만 장인 것과 비교하면 더욱 더 그 의미를 알 수 있다.

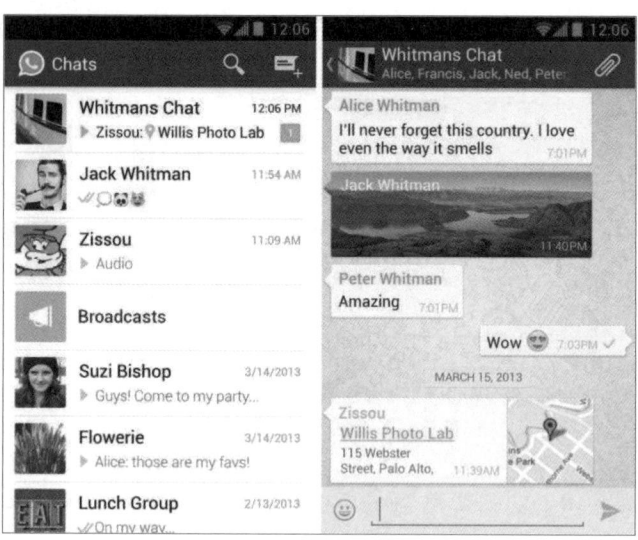

그림 6-12 메시징 중심의 왓츠앱 화면

　모바일 시장에서 왓츠앱이 갖고 있는 위상과 젊은 층의 반응을 지켜본 구글과 페이스북은 서로 인수 경쟁을 벌였고, 결국 페이스북은 2014년 2월 왓츠앱을 190억 불이라는 엄청난 금액으로 인수를 선언하기에 이르렀다.[20] 이는 페이스북이 메신저를 시장에 늦게 선보인 탓에 미국과 캐나다에서 1위의 메신저가 되었지만 유럽에서는 압도적으로 왓츠앱이 1위의 메신저를 차지하고 있기 때문이었다. 그러나 왓츠앱은 유료 서비스로서 메시징 서비스의 기본에 전념하고 있기 때문에 메시징을 기반으로 다양한 서비스를 확장하는 타 서비스와는 다른 위치를 확보할 것이다. 그럴 수 있는 이유는 여타 앱이 주로 가입자 수를 내세우는 반면에 왓츠앱이 말하는 3억 5,000만 명은 실 사용자이기 때문이다.

왓츠앱의 비즈니스 모델은 단순하다. iOS의 경우 첫 해는 무료이고 그 다음부터 매년 0.99불을 지불해야 하며 그에 따라 광고, 마케팅, 게임 등을 제공하지 않는다. 실 사용자가 3억 5,000만 명이라면 가입자는 5억에서 10억 명으로 볼 수 있기 때문에, 이들이 매년 내는 99센트는 매우 의미 있는 매출이다. 왓츠앱의 또 다른 강점은 iOS나 안드로이드뿐 아니라 노키아 심비안, 블랙베리 등 다른 OS 사용자들도 많다는 것이다. 실제로 노키아 사용자가 한 달에 750만 명 이상 새로 가입한다는 것은 결코 무시할 수 없는 상황이다.

그러나 라인, 카카오톡, 위챗이 보여주는 플랫폼으로서 메시징 서비스에 대한 시장의 긍정적 반응에 대해 왓츠앱이 어떻게 대응할 것인지는 고민스러울 수밖에 없다. 미국 내에서 경쟁하는 탱고^{Tango}, 킥^{Kik}, BBM조차 게임을 비롯한 여러 콘텐트를 포함하며 플랫폼을 지향하는 방향으로 가고 있다는 점은, 결코 왓츠앱이 현 상황에 만족하고만 있을 수 없게 만든다.

위챗^{WeChat}은 중국을 중심으로 전세계 4억 5,000만 명이 사용 중인 메신저 서비스다. 위챗 역시 라인이나 카카오톡처럼 게임 배포를 위한 플랫폼으로 변하고 있으나 11월 현재 론칭한 게임은 아직 4개에 불과하다. 그러나 이미 첫 달 매출이 1,638만 불로 주목할 수준이며, 내년 매출은 1억 불 가까이 될 것으로 텐센트는 예측하고 있다.

그림 6-13 위챗 화면

그러나 라인이 2억 명 이상의 일본 외 해외 사용자를 확보한 것에 비해 위챗은 3억 명이 중국 내 사용자이기 때문에 글로벌 플랫폼으로 성장하는 데 한계가 있다.

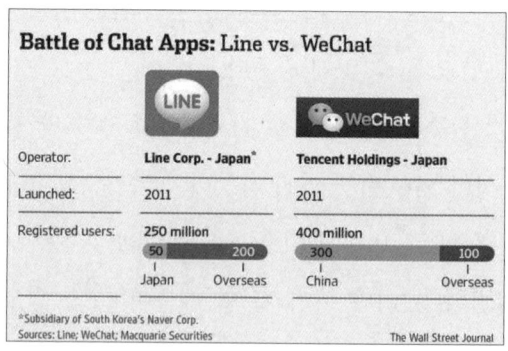

그림 6-14 라인과 위챗 비교 [출처: 월스트리트저널]

하지만 위챗은 상품의 바코드를 읽어 쇼핑하거나, 책이나 CD의 표지를 읽어 정보를 가져오는 등 새로운 모바일 포털의 위치를 선점해나가고 있다. 또 모멘트Moments라는 SNS 유형의 서비스를 제공해서 사용자가 사진을 공유하고 상태를 업데이트할 수 있다. 이는 한국의 카카오톡이 카카오스토리를 통해 확장한 것과 유사하다.

그림 6-15 위챗의 모멘트

우리에게 가장 익숙한 카카오톡은 2013년 7월 출시 40개월 만에 사용자 1억 명을 돌파하여,* 모바일 메시징 서비스가 새로운 플랫폼이 될 수 있음을 가장 먼저 증명해 보였다.

---

* 현재는 1억 3,000만 명의 가입자를 확보한 것으로 알려졌다.

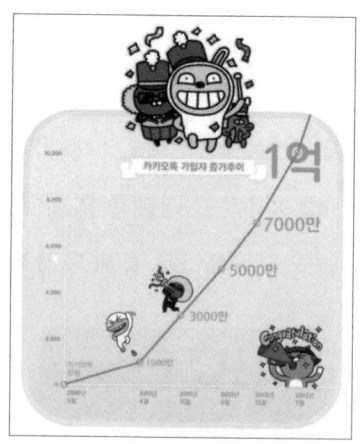

그림 6-16 카카오톡의 가입자 증가 추세

가장 좋은 성과를 거둔 게임의 경우, 게임 파트너사가 99개, 게임 수가 180개가 넘는다. 게임 매출은 2013년 상반기에만 3,110만 불에 달한다고 발표했다.

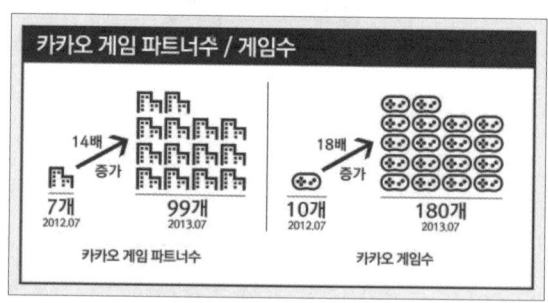

그림 6-17 카카오 게임의 성장

카카오톡을 기반으로 성장한 모바일 SNS인 카카오스토리는 하루 사용자가 1,400만 명에 달해 네이버나 다음 같은 포털 방문자 수를 앞질렀다.[21] 이 밖에 카카오 페이지, 카카오플레이스, 카카오아지트, 카카오뮤직 등 다양한 서비스 플랫폼 사업자의 위치를 선점하고 있다.

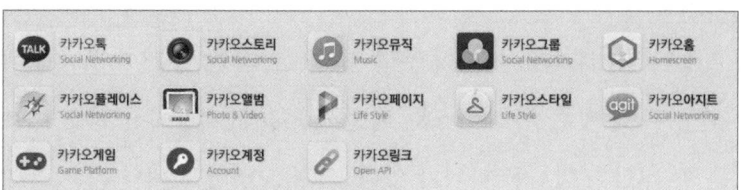

그림 6-18 카카오톡 플랫폼 기반의 다양한 서비스

삼성전자의 챗온은 갤럭시 시리즈에 탑재한 덕에 가입자가 2013년 9월에 1억 명을 돌파했다.[22] 챗온의 장점은 갤럭시에 탑재된 것 외에도 63개 언어와 웹 버전을 지원하고 피처폰에서도 사용이 가능하다는 점이다. 챗온 역시 게임서비스를 위해 게임빌을 주요 지역 콘텐트 공급 운영사로 선정해서 100여 개의 게임을 도입하기 위한 작업을 진행 중이다.

모바일 메신저는 기존 SNS를 떠나 메신저로 이동한 10대들에게 새로운 SNS 플랫폼의 역할을 하는 경향을 보인다. 트위터가 기업 공개를 할 때 거론한 위험 요소 중 하나로, 아시아 메신저 앱들이 사용자들의 스마트폰 사용 시간을 파고들면서 트위터의 세계 진출을 방해할 수 있다고 언급한 사례가 이런 점을 잘 드러낸 사례로 볼 수 있다. 메시징 앱은 특히 스마트폰이 아닌 피처폰 사용자들도 흡수할 수 있어 이미 피처폰을 사용 중인 사람이 스마트폰으로 교체할 경우 이들을 계속 사용자로 확보할 수 있다는 점에서 앞으로 성장 가능성이 높다고 할 수 있다.

오늘날 메시징 앱 시장은 SNS 초창기처럼 전 세계 지역별로 각각의 서비스가 우위를 차지하는 현상을 보이고 있지만, 향후에는 고객들이 점점 많은 친구가 사용하는 네트워크로 통합이 될 것이고 결과적으로 한두 개만이 주력 서비스로 남게 될 것이다. 때문에 라인, 위챗, 왓츠앱, 페이스북 메신저가 결국 시장에서 정면 승부를 할 것임은 의심할 나위가 없다. 특히 모바일 시대의 젊은 세대는, 기존의 SNS보다 순간적이면서 내용 저장을 지향하지 않으며 프라이버시 보호에 유리하다고 알려진 모바일 기반 앱으로 이동하는 성향이 있기 때문에, 모바일 메시징 앱이 새로운 플랫폼으로 진화하면 기존 소셜미디어 강자들에게 큰 위협이 될 것이다. 스냅챗, 바인, 인스타그램, 패스처럼, 이미 모바일 분야에서 이미 젊은 층을 공략했거나, 비디오나 사진으로 특화된 서비스로 성장했거나, 이모티콘을 차별적으로 도입한 서비스 등은 모두 모바일 SNS라는 범주에서 모바일 메신저를 기반으로 하는 플랫폼과 경쟁해야 하는 상황이 벌어질 것이다.

가장 중요한 미국 시장에서는 SMS가 무제한 제공되는 요금제가 많기 때문에 메시징 앱 자체로는 차별성을 갖기 어렵고, 결국 부가 서비스나 파트너 서비스를 통해 새로운 시장을 개척하거나 기존 사용자를 끌어와야 하는 치열한 경쟁이 예상된다. 라인이나 위챗 모두 아시아권 사용자에게 어필할 수 있는 이모티콘 스티커와 게임으로 인기를 얻었으나, 문화적 배경이 다른 영어권 사용자들에게 인기를 끌 수 있는 새로운 콘텐트를 개발하는 것은 큰 숙제라고 볼 수 있다.

6.4 모바일만을 위한 서비스: 스냅챗, 액체 자아의 시대

모바일 시대는 기존 소셜미디어 기업과 다른 새로운 기업의 등장 기회를 제공하고 있는데, 이는 특히 어린 세대가 자신들의 문화와 특성을 담는 서비스에 더 열광하면서 자신들만의 공간을 즐기기 때문이다. 특히 페이스북의 경우 점점 더 많은 젊은이들이 사생활이 지나치게 공유되고 페이스북상에 올라오는 '드라마'적인 삶의 모습을 보는 것에 지쳐가고 있으며, 나이든 세대의 진입에 거부감을 느끼고 있다.[23]

그림 6-19 스냅챗 로고

모바일 시대에 청소년이나 젊은 세대가 찾은 자신들만의 새로운 서비스 중 대표는 스냅챗Snapchat이다. 스냅챗은 2011년 스탠포드 대학생이던 바비 머피Bobby Murphy, 에반 스피겔Evan Spiegel이 만든 메시징 서비스로서 수신인이 내용을 확인하면 메시지가 사라지는 특징을 갖고 있으며 주로 사진 전송에 사용된다. 이러한 메시지의 단명성은 젊은 세대, 특히 사생활 노출과 온라인의 지속성에 우려를 표하던 세대에 큰 인기를 끌었으며, 모바일 시대의 새로운 소통 방식으로 부각되었다. 스냅챗은 2013년 9월 기준으로, 사용자들이 하루에 3억 5,000만개의 사진 메시지를 전송하고 있다.

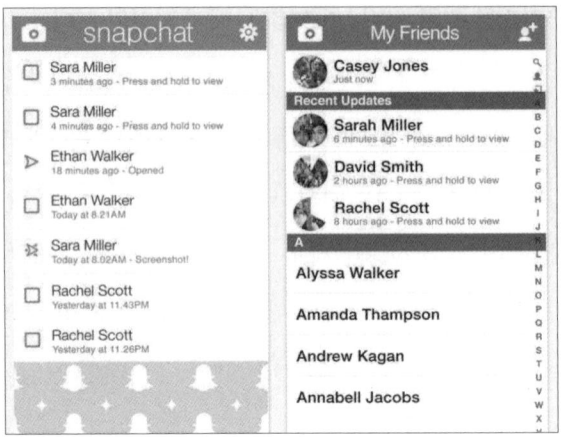

그림 6-20 스냅챗 화면

　스냅챗은 아직 특별한 매출이 없으나, 창업자인 에반 스피겔[Evan Spiegel]에 의하면 신규 펀딩 전에 광고 등을 통한 사업 모델을 선보이려고 한다. 2013년 10월 새로운 상품인 '스토리'를 선보였는데, 이는 사용자들로 하여금 여러 가지 순간을 공유하는 것으로 친구 그룹 간에 24시간 동안 유지하는 방식을 취하고 있다. 각 스토리는 24시간 작성된 스냅으로 이루어지며, 반복적으로 볼 수 있고, 오픈하지 않았을 경우 최대 30일까지 저장된다.

　스냅챗이 단지 젊은 세대들의 가볍게 소통하거나 재미를 추구하는 성향 때문에 성장한 것은 아니다. 9월 20일 스냅챗 블로그에 올라온 글 '액체 자아'[24]를 보면 그 동안 우리가 받아들였던 소셜 미디어 프로필이 영속적이라는 생각에 대한 근본적인 질문이 있다. 즉 우리의 프로필이 단지 우리가 올리는 개별적이고 서로 구별된 객체들의 모음으로 이루어지는 것이 맞는가에 대한 질문과 함께, 삶 자체가 하나의 콘테이너에 모아져 박물관처럼 되는 것이 맞는가에 대한 질문을 던진다. 삶은 오히려 고정된 정체성이 아니라 흐르는 액체처럼 유동적이고 변화되는 것이며, 자기 검열과 정책에 의해 자기 표현이 제약 받는 정적인 것이 아니라는 것이다. 이는 지그문트 바우만Zigmunt Bauman의 『액체 근대』[25]으로서, 주장하는 근대의 삶으로서, 유동적이고 불안정성이 지배하는 근대에 대한 성찰과 유사하다. 스냅챗은 기존 소셜미디어의 고정적 정체성, 규정화된 프로필 시대에 반감이 있던 청소년과 젊은 세대가 해방 되는 새로운 공간을 창출하고자 했던 것이다.

스냅챗에 자극받은 페이스북은 2012년 12월에 포크Poke 서비스를 선보였다.[26] 그러나 사용자들의 반응은 미지근했다. 스냅챗과 마찬가지로 1초에서 10초 사이에 메시지는 자동 삭제되도록 할 수 있었지만, 특별한 차별성도 없었고 이미 스냅챗에 열광하는 젊

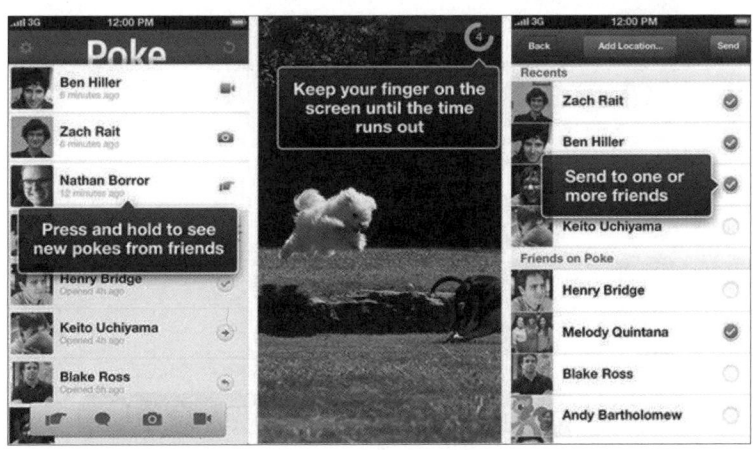

그림 6-21 페이스북 포크 화면

은 세대를 다시 페이스북 포크로 불러올 순 없었다. 스냅챗의 인기를 따라잡지 못하자 페이스북은 스냅챗을 10억 불에 인수 제의를 했다고 한다.[27] 그러나 스냅챗은 제안을 거절했고, 오히려 30억 불에서 40억 불의 기업 가치로 평가 받아 2억 불 정도의 새 펀딩을 할 계획이다.

다시 반격에 나선 페이스북 진영은 이번에는 인스타그램 다이렉트Instagram Direct라는 서비스를 론칭했다.[28] 2013년 12월에 소개된 이 서비스는 사용자 간에 문자, 비디오, 사진을 개별적으로 보낼 수 있는 서비스다. 인스타그램에서 사진 편집을 마치면 최대 15명에게 보낼 수 있다. 그러나 문자만 보낼 수는 없고 모든 메시징은 사진을 기본으로 시작하게 되어 있다.

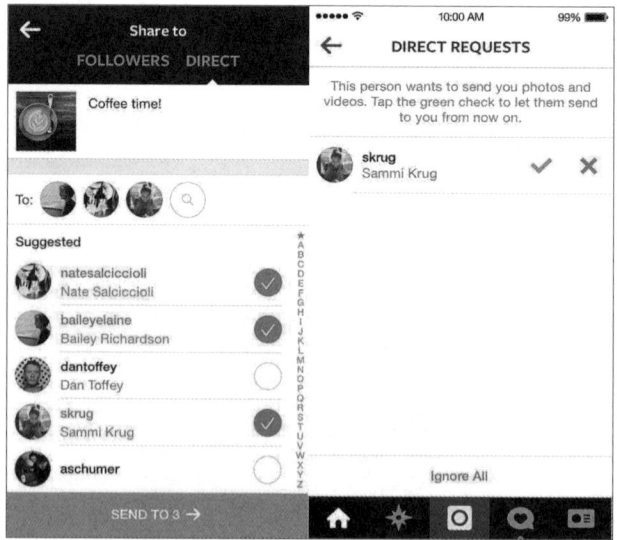

그림 6-22 인스타그램 다이렉트

그러나 모든 메시징은 사진 별로 새로 시작해야 한다. 두 사람 간의 대화라도 사진이 다르면 매번 다른 메시징 스레드로 만들어 가야 한다. 페이스북 진영의 판단은 이미 페이스북을 떠났거나 새로운 환경을 원하는 사용자들에게 페이스북 같은 관계 기반이 아니라, 모바일과 사진에 더 특화된 인스타그램을 통해 접근하는 것이 더 전략적이라고 생각했다고 본다.

모바일 혁명은 소셜미디어의 사용 행태에 큰 변화를 가져왔다. 또한 모바일에서 더 자주 인터넷을 접속하는 새로운 세대의 등장은 기존 소셜미디어 서비스를 와해성 혁신으로 몰아가거나 새로운 서비스가 주류 서비스로 등장하게 만드는 역할을 했다.

가장 대응을 잘 한 것은 페이스북이었고(이는 3장에서 살펴봤다.), 오히려 가장 적응을 잘 해야 하는 트위터는 흔들리고 있다. 사람들이 온라인에서 보내는 시간은 게임을 제외하면 다른 이와의 커뮤니케이션이 대부분을 차지하는데, 전통적인 소셜미디어 사용보다는 채팅이나 단순 커뮤니케이션이라고 생각해 왔던 모바일 메시징이 차지하는 비중이 점점 높아지고 있다. 특히 모바일 메시징이 단지 메시징에 머무는 것이 아니라 모바일 플랫폼으로 성장할 수 있다는 가능성을 보여준 라인, 위챗, 카카오톡의 진화는 기존 SNS 사업자에게는 큰 위협이 될 수밖에 없다. 페이스북이 메시징을 자사 서비스의 주요한 축으로 설정해야 하는 이유가 여기 있으며, 왓츠앱 인수에 큰 돈을 지불하는 결정을 내렸던 것이다.

모바일 세대는 사용 행태에서도 변화를 불러오고 있다. 프라이버시에 대한 위험을 줄이고 지나치게 표현되는 자신을 숨기기 위해 스냅챗, 위스퍼, 시크릿 같은 익명 기반 서비스로 이동하는 모습을 보이고 있다. 일순간의 커뮤니케이션, 휘발성 있는 콘텐트, 유동적인 라이프스타일 등을 담아내고 싶거나 자신을 보호하는 일시적 관계를 추구하려는 세대에 대해 소셜미디어는 어떻게 대응해야 하는가는 서비스 기획자들이나 기술 연구 분야에서도 지속적으로 중요한 주제가 될 것이다.

이제 모든 서비스는 모바일을 먼저 생각해야 하는 시대에 들어섰고, 이는 앞으로 큰 물결로 다가오는 사물인터넷 시대에 또 다른 충격을 주면서 업계 지형을 흔들어 놓을 것이다. 이제 우리 주변에 늘 존재하는 사물이 모두 데이터를 생성하고 누군가와 커뮤니케이션하는 세상에서, 우리가 움직이는 공간에서 늘 누군가와 혹은 무엇인가와 소셜하게 연결됨을 생각해야 하기 때문이다. 이제 모바일이라는 상황에서 사람과의 관계뿐만 아니라 사물과의 관계, 사물끼리의 관계를 고려해야 하는 시대이기 때문이다.

3부
소셜미디어의 사회적 가치와 의의

7장 소셜미디어의 발단이 된 인간 행동과 동기
8장 6단계 분리 이론과 관계 이론
9장 소셜미디어에서 '나'는 누구인가
10장 소셜미디어 속의 행복지수
11장 공적 공간과 사적 공간, 새로운 프라이버시 시대
12장 영향력자에 대한 진실 혹은 환상
13장 집단 사고와 편향성, 집단 행동을 통한 사회 변화

7장 │ 소셜미디어의 발단이 된 인간 행동과 동기

7.1 자기애와 관음증, 인간의 원초적 본능 발현 창구

『페이스북 이펙트』(에이콘출판, 2010)에 따르면, 2004년 페이스북이 등장했을 때 하버드 대학 교지인 '하버드 크림슨Harvard Crimson'에서는 페이스북에 참여하는 욕구를 이렇게 표현했다. "페이스북은 인간에게 존재하는 원초적 본능을 토대로 한다. 누구나 소속 본능, 약간의 허영심, 어느 정도의 관음증을 갖고 있다." SNS에서 사람들이 표현하고자 하는 기본 욕망은 자기도취, 즉 나르시시즘narcissism과 노출증이고, 채우고자 하는것은 관음증이다.

나르시시즘은 SNS에서 가장 빈번하게 언급되는 심리적 요인이다. 샌디에고 대학 심리학과의 진 트웬지Jean Twenge 교수는 그의 저서 『나르시시즘 확산The Narcissism Epidemic』[1]에서 21세기 미국 문화는 온라인이나 오프라인 모두 강한 나르시시즘을 표방한다고 말하고 있다. 아팔래치안 주립대학의 숀 버그만Shawn Bergman 교수는 밀레니엄 세대가 과거 세대보다 나르시시즘의 수준이 더 높다는 연구 결과를 발표했다.[2] 그러나 높은 SNS 사용이 밀레니엄 세대의 특징을 드러냄이 아니라 나르시시즘 수준이 높은 세대 자체가 이 시대의 산물이라고 주장했다. 이미 자기애가 충만한 아이들로 길러지는 측면이 강하다는 것이다.

웨스턴 일리노이 대학의 연구원들은 페이스북 사용자의 습관을 분석하면서, 나르시시즘의 두 가지의 사회 와해적 요소를 측정했다.[3] 두 가지 요소는 '과장된 노출증$^{GE,\ Grandiose\ Exhibitionism}$'과 '특별한 권리 부여/착취하는 자질$^{EE,\ Entitlement/Exploitativeness}$'로 부른다. 과장된 노출증은 자기 몰두, 허영, 우월감, 노출적 성향을 포함하는데, 늘 자신을 관심의 중심으로 가져가려고 한다. 이런 경향은 충격적인 포스팅이나 부적절한 자기 노출로 나타나기도 한다. EE$^{Entitlement/Exploitativeness}$는 존경 받는 걸 당연시하고 사람들을 기꺼이 조종하고 이용하려는 경향이다. GE$^{Grandiose\ Exhibitionism}$의 성향이 높은 사람들은 페이스북에서 친구가 매우 많다. 또 EE와 GE가 높은 사람들은 모르는 사람들의 친구 요청을 받아들이고 사회적 지원을 찾지만 자신이 제공하려고 하지는 않는다.

영국의 사회학자 캐롤 크레이그$^{Carol\ Craig}$는 젊은 층의 자기애가 점점 더 강해지고 있으며, 페이스북은 무질서를 위한 플랫폼을 제공한다고 주장한다. 페이스북에서 사람들이 수시로 프로필 사진을 바꾸면서 자기 홍보를 하고, 1,000명이 넘는 친구 관계를 맺는 것이 이러한 증거라는 것이다. 흥미로운 것은 이러한 문화가 미국에서 도입된 것이라고 생각하는 점이다.

다른 연구도 나르시시즘적 성향을 측정하는 지수와 페이스북 활동에 매우 높은 상관 관계가 있음을 밝히고 있다. 스탠포드 대학의 정신과 교수인 엘리아스 아부자우드$^{Elias\ Aboujaoude}$는 사람들이 인터넷을 통해 자신의 일상적 요구를 실현하는 경험이 늘어날수록 더욱 더 자기애가 강한 사람이 된다고 말한다.[4] 그의 책 『가상의 당신$^{Virtually\ You}$』에서는 사람들이 온라인에서 취득하는 형질이 오프라인 개성에 포함된다고 주장한다. 모바일 폰에서 페이스북을 주 메뉴로 접근가능하게 한 페이스북 홈^{Home}은 이러한 자기애를 더욱 증폭시킬 가능성이 있다는 것이다. 아부자우드는 이를 두고 마치 휴대형 무대를 갖거나 휴대형 드라마를 갖는 것과 같다고 했다.[5]

나르시시즘의 가장 전형적인 모습으로 등장하는 것이 소위 '셀카'의 확산이다.* 자기 얼굴을 찍어서 소셜미디어 공간에 올리는 셀카 사진의 유행은 이미 2004년부터 플리커나 마이스페이스에 나타난 현상이다. 2005년 어반딕셔너리닷컴에 처음으로 셀피(당시에는 Selfy였고 지금은 Selfie)라는 단어가 등록되었다. 옥스포드 사전이 우리나라에서 '셀카'라고 부르는 '셀피'를 2013년 올해의 단어로 선정할 정도로 이제 셀카는 사회적으로 하나의 문화 현상이 됐다.[6] 교황의 셀카, 오바마 대통령의 만델라 장례식장 셀카가 연예인의 셀카처럼 공유되고 일반인들 역시 자신의 셀카를 통해 자기애를 즐긴다. 영국에서 삼성이 조사한 데이터에 따르면 18세에서 24세의 여성의 사진 30%는 셀카 사진에 해당한다고 한다.[7] 물론 셀카는 어떤 특정 시간에 빛나는 나를 기록하고 싶거나 자신의 느낌이나 감정을

---

* 영어로는 셀피(Selfie)이지만 이 책에서는 국내에서 주로 사용하는 셀카라는 용어로 표현한다.

7장 소셜미디어의 발단이 된 인간 행동과 동기

사진 한 장으로 표현하기 위해 찍기도 한다. 셀카는 사람들이 갖고 있는 또 하나의 중요한 충동인 '자신을 벗어나 자신을 들여다보고 싶음'을 나타낸다고 기술 전문 작가인 클리브 톰슨은 주장한다.[8]

관음증 역시 소셜미디어 특히 SNS에서 자주 발생하는 현상이다. 사람들의 프로필을 들여다 보고 다른 사람의 관심에 대해 읽고 친구들의 댓글을 보거나 친구의 친구를 살펴본다.[9] 때로 다른 사람의 사진 앨범에 올라온 모든 사진을 스크롤하면서 보기도 하고, 그 사람이 나온 사진을 다 들여다 본다. 이처럼 페이스북은 펜실베이니아 주립 대학의 클레이 캘버트Clay Calvert 교수가 말한 '중재된 관음증'을 더 키운다. 캘버트 교수는 중재된 관음증을 "매스미디어나 인터넷을 통해, 타인의 명백한 실재나 가이드되지 않은 삶에 대한 정보와 이미지를 밝혀내는 소비다. 즐거움이 목적이 아니기도 하며, 종종 프라이버시나 대화를 대가로 지불한다."라고 정의한다.[10] 페이스북에서 우리가 중재된 관음증을 느끼는 동기는, 관계 있는 다른 사람을 찾거나 타인에 대한 지식을 얻고, 타인을 조롱함으로써 자존감을 높이기 위해서이기도 하다.

동시에 관음증은 노출증이나 자기 노출이 없이는 이루어질 수 없다. 이는 자아 정체성을 표현하기 위한 방식이거나* 사회 속에서 자기를 입증하고자 하는 요구, 타인과의 관계를 발전시키기 위한 수단으로 자기 정보를 노출하기도 한다. 일단 페이스북 같은 SNS

---

* 자아 정체성 문제는 9장에서 다루고자 한다.

에서는 프로필을 통해 자기 정체성을 선택하고 많은 친구를 맺으며 스스로 사회 생존력을 입증하고자 한다. 또 누구와는 친구 맺고 누구는 거부하면서 사회적 제어를 실행하는 심리적 요구도 보이게 된다.

지금까지 얘기한 대로 소셜미디어의 근저에 있는 자기애(나르시시즘), 관음증, 노출증은 상호 간에 긴밀히 연결되어 상승 작용을 하고 이를 충족시키기 위해 노력한다. 이런 심리적 욕구가 충족되지 않을 때 좌절하거나 부정적인 태도를 보이기도 한다. 그러나 소셜미디어의 사용 동기를 알아보려면 이와 같은 인간 본능이나 심리적 기저를 논하기보다는, 산업계에서 조사하는 주요 방식인 실제적 유용성에 대한 설문 조사를 통해 정확한 분석 결과를 알아볼 필요가 있겠다.

7.2 소셜미디어 사용 동기와 목적

소셜미디어 사용에 대한 동기 연구는 다양한 계층과 소셜미디어 종류에 따라 꾸준히 진행되어 왔다. 2011년 11월 퓨 리서치 센터 The Pew Research Center는 미국인 2,277명을 대상으로 '미국인은 왜 소셜미디어를 사용하는가'[11]라는 주제에 대해 조사해 발표했다. 소셜미디어를 사용하는 제일 중요한 이유로 67%는 현재 친구들과의 관계 유지를 꼽았고, 64%는 가족과의 관계 유지, 50%는 연락이 끊어진 옛날 친구와 다시 연락하는 것이라고 했다. 취미나 흥미가 같은 타인과의 연결은 14%, 유명인, 운동 선수, 정치인들의

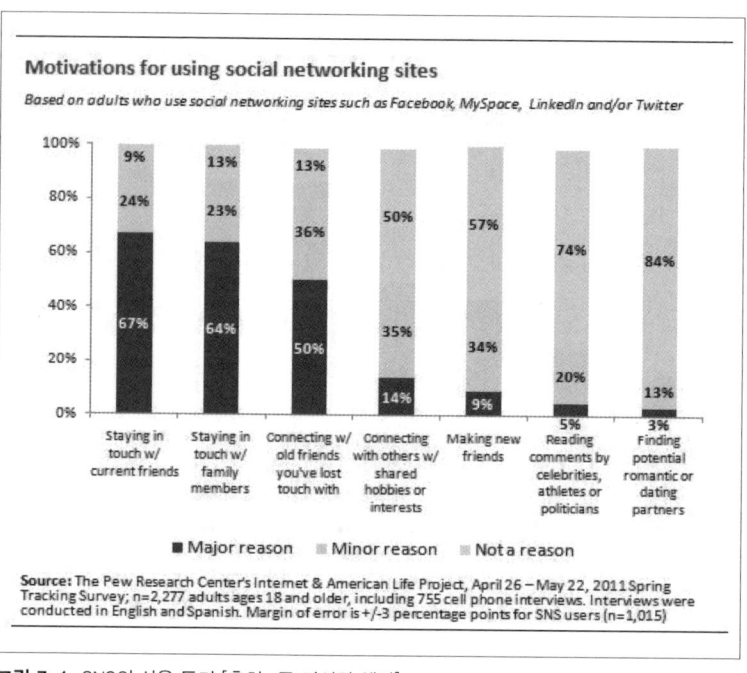

그림 7-1 SNS의 사용 동기 [출처: 퓨 리서치 센터]

얘기를 읽기 위한 것은 5%, 데이트 상대를 찾기 위한 목적은 3%로 매우 낮았다. 흥미로운 것은 가족과의 관계 유지가 목적이라고 답변한 사람은 여성 사용자와 남성 사용자의 비율에서 큰 차이가 있었다는 것이다. 여성은 72%인데 반해 남성은 55%였다. 공통의 취미와 흥미를 가진 사람을 찾기 위해서라고 답한 사람의 비율은 30~49세는 16%, 50~64세는 18%였는데, 18~29세에서는 겨우 10%였다. 오히려 남자의 56%가 1차적 또는 부차적 이유로 공통의 취미와 흥미를 들었고, 여성 사용자의 경우는 44%만 그렇다고 대답했다.

국내 사용자를 대상으로 한 조사에서는 이와 조금 다른 양상을 보이는 게 사실이다. 지난 2010년 10월 인터넷진흥원이 발표한 '마이크로블로그 이용실태조사'[12]에 따르면, 마이크로블로그로 분류되는 트위터와 미투데이 사용자 2,247명을 조사한 결과, 사용계기의 1위가 '정보습득을 위해서(81.2%)'였다. 2위가 '새로운 사람과 관계를 맺기 위해서(66.1%)'였고, '재미와 즐거움을 얻기 위해서(35.4%)'는 3위로 나타났다. 이는 트위터의 주 사용 목적이 '뉴스와 정보 습득'이라는, 2010년 900명의 사용자를 대상으로 한 나의 조사 분석[13]과 같은 맥락이다. 실명보다 필명을 사용하는 네트워크에서는 새로운 사람을 만나는 것이 주목적일 수밖에 없기 때문에 나온 조사 결과다.

내가 트위터와 페이스북, 미투데이, 세 가지 소셜미디어 서비스에 대해 수행한 조사 분석의 결과를 요약하면 다음과 같다. 가입 동기의 경우 '지인의 권유'와 '새로운 웹 서비스에 관심이 많아서'가 각각 33%씩 차지했고, 그 다음으로 '언론 등의 매체에 소개되어서'가 14%였다. 특히 미투데이와 페이스북은 지인의 권유가 각각 37%와 43%로 가장 큰 비중을 차지했다. 그림 7-2는 전체 서비스와 각 서비스별 가입 동기를 나타낸다. 사용 목적으로는 '지인과의 관계 유지'가 35%, 그 다음이 '뉴스 와 정보 획득(17%)', '새로운 사람과 관계 맺기(15%)', 재미와 즐거움이 12%로 외국과와 큰 차이가 없다. 그림 7-3은 세 서비스에서 첫 번째 사용 목적을 누적한 결과다.

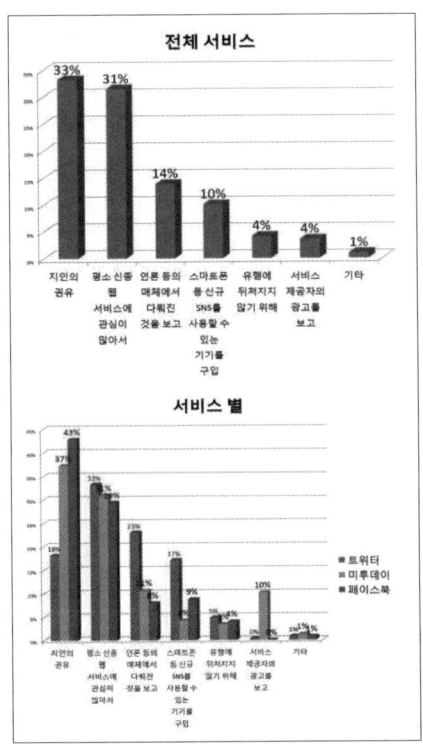

그림 7-2 국내 사용자의 서비스 별 가입 동기

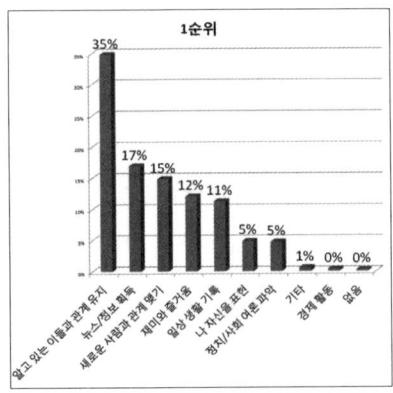

그림 7-3 국내 사용자의 SNS 주요 사용 목적

그러나 서비스 별 이용 목적은 큰 차이가 있다. 가장 많은 응답이 트위터는 43%로 '뉴스/정보 획득'이고, 미투데이는 27%로 '새로운 사람과 관계 맺기'이며, 페이스북은 '지인과의 관계 유지'가 71%를 차지한다. 그림 7-4는 각 서비스 별 사용 목적을 나타낸 그래프다.

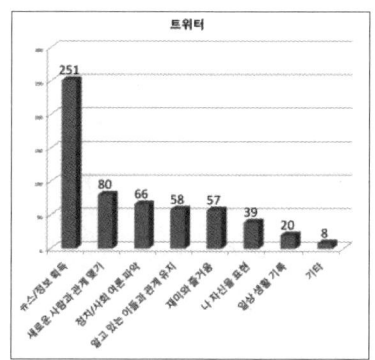
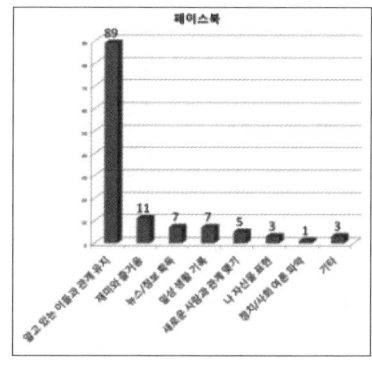
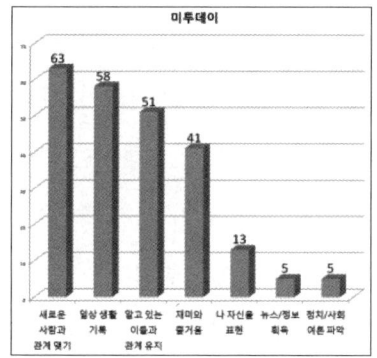

그림 7-4 서비스별 사용목적

퓨 리서치 센터의 조사처럼 실명과 현실 네트워크를 기반으로 하는 SNS에서는 자연스럽게 현재의 친구나 가족 관계 유지가 당연히 중요한 동기나 목적이 되지만, 트위터나 미투데와 같이 필명이나 익명을 기반으로 하고 자신의 새로운 아이덴티티를 기반으로 하는 경우에는 정보와 새로운 관계에 초점을 맞출 수밖에 없다. 물론 트위터에서도 유명인 등 실명 사용자들은 자신의 생각을 전파하고 팬을 관리하기 위한 목적이 있을 수 있다.

위키피디아와 블로그 사용 동기에 대한 초기 학계의 연구도 있다. 2007년 11월 컴퓨터 분야의 유명 학술 잡지인 「CACM Communications of ACM」에 실린 뉴욕 폴리테크닉 대학의 오데드 노브 Oded Nov 교수의 '무엇이 위키피디언에게 동기 부여를 하는가'[14]를 우선 꼽을 수 있다. 노브 교수는 위키피디아에 공헌하는 사람들이 오픈소스에 참여하는 사람들과 유사하다는 것을 바탕으로 자원봉사자들의 참여 동기 모델에 오픈소스 사용자의 특성을 더해 조사했다. 가장 큰 동기는 흥미롭게도 '재미'였다. 그 다음이 이데올로기, 가치, 이해, 자기 향상, 보호, 커리어, 사회성 등이었다. 물론 동기가 높다고 참여의 활동성이 일치하지는 않는다는 점도 밝혀졌다. 예를 들어 '이데올로기'는 참여 동기 측면에서는 2위에 해당하지만 실제 그런 동기 보유자들의 참여 수준은 매우 낮다는 사실은 매우 흥미롭다. 실제로 재미라는 요소 외에 참여를 높이는 동기는 '자기 향상'이었다.*

오픈소스에 참여하는 사람들의 동기는 매우 독특한 연구과제다.

---

* 자기 향상은 위키피디아에 글을 쓰고 편집하는 일이 자신이 필요한 존재가 된다는 느낌을 가짐을 의미한다.

우리가 흔히 아는 일반적인 동기 부여가 되지 않음에도 왜 그렇게 많은 사람들이 오픈소스의 개발과 공유에 참여하는 것인가 하는 점을 많은 연구자들이 파악하고 싶어 한다.

2005년에 MIT 경영대 교수 캐림 라카니^{Karim Lakhani}와 보스톤 컨설팅 그룹의 밥 울프^{Bob Wolf}는 684명의 오픈소스 개발자를 조사한 결과 가장 강력한 동기는 '즐거움에 기반한 본질적 동기부여'임을 알아냈다.[15] 즉 프로젝트에 참여해서 일하는 개발자들이 스스로 얼마나 창의적인가를 느끼게 되는 즐거움이 가장 큰 동기였고 그래서 많은 개발자들이 종종 '몰입'의 상태에 빠지게 된다는 사실을 알아냈다. 2007년에도 독일의 경제학자들이 세계 각지의 오픈소스 프로젝트에 참여한 개발자들을 연구했는데, 동기에 있어 가장 중요한 요인은 역시 '주어진 소프트웨어 문제에 대한 도전을 마스터하는 재미'와 '프로그래머 커뮤니티에 선물을 주고 싶은 욕구'라는 것을 알아냈다.[16]

2003년 캘리포니아 주립대학^{UC Irvine}의 나르디^{Nardi} 교수와 스탠포드 대학 CSLI의 다이앤 쉬아노^{Diane Schiano} 등이 23명의 사람들을 대상으로 인터뷰를 한, '우리는 왜 블로그를 하는가'[17]라는 제목의 논문을 2004년 「CACM」에 발표했다. 성별 구성은 남자 16명, 여자 7명이었고, 나이는 19세에서 60세 사이였다. 모두 캘리포니아나 뉴욕에서 사는 고학력 중산층 사람들이었다. 나르디 교수는 이 연구에서 사람들이 다양한 동기를 갖고 블로깅을 하고 있음을 알아냈다. 자신의 일상 기록을 위해서만이 아니라, '의견을 제시하기 위해', '감정의 카타르시스를 위해', '블로그 작성 과정에서의 아이디어 창출을 위해', '블로그를 커뮤니티 포럼으로 사용하기 때문에' 등 다양한 이유가 제시되었다.

2010년 '뉴미디어와 사회' 저널에 발표된 미국 위스콘신-매디슨 대학의 브라이언 에크데일Brian Ekdale은 66명의 유명 정치 블로거를 인터뷰했다.[18] 이들에게 13가지 동기를 제시하고 점수를 매기게 했더니, 블로깅 초기의 가장 강한 동기 3가지는 '울분을 발산하기 위해', '생각을 지속적으로 유지하기 위해', '새로운 아이디어를 구성하기 위해서'였다. 즉 지적인 필요를 위해서거나, 감정과 생각을 명확히 하기 위해서거나, 좌절감이나 분노 같은 감정을 표현하기 위해 블로그를 시작하는 것이다. 그러나 4년 정도 지난 뒤 동기 분석을 다시 해봤더니 과거에 언급했던 동기는 응답 비중이 줄거나 약간 늘어났을 뿐이고 '정치적 감시자 역할을 하기 위해'라든가 '여론에 영향을 주기 위해'와 같은 외부적 동기가 눈에 띄게 증가했다. 이는 블로깅을 계속 하면서 구독자가 점차 늘어나고 따라서 독자나 미디어, 정당에 영향력을 확행사할 수 있음을 인식했기 때문이다.

사람들은 자신이 지지하는 후보에게 호의적인 포스팅을 올리거나 그렇지 않은 후보에게 반대되는 포스팅을 올리고, 청원에 참여하거나 캠페인을 후원하고 저항 운동이나 집회 참여 등 정치 활동에도 적극 참여하게 된다. 블로깅 초기의 동기가 사라진 것은 아니지만 이런 새로운 동기들이 블로거로 하여금 더 열정적으로 블로깅하게 만든다는 것이 이 연구의 결론이다. 즉 블로그의 역할이 대중에게 정보를 제공하거나 메인스트림 미디어의 사실을 검증하고 사회에 도움을 주는 것이라 생각하면 정치인들에게 견해를 제시하는 일을 하고, 그렇지 않은 경우는 자신의 분노와 이미 정립된 견해를 전달하는 채널로 사용하는 것이다.

2008년 영국 배스^{Bath} 대학 경영대의 아담 조인슨$^{Adam\ Joinson}$이 CHI2008에서 발표한 논문[19]에는 다시 페이스북의 사용 목적을 분석한 자료가 실렸다. 미디어 분야의 수용자 연구 이론인 '이용과 충족 이론$^{Use\ and\ Gratification\ Theory}$'을 분석한 이 논문에서는 사람들이 페이스북을 즐긴다고 생각할 때 제일 처음 떠오르는 단어와 페이스북을 즐기는 것을 어떤 단어로 묘사할 수 있는지, 무엇이 가장 중요한지 등을 물어봤다. 137명의 페이스북 사용자를 온라인 설문으로 분석한 결과, 이들이 언급한 표현은 '계속 연락하기,' '소극적 접촉, 사회적 감시,' '잃었던 연락처 찾기,' '커뮤니케이션,' '사진,' '디자인 관련,' '지속적 연락,' '새 연락처 만들기,' 등과 같은 구절이나 단어였다. 이 가운데 '계속 연락하기'가 가장 높은 빈도로 언급 되었다.

미디어 사용에 대한 충족 이론은 미디어 내용에 대한 충족과 실제 사용 경험에 의한 충족으로 나눌 수 있는데, 소셜미디어에는 사회적 환경에 의한 충족이라는 또 다른 요소가 있다. 이 실험에서는 다시 앞에서 언급한 용어를 그룹으로 묶어서 요소 분석을 실행했는데, 여기에는 '사회적 연결,' '공유된 아이덴티티,' '콘텐트,' '사회적 감시,' '소셜네트워크 서핑'과 '상태 업데이트' 등으로 그룹화했다. 그 결과 '사회적 연결'의 충족은 사용 빈도의 증가를 가져왔으며, '콘텐트'에 대한 충족은 사용시간의 증가를 가져왔다. 또 타인에 대한 '지속적인 감시'에 대한 욕구는 사이트 방문 횟수의 증가를 가져옴을 알 수 있었다.

이처럼 학계와 산업계에서는 SNS나 소셜미디어의 참여 동기와 목적이 무엇인지 계속 연구하고 있다. 이를 연령별, 성별, 인종별로도 분석하고 있다. 그러나 이러한 설문 조사 결과를 다시 확인하는 연구 역시 필요하다고 생각해왔고, 이제는 가능한 시점이 되었다고 본다. 즉 사용자들이 얘기하는 동기나 욕구 충족을 위해 진짜로 그런 행동을 했는지를 알 수 있는 행위 데이터를 분석할 수 있게 됐다. 이제는 타인보다 친구나 가족과 더 커뮤니케이션을 많이 하는지 실제 데이터를 갖고 분석해 확인하는 작업이 필요할 때라고 생각한다. 온라인 공간에서의 활동과 욕구 표현에 있어 오늘날 SNS는 매우 중요한 역할을 한다. 사용 동기와 목적은 다르지만 그 밑바탕에 깔린 심리적 욕구는 비슷하다. 그러나 서비스 방식과 기술의 진화는 사용자들에게 새로운 활력과 재미를 제공하고 있으며 이는 앞으로도 계속될 것이다.

웹 사이언스 연구의 중요성을 강조하는 팀 버너스리[Tim Berners-Lee] 역시 자신의 논문에서, 사회 관습을 바꾸고 온라인 상호작용을 활성화시키는 '사회 구동력'의 본질이 어디 있느냐를 파악하는 것이 매우 중요한 연구 주제임을 밝혔다. 목적, 욕망, 관심, 태도 등의 요인들이 우리가 만들어 가는 웹의 정보 링크를 구축하게 하고, 지속적인 성장을 가져오게 하는 근본이기 때문이다.

소셜미디어의 확산에서 가장 흥미 있는 행동 중 하나는 친구나 타인과의 공유다. '좋아요'를 누르거나 '+1'을 누르거나 리트윗을 하는 행위는 근본적으로 나의 온라인 친구나 팔로워에게 정보를 공유하겠다는 뜻이다. 이러한 공유를 일으키는 심리에 대한 흥미로운 조사를 「뉴욕타임스」의 고객 인사이트 그룹이 랭카스터 그룹과 함께 수행했다.[20] 이에 따르면 사람들이 콘텐트를 공유하는 5가지 동기가 있다고 한다.

1. 타인에게 가치 있고 흥미로운 콘텐트를 제공하기 위해: 94%의 사람은 자기가 공유하는 정보가 받는 사람에게 얼마나 유용할지 사려 깊게 고려하며, 49%는 타인의 생각을 바꾸고 행동하도록 고취한다고 생각한다.
2. 우리 자신을 타인에게 정의하기 위해: 68%의 사람들은 자신이 누구인지 그리고 무엇에 관심 있는지를 남이 좀 더 잘 이해주기를 바란다.
3. 관계를 성장시키고 풍요롭게 하기 위해: 78%는 공유를 통해 서로 연결이 지속되고, 73%는 관심을 공유하는 사람과 연결되게 도와주고 있다고 생각한다.
4. 자기 실현: 69%의 사람은 정보를 공유하는 이유가 자기가 세상에 속해 있음을 느끼게 해 주기 때문이라고 한다.

5. 브랜드 등 어떤 이야기를 밖으로 전달할 수 있기 때문에: 84%는 자기가 관심 있는 이유나 이슈를 지원하는 방식이기 때문에 공유한다고 말한다.

이와 함께, 공유하는 사람들의 유형을 이타주의자, 일 중심주의자, 최신 유행을 좇는 사람, 이슈메이커, 커넥터, 선별적인 사람들로 분류했다. 이러한 인터뷰 조사에 의한 분석은 대부분의 SNS의 유행과 사람들의 참여 동기를 기본적으로 설명할 수 있으나, 사용자들이 실제로 이런 욕망을 참여 동기와 목적에서 어떻게 이루고 있는가에 대해서는 데이터를 통한 분석이 좀 더 필요하다. 즉 사람들이 인터뷰를 통해서 표현하는 참여의 동기나 목적에 부합한 행동을 하고 있는가에 대한 확인이 필요하다. 이제는 우리가 사용자들의 활동 데이터를 모아서 분석할 수 있는 시대가 왔기 때문에

Primary Social Network Used to Share Content Worldwide, by Region, Q3 2013
% of total

	South America	Asia-Pacific	Europe	Middle East & Africa	North America
Facebook	67%	60%	47%	45%	36%
Twitter	28%	33%	45%	32%	24%
LinkedIn	2%	1%	2%	11%	5%
Google+	2%	2%	4%	2%	3%
Pinterest	1%	-	-	4%	29%
Mixi	-	4%	-	-	-
Vkontakte	-	-	2%	-	-
Other	-	-	-	6%	3%

Note: clients using Gigya technology
Source: Gigya as cited in company blog, Dec 9, 2013
167357 www.eMarketer.com

그림 7-5 콘텐츠 공유에 사용되는 주요 소셜미디어 [출처:이마케터]

과거처럼 인터뷰와 설문 조사로만 끝나는 것이 아니라 실제 행동 데이터를 갖고 이를 파악할 수 있는 시대가 된 것이다.

2013년 기그야^{Gigya}는 전 세계를 대상으로 콘텐트 공유에 가장 많이 사용되는 소셜미디어를 조사해 발표했다.[21] 이에 따르면, 어느 지역이나 페이스북이 가장 많이 사용되지만, 유럽에서는 트위터가 45%로 페이스북의 47%와 비슷한 수준으로 이용되고 있음을 알 수 있다. 물론 각 서비스 별 공유의 목적과 혜택에 대한 연구가 이루어져야 하며, 지역과 문화 별로 공유를 유도하는 기능이나 동기에 대한 분석 역시 계속되어야 할 것이다.

8장 | 6단계 분리 이론과 관계 이론

8.1 소셜미디어 수치를 통해 보는 작아진 세상

2011년 11월 페이스북의 데이터 팀이 7억 2,100만 명의 690억 친구 관계를 분석한 결과, 페이스북 사용자 간의 평균 연결 거리^{distance*}가 4.74라는 결과를 발표[1]했다. '6단계 분리'† 이론이 소셜네트워크상에서는 더 짧아졌다는 소식이 여러 미디어를 통해 보도되었다.

6단계 분리 이론은 1967년 하버드대 심리학 교수였던 스탠리 밀그램$^{Stanley\ Milgram}$이 「심리학 투데이$^{Psychology\ Today}$」에 발표한 논문 '스몰 월드 문제$^{The\ Small\ World\ Problem}$'[2]를 통해 일반인에게 널리 알려지기 시작했다. 하지만 아이러니하게도, '6단계 분리'라는 용어를 처음 만들어낸 사람은 밀그램 교수가 아니었다. 원래 6단계 분리 이론을 처음 예측한 사람은 헝가리의 극작가이자 저널리스트였던

---

* 그래프에서 '거리(distance)'는 두 노드를 연결하는 모든 경로 중에서 가장 짧은 것을 의미하며 두 노드까지 연결된 링크의 개수(또는 홉이나 스텝 수)를 말한다.'
† 그래프에서 '단계(degree)'는 차수라고도 하며 연결된 두 노드의 거리에 존재하는 링크의 개수를 의미하지만, 단계 분리를 말할 때는 두 노드 사이에 존재하는 중간 노드의 개수를 의미한다. 즉 나와 여러분 사이가 6단계라면 나와 여러분의 사이에 6명이 존재한다는 의미다.

프리게스 카린시$^{Frigyes\ Karinthy}$로 알려져 있다. 1929년에 발표한 단편소설 『체인스^{Chains}』에서, 발전하는 문명의 영향으로 인간 사이의 거리가 더 좁아져 당시 전 세계 인구 수였던 15억 명 중 임의의 사람을 선택해도 5명의 사람만 거치면 연결이 가능할 것이라고 추측한 것이다. 이는 유명한 알버트 라즐로 바라바시$^{Albert\text{-}László\ Barabási}$의 『링크』[3]라는 책에서도 언급됐다.

이후 많은 소셜네트워킹* 연구자들이 이 가정에 관심을 갖고 연구했으며, 마이클 구레비치$^{Michael\ Gurevich}$의 시뮬레이션과 1967년 스탠리 밀그램의 '스몰 월드' 실험을 통해 알려지기 시작했다. 이 실험은 미국 내의 사람들 간 연결 거리의 평균을 측정하기 위한 것이었다. 논문에 따르면, 스탠리 밀그램은 1967년에 다음과 같은 실험을 했다.

1. 출발지로 네브라스카 오마하와 캔사스의 위치타 시를 각각 선택하고 도착지로는 보스톤을 선정하였다. 출발지로 두 도시를 선택한 이유는 두 도시가 미국 내에서 사회적으로나 지리적으로 매우 고립된 곳이라고 생각되었기 때문이다.
2. 오마하와 위치타에서 임의로 선택된 사람에게는 편지가 주어지는데, 여기에는 이 연구의 목적과 목표로 설정된 보

---

* Social Networking이라는 단어에 대해 국내에서 사회학자들은 '사회 연결망'이라는 단어를 더 자주 사용한다.

스톤 사람에 대한 간략한 정보가 있다. 만일 그 사람을 개인적으로 알면 그 편지를 그대로 보내면 된다.

3. 보스톤에 있는 그 사람을 모른다면, 자기 친구나 친지 중에서 그 사람을 알 것 같은 사람에게 보낸다. 사실 편지에는 이름표가 함께 주어지는데 이때 보내는 사람의 이름을 쓰고 서명해서 보내게 했으며, 동시에 하버드에 엽서를 보내 그 과정을 추적하게 했다.
4. 편지가 목표한 사람에게 도달하면 연구자들은 이름표를 검토해서 몇 단계를 거쳐 왔는지를 확인하고, 도달하지 않은 편지는 도착한 엽서를 통해 어디서 끊어졌는지를 확인한다.

그러나 이 실험에서 연결된 고리(체인)를 통해 편지가 최종 목적지까지 도달한 경우는 64건(22%)에 불과했고, 재실험에서도 296건의 편지 중 232건은 한 단계도 전달되지 않았다. 최종 목적지에 도착한 경우에도 어떤 편지는 1, 2단계에서 도착했고, 9단계나 10단계를 거친 경우도 있다. 결과적으로 임의의 두 사람 사이에 평균 5.2명이 있는 것으로 나타났기 때문에 연구자들은 미국에 거주하는 임의의 사람이 6단계만 통하면 서로 연결이 가능하다고 주장했다. 밀그램이 '6단계 분리'라는 말을 사용하지 않았음에도 불구하고, 이 조사 결과는 6단계 분리 개념이 일반적으로 받아들여지는 데 큰 기여를 했다.

그러나 밀그램의 이 실험은 이후 여러 학자들에 의해 비판을 받았고 다양한 실험에서 다른 결과가 도출되기도 했다. 일차적인 비판은 출발자로 선택된 사람들이 임의로 선택된 것이 아니라 광고에 의해 모집되었다는 점이었다. 두 번째는 최종 목적지의 사람을 잘 알거나 가까운 경로에 있는 사람이라는 확신 없이 다음 사람을 선택했다는 점이다. 즉 경로상 가장 최소 경로를 만들어 낸다는 보장이 없기 때문에 편향과 과평가를 가져올 수 있었다.

2004년에 발행된 던칸 와츠$^{Duncan\ Watts}$의 책 『Six Degrees: The Science of a Connected Age』[4]를 보면 밀그램의 '스몰 월드' 실험에 더 많은 맹점이 있었음이 드러난다. 일단 출발지를 네브라스카 오마하와 캔사스의 위치타 시로 선정했는데, 실제 출발자로 선정된 사람 중에 100명 정도가 보스턴에 사는 사람이었다는 것[*]과 네브라스카에서 선정된 200명 중에서도 50%는 모두 블루칩 주식 투자자들이었다는 것이다.[†] 즉 이 실험은 서로 독립적이지 않은 몇 개의 특정 그룹으로 이루어진 것이다.

2001년에 던칸 와츠 교수와 동료들은 웹사이트를 이용해 166개국의 6만 1,168명을 대상으로[‡] 밀그램의 실험을 재현해 보았다.[5] 6만 명 이상의 이메일 사용자를 대상으로 전 세계 13개 나라의 18명에게 이메일을 도착하게 하는 이 실험에서는 다양성을 위해 미

---

[*] 보스턴에 사는 그룹의 평균 단계 분리는 4.4에 불과했다.
[†] 밀그램은 실험을 위해서 메일링 리스트를 구입했다고 한다.
[‡] 실험용 웹사이트에 등록한 사람은 총 98,847명이었으나 그 중 25%만 개인정보를 제공하고 메시지 연결을 시작했다.

국의 교수, 호주의 경찰, 에스토니아의 기록물 조사관 등 다양한 직업의 사람들을 최종 목적지로 선택했다. 실험 결과, 실제로 전송된 이메일 연결 고리는 2만 4,163개였으며, 최종 목표 사람에게까지 전달된 것은 384개였다. 최종 목적지에 도착한 이메일은 대부분 5단계(같은 나라의 사람들)에서 7단계(다른 나라의 사람들)를 거쳐 도착한 것으로 나타났고 언론은 인터넷이 결코 실세계의 인간 관계를 크게 변화시키지 못했다고 보도했다.[6] 그러나 와츠 교수는 최종 목적지까지 도착한 이메일이 384개에 불과한 것이 가장 큰 문제라고 말했다. 사람들에게 흥미와 인센티브가 주어지지 않으면 메시지 전송을 적극적으로 하지 않는다는 점을 지적한 것이다. 즉 '스몰 월드'라는 개념은 네트워크 구조만으로 되는 것이 아니라, 동기 부여가 생기는 인센티브가 주어져야 함을 알 수 있었다.

야후 연구소로 자리를 옮긴 와츠 교수[*]는 2011년부터 다시 페이스북 메시지 전달을 통해 전 세계 사람들 사이의 단계를 발견하기 위한 실험을 진행하고 있다. 웹사이트(http://smallworld.sandbox.yahoo.com/)를 통해 참여하게 했다. 페이스북을 이용하려는 시도는 바로 페이스북이 실제 인간 관계를 반영하고 있기 때문에 기존의 실험에 비해 실상을 훨씬 더 가깝게 반영할 것이라고 기대하기 때문이다.[7] 그러나 와츠 박사는 실험을 진행하면서 어려움을 토로했는데, 가장 중요한 것이 자연 감소율이었다. 와츠 박사는 한 인터뷰에서 다음과 같이 말했다.[8]

---

[*] 2012년 5월에는 다시 뉴욕에 있는 마이크로소프트 연구소로 옮긴다.

"처음에 2만 8,000개의 연결이 시작되었으나, 다음 단계에서는 3,700개로 떨어졌다. 2만 8,000개 중에서 2만 6,000개 정도가 그냥 무시 당한 것이다. 3만 7,000개 중에서는 다시 470개, 그 다음 단계로 65개, 그리고는 바로 4개로 줄어들었다. 2만 8,000개로 시작한 것 중 6단계까지 간 것은 단 한 개다. 왜 이렇게 감소했는지 정말 모르겠다."

또 다른 연구로는, 2006년 7월 마이크로소프트 리서치의 에릭 호로비츠Eric Horovitz와 쥬르 레스코벡Jure Leskovec이 수행한 실험이 있다. 메신저에서 두 사람이 서로 대화를 하면 지인으로 간주하고, 한 달 동안 메신저 사용자 2억 4,000만 명이 주고받은 300억 건의 대화 기록을 분석했다. 이것은 그 당시 전 세계 인스턴트 메시징 커뮤니케이션의 거의 절반에 해당하는 양으로, 1억 8,000만 개의 노드와 방향성이 없는 13억 개의 링크로 구성된 당시로서는 최대의 커뮤니케이션 그래프를 구성할 수 있었다. 분석 결과에 따르면, 서로 대화하는 메신저 사용 간의 평균 도달 거리는 2006년 7월 기준으로 6.6임을 발견했다. 동시에 비슷한 나이, 언어, 지역에 사는 사람들이 더 많은 대화를 하며, 이성 간의 대화가 동성 간 대화보다 더 자주 발생하고 더 오래 이어진다는 사실도 발견됐다. 이 결과는 2008년 월드와이드웹 컨퍼런스(WWW2008)에서 논문[9]으로 발표되었으며, 더 자세한 보고서는 마이크로소프트 연구소 보고서[10]로 출간되었다.

2011년 11월에 페이스북과 밀라노 대학팀은 공동으로 페이스북 사용자 간 관계를 연구했다. 99.6%의 사람들 짝은 5단계(6거리)*로 연결되며, 92%는 4단계(5 거리)로 연결된다는 결과가 나왔다. 이번에 밝혀진 결과는 임의의 두 사람 간의 거리는 4.74(3.74단계)로 2008년의 조사 5.28단계에 비해 줄어든 것이다. 또 친구 관계를 같은 국가로 한정하면 분리 단계는 더 짧아지는데 한 국가로 한정하면 그 숫자는 3으로 줄어든다고 한다. 이 연구에서는 그 동안 궁금했던 평균 친구 수도 밝혀졌는데 10%는 친구가 10명 이하였고, 20%는 친구가 25명 이하였지만, 평균 친구 수는 190명이었다. 그 전까지 페이스북의 공식 통계 페이지에는 평균 친구 수가 130명이라고 나와 있었는데, 실제로는 130명이 아닌 190명임을 밝혀낸 점이 매우 흥미롭다. 또 그 동안 평균 친구 수가 던바의 수인 150명[11]을 넘지 않는다고 생각했었는데, 친구 평균이 그보다 더 많다는 것이 밝혀지기도 했다.

　2011년 6월 퓨 리서치 센터에서 조사한 평균 친구 수는 229명이었고,[12] 다시 2012년 2월에 조사한 결과는 조금 흥미로운데, 평균 친구 수는 245명이지만 모든 사람의 평균 친구는 전체 평균보다 많은 359명이었다.[13] 최근 과학적 추론 기반의 검색 엔진인 '울프럼 알파Wolfram Alpha'는 자사의 페이스북을 위한 분석 프로젝트에서, 페이스북 이용자의 평균 친구 수는 324명이며, 네 무리의 친구를 가진다고 발표했다.[14]

---

* 앞에서 말했듯이 단계는 두 사람 사이 연결 그래프에 존재하는 노드의 수이고, 거리는 두 사람을 연결하는 링크의 개수로 이해하면 된다.

또 다른 조사에서는 연령별 친구 수의 차이를 찾아봤다. 아비트론Avitron과 에디슨 리서치Edison Research에서 2013년 1월과 2월에 걸쳐 12세 이상 영어와 스페인어 사용자 2,000명 정도를 조사한 결과는 그림 8-1과 같다.[15]

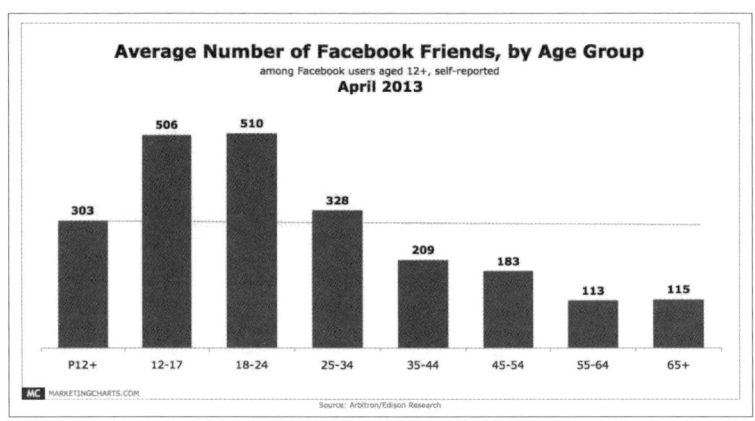

그림 8-1 연령별 평균 친구 수 [출처: 아비트론/에디슨 리서치]

페이스북이 아닌 다른 소셜미디어의 경우는 어떨까? 2010년 시스모스Sysomos사는 52억 개의 트위터상의 관계를 기반으로 이 문제를 분석했다. 그 결과 트위터에서 사람 간의 평균 거리는 4.67이었다.[16] 83%의 사람에게는 5단계를 거치면 도달할 수 있고, 96%의 사람에게는 6단계 만에 도달한다. 가장 많은 비율을 차지하는 것은 5단계 만에 연결되는 사람으로 41.16%가 이에 해당되고, 4단계로 연결되는 사람의 비중은 36.92%였다. 이를 단계 분리의 개념으로 해석하면 96%의 트위터 사용자는 5단계 분리 네트워크 안에 존재한다고 말할 수 있다.

2012년 10월 소셜미디어 마케팅 회사인 비이볼브^{Beevolve}는 3,600만 명의 트위터 프로필을 분석했는데, 한 트위터리안이 보유한 팔로워 수의 중간값이 208이었다.[17] 그러나 4분의 3은 팔로워 수가 50명 미만이라고 한다. 한편, 서클카운트의 조사에 따르면 구글플러스의 경우 여자는 연결된 사람이 평균 97명, 남자는 98.4명으로 나타난다.[18] 그러나 이런 평균 숫자가 어떤 의미를 지니는지에 대한 연구는 아직 부족하다.

8.2 온라인 관계, 온라인 친구는 어떤 의미가 있을까

소셜미디어의 친구 수는 도대체 어떤 의미가 있는 것일까? 우리가 일상에서 느끼는 친구 간의 친밀감과 온라인 친구와의 관련성은 온라인 관계를 연구하는 사람들에게 매우 흥미로운 과제다. 콜럼비아 대학의 티안 젱$^{Tian\ Zheng}$은 사람들의 이름과 사회보장 제도 기록을 바탕으로, 알고 지내는 사람 수의 평균치를 구해보니 미국을 기준으로 했을 때 평균 600명이었다.[19] 이를 비교해보면 사람들이 페이스북 친구라고 생각하는 사람들은 실제로 아는 사람과 차이가 있을 수 있고 내가 정말 가깝다고 느끼는 사람들이 페이스북이나 소셜미디어에서 친밀한 관계로 존재하는가 하는 문제가 생긴다.

옥스포드 대학의 로빈 던바$^{Robin\ Dunbar}$ 교수가 얘기한 150명의 던바의 수$^{Dunbar's\ number}$(사람들이 지속적으로 상대방의 상황을 인지하면서 관계를 맺을 수 있는 친구의 수의 한계)를 생각하면, 소셜미디어 친구 숫자가 300명을 넘어서면 우리는 친구에 대한 정확한 모습이나 상태, 그 배경을 잘 모를 수밖에 없다. 대뇌의 인지능력 한계를 넘어서는 것이다.

던바의 수는 소셜미디어 연구 영역에서 매우 자주 언급되는 용어로서 인간 관계 기본 특성에 대한 인류학적, 진화론적 연구 결과다. 인류학자인 던바 교수는 1992년 인간 진화 저널에 기고한 논문[20]에서 38종의 영장류를 관찰하여 평균 그룹의 크기가 148 임을 발견하였다. 또한 홍적세 사회를 재구성하는 인류학 연구들을 분석하여 마을과 종족을 구성하는 숫자를 파악했는데, 최소 무리는 30~50, 문화적 혈통을 유지하는 그룹은 100~200, 부족은 500~2500 범위임을 발견했다. 그의 연구에서 흥미로운 것은 인간 두뇌 신피질이 25만 년 전의 홍적세 기간 중에 진화한 것으로 볼 때, 이 150이라는 숫자는 두뇌 신피질의 직접적인 기능과 연관이 있다는 것이다.

던바의 수는 알게 모르게 인간 사회 구성의 여러 측면에서 사용되어 왔다. 신석기 시대 농경 집단의 크기, 고대 로마의 전문 군대의 기본 크기, 후터파 교도 집단의 최고 크기로 이 이상이 되면 집단을 나누었다고 한다. 던바의 연구는 이후 인류학, 진화심리학, 통계학, 경영학 등에 널리 활용되었다. 이를 소셜미디어에 적용하면, SNS에서 사람들이 친구를 만들고 관계를 유지하기 위해 개인이 자유롭게 만들 수 있는 친구의 평균크기는 150 정도라는 말이다. 실제로 페이스북의 평균 친구 수가 190에서 245명 사이라는 연구나 조사 발표는 이러한 인간의 특징과 무관하지 않은 것이다.

물론 150을 넘는 커뮤니티나 친구 관계가 얼마든지 가능한데, 이를 가능하게 하기 위해서는 운영을 위한 여러가지 장치가 있어야 한다. 던바 교수는 그의 책 『한 사람이 필요로 하는 친구 숫자는 얼마인가?How Many Friends Does One Person Need?』[21]에서 다시 사람들의 관계 수준에 따른 친구 수나 지인의 숫자 차이를 설명한다. 또 소셜미디어가 사람들과 연락을 지속하는 것을 도와주기는 하나 사랑하는 사람과의 면대면 관계를 대체할 수는 없다고 주장한다.

사람들 간 다양한 관계 중 우리가 주목해야 하는 관계가 있다. 우리가 상대에게 지원을 받을 수 있다고 믿거나 마음 깊은 곳의 이야기까지 털어놓을 수 있다고 믿는 핵심 친구 수의 변화다. 퓨리서치 센터에서 2011년 6월에 발간한 「소셜네트워킹과 우리의 삶Social networking and our lives」이라는 보고서[22]에서, 페이스북 사용자들의 핵심 유대Core Ties 관계의 변화를 읽을 수 있다.

- 미국에서 조사한 결과, 중요한 이야기를 의논할 수 있는 믿을 만한 친구의 수discussion confidants가 1.93명에서 2008년에 2.16명으로 증가했다. 그런데 인터넷 사용자는 믿을 만한 친구의 수가 2.27명이고 SNS 사용자는 2.45명으로 가장 많다. 매일 페이스북을 사용하는 사람은 9%나 더 가까운 유대close tie나 핵심 유대 관계를 갖고 있다고 한다. 이러한 결과는 SNS의 긍정적 역할을 보여준다.

- 페이스북 사용자의 40%는 실제로 제일 가까운 핵심 유대 관계의 사람들은 페이스북에서도 모두 친구를 맺었다고 한다. 2008년 조사에서는 29%였던 것에 비해 큰 증가를 보였으며, 실제 세상에서 가장 신뢰할 만하고 가깝다고 느끼는 사람들을 이제 페이스북에서도 만나고 있다는 것이다.

사실 실제 인간 관계는 소셜미디어에서의 친구, 팔로워, 일촌, 이웃 등만으로는 표현할 수 없을 만큼 복잡하다. 폴 아담스(Paul Adams)[*]는 그의 책 『Grouped 세상을 연결하는 관계의 비밀』(에이콘 출판, 2012)에서 사람이 사회에서 갖는 관계의 다양성을 논했다.[23] 그의 책에서 소개한 리즈 스펜서(Liz Spencer)와 레이 팔(Ray Pahl)의 조사에 의하면 사람들의 관계에는 8가지 유형이 존재한다고 한다.

- 동료(Associates): 개인적으로는 서로 잘 모르고 취미나 운동처럼 공통의 관심사에 대해 활동만 같이 하는 사람들
- 유용한 인맥(Useful contacts): 정보와 조언을 나누는 사람들. 보통은 직장이나 직업과 관련돼 있다.
- 재미있는 친구(Fun friends): 즐거움을 위해 함께 교류하는 사람들. 관계가 깊지도 않고 정서적인 교감이 이루어지지 않아도 상관 없다.

---

[*] 폴 아담스는 구글에 있을 때 구글 플러스의 서클(Circle)의 개념을 정립한 사람이다. 그는 이후 페이스북으로 옮겼고 다시 인터콤이라는 회사로 옮겼다.

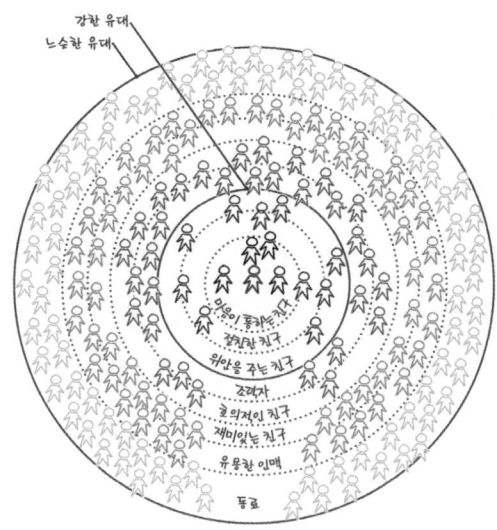

그림 8-2 관계의 다양성과 유대와의 관계 [출처: 폴 아담스의 『Grouped 세상을 연결하는 관계의 비밀』]

- 호의적인 친구Favor friends: 문제 해결을 위해 서로 서로 도움을 주고받는 사람들. 하지만 정서적으로 믿고 의지하지는 않는다.

- 조력자Helpmates: 재미있는 친구 그룹과 좋아하는 친구 그룹의 속성을 함께 갖추고 있는 사람들. 즐겁게 서로 어울리며 문제 해결을 위해 도움을 주고 받는다.

- 위안을 주는 사람Comforters: 조력자와 비슷하지만 좀더 정서적으로 서로 통하며 교감하는 사이다.

- 절친한 친구Confidants: 개인적인 속내를 털어놓고 즐겁게 어울리는 친구들. 하지만 서로에게 언제나 도움이 되는 관계는 아니다.

- 마음이 통하는 친구^{Soul mates}: 위에서 정의한 모든 성향을 지니며 각별히 친하게 지내는 사람들

이중에서 일반적으로 절친한 친구나 마음이 통하는 친구의 수는 굉장히 적으며 보통 5명 이내다. 아직까지는 이런 다양한 관계를 표시할 수 있는 SNS가 존재하지는 않는다. 다만 사용자들은 자신의 온라인 친구를 이렇게 다양한 범주로 나누고, 마음 속으로 구별한 상태로 소통하며, 콘텐츠 공유에 제한을 가하는 상태로 SNS를 사용한다.

사람 간의 관계를 구별하는 방법 중 하나는 '약한 유대^{Weak Tie}'와 '강한 유대^{Strong Tie}'로 구분 짓는 방법이다. 많은 사회 심리학자나 인류학자의 연구 주제이기도 한 이 분류는 쉽게 설명하면 '강한 유대'는 가족이나 친구같이 깊은 관계를 말하며, '약한 유대'는 우연히 알게 된 사람이나 간혹 만나는 사람, 친구를 통해 인사를 한 정도의 느슨한 관계의 지인을 의미한다.

사람들이 약한 유대에 관심을 갖게 된 것은 1974년 당시 하버드대 박사 과정이었던 마크 그래노베터^{Mark Granovetter}의 「약한 유대의 힘」이라는 논문이 발표되면서부터다.[24] 보스턴 근교 뉴턴 출신인 수백 명의 전문직 종사자와 기술자의 직장 이력을 세부적으로 살피면서 인터뷰한 결과, 56%가 개인적인 연고를 통해, 18.8%가 광고, 스카우트 등의 공식 수단을 통해, 20% 정도가 취직 시험을 통해 직장을 구했다는 사실을 알아냈다. 그 가운데 개인적인 연고로

직장을 구한 사람들 대다수가 '약한 유대 관계'를 통한 것이었다는 점도 밝혀졌다. 직장을 구하는 데 정보를 준 사람들 중 16.7%만이 '자주' 만나는 친구라고 대답했고 55.6%는 '간혹' 만났으며, 28%는 '어쩌다 드물게' 만났을 뿐이었다. 그래노베터의 발견은 새로운 직장을 구하거나, 새로운 정보, 새로운 아이디어를 얻을 때 '약한 유대 관계'가 '강한 유대 관계'보다 더 중요했다는 것이다. 이 연구는 우리 사회에서 새로운 정보의 습득이나 확산에 '약한 유대'가 매우 효과적으로 작용함을 밝혔고, 이후 많은 연구의 기반이 되었다.

2010년 영국의 시몬 백$^{Simone\ Back}$이라는 42세의 여성이 크리스마스날 밤 작별을 고하는 글을 페이스북에 올리고 자살했다. 그러나 그녀의 페이스북 친구 1,082명 중 누구도 조치를 취하지 않았다.[25] 이 사건은 여러 미디어에 보도됐고 온라인 친구와 진짜 친구의 차이에 대해 많은 논란을 불러일으켰다.

가끔 우리는 페이스북 친구들의 포스팅에 올라오는 글 중에 '친구를 정리한다, 그 동안 교류가 없었던 친구들을 삭제한다.'고 통보하는 글을 볼 때가 있다. 다들 뭔가 미안한 감정을 표현하면서 양해를 구하고는 실행에 나선다. 과연 실세계의 진짜 친구와 온라인 친구는 일종의 차이가 있는가? 대부분의 소셜미디어에는 다른 사람과 일종의 새로운 관계를 맺도록 유도하는 기능이 있기 마련이다. 우리가 예전에 경험한 싸이월드에서는 일촌이라는 관계가 있었으며, 이는 매우 신뢰할 수 있거나 친밀한 관계를 의미했다.

사람들은 일촌을 공개하고 확장했다가 좋지 않거나 당황스러운 경험을 하고 다시 일촌 관계를 매우 조심스럽게 관리했다.

2009년 「더 크로니클 리뷰」에 실린 윌리엄 데레시비츠[William Deresiewicz]의 에세이 '거짓 우정'[26]은 온라인 친구 관계에 대해 흥미로운 분석을 제시한다. 예일대 영문학과 교수였던 그는 과거 그리스 신화 시절부터 현대까지 우정의 개념이 어떻게 변해왔는지 장문의 에세이에서 설명하면서, 페이스북 같은 SNS에서 친구는 나를 중심으로 하는 서클 안에 있지만, 그들은 서로 친밀감을 나눌 수 없거나 친구 관계가 아닐 수 있음을 지적했다. 바야흐로 친구 관계는 무언가를 나눌 수 있는 관계에서 단순 감정으로 변화했으며, 전자 동굴에서 외로워하는 우리들이 서로 개별적으로 포응하는 정도, 외로운 아이가 인형을 갖고 노는 것과 같은 연결 토큰으로 재배치되었을 뿐이라고 비판했다. 커뮤니티도 실존하는 공동체가 아닌 그냥 공동체 '느낌'만 줄 뿐이며, 집단 경험이 아닌 개인 감정이 되었다는 것이다. 오늘날 페이스북 친구를 살펴보는 것은 연결의 감각일 뿐, 실제 연결이 아니라는 것이다.

그리스 신화에 나오는 아킬레스와 페트로 클루스같이 연인 같은 친구 관계나 괴테와 실러같이 상호 존경하는 친구 관계를 SNS에서 찾는 사람도 없겠지만, 아직도 우리 주위에는 믿을 수 있는 온라인 친구 관계를 원하는 사람들이 있다. 온라인에서 내 모습이 진정한 내 모습(사실 진정한 내 모습이 무엇인가도 다시 생각해 봐야겠지만)과 다를 수 있듯이 온라인 친구라는 것은 명칭만 친구지, 그저 외로움을 달래는 감정적 관계일지도 모른다는 것이다. 특히, 우리는 정보가 부족한 상대에게는 전반적으로 판타지와 상상을 덧붙이기 때문에 온라인 친구는 매우 멋지고 다정하고 인간성이 좋은 사람이라고 상상한다. 이런 착각은 다시 우리가 온라인에서 느끼는 외로움과 행복감이 어디서 기인하는가를 살펴보게 만들기도 한다.

온라인 관계에 하나의 고정된 유형이 존재하지 않듯이 그 관계의 깊이 역시 하나의 상태로 있는 것이 아니라 끊임없이 변화하고 진화한다. 이는 사용자의 개인 취향이나 선택에 의해서도 유지되거나 변한다. 온라인과 실제를 구별하면서 다른 의미로 활동하는 사람에게 온라인은 실제 세계와 분리된 가상의 세계일 뿐이다. 그러나 온라인에서 자신의 모습을 드러내고 활발히 활동하며, 온라인 친구 관계를 오프라인으로까지 확장하는 사람에게는 온라인 관계가 오프라인 관계로 변화하기 전 단계로서의 의미가 있다.

온라인 친구 역시 실세계와 분리해서 가상의 자아나 가상의 친구 관계를 즐기는 사람이 있는 반면에, 기존 친구 중심이거나 새로운 실제 친구 관계를 구축하기 위해 활용하는 사람들에게는 온라인 친구 역시 실재하는 친구로 발전할 수 있는 가능성이 얼마든지 있는 것이다. 피상적인 관계와 친구, 강한 유대와 약한 유대는 서로 섞여 있고, 상호작용을 하거나 다른 관계로 변하기도 한다. 무엇이 이런 변화를 이루어내는지 앞으로 계속 연구해야 할 것이다.

9장 | 소셜미디어에서 '나'는 누구인가?

9.1 만들어진 자아 정체성

"구글 플러스는 소셜네트워크가 아니라 아이덴티티 서비스다." 이는 2011년 8월 NPR과의 인터뷰에서 구글의 에릭 슈미트$^{Eric\ Schmidt}$ 회장이 한 말이다.[1] 마크 주커버그는 『페이스북 이펙트』에서 '우리는 하나의 아이덴티티만 가져야 한다.'라는 얘기를 세 번이나 했다고 한다. 두 개 이상의 정체성은 진정성의 결여라는 것이다.[2] 과연 우리는 소셜미디어에서 하나의 아이덴티티만 가질 수 있을까? 우리는 여러 소셜미디어에서 각기 다른 정체성을 갖기도 하지만 하나의 정체성을 갖기도 한다. 각 정체성은 부분적으로 공통점이 있기도 하지만 필요에 따라 표현하는 모습이 다른 것이 아닐까?

유명 저널리스트인 제프 자비스$^{Jeff\ Jarvis}$는 우리에게는 두 가지의 아이덴티티가 있을 수 있다고 블로그에서 말했다.[3] 흔히 얘기하는 직장에서, 가정에서, 친구 사이에, 파티에서 보여주는 다양한 정체성이 아니라, 우리 본연의 내부에서 자신이 아는 자기의 모습과 남들이 보는 모습 두 가지를 언급했다. 심리학자이자 사회학자, 철학자인 조지 허버트 미드George Herbert Mead는 이를 '주체아(I)'와 '객체아(Me)'로 설명한다. 두 개의 자아는 상대방을 규제하며, 이를 통해 개인과 사회가 상호 연관적일 수 있다. 즉 주체로서의 자아와 대상으로서의 자아를 말하며, 이는 프로이트 이후 많은 정신분석가나 심리학자들이 거론한 두 가지 유형의 자아를 의미한다.

소셜미디어 공간에서 표현하고자 하는 나의 모습은 철학적 주제인 '자아 정체성'을 떠나, '개인 정체성'일 수도 '사회적 정체성'일 수도 '그룹 정체성'일 수도 있다. 소속된 집단에서 도출되는 사회적 정체성은 관련된 사회 그룹 안에서 인지된 소속감으로부터 유추된 자아 개념으로 볼 수 있다.

사회적 아이덴티티Social Identity 이론은 1970~1980년대 헨리 타지펠Henri Tajfel과 존 터너John Turner에 의해 형성되었는데, 이 이론은 그룹 간 행동을 설명하는 데 사회적 정체성의 개념을 도입한다. 사회적 정체성은 소셜미디어 안에서도 자신을 특정 그룹에 소속되어 보이게 하거나 심리적 일치를 갖고 행동하게 만든다. 터너는 이를 자기 범주화라고 하여 그 심리적 기초가 무엇인지 연구했다. 소셜미디어에서 개인은 주관적 의지를 갖고 아이덴티티를 형성해 나가기도 하지만, 많은 경우 타자의 눈에 보이는 모습이나 특정 그룹에 소속감을 갖고 의사를 표시하고 행동을 취한다.

또 다른 시각으로, 미국 펜실베이니아 대학 와튼스쿨 산하 혁신경영을 위한 맥 인스티튜트Mack Institute의 스콧 스나이더Scott Snyder 교수는, 초기 인터넷에서는 '가면의 아이덴티티masked identity'가 우세

했으나, 오늘날 새로운 규범은 '노출된 아이덴티티exposed identity'가 되었으며 이는 페이스북 같은 소셜네트워크에 의한 변화로 인해 유발되었다고 주장했다.[4]

어바인 대학의 마크 포스터 교수는 인터넷 초기에 이러한 새로운 정체성을 가진 사람들을 '가상 민족'이라 명명했다.[5] 가상 민족은 특정 장소에 속하지 않고 '누스피어Noosphere'*에 존재하며, 기존 인류의 의례와 관습에 제한받지 않는 집단을 의미한다. 그는 이를 통해 기존 인종적 차이와 충돌을 초월할 수 있을 것이라 봤다. 그러나 동시에 개인의 공공적 아이덴티티와 개인적 아이덴티티의 혼합이 프라이버시를 침해하거나 사이버불링cyberbulling의 가해자나 피해자가 되는 위험성을 내포할 수 있음을 지적했다.

인터넷 초기에는 많은 학자들이 인터넷에서 생성되는 새로운 문화와 자아 정체성이 기존의 세계와 독립적이거나 실제 정체성을 넘어 가상의 새로운 정체성을 만들어낸다고 주장했다. 이를 통해 또 다른 자기를 실현하고 관계를 수립하는 과정에 매우 흥미로움을 느낀다는 것이다. 실제로 채팅이나 커뮤니티, 나아가 '세컨드 라이프' 같은 가상 사회에서는 사용자가 자신의 실세계 정체성으로부터 독립된 새로운 삶을 즐기고 이를 성장시키거나 가상으로 실현하는 재미에 빠진다.

한편, 소셜미디어 특히 SNS의 발달은 이러한 흐름에 또 다른 흐

---

* 우크라이나 출신 생물지구학자이자 지구화학자인 블라드미르 베르나드스키가 제시한 개념으로 인간 생각의 공간을 의미함. 무생물계나 생물생활권인 생물계와 대립되는 지적 차원의 공간

름을 이끌어냈다. 페이스북이나 구글플러스, 카카오스토리 같은 서비스는 실세계의 나와 친구의 실제 관계를 기반으로 하기 때문에, 실제의 나를 기반으로 정체성을 형성해 나간다. 현재 주요 서비스도 대부분 실명을 기반으로 가입을 권유하고 있다. 그러나 소셜미디어의 발달 과정에서 보면 실명을 기반으로 실제 아이덴티티를 표현하도록 권장하는 서비스와 익명이나 필명을 기반으로 새로운 아이덴티티를 허용하는 서비스들은, 공존하기도 했지만 소비자의 요구나 사회 흐름에 따라 부침을 거듭했다. 마이스페이스, 미투데이, 트위터는 익명이나 필명을 기반으로 하며, 싸이월드, 페이스북, 구글플러스, 링크드인은 실명을 기반으로 서비스한다. 블로그는 두 가지가 혼용되어 사용되며, 유튜브는 구글의 영향으로 실명 중심이다. 물론 실명 기반 서비스에서도 아이덴티티를 실제와 다르게 꾸밀 수 있지만 그 차이가 크지는 않다. 왜냐하면 온라인상의 모습을 지나치게 과장하거나 다르게 묘사하면 바로 실세계 친구들에 의해 비판받고 조롱당하게 될 것을 알기 때문이다. 그러나 물론 내 모습을 부풀려 내가 지향하는 모습으로 만들기도 한다. 그것이 자존감을 올리고, 남들에게 관심 받고, 긍정적인 이미지를 만들어 내기 때문이다.

영국 사회학자 앤서니 기든스$^{Anthony\ Giddens}$는 그의 책 『근대성의 결과$^{The\ Consequence\ of\ the\ Modernity}$』에서 근대성에서 아이덴티티의 가장 중요한 특징은 '자기 서술$^{Self\text{-}Narrative}$'이라 주장했다.[6] 이렇게 자아에 대한 재귀적 투영은 대부분의 소셜미디어에서 보여지는 특성이다. 자신을 이렇게 묘사하는 것은, 소셜미디어상의 아이덴티티 구성을 위해 활용하는 방식이다. 때로는 프로필 작성 같은 명시적 방식을 사용하기도 하고, 글이나 사진, 다른 사람과의 대화를 통해 암묵적인 방식으로 자신에 대해 서술한다. 더 나아가서 자크 데리다[Jacque Derrida]는 아이덴티티는 주어지거나 얻어지는 것이 아니라 끝없이 계속되는 무기한의 환영적 동일시 과정이라 말했다.[7]

하버드 대학의 다이애나 타미르[Diana Tamir]와 제이슨 미첼[Jason Mitchell]은 '기능적 자기공명영상[fMRI]' 스캐너에 참가자들을 눕혔다.[8] 그리고 참가자의 뇌 활동을 측정하는 동안 그들에게 몇 가지 선택권을 주었다. (1) 자신에 대해 이야기하거나 (2) 다른 사람의 태도를 판단하거나 (3) 간단한 퀴즈에 답하는 것이다. 단, 자신에 대해 이야기하는 것을 선택하면, 실험 참가자에게 지불하는 비용을 깎는다는 조건이 붙었다. 그 결과 참가자들은 자신에 대해 이야기하기 위해 평균적으로 비용의 17%를 포기하는 결과를 선택했다. 이들이 자신에 대해 이야기하는 동안 측좌핵이 활성화되는 현상을 보였는데, 측좌핵은 코카인 같은 약물을 흡입할 때 자극을 받는 대뇌 부위로, 자극을 받을수록 중독된 대상을 찾는다.

독일 베를린 자유연구소의 다르 메시[Dar Meshi]와 그의 동료들은 실험 참가자들이 사람들에게 긍정적 피드백을 받을 때의 뇌 활동을 측정하는 실험을 했는데, 자신과 관련된 피드백을 받았을 때 측좌핵이 활발해지는 경향을 보였다. 또 페이스북 친구 수와 하루 페이스북 사용시간 등에 대해 설문 조사를 실시하고 측좌핵의 활동성과 상관 관계를 조사했다. 그 결과 측좌핵이 활동적인 사람일수록 페이스북에서 더 많은 시간을 보내는 것으로 확인됐다. 즉, 우리가 페이스북 자체에 중독된다기보다는, 페이스북에서 자신을 과시하거나 표현할 수 있고 다른 사용자들로부터 피드백을 받는 기능 때문에 페이스북에서 벗어나기 힘든 것이다.

익명을 허용하는 트위터에서는 자신이 진짜 느끼는 것보다 남들이 듣고 싶어 하는 것을 말하는 경향이 더 강하다고 하버드 대학의 심리학자인 댄 길버트[Dan Gilbert]는 말한다.[9] 즉 남들에게 보이고 싶어 하는 자신의 모습을 실제 정체성이 아닌 가상의 정체성으로 보이기 원한다는 것이다. 그 모습은 대부분 우리가 지향하는 모습인 경우가 많다. 이처럼 이제는 자신의 진짜 정체성보다는 다른 사람이 생각하는 자신의 모습을 더 신경 쓰는 세상이 되었고, 이 때문에 결국 정체성의 위기가 생길 것이라고 옥스포드 대학의 바로니스 그린필드[Baroness Greenfield] 교수는 지적했다.[10]

과거에 익명으로 활동하던 시절에는 사람들이 공격적으로 남의 화를 돋우는 경우를 많이 봤다. 이러한 경향은 특히 쉽게 들락거릴 수 있는 공간에서 발생한다. 하지만 익명이나 필명일지라도, 같은 이름으로 지속적인 활동을 하는 곳에서는 평판을 유지하기 위해 이러한 경향이 적다. 오래된 커뮤니티나 게시판에서 실제 누구인지는 서로 모르지만 특정한 필명을 쓰는 사람이 유명해지고 좋은 평판이 유지되는 사례도 있다.

페이스북이나 구글플러스같이 실명을 기반으로 하는 소셜미디어 서비스도 널리 활용되고 있다. 그러나 실명을 기반으로 하더라도 잘못을 저지르는 경우가 많이 발생한다. 콜럼비아 대학의 키스 윌콕스[Keith Wilcox] 교수와 피츠버그 대학의 앤드류 스티븐[Andrew Stephen] 교수는 페이스북에서의 활동이 자기 제어 능력을 낮추게 함을 발견했다.[11] 더구나 이런 경향성은 가까운 친구들로 이루어진 네트워크를 가진 사람들에게서 더 뚜렷하게 나타난다고 한다. 페이스북에서 사용자 대부분은 자신의 이미지를 제고시킨다. 온라인 친구들에게 '좋아요'를 더 많이 받기 위해 긍정적 이미지를 형성함으로써 자존감을 높이는 것이다. 그런데 우리가 이렇게 부풀려진 자아감을 가졌을 때 사람들은 자기 제어를 잘 못하는 경향이 있다.[12] 이렇게 향상된 자존감은 자신을 더 보호하려 하고, 다른 사람과 의견을 공유하는 데에는 더 인색해지며, 남을 강하게 몰아붙이기도 한다. 이런 행동은 알코올에 의해 뇌 기능이 손상된 사람들에게서 발견되는 모습과 비슷한 유형을 나타내기도 한다.

이러한 경향은 우리가 온라인에서 다른 사람의 반응을 잘 인지하지 못하고, 공통의 초점을 갖지 못하면서 서로를 대상화하는 성향에서 비롯한다고 MIT의 셰리 터클[Sherry Tuckle] 교수는 설명한다. 스마트폰에서 무엇인가를 포스팅할 때 자신을 제대로 인지하지 못하면서 상대방을 비난하는 것조차 하나의 장난으로 생각할 수 있다는 것이다. 또한 페이스북에서 상처받는 얘기를 보았을 때 마음의 준비가 되어 있지 않기 때문에 두 배로 모욕감을 느끼고 다시 공격을 하게 된다는 것이 터클 교수의 설명이다.

한편, 이제 페이스북은 전세계적으로 가장 큰 사회 공간이 되어 버렸기 때문에 전체 온라인 공간에서의 자아 정체성까지 규정하는 수준에 이르게 되었다. 페이스북의 공동 창업자인 크리스 휴즈 Chris Hughes는 '페이스북 프로필을 갖고 있지 않다면, 당신은 온라인 아이덴티티가 없는 것이다.'라고까지 말했다.[13]

구글이 자사의 구글플러스 서비스에서 실명을 권장하는 데에도 중요한 마케팅 이슈가 있다. 구글은 구글 서비스에서 하는 모든 행동을 모아 분석하고 실제 친구 관계까지 파악함으로써 이를 기반으로 사용자의 행동 패턴과 취향을 더 잘 분석해 그에 맞는 광고를 제시하려 하기 때문이다.[14] 구글은 이를 위해 이미 2012년 모든 서비스의 프라이버시 약관을 통합했다.[15] 이 조치는 외면상으로는 복잡하게 흩어져 있는 프라이버시 관련 문서를 통합해서 더 알기 쉽고 간편하게 제공하기 위함이었지만 실제로는 사용자가 구글의 모든 서비스를 하나의 통합된 아이디로 사용하도록 유도하기 위해서였다. 즉 우리가 구글에서 검색을 하다가 유튜브로 이동하면 과거에는 같은 사용자임을 알 수 없었지만, 계정 통합으로 인해 이제는 검색을 한 사용자가 어떤 비디오를 재생하는지 알 수 있게 된 것이다.

구글이 말하는 아이덴티티 서비스는, 구글에서 모든 서비스 활용에 대한 데이터를 통합하고 아이디 하나로 통합된 아이덴티티를 사용하는 것을 의미한다. 이 경우 심리적 정체성을 의미하는 것이라기보다 하나의 특정인으로 확인할 수 있는 기준을 만들고 싶은 것이다. 그러나 구글은 구글플러스의 실명 정책이 많은 비판을 받자 필명 사용을 허용하기로 한다.[16] 사람들은 언제나 자신이 원하는 이름이나 정체성으로 온라인에서 활동할 권리가 있음을 인정한 것이다. 그러한 요구를 분석한 결과, 사람들이 원하는 것은 세 가지로 해석이 가능했다. 첫째, 사용자 중 60%는 별명을 추가하기를 원했다. 둘째, 사용자 중 20%는 비즈니스명을 사용하기를 원하는데, 이는 구글 페이지 기능이 아닌 구글플러스의 개인 계정으로 자신의 비즈니스를 나타내고자 한 것이다. 나머지 20%는 필명이나 일반적이지 않은 이름을 사용하고 싶어 했다.

결국 구글은 2012년 6월에 별명 등을 추가할 수 있도록 허용했다. 필명이 이미 많은 사람들이 쓰는 확정적 이름임이 인정된 것이다. 이 때문에 뉴스 기사나 공식 문서에서 사용한 기록, 온라인상에서 확정된 이름을 증명할 수 있는 증거를 제출하도록 했다.

미투데이와 트위터처럼 얼마든지 익명이나 필명을 사용할 수 있는 서비스에서는 내가 만들어 가는 '가상의 나'의 모습이 온라인 정체성을 만들기도 하는데, 내가 원하는 '상상의 나' 또는 '만들어진 나'를 형성해 나가는 것이다. 『위대한 개츠비』처럼 자신을 새로운 모습으로 만들어 사람들로 하여금 많은 기대와 루머를 양산하게 할 수도, 《태양은 가득히》의 '리플리'처럼 완전히 다른 인물을 만들어 낼 수 있는 곳이 소셜 공간이지만, 중요한 것은 지속성을 유지할 수 있느냐 하는 점이다. 이러한 이슈는 타인을 사칭하는 사회 문제를 야기할 수 있으며 실제로 인터넷에서는 오래 전부터 발생했던 문제다. 사칭의 문제는 뒤에서 다시 논의한다.

『에고 트릭』을 쓴 줄리언 바지니$^{Julian\ Baggini}$는 자아는 지속적으로 일관된 심리 상태지만 항상 변화하고 구성하는 여러 요소들의 묶음에 가깝다고 주장한다.[17] 특정 기간 동안 지속성을 가지면서 유지되는 일관성을 보여주지 못하면 우리가 소셜네트워크에서 보이는 정체성은 파편화되고, 신뢰 받지 못하며, 정신 분열적 증상일 뿐이다. 소셜네트워크에서 내 마음의 심연에서 바라보는 나 자신을 표현하려고 노력하든 다른 사람과의 관계나 사회적 환경에서 보이고 싶은 나를 표현하든 전혀 다른 나의 모습을 만들어 나가든 그것은 개인의 자유일 수 있다. 그러나 분명한 것은 이를 통해 관계를 형성하고 타인과 교류하기 때문에, 그러한 정체성을 기반으로 나를 '친구'로 맺은 사람들을 존중해야 하는 것이다. 온라인 친구들이 생각하는 나의 정체성이 '부풀려진 가상의 정체성'이더라도 사람들은 바로 그 '사람'과의 교류에 행복해 하고, 가치 있게 생각하고, 마음 설레면서 '좋아요'를 누르기 때문이다.

이와 같이 사람들은 소셜미디어나 SNS에서 자신이 지향하는 아이덴티티를 갖고 싶어하고 이를 계속 유지한다. 여기에서 우리가 생각해야 할 것은 여러 아이덴티티를 가진 서비스를 구현하는 방법이다. 이는 온라인 공간에서 우리가 갖고 싶어하는 다중의 모습을 지원할 수 있는 기능을 제공하기 위한 노력을 의미한다. 즉 몇 개의 프로필을 갖고 각각의 정보에 접근할 수 있는 권리를 제한하거나, 내가 포스팅 하는 글이나 콘텐츠가 어느 프로필이나 아이덴티티를 통해서 보여줄 것인지, 누구까지 보게 할 것인지를 제어하는 기능을 어떻게 쉽게 제공할 것인가 하는 과제가 있다.

지금까지는 소셜미디어에서 여러 아이덴티티를 병행 사용하기 위해 여러 개의 계정을 따로 관리해왔다. 예를 들어 트위터에서는 세컨드 계정을 만들어 공식 계정에서 하지 않는 얘기를 다른 그룹과 주고받는다. 공식 아이덴티티 외에 개인적이거나 내가 지향하는 가상의 아이덴티티를 창출해 또 다른 자기 중심적 네트워크를 만들어 나가려는 것은 사람의 자연스러운 욕망이다.

세컨드 계정은 마케팅에 이용되기도 한다. 다른 시장의 흐름을 보거나 경쟁자의 동향을 조심스럽게 파악하기 위해 활용되는 경우도 있다.[18] 그러나 많은 경우 공개적이고 사회에서 널리 알려진 아이덴티티가 아니라 새로운 정체성을 추구하기 위한 개인의 욕망을 표현하기 위해 활용된다. 이 경우의 문제는 언제든지 세컨드 계정을 삭제하고 사라져버릴 수 있기 때문에 지나치게 과장되거나 미화할 수 있다. 때로 폭력, 가학, 섹스, 사이버 불링과 같은 반사회성 인격을 창출하거나 사회 규범을 따르지 않는 일탈을 행할 수 있다.

9.2 소셜 아이덴티티가 만들어내는 사회 문제

부풀려지거나 만들어진 자신의 모습으로 인한 심리적 폐해는 없을까? MIT 셰리 터클 교수의 책 『외로워지는 사람들』(청림출판, 2012)에서는 한 청소년이 인터뷰에서 '페이스북은 연극과 같고 우리는 한 캐릭터를 만들어 가는 것'이라고 말한다.[19] 터클 교수는 이런 청소년들이 페이스북 프로필을 최대한 멋지게 만들기 위해 끊임없이 수정하느라 지친다고 한다. 그녀는 이를 '표현 불안'이라 부르며, SNS의 이러한 기능은 결국 사용자를 실제 자신으로부터 소외시키고 있다고 주장했다.

또 다른 문제는 아이덴티티를 통한 사기와 사칭의 문제다. 가상의 자아를 만들어 내는 것은 개인에게는 재미나 심리적 보상을 줄 수 있다고 해도 이를 통해 남에게 피해를 주는 경우에는 사회적 문제가 발생할 수 있다. 아이덴티티 사기의 문제는 인터넷 초기부터 존재했었고, PC통신을 활용하던 시절에도 사례가 많았다. MIT의 주디스 도나스Judith Donath 교수는 가상 커뮤니티의 아이덴티티 사기 행태와 문제에 대한 글에서 사기의 유형을 크게 네 가지로 구분했다.[20] 인터넷 트롤troll, 범주형 사기, 사칭, 아이덴티티 은폐다.

인터넷 트롤은 고의적으로 논쟁을 벌이거나 사람들을 선동하며 주제에 벗어난 내용이나 공격적이고 불쾌한 내용을 일부러 올리는 사람들이다. 이들은 자신의 정체성이나 신념과 상관없이 이런 행위를 즐기면서 소셜미디어 공간 전체를 파괴한다.

범주형 사기는 성별, 나이, 지위 고양을 통한 사기다. 성별 사기는 자신의 성별을 감추고 남자가 여자인 척하거나 그 반대의 경우를 가장하여 활동하는 것이다. 대부분 성적인 대화가 중심인 곳에서 이루어지는데 트위터나 페이스북 등에서도 흔히 나타난다. 나이를 속이는 경우는 아주 어린 사용자들이 나이를 속여 회원 가입을 하거나, 반대로 어린 사용자에게 접근하기 위해 어른들이 아이 행세를 하는 경우다. 특히 후자의 경우 성적인 목적으로 하는 경우 많이 발생한다. 지위 고양은 직업이나 학력, 모습 등을 부풀려서 표현하는 사기다. 소셜미디어에서도 현실 세계에서도 많이 존재하는 사례다.

사칭은 실제로 존재하는 인물을 사칭하는 경우와 존재하지 않는 인물을 만들어내 사칭하는 경우로 나눌 수 있다. 트위터의 경우 본인을 확인할 수 있는 장치가 없기 때문에 유명인 사칭 계정들에 의한 권리 침해 사례가 많이 나타난다. 트위터 규약에 따르면 패러디를 위한 사칭은 허용된다. 이를 위해서는 프로필이 거짓이고 패러디임을 쉽게 알 수 있는 설명이나 표시가 필요하다고 한다. 패러디가 아니라 사칭의 경우는 서비스 규약에 따라 영원히 계정이 정지될 수 있다. 트위터는 이런 문제를 줄이기 위해 유명인 계정에 대해서는 인증을 하고 있다. 그러나 트위터 자체에서 명의 도용을 자주 당하는 계정에 대해서만 실시하는 것이고 인증 절차가 따로 있는 것이 아니라서 유명인이 아닌 일반인의 명의가 도용되거나 사칭을 당할 가능성은 얼마든지 있다.

유명인을 사칭한 사례 중 소송까지 간 사례 중 하나가 토니 라 루사Tony La Russa의 사례다. 미국 야구팀 세인트 루이스 카디날스의 감독 토니 라 루사는 어느 날 본인의 이름으로 트윗 글이 올라오는 트위터 계정을 발견하고 2009년 6월 트위터 사를 상대로 소송을 벌였다.[21] 트위터는 창업자인 비즈 스톤의 블로그를 통해 합의할 생각이 없으며 서비스 규약상 문제될 것이 없다고 밝혔고, 토니 라 루사는 소송을 철회했다. 토니 라 루사 이름의 트위터 사칭 계정에는 프로필에 '패러디는 모두에게 재미있다'고 써있었고 그의 음주 운전 경력을 비판하듯 '음주 운전에 반대하는 어머니들' 웹사이트의 링크가 걸려있어 패러디의 성격이 강했다. 그러나 토니 라 루사는 본인이 트위터를 하고 있다는 거짓 정보를 준다는 점을 강조했던 것이다.

또 다른 사례는 메릴랜드 주 의회 스테니 호이어Steny Hoyer 의원 사칭 사건이다.[22] 호이어 의원은 2009년에 트위터에 가입했다가 쓰던 계정을 버리고 2011년 11월 14일에 새로운 계정을 만들어 활동했다. 문제는, 호이어 의원이 2009년부터 2010년까지 사용하고 정식 계정 인증까지 받았던 @LeaderHoyer 계정을 누군가가 다시 등록한 것이다. 그리고 호이어 의원의 이름이 대중에게 많이 노출되는 시점부터 트위팅을 시작했다. 게다가 당시 호이어 의원의 웹사이트에는 2010년까지 사용했던 예전 계정이 호이어의 트위터 계정으로 노출되어 있어 사람들에게 많은 혼란을 주었다. 이 밖에도 트위터의 아이덴티티 사칭 문제는 매우 다양한 사례가 있고 사용자들 간에 또는 사용자와 트위터 회사 간 여러 가지 분쟁을 일으켜왔다.[23]

그중 언론에서 가장 흥미롭게 다룬 사건은 미국의 미식축구 스타 만티 테오Manti Te'o의 가짜 여자 친구 사건이다.[24] 테오에게는 스탠포드 대학에 재학 중인 르네이 케쿠아Lennay Kekua라는 여자친구가 있었는데, 테오의 중요한 경기를 앞두고 그만 백혈병으로 세상을 떠난 것으로 전해졌다. 케쿠아가 세상을 떠난 것으로 알려진 다음 날에도 테오는 게임을 놓치지 말라는 여자친구와의 마지막 약속을 지키기 위해 경기에 나서 대활약을 펼쳤다. 이들의 비극적 사랑은 언론을 비롯해 많은 이들의 관심을 모았고 테오는 그해 미식축구 최고 영예의 상인 하이즈만 상 후보에 오르기도 했다. 그러던 중 2013년 1월 스포츠 전문 블로그 '데드스핀Deadspin'은 이 모든 얘기가 허구라고 폭로했다.[25] 모든 미디어는 테오와 그녀의 아름답고 슬픈 사랑 얘기에 상상과 판타지를 더해서 썼고 마치 테오가 그녀와 만나서 얘기하고 통화하고 병원에서 그녀를 간호한 것처럼 보도했지만, 실제로 케쿠아는 존재하지도 않는 사람이었다. 케쿠아의 트위터 프로필 사진은 캘리포니아에 사는 한 20대 여성의 것이었으며, 테오와는 만난 적도 없는 사이인 것으로 밝혀졌다. 테오는 그 동안 트위터를 통해 케쿠아에게 '보고싶다I Miss You'는 등의 메시지를 전하며 공공연히 사랑을 표현해왔다. 노트르담 대학과 테오는 공식 성명을 통해 그녀가 존재하지 않은 사람임을 인정

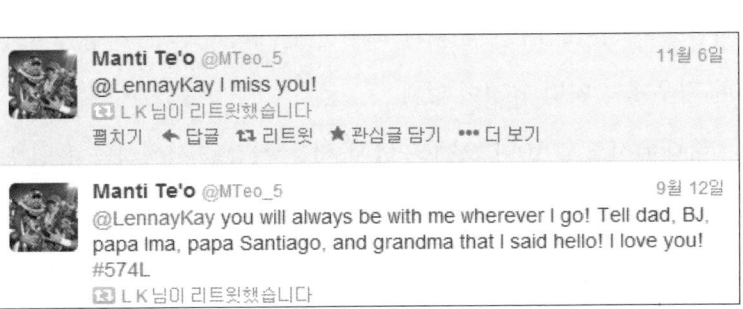

그림 9-1 만티 테오가 여자 친구에 대해 올린 트윗들

하고 테오 역시 이 사건의 희생자임을 밝혔다. 테오는 온라인을 통해 알게 된 이 여성과 감정적으로 깊은 관계까지 발전했다며, 누군가의 장난에 속았다는 것을 2012년 12월에야 알게 되었다고 했다.

데드스핀은 과거 고등학교 풋볼 선수였던 로나이어 투이아소소포^{Ronaiah Tuiasosopo}라는 사람이 르네이 케쿠아라는 인물을 가상으로 만들어냈고 테오가 가짜 계정에 속아 넘어간 것으로 보인다고 보도했다. 테오가 경기를 마치고 스탠포드 대학의 풋볼 선수에게 르네이 케쿠아를 아는지 물어보곤 했었다는 것이다. 로나이어는 허구의 여자와 페이스북에서 만나는 영화 《캣피쉬》에서 영향을 받아 이 아이덴티티 사기 사건을 만들어 냈다고 매셔블^{Mashable}이 보도했다.²⁶

허구의 인물을 만들어내 자신의 판타지를 즐기는 것은 남에게 피해를 주지 않은 선에서는 허용될 수 있으나 테오 사건처럼 많은 사람을 속이는 경우에 대해서는 사회적으로 어떻게 처리할 것인가에 대한 논의가 필요하다. 허구의 인물을 만들어서 채팅하거나 온라인 활동을 한 사례는 매우 많다. 그러나 법적으로도, 현존하는 사람을 사칭한 경우는 문제가 되지만 존재하지 않은 사람을 사칭한 경우에는 처벌 규정이 없다.

국내에서도 2010년 오세훈 당시 서울 시장을 사칭하는 유령 트위터들이 등장해 이슈가 되었다. 2010년 7월 동아닷컴에 의하면 당시 트위터상에는 동명이인을 제외하고 오세훈 시장을 사칭한 트위터 계정이 5개였으며 이를 팔로잉한 팔로워들도 수천 명이 넘었다. 그중 오세훈 시장의 참모진이 만든 것으로 확인된 '오세훈 포 유(@ohsehoonforu)' 계정의 팔로워가 가장 많았으며 오세훈 시장의 증명사진 옆에 자기 소개와 공식 블로그 사이트 주소가 적혀있었다. 그러나 나머지 트위터들은 누가 운영하는지 밝혀지지 않았다. 특히 '오세훈(@OSeHun)'이라는 계정에는 '현 서울시장'이라는 소개와 공식 홈페이지(mayor.seoul.go.kr) 주소가 적혀있었는데 이는 접속되지 않는 사이트였다. 이에 대해 서울시 관계자는 "오 시장을 사칭해 글을 남겼다면 법적 조치를 취했겠지만 모두 개설만 해놓고 활동을 하지 않아 달리 취할 조치가 없다"고 말했다.[27]

트위터는 주민등록번호 같은 신원 확인 절차 없이 개설할 수 있어 '유령 트위터'를 제재할 방법이 없고 명백한 피해가 발생하지 않는 이상 법적 대응이 어려운 점이 문제다.[28] 다만 도메인 반환 청구 소송처럼 '트위터 계정 반환 소송' 같은 민사소송이 제기될 소지가 있다는 게 법조계의 시각이다. 실제 미국에서는 회사명이나 유명인을 사칭한 트위터를 상대로 명예훼손 혐의로 고소하거나 상표권 침해 소송을 내 승소한 사례가 있다.[29]

페이스북에서의 사칭 문제도 다양한 사례가 존재한다. 미국 플로리다 주에서는 2011년 1월 두 명의 소녀가 다른 친구의 이름으로 거짓 페이스북 페이지를 만들어 친구를 괴롭힌 것으로 드러나 체포됐다.[30] 15세의 테일러 윈$^{Taylor\ Wynn}$과 16세의 맥켄지 바커$^{McKenzie\ Barker}$는 친구를 사칭하는 페이스북 페이지를 만들어 여기에 누드 사진과 음란한 글을 올렸다. 이를 다른 학생의 어머니가 발견해 경찰에 연락했고, 경찰은 페이스북 사용 기록에 대한 영장을 발부 받아 사용된 IP가 테일러 윈 어머니의 이름으로 등록된 것임을 찾아내어, 두 소녀의 사이버불링 사실이 밝혀졌다. 두 소녀는 16세 이하 미성년자에 대한 가중 스토킹 혐의로 체포되었다. 소녀들은 피해자의 사진을 여러 가지 음란물로 조작했고 이를 기반으로 180명 이상의 사람들과 친구를 맺었다. 피해를 당한 소녀는 자신이 이용당했다는 사실도 알지 못했다.

이미 2008년 마이스페이스에서 발생한 미건 메이어$^{Meagan Meier}$ 사건*을 통해 타인의 아이덴티티를 사칭해 다른 사람에게 피해를 줄 수 있다는 것이 널리 알려졌다. 또 단순 사칭이 사이버불링으로 확대되는 것을 방지해야 한다는 여론이 일면서 의도적인 사칭을 방지하기 위해 2009년 4월에 미건 메이어 법이 의회에 제출되었으나 제정되지 못했다.

국내에서도 심심찮게 남을 사칭해 프로필을 꾸미거나 여기저기 있는 내용을 짜깁기해 전혀 새로운 사람을 만들어 내는 경우가 있다. 2013년 12월에는 이런 사건이 경찰에 신고되어 수사를 벌였던 경우가 언론에 보도되기도 했다.[31] 내 경우에도 실제 모습이 아니라 자신이 상상한 모습으로 활동하면서 타임라인을 채우던 페이스북 친구가 한 명 있었다. 여러 그룹에서 활동을 하다가 다른 회원에 의해 정체가 드러나자 탈퇴를 하고 사라져버렸다.

---

* 2008년 미주리주에 사는 로리 드루(48)라는 여성이 2006년 마이스페이스에서 조시 에반스라는 16세 소년 행세를 하며 자신의 딸과 경쟁 관계였던 미건 메이어(13)라는 소녀와 사귀다가 자살을 유도한 혐의로 기소됐다.

소셜미디어에서 정체성을 어떻게 표현할지, 몇 개의 아이덴티티를 표현하고 있거나 표현할 수 있는지, 다중 아이덴티티를 어떻게 쉽게 관리할 수 있는지 등의 주제는 소셜네트워크의 진화에 있어 계속 주어질 과제다. 앞으로 소셜네트워크 서비스는 여러 개의 정체성을 쉽게 형성하고 관리하며, 이를 기반으로 다양한 사람들과 관계를 형성하고, 그에 따라 포스팅을 제어할 수 있게 진화할 것이다. 2011년 SXSW 컨퍼런스에서 발표된 소셜네트워크 사용자 권리 장전에 이런 요구가 들어간 것은 아주 자연스러운 현상이다.[32] 모두 14가지 조항으로 이루어진 이 권리 장전 초안에는 12번째로 자아 정의 권리로 '아이덴티티를 하나 이상 생성할 수 있게 하라.'는 요구가 있다.

또 소셜미디어의 기능적 특성과 사용자들에 의해 중심이 되는 아이덴티티, 그리고 그러한 아이덴티티 형성이 서비스 활성화에 미치는 영향 등에 대해서는 앞으로 더 깊은 연구가 필요하다. 나아가서 개인적 성향과 특성이 소셜미디어에서 어떤 아이덴티티를 만들어 내는가, 의도적인 부분과 의도하지 않은 영역이 어떻게 개인에게 인식되고 관리할 수 있는가 하는 문제도 역시 의미있는 연구 과제일 것이다. 서비스 입장에서는 아이덴티티 관련 기능이 서비스를 선택하는 데 어떤 영향을 미치는가, 그리고 서로 다른 아이덴티티를 사용하면서 다양한 서비스를 사용하는 경우 각 개인이 이를 어떻게 관리하는가에 대해 향후 좀 더 체계적이고 분석적인 접근이 필요할 것이다.

10장 소셜미디어 속의 행복지수

10.1 소셜미디어에서 외로움을 느끼는 사람들

데이비드 핀처 감독의 영화 《소셜 네트워크》의 마지막 장면에서, 주커버그는 헤어진 여자친구에게 친구 신청을 하고 답을 확인하기 위해 끊임없이 확인 버튼을 클릭한다. 스크린 불빛이 비치는 자리에서 그는 계속 옛 여자친구의 반응을 기다린다. 이 장면은 우리가 소셜네트워크를 통해 광대하게 연결된 사회에서 느끼는 외로움에 대한 강한 인상을 남긴다.

페이스북에는 휴가를 떠난 외국 해안가에서 찍은 사진을 올리는 친구도 있고, 카페에서 친구들과 즐거운 시간을 보내며 글을 쓰는 친구도 있다. 또 자전거를 타거나 등산을 하는 친구도 있으며, 영화를 보고 나왔다는 글을 올리는 친구도 있다. 이런 페이스북의 타임라인을 보면서 나는 지금 야근을 하거나 과제에 매달리고 있다. 이처럼 많은 사람들이 SNS를 사용하면서 세상에서 나만 힘들고 외롭고 불행하다고 느낀다. 남들은 멋지고 즐거운 인생을 사는 것 같은데 나는 형편 없는 상황인 듯하고, 내 글에만 '좋아요'나 댓글이 별로 달리지 않는 것 같고, 관심도 못 받는 것 같다. 이것을 '페이스북 우울증Facebook Depression'으로 부르기도 한다. 왜 그럴까?

2012년 5월 미국 「애틀랜틱」지에는 다음과 같은 기사가 실렸다.[1]

"83세의 플레이보이 메이트이자 B급 영화의 배우였던 이베트 비커스(Yvette Vickers)가 자신의 아파트에서 미이라가 된 채로 발견되었다. 아무도 그녀가 언제 죽었는지 모른다. 이 소식이 보도된 후 1만 6,057개의 페이스북 포스팅과 881개의 트윗이 그녀의 죽음에 대해 말했다. 그녀가 마지막으로 통화한 사람은 친구나 가족이 아니라, 팬 모임이나 인터넷 사이트에서 만난 사람들이다. 이 사건은 우리 시대의 새로운 공포, 즉 급격히 늘어나는 외로움에 대한 두려움을 드러내는 상징과도 같은 사건이다."

비커스가 온라인상에서 맺은 연결 관계를 살펴보면 깊은 관계보다 얕은 관계로 구성되어 있었다고 한다. 이처럼 시간과 공간의 제약 없이 즉각적이고 한계 없는 연결의 세상에서 우리는 전례 없는 소외감으로 고통받고 있는 것이다. '더 많이 연결될수록 더 외로워지는 사회'라고 「애틀랜틱」지는 밝혔다. 소셜네트워크로 외로움을 해소하려고 친한 친구들과의 관계에서 겪을 수 있는 위험을 피하다보니 피상적 연결에만 집착하게 되고, 이것은 우리를 더욱 서로 멀어지게 만들고 있다. 국내 한 신문에서도 이러한 경향에 대해 보도하면서 '정보기술의 발달로 페이스북 친구는 수백 명씩이면서도 정작 얼굴을 보고 고민을 털어놓는 관계는 오히려 줄고 있는 점'을 지적했다.[2]

일반적으로 사회적 외로움이 증가하는 원인을 혼자 사는 1인 가구 비중 증가에서 찾는다. 한국의 1인 가구 비율은 2011년 24.6%에서 2012년에 25.3%로 증가했다.[3] 미국에서는 이미 2010년에 27%였다. 그러나 혼자만의 생활이 외로움을 만드는 것은 아니다. 뉴욕 대학 사회학자 에릭 클라이넨버그Eric Klinenberg는 외로움의 가장 중요한 요인은 사회적 상호작용이 아니라 삶의 질이라고 했다. 그는 미국 성인의 50%는 싱글이며, 7분의 1은 혼자 살고, 맨하튼에 사는 사람의 50%는 혼자 생활한다고 하면서, 현대사회에서는 혼자 사는 것이 더 바람직한 삶의 형태라고 주장한다.[4] 많은 사회학자들은 몇십 년 동안 사회적 관계가 얇아지면서 외로운 나르시시스트 사회가 되어가고 있음을 걱정했다. 하지만 이제 혼자 산다는 것은, 삶의 질만 보장된다면 다른 가구와의 차이일 뿐이고 사회적 실패는 아니라고 주장한다.

그렇다면 소셜미디어 시대에 외로움을 느끼는 사람들은 누구이고 그 원인은 무엇일까? 1990년대 학자들은 디지털 기술이 우리의 고립을 더 심화시킨다고 말했다. 다른 사람과 연결될 가능성이 높아지는데도 인간적 접촉은 급속도로 줄어들고 있기 때문이다. 이 현상을 '인터넷 패러독스Internet Paradox'라고 불렀다.[5] 여러 연구에서 학자들의 고민은 '인터넷이 사람들을 외롭게 만드는 것인지 아니면 외로운 사람들이 인터넷에 몰리는 것인지'였다.

2001년 호주 RMIT 대학에서 수행한 연구[6]에 의하면, 페이스북은 가족과의 관계보다 외부와의 연결을 더 진작하여, 외로운 사람들일수록 페이스북에서 더 많은 시간을 소비한다고 한다. 또 신경 과민의 사람들은 담벼락을 더 많이 사용하는 반면, 외향적인 사람은 채팅 기능을 더 많이 사용한다고 한다. 흥미로운 것은 페이스북을 사용하지 않는 사람들이 더 부끄러움을 잘 타고, 양심적이고, 사회적으로 외로우며, 사회 관계에 소극적이기 때문에 페이스북 참여에 대한 동기가 적다고 한다. 문제는 온라인 관계가 더욱 일반화될 경우 이런 사람들은 사회에서 소외될 가능성이 더 높아진다는 것이다. 또 페이스북을 하면서도 외로움을 느끼는 사람들은 주로 가족과의 관계에서도 외로움을 느끼는 사람들이다. 즉 같이 사는 사람들과 깊이 있게 연결되어 있지 못하다고 느끼는 것이다. 이들은 대부분 그룹이나 게임, 팬 페이지처럼 소극적인 공간에서 보내는 시간이 많다. 많은 시간을 그냥 다른 사람의 글을 읽으며 보내고 자신을 제외한 다른 사람들은 다 행복하고 잘 어울린다고 생각한다.

2011년 스탠포드의 심리학과 박사과정이던 알렉스 조단[Alex Jordan]이 대학생을 상대로 조사한 결과, 대다수 사람들은 남의 행복을 부러워하는 감정을 느끼고 있었다.[7] 프랑스 철학자 몽테스키외[Montesquieu]의 말대로 '우리가 행복하기를 원한다면 그것은 쉽다. 그러나 남들보다 더 행복하기를 원한다면 그것은 언제나 매우 힘든데, 왜냐하면 우리가 남들을 볼 때 그들이 실제로 행복한 것보다 더 행복하다고 생각하기 때문'이다. 사람들은 남의 불행을 내 불행보다 작게 느끼고 남의 행복은 나의 행복보다 더 크게 느끼는 경향이 있다. 그런데 SNS는 이를 더 과장시킨다. 친구들 삶의 일부만 보여주면서 비현실적으로 훨씬 더 행복해 보이게 만들기 때문이다.

로이터 통신은 2013년에 베를린의 훔볼트^{Humboldt} 대학과 다름슈타트^{Darmstadt} 기술 대학에서 공동으로 수행한 연구 결과[8]를 보도했다. 연구자 중 하나인 한나 크라스노바는 페이스북 사용자 중 3분의 1은 페이스북에서 질투 때문에 외롭거나 당황스럽고 화가 나는 부정적 효과가 나타남을 발견했다.[9] 그래서 페이스북을 그만 두거나 사용을 중단하게 된다는 것이다. 조사 결과, 사람들을 가장 분하게 만드는 것은 다른 이들이 올리는 휴가 사진이었다. 50% 이상이 휴가 사진을 보면 질투를 느낀다고 답했다. 두 번째는 사회적 상호작용으로, 남들이 생일 축하나 '좋아요', 댓글 등을 많이 받는 것을 볼 때다. 수동적인 팔로잉이 이처럼 심기가 뒤틀리는 감정을 유발한다고 보고서는 밝히고 있다. 이 연구에서, 30대 중반이 가장 질투를 느끼는 것은 가족의 행복한 모습을 볼 때고 여성은 외모적 매력에 가장 질투를 느낀다고 한다. 이러한 감정 때문에 사용자는 다시 자신의 성과를 더 과장하고 자신을 더 돋보이게 만들려는 노력을 하게 된다.* 특히 남자는 자신의 성취를 사람들이 알아주기를 원하고 여성은 자신의 멋진 모습이나 사회 생활을 강조한다.

이러한 경향은 소셜미디어를 사용하는 여성 네 명 중 한 명이 한 달에 한 번 이상 과장하거나 거짓말을 한다는 조사 결과와도 일치한다. 2,000명의 여성을 조사한 원폴^{OnePoll}의 조사에서, 여성의 3분의 1은 자신이 소셜미디어에서 정직하지 않다고 답했고, 4분의 1은 온라인 삶 중 중요한 점에 대해 한 달에 한 번에서 세 번까지 거짓말을 하거나 부풀린다고 말했다.[10] 특히 집에 혼자 있을 때도 무슨 중요한 일을 하는 것처럼 얘기하거나 휴가 활동이나 직업에 대해서도 믿을 수 없는 얘기를 하는 비중이 20%나 된다고 한다. 또한 관계를 표시하는 경우에도 마찬가지 비중으로 거짓말을 하는데, 이를 지속하면 결국 스스로 지치거나 불만족해질 수밖에 없다. 자신의 부족한 부분이나 불완전한 모습을 드러내지 않게 되면 타인과 공감하는 감정을 가질 수 없고 이는 결과적으로 자신이 더욱 더 다른 사람들과 연결되지 못한다는 고립감을 느끼게 된다.

미시간 대학의 에단 크로스$^{Ethan\ Kross}$와 벨기에 로이벤 대학의 필립 베르뒤인$^{Philippe\ Verduyn}$의 연구에서는 꽤 오랫동안 페이스북 사용자의 감성 변화를 추적해서 젊은 층의 페이스북 사용과 현실 세계에서의 사회성 문제를 조사했다.[11] 10대 후반과 20대 초반의 페이스북 사용자 82명을 2주간 관찰했는데, 실험에 참여한 사람들에게 하루에 다섯 번씩 자신의 마음 상태와 자신이 접촉한 사람들을

---

* 소셜미디어에서 자아 정체성의 과장 문제는 9장에서 다뤘다.

보고하게 했다. 문자메시지로 보고하면, 몇 가지의 짧은 질문을 추가로 던져 상황을 파악했다. 결과적으로, 페이스북을 더 자주 사용하는 사람은 다른 사람과 직접적인 접촉을 자주 하는 사람에 비해 더 부정적인 마음 상태를 나타냈다. 즉 실세계에서 활동을 많이 하는 사람이 더 긍정적이었다. 이것은 성별이나 소셜네트워크의 크기, 페이스북을 하게 된 동기, 외로움이나 우울감, 자존감과는 별다른 상관이 없었다.

그러나 소셜미디어 활동이 외로움 해소에 긍정적 역할을 한다는 연구 결과도 있다. 베를린 대학의 연구에서는 페이스북에 글을 올리는 행동을 통해 좀 더 사람들과 연결되는 느낌을 주기 때문에 덜 외로워진다는 분석이 나왔다.[12] 우리가 페이스북에 올린 포스팅이 아무에게도 관심을 받지 못한 경우에도 결과는 같다는 연구 결과가 흥미롭다. 이 연구는 아리조나 대학의 학생 100명을 대상으로 실험한 결과다. 실험 전 학생들은 자신의 정신 건강 상태와 웰빙 수준을 평가하는 리포트를 작성하고 페이스북 포스팅을 전보다 더 많이 하게 했다. 통제 집단은 전과 동일한 수준의 양을 포스팅하게 했다. 실험 일주일 후에 확인해 보니, 더 자주 글을 올리기로 한 그룹은 즐겁거나 우울한 감정의 수준은 시작할 때와 비슷했으나, 외로움은 덜 느꼈다고 한다. 또 포스팅이 받은 '좋아요'나 댓글과는 큰 상관이 없는 것으로 나타났다.

실제 사회적 상호작용이 얼마나 있었는지와는 상관 없이, 단지 포스팅의 횟수 증가가 소외감을 줄인 것이다. 이는 마치 제대로 하는 식사 사이에 먹는 간식이 배고픔을 어느 정도 해소해 주는 것과 같이, 일정 기간 동안에는 소셜 상호작용의 결핍이 단지 포스팅을 올리는 행위로 해소될 수 있는 것으로 이해할 수 있다고 베를린 대학 연구팀은 밝혔다. 이를 '소셜 간식'이라 부를 수 있다는 것이다.

이런 감정과 친구 수는 어떤 관계가 있을까? 몇몇 연구가들은 질투의 감정이 친구 수와 연관이 있다는 것을 발견했다. 마드리드 대학의 딜니 곤칼브스$^{Dilney\ Goncalves}$ 교수는 친구 숫자가 354명을 넘어서면 이 경향이 더 커지기 시작한다는 것을 알아냈다.[13] 온라인 친구가 늘어날수록 우리가 보게 되는 글이 함께 늘어나기 때문에 온라인에서 느끼는 고립감이나 질투심이 더 커지며, 이런 감정은 잘 모르는 사람과 온라인 친구가 되었을 때 더욱 커지는 것으로 파악된다.

사회심리학에서는 90년대 많은 온라인 커뮤니티에 대한 연구를 진행하면서 인간 관계의 친밀도나 정보의 양에 따라 이런 경향이 존재한다는 것을 알아냈다. 그 이유는 우리가 잘 모르는 사람에게는 전반적으로 판타지와 상상을 덧붙이기 때문이다. 나랑 채팅하는 사람이 아주 멋지고 다정하며 인간성이 좋은 사람이라고 상상하면서 얘기했던 경험이 다들 있지 않은가? 따라서 내가 잘 알지 못한 사람들이 과장하거나 거짓으로 올리는 글에 대해 우리는 더욱 더 부러움과 질투를 갖게 되는 것이다. 내가 잘 아는 실세계 친구의 경우 그가 아무리 맛있는 음식 사진이나 친구들과 어울리는 사진을 올려도, 그의 평소 생활을 잘 알고 있기 때문에 그렇게까지 부러움을 느끼지는 않는다. 그러나 정보가 부족한 사람에 대해서 우리는 더 큰 판타지를 갖고 바라 보는 것이다.

SNS와 외로움에 관한 연구 중 가장 흥미로웠던 것은 노스캐롤라이나 대학의 제이넵 튜페키Zeynep Tufekci 교수의 연구다. 그는 '페이스북이 우리를 외롭게 만드는가?'라는 글[14]에서 SNS 활동과 외로움에 관한 많은 연구 자료를 제공했다. 그녀가 인용한 펜실베이니아 대학의 키스 햄프톤Keith Hampton 교수의 논문[15]에 따르면, 인터넷과 페이스북을 사용하는 사람은 사용하지 않는 사람보다 덜 고립되었다고 느낀다는 것이다. 튜페키 교수는 다음과 같이 밝혔다.

"미국 GSSGeneral Social Survey에 따르면 지난 20년간 미국인은 사회적으로 더 고립되고, 핵심 네트워크는 더 작아지고, 다양성은 줄었다. 그러나 이를 인터넷과 모바일 네트워크와 연관해서 보면 새로운 기술은 소셜미디어의 특정한 사용에 의해 핵심 네트워크를 증가시키고 다양성을 제공한다."

튜페키 교수는, 인터넷 시대에서는 태어나면서 저절로 얻는 가족이나 이웃과 같은 '귀속 유대ascribed ties' 관계가 점점 약해지고, 서로 비슷한 공감이나 흥미를 갖는 사람들이나 미디어를 통해 커뮤니케이션하는 사람들 같은 '성취 유대achieved ties' 관계가 더 늘어난다고 주장한다. 인터넷은 유사한 취향을 통해 친밀감을 갖는 사람들을 찾거나 지속적인 소통을 하는 것이 매우 쉬운 공간이기 때문에, 가족이나 이웃과의 귀속 유대를 잃어버리는 것에 대한 보상을 받고 있는 것이다. 나아가 소셜미디어는 가족이나 오래된 친구와 다시 연결시켜주는 특성 또한 있기 때문에 성취 유대뿐 아니라 귀속 유대도 복원해 주는 효과도 기대할 수 있다. 그녀는 현재 우리가 느끼는 사회적 고립감은 사람들이 교외에 거주해 통근 시간이 길고 늦게까지 일하는 데다가 커뮤니티나 시민 기관 자체가 줄어들었기 때문이지, 온라인 사회성으로 인한 문제가 아니라는 것이다. 그럼에도 불구하고 왜 많은 기사들이 소셜미디어나 새로운 기술 때문에 우리가 더 외로워졌다고 말하고, 많은 사람이 여기에 공감을 표하는 것일까?

튜페키 교수는 이에 대한 이유를 세 가지로 설명한다.

첫 번째는 결과적으로 어쨌든 우리는 전보다 더 외로워진 것이 사실인데, 우리가 예전보다 온라인 활동을 훨씬 많이 하다 보니, 자연스럽게 인터넷이나 SNS가 우리를 외롭게 만든 것이라고 생각하게 됐다는 것이다.

두 번째로는 면대면 사회성의 부족이다. MIT의 셰리 터클 교수의 이야기대로, 연결은 많아졌지만 대화가 줄고 있기 때문이다. 요즘 사람들은 만나면 다들 스마트폰의 작은 화면에 몰두한다. 이처럼 근본적으로 면대면 사회성이 사람 사이의 커뮤니케이션의 기반이라는 점에서 면대면 대화의 감소는 외로움의 원인이 될 수 있다. 그러나 온라인에서 사회성이 뛰어난 사람은 오프라인 사회성도 뛰어나기 때문에 온라인 중심의 대화에 빠져있는 사람이 꼭 면대면 대화 부족을 느끼는 것은 아니다. 시카고 대학 인지와 사회적 뇌과학센터의 소장인 존 카치오포[John Cacioppo]에 따르면, 페이스북 같은 온라인은 결코 실제적인 상호작용을 대치할 수 없다.[16] 면대면 접촉이 증가한 사람과 페이스북이나 게임, 온라인 채팅을 강화한 사람을 비교하면, 면대면 접촉을 활발히 한 사람의 외로움이 월등히 적다. 그렇다고 페이스북이 외로움을 증가시키는 것이 아니라 페이스북을 어떤 용도로 쓰는지 자체가 더 중요하다는 것이다. 면대면 접촉을 증가시키는 용도로 페이스북을 사용하는 사람은 사회 자본*의 증가를 얻을 수 있다. 즉 페이스북을 이용해서 축구를 같이 할 사람을 찾는 것은 좋으나, 축구 대신 소셜미디어를 하는 것이 문제라는 것이다.

세 번째는 온라인 사회성이 부족하기 때문이다. 아무리 온라인 활동을 해도 이를 실제 사회성으로 인지하지 못하는 사람들이 있기 때문에 면대면 사회성의 부족함을 채우지 못한다고 느낀다는 것이다. 튜페키 교수는 이를 '사이버 비사회성^{Cyberasociality}'라 불렀고 이에 대해 2010년에 논문[17]에 발표한 적이 있다. 우리가 글을 보면서 뇌에서 이를 언어로 변환하여 생각하는 기능이 있음에도 불구하고 이를 잘 못하는 난독증이 있듯이, 사이버 비사회성은 사이버 공간에서의 사회성을 실제 면대면 사회성으로 투사하는 능력이 부족한 경우를 말한다.

이는 어떤 동일한 집단이나 연령의 문제가 아니라 그냥 있을 수 있는 차이일 뿐이라는 것이다. 즉 온라인 사회성을 실제 사회성으로 잘 변환하여 생각하고 행동하는 사람이 있는 반면, 이런 기능이

---

* 사회 자본에 대해서는 다음 10.2절에서 다시 논의하기로 한다.

부족한 사람도 있다는 것이다. 온라인 사회성이 부족하면 온라인 활동을 아무리 해도 실제 사회성으로 인지하지 못하기 때문에 앞에서 말한 면대면 사회성의 부족함을 채울 수가 없다.

  7장에서 언급했듯이, SNS의 밑바탕에는 우리의 욕망이 숨겨져 있다. 나르시시즘과 노출증, 그리고 관음증이 발현되는 공간에서, 남의 과장된 행복과 의도적인 다정스러운 대화에 끼어들지 못하고 부러운 눈으로 바라만 보고 있지 않은지 되돌아봐야 한다. 이를 극복하는 방법은 지나치게 과장하고 화려한 척하는 온라인 친구를 조금 멀리하고, 자신이 잘 아는 사람을 중심으로 타임라인을 재구성하는 것이다. 또 한 가지는, 당신같이 온라인에서 남들보다 불행하다고 생각하거나 외롭다고 생각하는 사람이 생각보다 많다는 사실을 알고 자신만의 문제가 아님을 받아들이는 것이다. 실제로 페이스북 포스팅에 '좋아요'를 한 번도 받지 못한 글이 60%를 넘기 때문이다.[18]

10.2 소셜미디어는 사회 자본을 증가시키는가

소셜미디어 활동이 전체 사회의 사회 자본*을 증가시키는지는 나에게도 지속적인 관심 주제다. 과연 우리 사회는 소셜미디어가 급속하게 성장함으로 인해, 신뢰할 수 있고 호혜적이며 타인을 통한 사회적 지원을 기대할 수 있는 공동체적인 사회로 변화하고 있는가?

  사회 자본의 개념은 정치, 경제, 사회, 철학의 관점에서 오래 전

---

* 사회적 자본으로도 많이 사용되는데 이 책에서는 사회 자본이라는 용어를 선택했다.

부터 논의되어 온 또 하나의 중요한 사회 자원이다. EU에서는 "사회 자본이란, 서로의 이익이 되는 조정과 협력을 촉진하는 네트워크, 규범이나 사회적 신뢰 등의 사회적 기구로부터 구성된다."라고 정의한다.[19]

사회 자본 개념에 큰 영향을 미친 학자는 프랑스의 피에르 부르디외Pierre Bourdieu와 미국 사회학자 제임스 콜맨James Coleman, 정치학자인 로버트 퍼트남Robert Putnam 등이 있다. 부르디외는 사회 자본을 지속적인 관계의 연결망을 통해 얻을 수 있는 자원으로 정의했다.[20] 콜맨은 사회 자본에 대한 이론적 틀과 경험적 연구를 실시했고, 사회 자본을 개인이 아닌 개인들간의 관계 속에 내포된 자원으로 정의했다.[21] 퍼트남은 이를 개인의 영역이 아니라 지역 사회 특성의 개념으로 발전시켰다.[22] 즉 네트워크나 규범, 사회적 신뢰와 같이 상호 이익을 위한 조정과 협조를 가능하게 하는 사회 조직의 특성을 사회 자본으로 정의한 것이다.

퍼트남은 그의 저서 『나 홀로 볼링』(페이퍼로드, 2009)에서 사회 자본을 결속형 자본과 연결형 자본으로 구분했다.[23] 결속형 사회 자본은 연령대, 인종, 종교 같은 사회화 과정에서 동일한 특성을 가진 사람들과의 사회화 과정에서 생겨나는 사회 자본을 말한다. 연결형 사회 자본은 축구팀의 팬클럽 같은 이질적인 사람과 친구가 될 때 생기는 사회 자본이다.[24] 퍼트남은 다민족, 다양한 구성을 이루는 나라가 평화로운 사회를 만들기 위해서는 연결형 사회 자본이 필요하다고 주장한다. 또한 퍼트남은 자신의 책에서 상호 간

네트워크의 힘과 가치가 있는 사회 자본이 미국에서 점점 감소하고 있음을 밝혔다. 교외가 확장되고, 텔레비전이 사람들의 생활을 지배하며, 베이비부머 세대의 자기 몰두가 심해지고, 전통적인 가족이 해체되는 현상 때문이라는 것이다.

최근에는 사회 자본에 대해, 집합적인 행동을 촉진하는 규범과 네트워크, 이렇게 두 개의 측면으로 파악한다. 네트워크는 개인 간 또는 집단 내 사회적 관계와 상호작용을 의미하며, 규범은 한 집단의 구성원들이 가지는 행동 규칙이나 기준, 그리고 공유된 가치 등을 말하는 것으로, 신뢰와 호혜성 등을 포함한다. 사회 자본이 사회에 항상 긍정적인 효과를 가져오는 것만은 아니다. 일부 연구에서는 강력한 네트워크와 집단 내 신뢰가 집단 구성원에게 항상 이롭지만은 않음을 보여준다. 이영현이 조사한 '사회적 자본의 정책적 활용'[25]에 의하면, 네트워크, 공동의 규범, 참여, 신뢰와 같은 사회 자본이 야기하는 부정적 결과는 외부자의 배제, 집단 구성원에 대한 과잉 요구, 개인적 자유의 제한, 전체 사회의 파괴 등이 있을 수 있다. 특히, 우리나라의 경우 학벌, 재벌, 지역주의 등 한국 사회에서 발견되는 특정 집단의 '사회적' 관계가 많은 문제를 야기시켜온 것도 사실이다.

그렇다면 이제부터 소셜미디어가 우리 사회에 긍정적 사회 자본을 증가시키는지, 이것이 사회적인 신뢰와 건강, 개인의 행복에 어떤 영향을 주는지 알아보겠다.

퓨 리서치 센터는 기술이나 인터넷, 소셜미디어가 미국 사회에 신뢰, 관용, 사회적 지원, 커뮤니티, 정치적 참여 등에 미치는 영향을 정기적으로 조사해서 발표해왔다. 2011년 6월에 발간한 「소셜 네트워킹과 우리의 삶$^{Social\ networking\ and\ our\ lives}$」이라는 보고서[26]에 따르면, 페이스북 사용자들이 유지하고 있는 핵심 유대$^{Core\ Ties}$ 관계의 평균 수나 사회적 지지에 대한 기대감이 모두 비사용자보다 높은 것으로 나타났다. 8장에서도 언급한 퓨 리서치 센터의 결과에 이어 이 조사에서 밝혀진 사항 몇 가지를 살펴보면 다음과 같다.

- 다른 사람을 얼마나 신뢰하는가라는 질문에서, 매일 여러 번씩 페이스북을 사용하는 사람이 그렇다고 응답한 비율이 다른 인터넷 사용자에 비해 43%나 높았다. 인터넷 비사용자에 비해서는 3배 이상 높았다.
- 페이스북 사용자는, 사회적 지원의 모든 면(감정적 지원, 동료의식, 도구적 지원)에서 비사용자에 비해 미국 평균보다 높은 점수를 받았다. 특히 페이스북 사용자에 대한 기대감은 결혼을 하거나 파트너와 동거할 때 상대의 지원에 대한 기대감의 50%에 해당하는 수준이다.
- 2010년 투표 조사 결과에서도, 인터넷 사용자는 비사용자에 비해 정치 집회에 참여하는 비율이 두 배 이상 높았고, 78%가 다른 사람의 투표에 영향을 미치고 싶어했다. 비사용자에 비해 투표를 했거나 투표할 의향이 있는 사람 또한 53% 더 많다. 페이스북 열성 사용자는 이보다 더 적극성을 보였다.

이 같은 조사를 보면 실제 페이스북 등의 SNS는 여러 사회 자본 요소를 향상시키고 있음을 알 수 있다. 이는 SNS가 사회적으로 반목이나 편향을 강화하고 비슷한 사람들과의 관계에만 몰두하게 만드는 것이라는 우려와 달리 생각보다 긍정적인 면이 많음을 보여준 조사 결과였다.

연결형 사회 자본은 소셜미디어에서 많은 지인을 통해 새로운 정보를 얻을 수 있고 결속형 사회 자본은 가까운 친구로부터 감정적 지원이나 지지를 기대할 수 있다고 말할 수 있다. 많은 학자들의 연구에서, 소셜미디어는 연결형 사회 자본이 증가하는 데에 더 많은 긍정적 역할을 수행한다는 사실을 알 수 있다. 그러나 소셜미디어의 종류에 따라 조금씩 다른 결과가 나오는데, 친구 관계에서 유사성이 중요하지 않은 트위터나 유튜브 같은 미디어에서는 연결형 사회 자본 위주로 증가하고, 페이스북처럼 가까운 현실 친구나 공통 관심사 그룹 중심의 사용자들에게서는 결속형 사회 자본이 증가한다. 또 SNS의 충성 사용자는 사회적 신뢰와 사회 참여에 관심이 더 많았다.[27] 또한 지향하는 네트워크가 폐쇄적인가 개방적인가에 따라 어떤 종류의 사회 자본이 형성되는가를 살펴볼 수 있다. 실명 중심으로서 오프라인과 연결되어 있으며 회원가입을 유도하는 서비스는 폐쇄적 성격이 강하며, 익명을 기반으로 정보 공유나 관심사 중심의 서비스는 개방적 네트워크를 지향한다고 볼 수 있다.

그러나 성균관 대학의 금희조 교수가 한국방송학보에 발표한 연구 논문 「소셜미디어 시대, 우리는 행복한가?」[28]에서는 지금까지와 다른 결과가 발표됐다. 결속형 관계는 행복감을 증진시켰지만 연결형 관계는 증가는 고독감을 더욱 유발할 수 있다는 것이다. 이 논문에서 밝힌 내용은 다음과 같다.

"모든 유형의 소셜미디어 이용이 연결형 사회 자본을 형성하고 있는 데 반해 결속형 사회 자본 형성과정에서는 마이크로블로그와 네트워킹 사이트의 역할이 큰 것으로 나타났다. 블로그와 동영상 사이트 이용은 연결형 사회 자본을 형성하고 이는 고독감을 증가시켜 부정적 효과를 보였다. 반면 마이크로블로그와 네트워킹 사이트의 경우 소셜미디어상의 결속형 사회 자본과 오프라인 시민 참여를 촉진하여 행복감을 증진시키는 것으로 나타났다. 연구 결과, 소셜미디어상의 결속형 사회 자본이 정신 건강 증진에 기여하는 반면, 연결형 사회 자본은 오히려 '다 함께 홀로'의 정서를 창출해 우리를 불행하게 유도할 가능성이 있다는 점을 발견했다."

지금까지 사회 자본에 대한 연구의 대부분은 조사 대상이 대학생이나 소수의 사용자였다는 한계가 있다. 따라서 소셜미디어 사용자들이 느끼는 사회 자본의 형성 정도를 어느 정도 확인할 수는 있지만, 실제 대규모 데이터를 통한 확인은 힘들다는 것을 알 수 있다.

2010년 페이스북의 카메론 말로우(Cameron Marlow)와 토마스 렌토(Thomas Lento), 그리고 카네기 멜론 대학의 모이라 버크(Moira Burke)는 실제 사용자들의 로그를 분석해서, 과거 연구 결과의 한계를 넘는 결과를 보였다.[29] 또한 더 넓은 연령대와 다양한 국가의 사용자들을 통해 더 포괄적인 결과를 확인했다. 1,200명가량의 조사 대상의 실제 사용 로그를 같이 분석하여 비교한 결과, 친구 간의 직접적인 커뮤니케이션은 예상한 대로 결속형 사회 자본의 증가를 가져왔으나, 동시에 친구들의 콘텐트 소비에 적극적인 사람들은 연결형 사회 자본의 감소를 보였다. 이는 연결형 사회 자본이 콘텐트 소비에 따라 증가할 것이라고 예상한 것과 전혀 다른 결과다. 이것은 다양한 정보 네트워크의 혜택을 보려면 약한 유대의 네트워크 확장과 이를 잘 활용할 수 있는 커뮤니케이션 문맥 두 가지를 다 갖추어야 하기 때문으로 파악된다. 단지 친구의 콘텐트를 더 소비하게 된다는 것은 다양한 사람과의 네트워크 확장에는 오히려 부정적 영향을 줄 수도 있다는 것이다.

외로움에 대한 조사 결과는 다른 연구와 비슷했는데, 자신들이 기대한 만큼 사회적 상호작용을 갖지 못했다고 스스로 생각하는 사람들은 다른 사람의 상호작용을 관찰하는 데 더 많은 시간을 소비했다. 자신의 뉴스피드에 저급의 콘텐트만 보인다고 생각하는 사람들은 자신들이 친구와 덜 연결되어 있다고 느끼고 적극적으로 다른 친구들의 콘텐트를 클릭해 소비한다. 그러나 외로움이 클릭을 유도하는지 클릭이 외로움의 원인인지는 아직 풀지 못한 과제다.

지금까지 사회과학 연구에서는 일부 대표 사용자를 선택해 서베이를 통한 연구와 조사 분석을 수행했다. 그러나 이 연구처럼 소셜미디어 시대에서는 실제 네트워크상에서 보여주는 각종 행동과 사용자의 감정 변화를 데이터로 분석함으로써 실체적으로 소셜미디어가 외로움 해소에 어떤 영향을 주는가를 파악할 수 있다. 나아가서 어떠한 성격의 사회 자본 형성에 도움을 주는가에 대한 본격적인 연구 또한 가능할 것이다. 더 깊이 연구하면 소셜미디어의 어떤 기능이 이러한 변화에 가장 핵심을 이루는지 또는 기능의 변화가 사용자들의 행동이나 감정의 변화에 어떤 영향을 주는지 파악하는 연구 또한 가능할 것이다.

소셜미디어는 사람들에게 새로운 연결성을 제공하면서 기존 관계를 더욱 강화하거나 새로운 정보를 얻을 수 있는 긍정적인 측면이 있다. 그러나 사람들의 특성에 따라서는 유사한 사람들과 더 결속하는 경향만 강해지고 다른 사람과의 연결성은 높이지 못할 수도 있다. 여기서 우리는 소셜미디어 역시 사용자에 따라 저마다 다른 가치를 지닌다는 사실을 알 수 있다.

외로움이 소셜미디어가 야기하는 현상이나 주요 요인이라고 보는 것보다는, 외로움이 현대 사회의 특성이고 이를 설명하는 과정에서 소셜미디어가 도입되고 해석되는 것이라고 보는 것이 더 옳은 견해일 것이다. 즉 외로움을 많이 느끼는 사람이 소셜미디어를 활용하는 방식과, 외향적이고 행복감을 많이 느끼는 사람들이 사용하는 방식이 다를 뿐이며, 외로워 하는 사람들은 사용 방식에서조차 자신의 외로움을 더 증가시키는 방식으로 사용하는 것이다.

소셜미디어가 사회에서 활용되는 범위나 영역이 더욱 넓어지고 있는 환경에서 앞으로 우리는 소셜미디어를 어떻게 사용하고 활용하는 것이 사회 자본을 증가하게 하며, 어떤 기능이 더 긍정적 효과를 주는지를 밝혀야 한다. 인터넷 사용자의 70~80%가 소셜네트워크에 가입해 있고, 모바일 사용 시간의 20% 이상을 소셜네트워킹으로 소비하고 있는 점을 생각한다면, 이런 사용 형태와 방식이 어떻게 사회에 긍정적인 방향으로 활용되게 할 수 있느냐의 문제는, 앞으로도 지속적인 연구가 필요한 주요 이슈 중 하나다.

11장 공적 공간과 사적 공간, 새로운 프라이버시 시대

11.1 소셜미디어가 만들어내는 새로운 공공성

2012년 1월 미국 트위터 본사에 한 장의 팩스가 도착했다. 미국 뉴욕 주 맨해튼 법원의 지방 검사가 보낸 소환장[1]으로, 트위터 사용자 말콤 해리스Malcolm Harris의 사용자 정보, 이메일 주소, 트윗 내용을 모두 제출하라는 요구서였다. 트위터 사용자인 23세의 말콤 해리스는 2011년 '월스트리트를 점령하라'라는 시위 당시 트윗으로 사람들을 선동해 위법을 저지르게 했다는 혐의를 받고 체포되어 법정에서 소송 중이었다. 맨하튼의 지방검사는 해리스의 정보와 트윗 내용을 원했으나 해리스는 이미 2월 11일 이전의 트윗을 모두 삭제한 상태였다. 따라서 검사는 트위터 사에 해리스가 삭제한 프로필과 이메일 주소, 트윗 내용을 제출하도록 요청했고, 트위터 사는 해리스가 삭제한 트윗 내용을 제출해야 하는 상황에 놓였다. 트위터는 이 상황을 해리스에게 전달했고 해리스는 이 내용을 다시 트위터에 공개했다. 트위터 회사도 법원의 요구에 불복하고 소환장을 파기하기 위한 항소를 했으나 다시 매튜 씨아리노Mattew

Sciarrino 판사의 엄중한 경고를 받고 결국 3개월 분량의 트윗을 제출했다고 한다.

 통상적인 경우, 트윗이 삭제되지 않은 채 그대로 남아 있으면 경찰은 그 내용을 인터넷에서 얼마든지 확인할 수 있기 때문에 트위터 회사까지 관여할 필요는 없다. 그러나 해리스는 트윗 글을 삭제했기 때문에 법원에 이를 제출할 것인가라는 문제가 표현의 자유라는 미국의 가장 중요한 가치와 충돌하게 된 것이다. 씨아리노 판사는 2012년 7월 판결[2]에서 트위터에 글을 올리는 행위는 공공 장소에서 소리치는 것과 다름이 없으며, 이를 서비스하는 트위터나 페이스북, 핀터레스트 등은 이에 대한 증인일 뿐이라는 견해를 말하고, 이를 확보하기 위한 영장도 필요 없음을 밝혔다. 그는 '공공에게 제공한 것은 공공에 속하며 개인이 보유하고자 한 것만 특정 개인에게 속한다.'라는 말로 입장을 명확히 했다.

 이와 같은 사례는 표현의 자유라는 주제와 더불어 우리가 사용하는 소셜미디어 공간이 과연 공적 공간인지 사적 공간인지에 대한 논의를 불러 일으킨다. 국내에서도 여러 공직자나 연예인, 유명인들이 가끔 실수를 하거나 문제가 되는 글을 올렸다가 '사적인 공간에서 지인들과 나눈 이야기다.'라고 주장하는 경우가 많다. 과연 SNS와 트위터 같은 소셜미디어 공간이 사적인 공간이 될 수 있을까? 학계에서는 이미 2007년에 마이크로소프트 연구소의 다나 보이드$^{Danah\ Boyd}$ 박사가 'SNS는 사적인가 공적인가'[3]에 관한 논문을 발표해 소셜미디어는 '중재된 공적 공간$^{mediated\ public}$'이라는 특성을 갖는다고 주장했다. 즉 SNS는 서비스라는 중간 매개의 기술을 기반으로 하는 공적 공간으로서, 다음과 같은 4가지 특징을 지니기 때문이라고 밝혔다.

1. 지속성: 시간이 지나도 계속 접근할 수 있는 성격
2. 검색 가능성: 누구나 쉽게 찾아낼 수 있음
3. 복제성: 디지털 미디어의 복제 가능성은 대화를 한 공간에서 다른 공간으로 쉽게 이동하게 함
4. 보이지 않는 청중: 위의 세 가지 특성으로 누가 언제 내 표현을 읽을 수 있는지 알 수 없음

이와 같은 소셜미디어의 성격 때문에, 소셜미디어 공간에서는 더 이상 사적인 공간의 모습을 가질 수 없으며 우리가 생각하는 벽은 존재하지 않는다는 주장이다.

공적 공간은 사회 생활에서 많은 목적을 갖고 있다. 철학자이며 정치학자인 한나 아렌트^{Hannah Arendt}는 그의 저서 『인간 조건』[4]에서 공적 공간은 사회를 규정하는 사회적 규범을 의미 있게 만들고, 사람들이 자신의 의견을 표현하는 법을 배우고 다른 사람의 반응으로부터 학습하며, 타인이 인정하는 증언을 가짐으로써 사람들의 특정한 행위와 표현을 '실재'하게 만든다고 했다. 특히 최근 많이 활용되는 SNS 같은 소셜미디어는 그 구조와 기능이 매우 개방되어 있고 공유를 기반으로 하기 때문에, 과거 커뮤니티나 미니홈피

처럼 기능적으로 사적인 대화를 나눌 수 있다는 기대조차 하기 힘든 것이다. 미 하원의원이었던 안토니 위너$^{Anthony\ Wiener}$가 트위터에서 DM이라는 쪽지 기능을 이용해 매우 사적인 대화와 노출이 심한 사진을 보냈다가 그 내용이 공개되어 의원직을 사퇴하게 된 사례는 이제 그다지 특별하거나 운이 나쁜 경우로 여겨지지 않는다.

소셜미디어를 사용하는 모든 회사나 기업인들은 자신의 글이 인터넷에 올라가는 순간 그 모든 내용이 공적 공간에 보여지는 것임을 인식해야 한다. 특히 소셜미디어에서는 그 파급 속도가 매우 빠르고 타인을 제어할 수 있는 장치가 거의 무의미하기 때문에, 소셜미디어에 자신의 의사를 표시하는 것은 공공장소에서 자신의 주장을 투명하게 이야기하는 것과 전혀 다를 바가 없다는 사실을 깨달아야 한다. 특히 정치 담론도 오가는 소셜미디어의 경우, 사회철학자 하버마스^{Habermas}의 공론장 이론이 언급하는 '여론 등이 형성되는 사회적 삶의 영역'이고, '사적 개인으로서 공중이 논의해 여론을 형성하는 마당'이라는 특성을 포함하고 있다고 볼 수 있다.[5] 그러나 현실은 하버마스가 언급한 공론장이 갖추어야 할 사실적 진리, 규범적 올바름, 의도의 진실성 등의 요소가 결여된 채 허위 정보와 루머의 확산, 명예훼손과 프라이버시 침해를 비롯한 개인권리에 대한 도전, 인종 차별과 여성 혐오 등의 사회적 폭력의 문제를 야기하고 있는 것도 사실이다.

그럼에도 소셜미디어에서는 그 동안 미디어에서 소외되어 있던 공중, 사회적 소수자나 약자들의 목소리가 비교적 자유롭게 표출하고, 토론하며, 또 다른 관점을 형성하고 확산시킬 수 있는 새로운 공간 또는 담론의 공동체 기능을 가지고 있다.[6] 2013년 낸시 베임Nancy Baym과 다나 보이드는 「사회적으로 매개화된 공공성」[7]이라는 논문에서 소셜미디어가 공공성을 어떻게 재구성하고 공중과 관객을 불명확하게 만드는가에 대해 논했다. 두 연구가는 소셜미디어가 존재와 부재, 시간과 공간, 제어와 자유, 개인적 소통과 대중적 소통, 사적인 면과 공공성, 가상과 실재의 경계를 모두 불분명하게 만들고 있기 때문에 이러한 새로운 공공성은 새로운 제어와 메커니즘과 기술을 요구한다고 주장했다. 사실 소셜미디어가 기본적으로 개방적이며 투명하다는 측면과 함께, 메시지나 공개 제한을 가할 수 있는 일부 기능을 보면 매우 사적이면서, 제한적인 공간을 동시에 제공하기 때문에, 무조건적으로 모두 공공적 공간이라고 단정할 수는 없다. 기능과 구조, 특성, 사용자의 아이덴티티, 사회적 문맥 등을 고려한 검토가 필요한 것도 사실이다.

　사람들은 늘 미디어를 통해 자기 자신, 타자, 그리고 그룹에 대한 공공 정체성을 만들어 왔다. 따라서 소셜미디어 역시 이러한 역할을 하는 것은 당연한 결과다. 미디어와 공공성은 늘 서로 얽혀왔다. 소셜미디어가 이런 측면에서 공공적 측면에 새로운 시각을 주는 것은 기술 자체 때문이 아니라, 전에는 불가능했던 규모로 사람들이 날마다 아주 단순하게 의견을 표현하고 공유하고 있다는 특성에서 비롯된다. 아직도 소셜미디어는 학자들에게 공론장의 의미와 공공성에 대해 지속적인 연구 과제를 제공하고 있으며, 이는 나아가서 인간 사회의 변화와 새로운 사회 시스템으로의 진화로 생각할 수 있다.

나아가서, 사적 공간과 공적 공간의 이슈를 통해 소셜미디어에서 개인의 프라이버시는 과연 보장될 수 있는가? 사람들은 이제 프라이버시에 대해 새로운 관념을 갖게 되었는가? 혹은 다시 프라이버시의 중요성을 재인식하면서 소셜미디어 사용 방식이 변화하고 있는가 등의 문제에 대해 살펴봐야 할 때다.

11.2 소셜미디어 프라이버시 정책에 대한 논란

'어쨌든 당신에게는 이제 프라이버시가 없다. 이를 극복하라.' 선 마이크로시스템즈Sun Microsystems의 창업자인 스콧 맥닐리Scott McNealy가 1999년 지니Jini 기술을 발표하던 자리에서 기자와 애널리스트 앞에서 한 말이다.[8]

마크 주커버그의 누나인 랜디 주커버그는 2012년 크리스마스 저녁 모임을 가족과 함께 하면서 사진을 찍어 페이스북에 올렸다.[9] 많은 사람들은 그 사진 속에 마크 주커버그가 함께 찍힌 것을 알고 이를 공유하기 시작했다. 가까운 사람끼리만 그 사진을 보기 원했던 랜디는 이에 분노하는 글을 트위터에 올렸다.

그림 11-1 랜디가 페이스북에 올렸던 사진과 사람들이 사진을 공유한 것에 대해 에티켓을 언급한 트윗

소셜미디어에서 개인이나 사회에서 가장 민감한 이슈는 소셜미디어를 통한 개인의 프라이버시 침해 문제다. '홀로 있을 수 있는 권리'로 정의되는 프라이버시나 개인 정보 보호에 대한 침해, 잘못된 약관, 실행에 의해 인터넷 기업이 정부로부터 벌금을 부여받거나 경고를 받는 사례는 전 세계에서 매우 다양하게 발생하고 있다.

- 2013년 3월 구글은 스트리트뷰를 만드는 과정에서 사진을 찍던 차가 개인 가정의 와이파이 암호와 다른 개인정보를 수집했다는 혐의에 대한 조사를 중지시키기 위해, 미국 38개 주와 수도 워싱턴에 700만 불을 지불했다.[10]
- 2011년 독일의 데이터 보호처는 페이스북의 얼굴 인식이 유럽의 개인정보 보호법을 위반했다고 판결했다.[11]
- 2012년 2월 스탠포드 대학생 조나단 메이어는 구글 등의 기업 세 곳이 애플의 사파리 브라우저 추적 금지 기능을 피해 타깃 광고를 냈다는 사실을 발견했다. 미국 FTC는 이에 대한 조사에 들어갔고 결국 구글은 FTC 역사상 가장 큰 금액인 2,250만 불의 벌금을 지불하고 사용자들에게 사과했다.[12] 이후 2013년에는 영국의 애플 사용자들도 구글을 제소하려 했다.[13]
- 페이스북의 프라이버시 정책에 대한 논란은 사례가 매우 많다. 2006년에 지금의 뉴스피드$^{News\ Feed}$ 기능이 생겼는데, 모든 '친구'들의 시작 페이지에 이용자의 정보가 공개 노출되는 것에 대한 반대의 목소리가 있었고 70만 명의 항의 그룹인 '페이스북의 뉴스 피드에 반대하는 학생들'이 등장했다.[14]
- 2007년에는 외부 개발자들에 의한 플랫폼이 실행되면서 타깃 마케팅을 목적으로 이용자 행동을 추적하고 정보를 생성하는 비콘^{Beacon} 등의 광고 애플리케이션이 등장했고 이에 대해 7만 명의 항의 그룹인 '청원: 페이스북, 내 프라이버시를

침범하는 것을 멈춰라!Petition: Facebook, Stop Invading My Privacy!'이 생겨났다. 2007년 11월 20일 미국의 진보적 사회단체인 무브온MoveOn.Org은 당사자의 명확한 허가 없이 페이스북에 자신들이 온라인에서 행한 행동에 관한 글을 올리지 못하게 해달라는 청원을 위한 페이지를 페이스북에 개설했다. 비콘의 문제점은 여러 블로거들과 사용자들에 의해 지적되었고 결국 2007년 12월 주커버그는 공식 사과 후에 비콘의 기능을 사용자가 원하지 않으면 사용하지 않는 '옵트 아웃opt out' 방식으로 바꾼다.15 결국 2009년 9월 21일 페이스북은 이 기능을 내렸고 법원은 950만 불의 합의금을 지불할 것을 명령했다. 또한 600만 불을 투자해 온라인 프라이버시, 안전, 보안을 지원하는 비영리기구를 세우도록 했다.16 미국 FTC는 2011년 페이스북의 프라이버시 정책에 대한 조사를 마치고 페이스북과 합의에 이르렀다. 페이스북은 앞으로 사용자가 프라이버시를 중요하게 보고 있음을 존중하며, 향후 20년간 정기적인 감사를 받게 했다.17 하지만 이를 주도한 '전자 프라이버시 정보 센터Electronic Privacy Information Center'의 마크 로텐버그는 그 합의가 아직 불충분하며 좀더 높은 기준을 세워야 한다고 요청했다.

- 24세의 오스트리아 비엔나의 학생 막스 쉬렘즈Max Schrems는 페이스북의 데이터 수집 사례를 통해, EU의 프라이버시 법에 함정이 있을 수 있음을 알리는 운동을 했고 이를 위해 페

이스북에 자신과 관련된 데이터를 제출해 달라고 요구했다.[18] CD에 담긴 그의 개인 정보는 1,000페이지를 넘는 양이었다. 막스는 다시 '유럽 대 페이스북EU vs. Facebook' 캠페인 그룹을 유튜브 채널로 만들고 아일랜드 데이터 보호청에 페이스북에 대한 감사를 요구했다.* 아일랜드 데이터 보호청은 2012년 9월 감사 결과를 발표하고 페이스북이 개선할 점에 대한 지시를 내렸다.[19]

페이스북 프라이버시 정책의 문제점은 너무나 복잡하고 어려운 단어들로 이루어진 정책을 일반인이 이해하기 어렵다는 것이고 수시로 변경되는 정책에 의한 혼란으로 매번 이슈가 된다는 점이다.[20] 그러나 대부분 이런 사건들에는 개인정보 침해의 경우와 프라이버시 침해의 경우가 혼재되어 있는 경우가 많다.

2011년 네이버의 개인정보보호위원회 이홍섭 위원의 글에 따르면, '민감한 의료 정보, 파산이력 같은 신용정보, 자산정보, 본인이나 가족의 수입, 사상·신념, DNA 정보, 범죄이력, 인종·피부색 등 사회적 차별의 우려가 있는 사항들'은 개인정보 중에서도 프라이버시에 관련이 높은 정보들이라고 한다. 반면 자체만으로는 프라이버시와 무관한 개인정보로서 이미 여러 형태로 공개된 이름, 주소, 전화번호, 이메일 등 개인 식별정보이나 이것이 만일 '불가침 사적 영역'에 속하는 정보와 연결될 경우에는 전체 정보가 프

---

* 아일랜드에 요청한 것은 페이스북 유럽 지사가 아일랜드에 있기 때문이었다.

라이버시 영역에 속하게 된다. 예를 들어, 어떤 사람의 거주지 정보는 프라이버시는 아니지만 민감한 의료정보가 연결되어 공개된다면 중대한 프라이버시 침해가 될 수 있다.'고 밝히고 있다. 이렇게 개인정보를 연결하는 행위를 '앵커링^{Anchoring}'이라 한다.

프라이버시의 개념에 대해서는 역사적인 관점부터 시작해서 매우 다양한 견해가 존재하지만 그 중요성에 대해서는 정도의 차이만 있을 뿐이지 프라이버시가 중요하지 않다고 생각하는 사람들은 없다. 이처럼 개인정보와 프라이버시는 각각의 다른 영역에서 겹치는 부분이 있다는 것이 가장 설득력 있는 설명이라 할 수 있다.

1890년 사무엘 워렌$^{Samuel\ Warren}$과 루이스 브랜다이스$^{Louis\ Brandeis}$는 새로운 출판 기술인 신문과 사진기에 의한 프라이버시 침해 가능성에 대해 프라이버시 권리를 지지하는 '프라이버시 권리'라는 글을 하버드 대학 법률 저널에 게재했다.[21] 이 논문이 기술 발달에 의한 새로운 프라이버시 침해에 대한 우려와 함께 프라이버시의 기본 권리를 담은 최초의 문서로 인정되고 있다. 연방대법원 판사였던 루이스 브랜다이스는 1928년 판결에서 '혼자 있을 권리는 자유로운 인간의 가장 가치 있는 권리이고 모든 권리의 가장 포괄적인 측면'이라고 판결했다.[22]

1950년 유럽 위원회에서 책정된 유럽 인권 협약 8조에서는 '모든 사람은 자신의 사생활, 가정생활, 주거 및 통신을 존중받을 권리를 가진다.'라고 개인의 프라이버시 보호 권리를 명기했다.[23] 그러나 8조 2항에서는 '법률에 합치되고, 국가안보, 공공의 안전 또는 국가의 경제적 복리, 질서유지와 범죄의 방지, 보건 및 도덕의 보호, 또는 다른 사람의 권리 및 자유를 보호하기 위해 민주사회에서 필요한 경우 이외에는, 이 권리의 행사에 대하여는 어떠한 공공 당국의 개입도 있어서는 안 된다.'라는 조항을 통해 프라이버시가 어떤 경우에는 보호받지 못할 수도 있음을 밝혔다.

우리나라 역시, 헌법 제17조, 제18조에 의해 '모든 국민은 사생활의 비밀과 자유를 침해 받지 아니한다. 모든 국민은 통신의 비밀을 침해 받지 아니한다.'고 명시해 사생활 영역을 보호해왔다.

프라이버시에 대한 논란은 미국과 유럽에서 대하는 태도에서 큰 차이가 있다. 미국은 전통적으로 표현의 자유가 헌법이 보장한 최고의 권리라고 생각하는 사회적 인식이 있는 한편, 인터넷 분야의 대기업이 모두 미국 기업이라는 측면에서 프라이버시 이슈에 있어서는 유보적인 태도를 취한다. 그러나 이에 반해 유럽은 과거 나치 등의 전체주의 국가 체제나 구 소련의 동부 유럽에서의 정부 사찰 등의 경험으로 인해 프라이버시 보호가 인권의 가장 기본적인 측면이라고 인식한다. 이에 따라 매우 많은 미국 소재 소셜미디어 기업이나 서비스가 유럽에 의해 제재를 받거나 새로운 법률 환경에 놓인 상황이다.

유럽 연합은 과거 개념에 의해 만들어진 1995년 데이터 보호 법규를 2012년에 개정했다.[24] 이 개정 법규에서는, 데이터 유출을 24시간 안에 즉시 사용자에게 고지해야 하며, 어린이에 대한 특별 보호 조치, 사용자가 원하는 경우 데이터 이동을 기술적으로 지원해야 하는 점, 기업은 개인 데이터 처리에 있어서 명확하고 자의에 의한 동의 절차를 꼭 가져야 하는 점 등을 강화했다. 흥미로운 점은 소비자가 자신의 데이터를 삭제해 줄 것을 요구할 수 있는 소위 말하는 '잊혀질 권리'*에 대한 보장이 언급되었다는 점이다. 이는 특히 미국과 큰 견해 차이를 보이는 이슈다. 미국의 많은 지식인들은 '잊혀질 권리'를 보장하면 역사적 기록에 대한 의도적인 삭제 등 부작용이 더 클 것으로 보는 견해가 많다.[25] 이와 같은 움직임에 대해 2011년 2월 월간「애틀랜틱」지는 "표현의 자유를 보장하는 미국의 수정헌법과 사생활 및 인간의 존엄성 중시를 강조한 유럽인권조약 제8조의 충돌이 예상된다."고 전망했다.[26]

이러한 노력은 그 동안 데이터 보호 방침의 법 적용이나 해석이 각 회원국마다 상이했기 때문에 이를 유럽연합 가입 국가 27개국에 하나의 통일된 방침으로 적용하기 위한 것이었다. 또한 2013년에 벌어진 미국 NSA에 의한 감청 사실이 노출되자, 독일의 메르켈 총리는 국제적으로 사생활 보호에 대한 협정을 위한 협상을 벌일 것을 촉구했다.[27] 페이스북과 구글 등 인터넷 업체들이 개인정보를 보관하고 활용하는 방식을 전면 재검토해야 한다는 요구는 늘 있어왔다. 이것은 사용자의 동의 없이 마케팅 회사나 광고 회사에 개인정보가 제공되고 있다는 의심 때문이었다. 그런데 이제는 개인정보가 미 정보당국에게까지 제공되고 있다는 사실이 밝혀진 것이다.

---

* 우리글의 어법상 '잊힐 권리'가 맞으나, 이미 널리 사용되고 있기 때문에 이 책에서도 '잊혀질 권리'라고 표기했다.

11.3 프라이버시 시대는 끝났는가

인터넷과 과학 기술의 발전은 우리가 원하든 원치 않든 많은 정보를 저장하게 됨으로써 정보 프라이버시 개념이 중요하게 언급되기 시작했으며 이에 대한 논의가 인터넷 시대의 주요 프라이버시 논의의 핵심이 되었다. 온라인에서 프라이버시는 끝났다는 견해를 표현하는 사람과 사람들이 점점 초기에는 개방적이었다가 프라이버시 이슈를 인식하면서 본래의 입장으로 돌아가고 있다는 견해로 크게 나눠볼 수 있다.

특히 2010년 페이스북 창업자인 주커버그는 "프라이버시 시대는 끝났다."라는 발언을 해 큰 논란을 불러 일으켰다. 그는 자신이 새로 페이스북을 만든다면 처음부터 사용자 정보는 모두 공개하는 방식을 취했을 것이라고 했다.[28] 이에 대해 리드라이트웹 readwrite.com의 선임 기자인 마샬 커크패트릭은 다음과 같은 의문을 던지면서 이에 반대하는 의견을 제시했다.[29] 즉 오늘날 프라이버시의 개념이 바뀌었다면, 사람들이 스스로 선택하게 하는 것이 무슨 문제가 있겠는가? 프라이버시는 비밀이 아니라 문맥의 관계에서 봐야 한다. 과거에는 출판물을 모두 공공적이라고 했는데, 이것은 출판에 드는 비용이 비쌌을 때의 이야기다. 이제 누구나 쉽고 간편하게 출판할 수 있는 시대이기 때문에, 프라이버시는 매우 다양한 문맥을 통해 해석되어야 한다는 점을 강조했다.

"내 친구 중 누군가가 바에서 술을 마시고 있는 나의 사진을 찍어서 내가 다니는 교회 사람들에게 보여준다면 사람들은 내 프라이버시가 침해당했다고 느낄 것이다. 이는 적절함과 배포 두 가지 모두에 문제가 있다. 바는 분명 공공 장소이며 비밀스러운 곳이 전혀 아니지만, 우리가 프라이버시에 대해 이해하는 바는 더 복잡한 의미가 있는 것이다."

사람들은 예민한 사생활 정보나 자신을 향한 접근에 대한 제어권을 갖고자 한다. 누구든지 소셜미디어 사용 도중에 원하지 않는 사람의 접근이나, 밝히고 싶지 않았던 사진, 지나치게 반복되는 종교적, 정치적 글에 진저리를 치고 그러한 고통에서 자신을 보호하고자 하는 욕구가 있다. 그러나 여러 소셜미디어 메인 서비스를 운영하는 회사의 임원들은 이제 프라이버시의 시대가 끝났다고 주장한다.

프라이버시 시대의 종말을 주장하는 사람 중의 하나는 구글의 에릭 슈미트 회장이다. 2009년 그는 CNBC와 인터뷰에서 "남들이 알기를 원치 않는 뭔가가 있다면, 처음부터 그 일을 하지 말아야 할 것이다."라고 말했다.[30] 또한 그는 "당신이 그것을 정말 감추기를 원한다면 구글은 당분간 그런 정보를 감춰줄 수는 있겠지만, 미국에서 애국법이 적용되는 모두에게 정보는 관련 당국에 노출될 수 있다."라고 덧붙였다. 당시 구글의 검색 담당 임원이었던 마리사 메이어 역시 디그닷컴에 다음과 같이 말했다. "가상세계는 현실 세계를 따라간다고 느낀다. (중략) 현실 세계에서 익명으로 할 수 있는 일은 거의 없다. 시간이 지나면서 인터넷에는 익명성이 줄어들 것이고, 이는 긍정적인 상황이라고 생각한다. 결국 더 많은 책임을 만들어 내고 사람들은 더욱 책임감 있게 행동하게 할 것이다."[31]

이러한 주장을 하는 사람들은 우리 사회가 신용카드나 CCTV 등을 통해 사람들의 행동과 정보가 거의 모두 노출되어 있고, 온라인에서도 나의 행동이나 데이터는 이미 대부분 노출되고 있다는 점을 강조한다. 즉, 이제는 투명한 유리 상자 안에 들어있는 삶에 대해 익숙해지고 받아들여야 한다는 것이다. 로체스터 공대의 수잔 반스$^{Susan\ Barnes}$ 교수는 일찍이 2006년 논문에서 이미 인터넷은 원형교도소^{panopticon}가 되었고, 10대들은 자유롭게 자신의 생각이나 행동을 온라인에서 밝히며, 정부 기관이나 회사들은 일반인에 관한 개인 정보를 수집하고 있다고 말했다.[32] 프라이버시에 대한 태도는 사람들의 유형에 따라, 매우 다양한 태도를 보인다. 우리는 프라이버시에 매우 민감하게 반응하면서도 때로는 아주 쉽게 이를 포기하기도 한다. 약간의 이득을 제공하면 너무나 쉽게 프라이버시를 포기하는 이 현상을 '프라이버시 패러독스$^{privacy\ paradox}$'라고 불러왔다.

앨런 웨스틴$^{Alan\ Westin}$ 박사가 1970년대에 행한 프라이버시에 대한 서베이 이후, 사람들의 프라이버시에 대한 태도가 어떻게 변화되고 있는가에 대해 많은 조사 연구가 이루어졌다. 2005년 해리스 연구소Harris Institute가 수행한 조사에 의하면 세상에는 프라이버시에 대한 태도에 따라 세 가지 유형의 사람이 있다고 한다.³³ 첫째는 프라이버시 원칙주의자로 35%의 사람이 해당한다. 이들은 프라이버시가 매우 중요하다는 입장을 내세운다. 두 번째 유형은 프라이버시 실용주의자들로서, 이들은 잘못 사용하지만 않는다면 기꺼이 자신의 정보를 제공하겠다는 입장을 표명하며 전체의 55%를 차지한다. 세 번째는 프라이버시에 무관심해 전혀 개의치 않는 그룹으로 10% 정도를 차지한다. 그러나 이 비율은 소셜미디어 시대에는 달라질 수밖에 없다.

특히 세대 간에 온라인 프라이버시에 대한 태도 차이를 발견하는 연구가 있어왔는데, 가장 최근의 조사 결과는 2013년 4월에 미국 USC의 디지털 미래 센터에서 조사한 결과다.³⁴ 이 연구에서는 19세에서 34세를 밀레니엄 세대라고 정의하고 그 이후 세대와 여러 측면에서 온라인 활동과 태도에 대한 비교를 분석했다. 그 결과 밀레니엄 세대는 모든 측면에서 다른 세대와 달리 프라이버시에 대해 매우 개방적인 태도를 보였다. 디지털 미래 센터의 제프리 코울Jeffrey Cole 소장은 "온라인 프라이버시는 끝났다. 밀레니엄 세대는 이를 이해하는 반면, 더 나이 든 세대는 적응하지 못하고 있다. 밀레니엄 세대는 프라이버시를 포기하는 대가로 이득을 취할 수 있음을 인식하고 있으며 이는 온라인 행위를 크게 변화시키고 있고 결코 되돌아 갈 수가 없다."라고 평가했다. 이 조사의 결과는 다음과 같이 요약할 수 있다.

- 밀레니엄 세대와 다른 세대 모두 누군가 자신들의 개인 데이터나 웹에서의 행동 정보를 가져가는 것에 대해서는 불편함을 표현한다. 큰 차이 없이, 밀레니엄 세대는 70%가, 다른 세대는 77%가 이에 대해 불쾌함을 표명했다.
- 그러나 여기서 약간의 이득을 제공할 경우 그 태도의 변화가 크다. 근처 업소에서 쿠폰이나 좋은 제안을 받는다면 자신의 위치 정보를 공유할 수 있다고 대답한 경우에서 밀레니엄 세대는 56%가 그럴 수 있다고 대답한 반면, 다른 세대는 42%만이 그렇다고 했다.
- 51%의 밀레니엄 세대는 뭔가를 대가로 얻을 수 있다면 기업에게 정보를 공유를 할 수 있다고 했고, 나머지 세대는 40%만 그럴 수 있다고 했다.
- 개인 정보를 제공함으로써 더 관련된 광고를 받을 수 있다면 문제가 없다고 한 비율도 밀레니엄 세대는 25%가 그렇다고 했고, 다른 세대는 19%가 동의한다고 했다.

함께 조사를 수행한 보비츠Bovitz 사의 일레인 콜맨Elaine Coleman은 이를 두고 밀레니엄 세대는 뭔가를 얻을 수 있으면 개인 정보를 포기할 수 있지만 다른 세대에게는 공유는 신뢰를 기반으로 하는 것이라 더 신뢰할수록 공유할 수 있다는 태도를 갖고 있다는 것이다.

이와 조금 다른 입장을 보여주는 데이터로는, 2013년 5월 퓨 리서치 센터가 조사분석한, 10대들이 소셜미디어에서 프라이버시에 갖는 태도에 관한 결과다.[35] 이 조사에 따르면, 10대들은 과거보다 더 많이 소셜미디어에서 정보를 공유하지만, 동시에 공개로 하는 정보보다는 절친한 친구에게만 공유하는 정보가 늘어나고 있으며, 이제 점차 자신의 평판을 관리하기 위한 태도를 보이고 있다고 밝혔다. 2006년에 비해 2012년의 10대가 공개하는 정보는 다음과 같이 변했다.

- 2012년에 자기 사진을 올린 비율은 91%다. 2006년에는 79%였다.
- 2012년에 학교 이름을 밝힌 비율은 71%다. 2006년에 49%였다.
- 2012년에 자신이 사는 곳에 관한 글을 올린 사람은 71%(2006년 61%), 이메일 주소를 공개한 사람은 53%(2006년에는 29%)다.
- 2012년에 휴대전화 번호를 공개한 사람은 20%다. 2006년에는 2%였다.

이 자료에 보면 새로운 세대는 프라이버시에 대해 매우 개방적이다. 특히 트위터를 사용하는 10대의 64%는 자신의 계정과 트윗이 모두 공개 상태라고 했고, 12%는 자신의 트위터 계정이 공개적인지 사적인지조차 잘 몰랐다. 그러나 60%의 10대는 자신의 프로필을 친구만 볼 수 있게 처리해 놓았다. 새로운 세대는 이미 페이스북의 프라이버시 제어를 잘 사용하고 있으며, 소녀들인 경우는 수치가 70%로 올라간다. 56%의 10대가 페이스북에서 프라이버시를 제어하는 데 별 어려움이 없다고 했으며, 9%만이 다루기 힘들다고 이야기했다.

또한 이제 많은 사용자들은 자신의 평판을 관리하기 시작했다. 나중에 문제가 될 수 있는 글이나 사진을 삭제하는 비중도 늘고 있다. 59%가 과거에 올렸던 내용을 지우거나 수정한 적이 있으며, 53%는 다른 사람이 올린 댓글을 삭제했다. 45%는 자기 이름이 태그^{tag}되어 있는 사진에서 이름을 지웠고, 19%가 나중에 후회한 내용을 올린 적이 있다고 고백했다. 이처럼 디지털 원주민에 해당하는 새로운 세대는 점점 프라이버시 관리의 중요성과 디지털 평판의 의미를 이해하기 시작했다. 이는 앞으로 새로운 소셜미디어를 선택할 때 매우 중요한 요인이 될 것이다. 이와 같이 10대들은 지속성이 높거나 지나치게 공개적인 서비스를 떠남으로써 공적 공간과 프라이버시 개념 변화에 대한 대응을 하고 있다. 모바일 시대 변화 중 하나가 메신저를 통한 새로운 커뮤니케이션 채널의 구축이면서 동시에 익명성을 보장받고, 영속성 없는 콘텐트에 대한 선호라고 할 수 있다. 대표적으로, 6장에서 살펴본 스냅챗^{Snapchat}의 인기는 바로 기존 소셜미디어가 주는 부담감에 대한 반발이라고 볼 수 있다.

2013년 미국 대통령 과학기술자문위원회 보고서에서는 프라이버시 기반의 연구 개발의 중요성을 지적했다.[36] 보고서에서는 프라이버시 연구를 전담하는 정부의 연구 기관이 하나도 없다는 사실이 매우 놀라우며, 앞으로 이에 대한 대책이 필요하다고 주장했다. 더군다나 이제 사람을 넘어 수많은 스마트 기기가 인터넷에 연결되는 사물인터넷Internet of Things 시대에는 우리가 인지하지 못한 상황에서 개인정보와 프라이버시에 해당하는 데이터가 수집되고 활용되기 때문에, 프라이버시에 대한 기술 기반과 변화, 이에 대한 동의와 사용 범위를 어떻게 사회적 관념과 일치시킬 것인가에 대한 연구가 매우 중요해질 것이다.

  기업의 전문가들이 아무리 프라이버시 시대가 끝났다고 얘기해도 사람들은 아직 환경에 익숙하지 않고, 자신의 프라이버시를 지키기 위한 노력을 학습을 통해 이루고 있다. 프라이버시를 더욱 쉽게 제어하는 기능은 소셜미디어에서 매우 중요하게 다뤄져야 할 기능이다. 나 또한 일부 친구에게만 보내려고 했던 메시지를 그룹 메시지로 발송해 매우 당혹감을 느꼈던 경험이 있다. 내가 이해를 잘못했다기보다는 서비스의 기능이 우리가 생각한 것만큼 직관적이지 않았기 때문이라고도 할 수 있다. 더군다나 내가 어떤 옵션을 선택해서 올린 글이 도대체 어디까지 누구까지 보게 되는 것인지 잘 이해가 안 되는 경우가 많다. 앞으로 등장할 새로운 소셜미디어는 매우 개선된 프라이버시 제어 기능을 잘 고려해 만들어줘야 할 것이다.

12장 영향력자에 대한 진실 혹은 환상

12.1 영향력자를 찾기 위한 학계의 노력

사람들은 사회 안에서 다른 사람들의 생각과 판단에 영향을 받는다. 소셜미디어 마케팅에서는 이처럼 사람들에게 영향을 주는 소위 '영향력자^{influencer}'를 찾아내고 그들과 좋은 관계를 맺고 소통하기 위한 노력을 끊임없이 하고 있다. 이는 심리학, 사회심리학, 조직학, 언론정보학, 인지과학, 경영학 등에서 꾸준히 연구되어 온 중요한 연구 주제다.

우리는 최근 일 년 동안 누구에게 가장 큰 영향을 받았을까? 과거 많은 연구에서는, 인터뷰나 설문 조사를 통해 가장 영향을 많이 주었다고 생각하는 사람을 떠올리게 하는 방식을 채택했다. 그러나 나중에 이 연구결과를 검증해 보니 사람들은 대부분 실제 자신에게 영향을 끼친 사람이 누구인지 잘 파악하지도 못하거나 부정확한 대답을 하는 경우가 많았다. 특히 사람들은 시기적으로 가장 최근에 받은 영향을 더 크게 생각하는 경향이 있다. 우리가 영향을 받는다는 것은 무엇을 의미할까? 무엇인가를 구매하게 만들거나,

행동을 따라 하게 만들고, 나아가서는 자신의 신념과 가치관을 변하게 만드는 수준까지의 영향력을 논할 수 있다. 실제 영향력에 대한 연구가 어려운 것은 누군가가 서로 비슷한 행동을 했다고 해도, 둘이 유사한 사람이기 때문인지 아니면 한 쪽이 다른 쪽의 영향을 받아서인지 확인하는 일이 매우 어렵기 때문이다.

말콤 글래드웰은 자신의 책 『티핑 포인트』[1]에서 소수의 법칙을 논하면서 이러한 영향력을 발휘하는 사람들을 커넥터^{Connector}, 메이븐^{Maven}, 세일즈맨^{Salesman}으로 분류했다. 커넥터는 허브로서 많은 사람과 연결되어 있고 입소문 배포자의 역할을 하는 사람이다. 메이븐은 특정 분야의 전문가나 지식인으로, 신뢰를 바탕으로 지식을 전파하거나 커넥터의 이야기에 전문성에 바탕해 지지를 표현하는 사람이다. 세일즈맨은 말 그대로 남을 설득하고, 남들의 행동이 이루어지게 유도하는 사람들이다.

여러분들이 처음 스마트폰을 구입하게 된 것은 누구의 영향일까? 트위터나 블로그에서 유명인이 언급하고 그 장점과 뛰어난 점을 찬양하는 전문가의 글을 읽고 샀을까? 아니면 사야 하는 이유를 떠들고 자기가 산 스마트폰의 우수함을 매번 강조하는 사람들에 의해 최종 의사 결정을 했는가? 혹은 함께 근무하던 동료들이 하나 둘씩 구입하는 것을 보고 어떤 압박감을 느껴서 산 것일까? '아니 저 친구마저?' 하면서 이제 해당 스마트폰 없이는 대화에 낄 수도 없고, 친구들 앞에서 전화기를 꺼낼 수도 없게 되어서 산 것일까? 여러분이 투표장으로 향한 것은 정치인이나 유명인이 트위터에서 투표율이 어느 이상 되면 춤을 추겠다는 트윗을 봤기 때문인가? 아니면 이를 보도한 언론을 보고 결심한 것인지? 또는 그저 친구의 포스팅을 보다가 결정한 것일까?

초기의 연구들은 소위 허브라고 불리는 사람들, 즉 많은 사람에게 연결 링크가 있는 사람의 중요성을 강조했다. 8장에서 이야기한 우편물 전달 실험을 한 스탠리 밀그램의 실험에서도 이런 허브의 중요성이 강조되었다. 언론 정보학에서는 매스 미디어의 메시지가 직접 최종 소비자에게 전달되기보다는 오피니언 리더들이 메시지 전달에 중요한 역할을 한다고 본다. 이와 같은 2단계 유통 이론이 50년대부터 관찰되어 왔고 아직도 많이 언급되고 있다. 폴 라자스펠드^{Paul Lazarsfeld}와 엘리후 카츠^{Elihu Katz}는 1955년 『퍼스널 인플루언스^{Personal Influence}』라는 책에서 이 2단계 유통 이론을 정립했

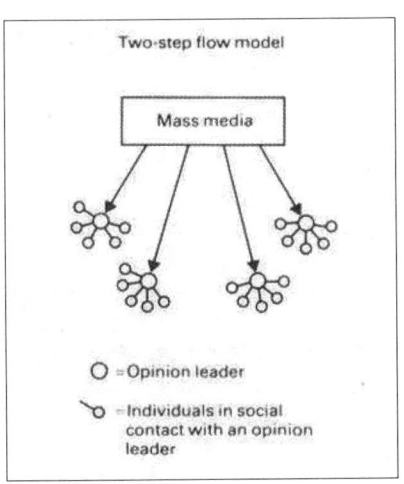

그림 12-1 2단계 유통 이론과 오피니언 리더 [출처: 카츠&라자스펠드(1955)]

다.² 라자스펠드와 동료들은 미국 대통령 선거 기간 동안 오하이오 주 에리 지역 투표 과정에서 라디오와 신문의 영향을 분석한 '국민의 선택'이라는 1944년의 연구를 통해 개개인 상호 간에 채널이 존재하며 의견 선도자(오피니언 리더)의 영향이 매스미디어의 영향보다도 더 클지 모른다는 가설을 내세웠다.³

영향력자에 대해 많은 연구를 한 던칸 와츠 박사는 소위 '허브'가 존재하고 역할을 하는 것은 맞지만 그렇게 핵심적이지는 않다는 연구 결과를 여러 번 발표했다. 허브 못지 않게 또 다른 상황이나 요소가 매우 중요한 역할을 한다는 것이다. 또한 메시지 전파에서도 두 단계 영향이 아니라 서로에게 복잡하게 영향을 주고받는 네트워크가 존재함도 밝혔다.⁴ 그러나 2011년에 발표한 논문⁵에서는 트위터에서는 단지 2만 명에 불과한 (연구 대상의 0.05%) '트위터 엘리트'들의 트윗이 전체 소비되는 트윗의 50%에 해당하며(이들이 생성하는 트윗의 양은 적으나 팔로워들을 통해 전파되는 비중이 높다.), 이를 통해 트위터에서는 2단계 유통 이론이 다시 확인되었다. 트위터 공간은 전형적인 미디어 네트워크의 특성을 갖고 있는 것이다.

2010년 나의 연구팀이 행한 국내 트위터 공간의 영향력자 분석 조사에서는, 정보를 전달하고 확산시키는 데 역할을 많이 하는 사람들과 사회적 의제를 제시하고 이를 토의하게 만드는 사람들이 각각 다른 그룹이라는 사실을 알아냈다.⁶ 링크가 포함되어 있는 트윗을 리트윗하게 만들고 많은 사람들에게 공유하게 만드는 그룹의 사람들이 있는가 하면, 어떤 주제에 대해 수많은 사람들이 다양한 의견을 쏟아내며 토의하도록 유도하는 그룹의 사람들이 따로 존재한다는 사실을 발견한 것이다. 이를 '정보 영향력자'와 '어젠다 세터$^{agenda\ setter}$'라는 그룹으로 분류했다. 2010년 국내 트위터 사용자 15만 명을 대상으로 두 가지 영향력 그룹을 분석해 보니, 정보 영향력자와 어젠다 세터는 두 개의 미디어 사이트를 제외하고는 매우 다른 사람들로 이루어져 있음을 알 수 있었다.

우리는 정보의 영향력을 측정하기 위해, 링크 정보가 얼마나 빨리 얼마나 많은 사람에게 리트윗되는지를 수식화했다. 어젠다 세터는 하나의 트윗에 의해 얼마나 많은 대화가 생성되는가를 측정해 발견했다. 또한, 정보 영향력자도 그 주제에 따라 다른 그룹이 형성될 수 있기 때문에, 링크의 내용을 분류하는 알고리듬을 이용해서 링크 정보를 기술, 비즈니스, 사회적 이슈 등으로 나눴다. 흥미로운 것은 전체 정보 영향력자 리스트에서 가까스로 100위권 안에 들어가는 계정이 사회 이슈 카테고리에서는 5위권 안으로 진입함을 발견했다. 여기에 해당하는 계정은 @meesarang과 @mediamongu였다.

2010년 막스 플랑크 연구소에 있던 차미영 교수팀은 트위터에서 팔로워가 많은 사람이 과연 리트윗이나 멘션도 많이 만들어 내는가에 대해 분석한 결과를 보고하기도 했다.[7] 5,400만 명의 사용자와 20억 개의 팔로우 링크, 17억 개의 트윗을 대상으로, 그 중 10개 이상을 트윗하거나 의미있는 이름을 사용하는 600만 명의 데이터를 바탕으로 이란 대통령 선거, H1N1 인플루엔자 발생, 마이클 잭슨 사망 뉴스 등을 대상으로 리트윗과 멘션의 발생 패턴을 분석했다. 전반적으로 인기도를 나타내는 팔로우 수와 리트윗, 멘션은 상관 관계가 높았지만, 상위 1%나 10%로 좁혀서 보게 되면, 팔로우 숫자는 리트윗과 멘션의 증가와는 강한 상관 관계를 보이지 않았다. 리트윗이 많이 이루어진 사람과 멘션이 많이 발생하는 사람과는 높은 상관도를 보이는 반면, 인기도는 동일한 영향을 주지 못함을 알 수 있었다. 이 연구는 팔로우 수의 증가가 어떤 주제에서는 생각보다 영향을 크게 미치지 못할 수 있음을 보여주는 초기 연구로 인정을 받았다.

블로그는 사용자들의 구매과정이나 장소 선택 등에 미치는 영향이 크기 때문에 각 기업들이 블로거의 영향력에 큰 관심을 보여왔다. 학계에서도 2004년 월드와이드웹 컨퍼런스에서 워싱턴 대학의 캐시 길$^{Kathy\ Gill}$이 저널리즘으로서 블로그의 영향력에 대한 논문을 발표했다.[8] 블로그 공간에서는 기존에 영향력이 있는 주요 뉴스 사이트나 미디어의 전문 저널리스트가 블로깅을 하기도 하지만, 새로운 사람들이 이야기를 구성하거나 뉴스 어젠다를 만들어 내기도 한다. 그러나 블로그 자체에 링크 구조 형식이 있기 때문에, 과학 논문의 인용 지수를 측정하는 과거 방식을 활용해서 블로그의 영향력을 측정할 수 있다는 주장이다.

2008년 아리조나 대학의 니틴 아가왈$^{Nitin\ Agarwal}$은 블로거의 영향력을 측정하기 위한 여러 지표를 모아서 영향력 있는 블로거를 찾아내는 방식을 제안했다.[9] 단지 열성적인 블로거가 영향력이 있다고 간주하기보다는 좀 더 면밀히 특성을 찾아내고자 했다. 이들이 고려한 첫 번째 지표는 각 포스트로 들어오는 연결 링크가 많은가 하는 점이고, 두 번째는 댓글 등을 통해 타인의 활동을 유발하고 있는가, 세 번째는 얼마나 새로운 생각인가 하는 점으로서 이는 밖으로 연결되는 링크가 많은 것은 오히려 새로운 생각이 아닐 수 있다고 추측했다. 마지막으로 내용이 얼마나 설득력이 있는가 하는 점으로서, 이는 블로그 포스팅의 길이가 길수록 내용이 사람들의 관심을 더 끌 수 있다고 가정했다.

블로그를 모아서 제공하는 테크노라티Technorati 서비스에서도 자신들의 메타 블로그에서 테크노라티 권위라고 부르는 블로그의 영향력을 측정해서 제공한다.[10] 여기에는 각 블로그 사이트의 링크를 연결하는 행위, 범주화 방식, 특정 시간 동안의 관련 데이터를 기반으로 점수를 산출한다. 점수는 0에서 1,000 사이의 숫자로 나타내며, 이를 바탕으로 테크노라티 사이트에서는 전체 블로그 공간에서 상위 100위에 해당하는 블로그 리스트인 테크노라티 랭킹을 발표한다.

국내에서도, 블로거에서의 영향력자를 확인하기 위해서 네이버 등의 포털들은 매년 파워블로거 리스트를 선정해서 발표한다.*
2009년 당시 내 학생이었던 문은영은 네이버의 도움을 받아 이 파워블로거가 진짜 영향력이 높은 사람인가를 재확인하는 분석을

---

* 나는 사실 파워블로거라는 단어를 별로 좋아하지 않는다. 해외에서는 이들을 액티브 블로거 또는 알파 블로거라는 말로 부른다. 블로거 앞에 '파워'를 붙이는 말은 블로거의 역할에 대해 왜곡된 인상을 줄 수 있는 표현이라 생각한다.

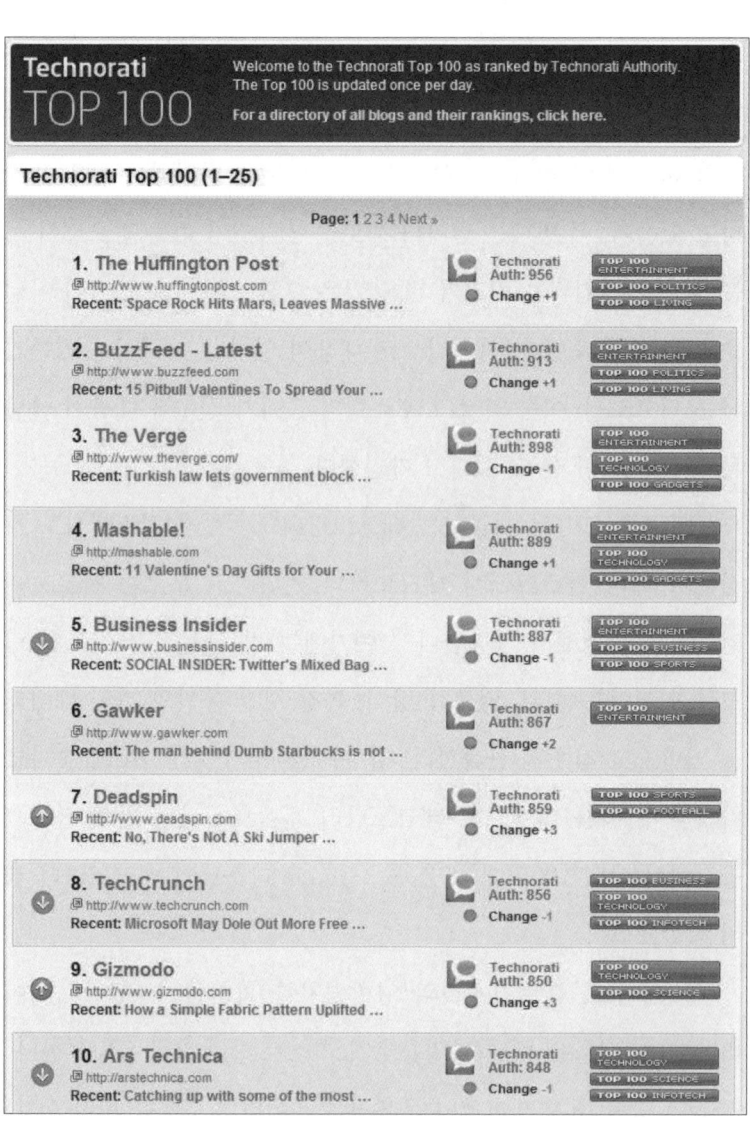

그림 12-2 테크노라티의 톱 100위에 랭크된 블로그 중 상위 10개

행했다.[11] 우리는 분석 대상으로 선정된 음식 요리 분야에서 뽑힌 파워블로거가 영향력이 높다면 그 구독자들이 내용을 공유하거나 공감을 표시하고, 자신의 블로그에 파워블로거의 포스팅을 언급하는 빈도가 높을 것이라고 생각했다. 조사 결과, 소위 파워블로거가 모두 다 영향력을 강하게 발휘하는 것이 아니라, 블로그 구독자들과 감성적 유사성이 많은 블로거일수록 영향력을 많이 끼친다는 사실을 알아냈다. 그저 구독자가 많거나 포스팅을 자주 하는 사람보다는 유사한 태그를 많이 사용하고 상호 공감 가능성이 높은 구독자를 가진 블로거의 더 역할이 크고, 그 구독자들이 블로거의 내용을 퍼뜨리거나 자기 블로그에 내용을 참조하고, 행동을 따라 하는 사례가 많다는 사실 또한 알아냈다. 이는 또 다른 측면에서 자주 상호 작용하는 사람들의 유사성이 더 높을 수 있고, 자주 상호 작용을 하는 사람끼리 서로에게 영향을 미칠 가능성이 더 높으며[12], 관심사가 일치하게 되고 정보의 전파가 더 잘 이루어진다는 여러 연구 결과와 일치하는 것이다.[13]

실제로 던칸 와츠는 공감을 이끌어 내는 감수성 수준이 영향력에 매우 큰 작용을 한다고 주장했다. 즉 많은 사람과 연결된 허브보다, 어떤 정보에 매우 민감하게 반응하는 내 주변의 친구들이 때로는 정보 확산에 더 크게 기여할 수 있다는 것이다. 또한 2007년 「하버드 비즈니스 리뷰」에 발표한 '우발적 영향력자'라는 글에서는, 미디어 이론에서 알려진 '2단계 정보 유통' 이론이 적용되지 않을 수도 있음을 밝혔다.[14] 유튜브의 비디오 전파 과정을 분석한 와츠의 연구에서는 대단히 유명한 인물보다는 오히려 쉽게 영향을 주고받는 많은 이웃을 보유한 일반인이 수백만의 사람들로 하여금 비디오를 시청하게 만드는 결과를 이끌어냈음을 확인했다. 중요한 것은 타이밍, 근접도, 그리고 상황이었으며, 그렇게 우연하게 영향을 발휘하게 되는 사람을 '우발적 영향력자'라고 불렀다. 따라서 온라인에서는 누구든지 새로운 글로벌 트렌드를 만들어 내는 핵심 사용자가 될 수 있는 것이다.

특히 와츠는, 사회적 유행의 확산에는 흔히 알려진 영향력자의 역할이 크게 작용하지 않는다는 점을 발견했다. 그가 연구한 글로벌 폭포 현상Cascade(네트워크를 통해 영향이 단계적으로 넓게 퍼져가는 것)이란, 소수의 영향력자 때문이 아니라 쉽게 영향을 받는 임계량critical mass의 사람들이 존재하고 이들이 특정 경향을 받아들인 바로 옆의 사람에게서 영향을 받았을 때 발생한다는 것이다. 즉 어떤 개인이 지엽적으로 영향력을 발휘하는지 여부보다는 연쇄 반응을 일으키면서 퍼져나갈 수 있는 임계량의 사람이 존재할 경우에 글로벌 확산이 일어난다는 주장이다. 물론 어떤 상황에서는, 아주 영향력이 높은 사람이 임계치에 해당하는 규모의 쉽게 영향받는 사람들을 작동시킴으로써 글로벌 확산을 일으킬 기회가 더 많을 수 있다. 그러나 대부분의 경우는 사회적 유행을 시작하는 사람의 특성보다는 쉽게 영향을 받는 사람들의 존재 규모와 그들이 어떻게 연결되어 있는가에 따라 폭포 현상의 크기와 빈도가 정해졌다.

이처럼 사회적 유행에 대한 글로벌 폭포 현상과 같은 '정보의 확산$^{Information\ Diffusion}$'은 사회적 영향력 연구에 있어서 또 하나의 분야다. 연결되어있는 친구 간 정보 확산의 특성을 연구함으로써 영향이 어떻게 퍼져나가는지 알 수 있기 때문이다. 전통적으로 소셜 네트워크를 통한 정보 감염과 확산에 대해서는, 사람들을 노드로 보고 각 노드 간에 방향이 있는 링크로 연결된 그래프를 통해 정보 또는 영향력의 폭포가 어떻게 만들어지는가를 분석하는 연구가 이뤄져 왔다. 즉 A라는 사람이 B라는 사람에게 영향을 미치면 A 노드에서 B 노드로 가는 방향 링크가 이루어지고 이런 방향 그래프를 기반으로 전달 과정의 특징을 분석하는 모델들이 연구됐다.

기본적으로는 크게 리니어 한계형 모델$^{Linear\ Threshold\ Model}$과 독립 폭포형 모델$^{Independent\ Cascade\ Model}$을 들 수 있다.[15] 한계형 모델은 노드 A에 감염된(영향받은) 이웃 노드가 A에 각각 가중치의 공헌을 하게 되며, 그 합이 어느 한계를 넘어서면 다시 노드 A가 감염된다는 모델이다. 이때 가중치는 노드 A와 이웃 노드 간의 링크 값이다. 이에 공헌한 학자들이 마크 그래노베터나 던칸 와츠 같은 연구자들이었다.[16, 17] 독립 폭포형 모델은 감염된 노드는 이웃을 단 한 번 특정 확률로 감염시키며, 이 확률은 두 노드 사이의 링크 값에 기반한다. 이때 그 노드는 어떤 특정 시간에만 이웃 노드를 감염시킬 수 있는 반면 다른 시간에는 하지 못한다는 가정과 그 확률은 시간에 독립적이라는 가정을 갖는다.[18] 이런 모델들은 매우 단순화시킨 것이지만 전체 현상을 이해하는 데 많은 도움을 주었다.

와츠 박사는 전체 그래프로 정보 폭포 확산이 일어나는 경우에는 두 가지 제약이 있다는 사실을 밝혔다. 첫째, 네트워크 연결 상황이 희박할 때, 정보 폭포의 전파는 네트워크의 전체 연결성에 제약을 갖는다. 즉 한계치가 매우 작아도 대부분의 아이디어(메시지, 제품 등)는 퍼지지 않는데 이는 노드 상호 간에 영향을 줄 만큼 충분한 상호작용이 일어나지 않기 때문이다. 둘째, 네트워크가 촘촘히 연결되어 있을 때는 한계치가 제약 조건인데, 노드 A에게 주어진 한계치 값이 클수록, 그 노드 A가 감염될 가능성이 낮아진다는 것이다. 이를 다른 말로 표현하면 수용 한계점*이 낮은 사람은 쉽게 새로운 정보를 받아들이지만, 수용한계점이 높은 사람은 정보를 쉽게 받아들이지 않는다고 생각할 수 있다. 그러나 여기에서 중요한 것은 '전체 네트워크의 밀도†가 어떠한가' 역시 중요하다는 점이다. 즉 밀도가 낮은 네트워크에서는 수용한계점이 낮아도 새로운 정보나 혁신이 퍼져나갈 방안이 없다. 초기 연구는 대부분 하나의 정보 확산을 가정했지만 실세계에서는 여러 제품이나 정치적 메시지, 아이디어 등이 서로 경쟁하기 때문에 노드들의 관련성은 특정한 폭포에 대응해 이웃과 함께 진화하는 경우가 많다. 이는 다양한 다이나믹스‡와 더 복잡한 모델을 요구하게 된다.

이런 정보 확산 연구는 전염병의 확산 모델을 통한 연구가 가장 많이 이루어졌으며, 정보 '감염'의 가능성은 얼마나 많은 '감염된'

---

* 수용 한계점이란 외부로부터 정보나 영향을 받아들이는 한계 수준을 의미한다. 수용 한계점이 낮은 사람은 쉽게 정보를 받아들인다.
† 전체 네트워크의 밀도란 전체 네트워크에 있는 노드 간에 연결할 수 있는 모든 링크(엣지)에 대한 실제 연결 링크의 비율을 말한다. 즉 밀도가 높다는 것은 많은 노드 간의 링크가 존재한다는 의미다.
‡ 다이나믹스란 시간에 따라 네트워크가 어떻게 바뀌는가를 연구하는 것을 의미한다

사람과 접촉이 이루어졌는가에 의해 결정된다는 것이 전통적인 연구 흐름이다. 이 밖에도 정보 영향력과 확산의 모델 연구로는 마르코프 임의 장Markov Random Field, 게임 이론 기반 모델들이 사용되어 왔다. 이런 여러 이론과 연구는 많은 경우 시뮬레이션 실험을 통해 모델에 대한 검증이 행해졌다. 최근 온라인 커뮤니티나 소셜미디어가 활발해지면서 수많은 데이터에 대한 접근이 가능해진 것은 영향력자 연구자들에게는 매우 새로운 시각을 안겨주었다.[19]

2012년 야후 연구소에서 동료들과 함께한 연구를 발표한 왓츠는, 자신들이 흔히 생각했던 매우 많은 단계의 정보 확산폭포 효과가 실제 수백만이 사용하는 7개의 온라인 공간에서 어떻게 이루어지는가를 확인했다.[20] 그 결과, 대부분의 폭포 현상은 매우 짧은 단계에서 이루어지며, 대부분의 정보 채택은 근원이 되는 노드에서 한 단계로 연결된 사람들에 의해 이루어진다는 사실을 알아냈다. 다단계의 확산도 물론 일어나기는 하지만 이는 전체 확산에서 일부만을 차지할 뿐이었다. 또 한 가지의 발견은 사람들이 외부의 매스 미디어 등에서 관심 제품에 대한 정보를 많이 습득할수록 정보를 많이 습득할수록, 소셜 공간에서 타인이 주는 참고 정보의 영향을 덜 받는다는 점이었다. 다만, 네트워크상 이웃의 선호도가 더 유사할수록, 바이럴에 의해 새로운 제품을 채택하는 횟수 또한 늘어났다.

또 다른 연구로는 2012년 월드와이드웹 컨퍼런스에서 발표된, 페이스북 분석에 의한 흥미로운 연구 결과를 들 수 있다.[21] 2억

5,300만 명의 사용자들이 친구와 정보를 공유하는 과정과 이의 영향력 정도를 분석한 이 연구에 따르면, 기존 연구에서 예측한 것과 마찬가지로, 사용자들은 많은 사람들이 공유하는 정보를 공유할 가능성이 매우 높았다(사용자가 공유하도록 영향을 미칠 확률이 높아진다는 의미다.). 그러나 가장 큰 영향력을 주는 콘텐트는 오히려 다른 친구들이 공유하지 않는 것일 확률이 더 크다는 점도 발견됐다.

또한, 마크 그래노베터의 '약한 유대'가 새로운 정보의 확산에는 더 유용하다는 1974년도 논문에 대한 검증도 이뤄졌다. 분석에 따르면, 개개인에게 직접적으로 주어지는 영향력은 '강한 유대'가 더 크게 작용하지만 온라인 공간 전체에서 살펴볼 수 있는 영향력의 크기(정보의 확산 정도)는 약한 유대 기반의 네트워크에서 더 크게 결집되어 나타남을 파악했다. 많은 연구자들이 과거에는 관찰하기 어려웠던 정보의 확산 과정이 이제는 대규모 온라인 공간에서 사용자들의 데이터 수집을 통해 그 과정과 결과를 손쉽게 관찰할 수 있게 되었으며, 앞으로 영향력이나 정보 확산이 실제로 어떻게 일어나는가를 좀 더 실증적으로 분석할 수 있는 기회를 제공하게 된 것이다.

12.2 평판을 점수로 전환해서 서비스하는 회사들

소셜미디어 마케팅에서도 영향력자는 매우 중요하게 언급되고, 영향력자를 찾아서 브랜드 인지도를 높이거나 사용자의 참여율을 증진시키고 캠페인을 성공시키려는 노력이 이뤄져 왔다. 많은 소셜 캠페인이 유명인에 의해, 때로는 그냥 평범한 일반인에 의해 욕을 먹거나 큰 장벽에 빠지고, 이로 인해 기업 전체가 비난을 받는 경우 또한 발생하기 때문이다.

디지털 영향력을 이해하거나 분석하기 위한 기반 연구 자료로는 2012년 알티미터 그룹의 브라이언 솔리스가 정리한 '디지털 영향력이 떠오르다'라는 보고서가 매우 유용하다.[22] 이 보고서에서 솔리스는 디지털 영향력을 이해하기 위해서 기업이 답을 얻어야 하는 가장 기본적인 질문을 다음과 같이 정리했다.

- 영향력이란 무엇이며 무엇이 사람을 영향력 있게 만드는가?
- 소셜네트워크에서 누가 영향력을 지니며 왜 그런가?
- 영향력이나 영향력의 크기를 어떻게 인지할 것인가?
- 디지털 입소문이 내 사업에 어떤 영향을 줄 것인가?
- 영향력 있는 소비자와 성공적인 인게이지먼트engagement(참여도)를 어떻게 측정할 것인가?

디지털 영향력을 측정하기 위해 여러 기업은 점수로 영향력 수치를 표시하는 방식을 채택했다. 글 작성자의 평판 수준을 확인하는 방법 중 하나는 작성자의 다양한 소셜미디어 활동을 모아서 활동 수준과 작성된 글이 사람들에게 어떤 영향을 미치고 어떻게 파급되거나 소비되는가를 측정하는 방법을 들 수 있다. 또한 소셜미디어에서 영향력을 측정하는 모델을 기반으로 각 사용자의 평판 수준을 수치화하는 방식의 서비스나 도구는 여러 가지가 활용되고 있다. 대표적으로, 클라우트^{Klout}, 탑시^{Topsy}, 피어인덱스^{PeerIndex}, 트윗레벨^{TweetLevel} 같은 소셜 랭킹, 소셜 스코어링$^{social\ scoring}$ 서비스들이 있다. 이런 서비스들은 사용자의 평판을 측정하면서 영향력을 분석한다고 설명하며, 사용자들이 소셜미디어에서 하는 활동 중에서 측정 가능한 요소로서 정량적인 분석을 하여 그 결과를 하나의 점수로 표현하는 방식을 사용한다. 영향력이든 평판이든 간에, 이런 서비스들이 사용하는 지표는 다음과 같다.[23]

- 리치^{Reach}: 사용자가 보유한 팬과 팔로워의 수로서, 때로는 2단계 네트워크의 리치 규모를 반영하기도 한다.
- 팔로워 비율: 내가 팔로우하는 사람과 나를 팔로우하는 사람의 비율
- 활동: 상태 업데이트를 하는 빈도. 즉 포스팅 횟수를 뜻한다.
- 내 포스팅에 대한 다른 사람들의 참여도: 리트윗, '좋아요', 댓글 등 내가 올린 글에 대해 타 사용자가 취하는 참여^{engagement} 정도와 내 글이 퍼져나가는 범위 등
- 타 사용자의 콘텐트에 대한 나의 참여: 타 사용자의 콘텐트에 댓글을 달거나, 리트윗 또는 '좋아요' 등으로 상호작용을 하는 수준
- 시맨틱^{Semantics}: 내가 생성하는 콘텐트에 주로 등장하는 키워드나 주제, 그리고 타 사용자가 가장 많은 반응을 보이는 키

워드나 주제
- 다른 사용자들의 평점: 플랫폼에 따라, 사용자들 간에 특정한 주제에 대한 전문성이나 권위를 평가하는 기능이 있음

대부분의 서비스들은 이러한 요소를 결합한 모델을 통해, 특정 소셜미디어나 다수의 소셜미디어에서 특정인의 평판이나 영향력 지표를 점수로 제시한다. 가장 대표적인 클라우트의 경우 4억 명의 사용자가 점수를 받으며, 하루에 처리하는 데이터의 양은 200 테라바이트에 달한다. 20만 개 이상의 사업체가 이를 이용하며 하루에 1,200만 건 이상의 소셜 시그널을 처리한다. 그림 12-3은 이 서비스가 어떻게 작동하는지를 보여준다.

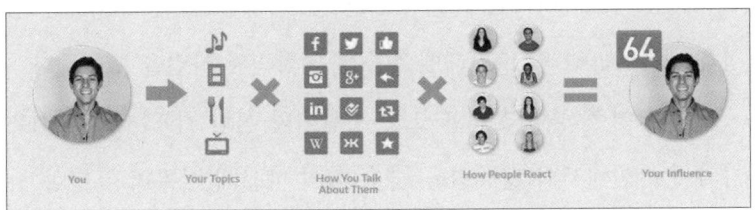

그림 12-3 클라우트의 영향력 점수 산출 방법 개요

이런 방식으로 나의 모든 소셜미디어를 감안한 클라우트 점수는 현재 68이다.

그림 12-4 나의 클라우트 점수

트윗레벨TweetLevel은 에델만Edelman에서 트위터 활동을 기반으로 만든 지표로 우리가 아는 트위터 계정을 입력하면 바로 결과를 얻을 수 있다. 종합 점수 외에도 영향력, 인기도, 인게이지먼트, 신뢰 점수 등을 따로 제시한다. 그림 12-5는 유명 트위터 사용자인 임정욱 씨(@estima7)의 트윗레벨 점수와 영향력자 타입을 보여준다.

그러나 이런 영향력 지표 또는 평판이나 신뢰 지표는 계정 소유자의 온라인에서의 활동만을 담고 있기 때문에 아무리 유명한 사람이거나 신뢰할 수 있는 사람이라고 해도 온라인 활동이 저조하면 실제 점수는 낮게 나타날 수밖에 없는 한계를 갖고 있다. 예를 들어 나의 클라우트 점수는 68점으로 @estima7의 66점보다 높지만, 나는 트위터에서 활발한 활동을 하고 있지 않기 때문에 나의 트윗레벨 점수는 32.4점에 불과하다. 따라서 다양한 평판 지표를 비교하거나 실세계에서의 활동을 같이 참고하는 방안을 취할 수밖에 없다. 이러한 지표는 실재하는 아이덴티티를 잘 알 수 없는 사람

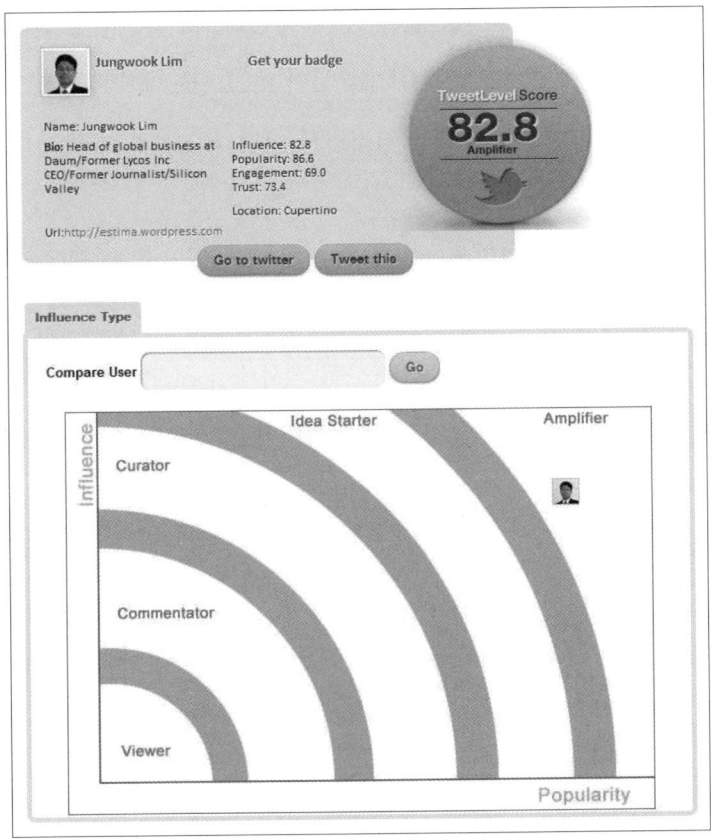

그림 12-5 유명 트위터 사용자 임정욱 씨의 트윗레벨

의 온라인 활동 지표를 확인하는 수준에서 사용될 수밖에 없다.

마이크로소프트 연구소의 다나 보이드가 지적했듯이, 이러한 방식은 서비스가 제공하는 점수 자체에만 흥미를 느끼는 사람들이 적극적으로 자기 점수를 조작해서 더 상위 점수를 올릴 수 있는 점을 간파하고 점수 자체가 무엇에 이용되는지를 알기 때문에 독립적일 수 없다는 한계가 있다. 실제로 유명한 블로거이면서 테크

저널리스트인 로버트 스코블$^{Robert\ Scoble}$은 자신의 클라우트 점수가 초기 브라우저 모자익^{Mosaic}을 만들었던 마크 안드레센$^{Marc\ Andreessen}$보다 더 높게 나오는 점을 지적하면서 이런 점수화의 맹점을 비판했다.

또한, 대표적인 미디어만을 참고로 하며, 국내의 경우 국내용 서비스는 반영할 수 없다는 한계가 있다. 국내에서도 이를 모방한 서비스 몇 개가 스타트업과 소셜 분석 회사에서 시도되었으나 대부분 실패하거나 관심을 끌지 못한 상황이다. 이는 서비스 내용이 국내 사용자에게 흥미를 끌지 못했다기보다는 좀 더 체계적이고 탄탄한 이론적 모델을 갖지 못하고 피상적이거나 기초적인 데이터 분석만을 시도했기 때문이었다. 따라서 누가 보더라도 인정할 수 있는 수준의 영향력 지수를 산출하지 못했기 때문이라고 생각한다.

평판을 점수로 환산해서 쉽게 알 수 있는 지표로 제공하는 서비스는 많은 기업이나 프리랜서로 활동하는 전문가들에게는 나름대로 기초적인 참고사항을 제공하는 서비스 역할을 한다. 실제로 클라우트가 점수 환산 체계를 바꿀 때마다 많은 사용자들이 불만을 토로하거나 항의를 하는 이유는 자신의 점수를 통해 자기가 갖고 있는 영향력의 수준을 보여주고자 하기 때문이다. 널리 알려진 유명인이나 오피니언 리더에게는 큰 영향을 주지 않더라도 소셜미디어에서 활발히 활동하는 개인에게는 자신의 활동 내용이 어떤 효과를 갖거나 어느 수준의 의미를 갖고 있는지를 판단할 수 있는 지표가 되기 때문에 충분히 의미있는 서비스로 발전할 가능성이 있다. 국내의 여러 서비스를 모두 담아서 의미있는 이론적 배경을 갖고 영향력이나 평판 점수를 제공하는 것은 어떤 사람의 활동이 갖는 가치에 대해 중요한 참고자료가 된다. 또한, 특정인의 글이나 정보가 믿을 만한 것인지를 판단하는 데 중요한 기준이 될 수 있기 때문에 앞으로 이 분야에 대한 관심과 기술 투자가 지속적으로 이루어져야 할 것이다.

13장 집단 사고와 편향성, 집단 행동을 통한 사회 변화

13.1 대중의 지혜와 소셜미디어

국내에서만 스마트폰 사용자 3,000만 명, 소셜미디어 사용자 2,000만 명의 시대를 맞이하면서 소셜미디어와 실시간 미디어가 사회 전 분야에 미치는 영향이 급속도로 커지고 있다. 날마다 끊이지 않는 사회 이슈와 정치적 사건, 기업 활동에 대한 비판과 의견이 기존 언론뿐 아니라 소셜미디어에서도 넘쳐난다. 때로는 근거 없는 이야기가 확대 재생산되고, 이런 근거 없는 이야기가 기존 언론들을 통해 오가면서, 오히려 소셜미디어가 사회의 의제를 다시 설정하기도 한다. 소셜미디어에서는 특히, 선거나 기업 활동 같은 다양한 사회, 정치적 사안에 대해 적극적인 의견 표출과 논의가 이루어지고 있어서, 소셜미디어에서 발생하는 사회 여론 형성 과정에 대해 여러 학자들의 분석과 평가가 이루어지고 있다.

소셜미디어의 확산과 사용 확대로 인해 대중이 지혜를 발휘하게 되는지, 또 신뢰를 중심으로 사회 자본이 증가하는지 등에 대해서는 지속적으로 연구가 이루어지고 있다. 소셜미디어를 통해 타인의 생각과 믿음을 끊임없이 접하면서 다양한 견해와 관점들이 조화롭게 지혜를 만들어내는 경우도 있지만, 그렇지 못할 위험도 있다. 그 동안 소셜미디어에서 사용자 참여를 통해 집단 지성을 이루어 낸 성공적 사례는 바로 위키피디아를 들 수 있다. 그러나 SNS나 정보 네트워크인 트위터에서는 집단 지성의 모습뿐 아니라 그룹 편향성이나 쏠림의 문제가 동시에 발생하는 것도 사실이다. 개개인이 독립적 사고를 하기보다 '사회적 영향력 효과'라는 현상을 통해, 타인의 의견에 영향을 받아 대부분 '같은' 것만 읽고 한쪽으로 사고가 쏠리는 동질화^{Homophily} 현상이 일어나기 때문이다. 사회심리학 등에서 오랫동안 연구해온 사회적 영향력 효과란, 다른 사람에 의해 우리의 감성, 의견, 행동이 영향을 받는 것을 의미하며, 누군가의 의견에 순응하고, 그 의견에 따르며, 이를 내재화하는 여러 가지 유형과 방식으로 일어난다.[1]

사실 오늘날 소셜미디어에서 집단 지성이 발휘되는 다양한 사례는, 지성이라기보다는 제임스 서로위키$^{James\ Surowiecki}$의 주장처럼 '대중의 지혜'[2]의 모습을 더 갖췄다고 볼 수 있다. 서로위키는 현명한 개인이나 전문가 못지 않게 대중이 지혜로운 결론을 도출하려면 몇 가지 조건이 필요하다고 말했다. 첫째는 의견의 다양성이다. 다양성은 새로운 관점을 추가하기 때문에 집단적 사고가 갖는 파괴적 특성을 약화시킬 수 있으며, 해법의 범위를 확대한다. 두 번째는 의견의 독립성이다. 독립성은 그룹에서 한 개인의 실수가 전파되어 전체 집단의 판단 오류를 유도하지 못하게 한다. 독립성은 또한 새로운 자료의 존재 가능성을 높일 수 있다. 물론 독립성이라고 해서 사회적 영향을 전혀받지 않는다기보다는 서로에게 영향을 미치지만 자신의 데이터와 의견을 중심으로 생각을 펼쳐나가는 수준의 인지와 협력을 의미한다. 세 번째는 분산화와 통합이다. 다양한 의견이나 해결 방법이 분산되어 다양한 전문성을 갖도록 하면서도 그 의견을 모아서 통합해 낼 수 있는 방법이 필요한 것이다. 이런 방법에는 평균, 중앙값 찾기, 투표하기, 추천하기, 공동 편집하기 등의 다양한 방법이 있을 수 있다. 이러한 조건을 충족하기 어려울 때는, 대중의 지혜를 도출하기보다 편향되거나 왜곡된 의견으로 쏠릴 수 있고, 이러한 결과가 전체 집단에 영향을 끼쳐서 집단 사고의 위험에 빠질 수 있다.

2011년 스위스에서 행한 실험에서, 144명의 학생들을 칸막이로 분리시켜놓고 질문을 한 뒤 그 답을 모으자 정답에 매우 근사한 답이 나왔다.[3] 예를 들어 '취리히에 사는 새로운 이민자는 얼마인가?'라는 질문을 던졌을 때 학생들의 중앙값은 1만 명으로 정확한 값인 1만 67명에 매우 근접한 값이 나왔다. 그러나 다른 사람들의 추측값을 알 수 있게 하면서 의견을 모으자, 피실험자들은 점점 더 대중의 피드백에 기반하면서 자신의 예상값을 조정하기 시작했다. 결과적으로 전체의 답은 매우 좁은 범위로 좁혀져서 오히려 정답에서 더 멀어졌다. 이는 우리가 다른 사람들의 의견에 영향을 많이 받으면 오히려 집단 지성을 만들어내는 것이 더욱 힘들어진다는 '사회적 영향력'의 문제점을 그대로 보여줬다.

연구자들은 최근 들어 이러한 경향이 더욱 일반화되고 있으며 그 원인이 소셜미디어나 케이블 뉴스 같은 미디어의 영향이라고 주장한다. 사람들은 타인의 견해에 맞닥뜨리면 다른 사람들의 생각에 자신의 의견을 맞추는 경향이 있기 때문이다. 이처럼 개인의 독립적 사고가 유지되지 않으면 대중의 지혜나 집단지성이 형성되지 못하고 오히려 매우 극단에 치우치는 결과를 가져오기 쉽다.

니콜라스 카$^{Nicholas\ Carr}$는 자신의 저서 『생각하지 않는 사람』[4]에서 다양한 연구 사례를 들어 인터넷 학술 검색이 학술 연구에서도 다양성을 위축시키고 오히려 학술연구의 인용에 있어서 그 범주를 좁혔다고 지적했다. 인터넷은 필터링을 통해 사용자에게 유용한 정보만을 보여주는 경우가 많은데, 이는 오히려 우리가 알아야 하는 다양한 견해를 보이지 않게 하는 역기능이기도 하다. 시카고 대학의 사회학자 제임스 에반스$^{James\ Evans}$가 지난 50년 동안 출판된 학술 문서 3,400만 건을 분석했더니, 디지털화가 오히려 인용의 다양성을 상당히 축소했다는 사실을 밝혀냈다.[5] 구글 같은 검색엔진 결과의 상위에 나오는 논문을 우선 참조하기 때문에 설사 관련이 있다 해도 무명의 연구는 거의 무시된다는 것이다.

소셜미디어에서 집단 사고의 확산과 증가의 문제는 여러 연구에서도 나타난다. 2011년 야후 리서치 시절의 던칸 와츠 박사팀은 임의의 트위터 사용자를 선택해 분석했다. 그 결과 타임라인에 올라오는 트윗의 50%는 전체 트위터 사용자의 0.05%에 해당하는 2만 명의 엘리트 사용자가 만들어 내는 것임이 밝혀졌다.[6] 더욱이 문제가 되는 것은 이들의 동질성이 매우 강하다는 점이다. 즉 블로거는 블로거들끼리, 유명인은 유명인들끼리 소통하고 있었다. 국내의 경우에도 마찬가지다. 다음소프트의 2011년 자료에 의하면, 상위 20%의 사용자가 전체 트위터의 95%에 가까운 내용을 생성하며[7] 정치적 성향과 취향에 따라 그룹을 형성하고 있었다. 이들의 의견이 적절히 균형을 갖고 있다면 매우 건강한 사회를 반영하겠지만, 그렇지 않다면 트위터 공간에서는 일부의 견해가 매우 많은 사람들에게 노출되고 소비된다고 볼 수 있다.

소셜미디어에서는 네트워킹 기능 때문에 자연스럽게 취향과 생각이 같은 사람들끼리 그룹을 형성하고 동질성을 강화할 가능성이 높다. 아고라 같은 포럼이나 블로고스피어와는 달리, 나와 생각이 다른 사람들의 의견이 쉽게 눈에 띄지도 않고 토론과 대화가 이루어지기 어려운 구조이기 때문에 이러한 그룹 편향성이 더욱 강하게 나타날 수밖에 없다.

서울대 한규섭 교수는 2011년에 경희대 물리학과 박주용 교수, 서울대 물리학과 이덕재 연구원과 함께 18대 국회의원의 트위터 팔로워 30만 명의 성향을 분석했다. 이때에는 당시의 민주, 민노당 지지자가 47.7%, 한나라당 지지자가 2%로 현실 세계와 큰 차이가 있었다. 그러나 이때만 해도 트위터는 주로 진보 성향의 사용자들에게 적극적인 대안 매체의 성격을 띠던 시절이었기 때문에, 이후 보수 성향 사용자가 많이 유입되면서 지금 조사를 다시 시행한다면 상황이 크게 달라졌으리라 예상된다.

지난 2011년 10.26 서울시장 보궐선거에서 박원순과 나경원, 두 후보 팔로워의 다음 단계 팔로워 중 170만 명이 중복된다는 소셜 분석 전문회사 그루터의 분석을 보면, 양측 후보의 의견을 전파할 수 있는 환경이 구조적으로는 이루어져 있다고 볼 수 있다. 그러나 어떤 메시지를 팔로워에게 전파할 것인가 하는 점은 본인의 성향과 관련되어 있기 때문에, 사용자들의 성향에 따라 전파되는 메시지의 양이 결정될 수밖에 없다.

소셜미디어의 특징 중 하나인 친구 또는 팔로잉 관계에서 사람들은 자신의 관심사나 감성이 유사한 사람들과 좀 더 긴밀한 관계를 맺고 그러한 환경에서 얻어지는 정보에 더욱 매몰될 가능성이 높아진다. 지나친 동질성과 집단 편향성은 결국 다양한 의견의 창출과 교류를 통한 집단 지성과 대중의 지혜를 구현하는 데 있어서 가장 조심해야 하는 현상이다. 따라서 다양한 의견을 쉽게 접하고 교류할 수 있는 환경이 마련되어야 이와 같은 문제를 해결해나갈 수 있다.

하버드 법대 교수이며 오바마 정부에서 '정보와 규제 문제' 부서를 맡았던 캐스 선스타인$^{Cass\ Sunstein}$ 교수는 여기에 대해, '익숙하지 않고, 때로는 짜증나는 견해라 할지라도 예측하지 않은 방식으로 접하게 만드는 것이 민주주의와 자유 그 자체에 핵심'이라고 밝혔다.[8] 선스타인 교수는 자신의 책 『우리는 왜 극단에 끌리는가 $^{Going\ to\ Extremes}$』[9]에서 '집단 극단화' 개념으로 동질화의 문제점을 거론하는데, 같은 생각을 가진 사람들이 모여서 의견을 나누다 보면 더 극단적인 입장으로 빠져든다는 것이다. 또한 '평판의 압력'이 있어서 자신이 속한 그룹의 다른 구성원에게 자기의 이미지를 호의적으로 보이게 하고 능력이나 신뢰도에서 높은 평가를 받기 위해 집단 의사에 반하는 의견 제시를 꺼리게 된다고 주장했다.

이는 독일의 커뮤니케이션 학자 엘리자베스 노엘레노이만Elizabeth Noelle-Neuman이 1974년에 발표한 '침묵의 나선 이론the spiral of silence theory'에서 주장한 것과 같은 해석일 수 있다. 즉 인간은 자신의 의견이 사회적으로 우세하고 지배적인 여론과 일치하면 그것을 적극적으로 표현하지만, 그렇지 않으면 침묵을 지키는 성향이 있다는 것이다.[10] 그러한 동질 집단에서 나타나는 현상 중 하나가 사람들이 갖는 많은 심리적 특징 중 하나인 '확증 편향'으로서, 자신의 신념과 일치하는 정보는 받아들이고 신념과 일치하지 않는 정보는 무시하는 경향을 의미한다. 개인이 아닌 자신의 네트워크가 동질적인 구성원으로 이루어지면 이러한 확증 편향은 한 개인으로 끝나는 것이 아니라 자신과 연결된 유사한 사람들에게도 같은 영향을 미치게 되며 이는 결국 지속적인 신념의 강화와 극단화로 이끌린다는 것이다.

결국 같은 이야기를 주고 받게 되어 같은 이야기만 반복해서 울리게 된다는 소위 '에코 챔버Echo Chamber'의 현상이 두드러지게 된다. 자신의 신념에 맞는 매체만 보고 비슷한 사람들과 연결되어서 유사한 생각만을 주고받기 때문이다. 아주 평범한 사람들이 광적인 신앙그룹에 빠져서 점점 광적인 신념을 갖게 되는 모습을 오프라인에서 보듯이, 온라인에서도 이렇게 증폭된 왜곡된 편향성을 갖는 그룹을 보는 것은 그리 어려운 일이 아니다. 사실 사회과학에서는 이미 1950년대부터 동질성 원리라는 이론이 널리 받아들여지고 있다. 즉 사회 시스템에서 사람들은 자신과 유사한 사람들과 연결되는 경향이 있다는 점이다. 이를 통해서 만들어지는 에고센트릭egocentric 네트워크*는 사회적, 인구통계적, 행위적, 개인 간의 특징을 살펴볼 때 동질성을 띤다.[11]

동질화와 그룹 편향성이 생기는 원인 중 하나는 정보의 필터링이다. 점점 더 고도화된 개인화 기술은 검색이나 미디어 서비스나 쇼핑에서조차도 우리가 소비할 정보의 범위와 내용에 대해 필터링을 가하고 있다. 사용자가 좀 더 관심이 있는 정보일 것이라 판단하는 정보를 우선적으로 보여준다는 것이다. 이 문제는 엘리 패리저Eli Pariser도 자신의 책 『생각 조종자들The Filter Bubble』[12]에서 이러한 필터링이 개별화된 맞춤 정보를 제공하지만 결국 정보의 편식 문제를 불러오게 됨을 지적했다. 그런 측면에서 오히려 소셜미디어가 아닌 올드 미디어에 속하는 신문과 잡지, 라디오와 텔레비전이 다른 사람의 주장 혹은 내 생각과 다른 내용을 우연히 접하게 되는 구조를 제공하기 때문에 정보의 편향성에서는 좀 더 유연할 수 있다. 물론 이는 이러한 올드 미디어가 다양한 의견을 공정하게 보도한다는 것을 전제로 할 때 의미가 있다.

---

* 에고센트릭 네트워크는 소셜네트워크에서 어떤 특정인을 중심으로 연결되어 있는 타자들과의 네트워크를 말한다. 이와 달리 그룹이나 집단을 보여주는 네트워크는 소시오센트릭(Sociocentric) 네트워크라고 한다.

한편, 소셜미디어가 사람들의 동일한 목소리만을 반향하는 에코 챔버의 역할만 수행하는가에 대해 반증을 제시하기 위한 연구도 있었다. 미시간 대학의 에이탄 박샤이$^{Eytan\ Bakshy}$는 박사 논문 연구로 2억 5,000만 명의 페이스북 사용자를 대상으로 2010년에 7주 동안 실험을 했다.[13] 페이스북에서 친구가 링크를 공유하면 이를 사용자의 피드상에 보여줄 것인가를 결정하는 알고리듬이 엣지랭크^{EdgeRank} 알고리듬이다.* 박샤이의 실험에서는 이러한 공유 링크의 일부를 임의로 숨겼다. 이를 통해 두 개의 그룹을 만들었는데 하나는 페이스북에서 링크가 보이면서 이를 공유할 것인지 무시할 것인지를 본인이 결정하는 그룹이고, 또 다른 그룹은 페이스북 친구들을 통해서 링크를 알게 되지는 않았지만, 콘텐트를 페이스북이 아닌 외부에서 봤을 때 해당 링크를 페이스북 안에서 공유할 수 있는 그룹이다. 이를 통해 사람들이 친구가 전달했기 때문에 정보를 공유할 것인지 또한 그렇다면 어떤 친구가 재공유를 더 빈번하게 하는지를 파악했다. 마지막으로 '새로운 정보'가 어떻게 네트워크에서 퍼져나가는가를 살펴봤다. 만일 엣지랭크 알고리듬이 우리가 어디에선가 본 적이 있는 정보를 더 선호한다면 이는 페이스북이 에코 챔버의 역할을 한다고 판단할 수 있는 것이다. 그러나 엣지랭크가 '새로운 정보'를 퍼지게 한다면 이는 뉴스에게는 유용한 소스가 된다고 볼 수 있다.

---

* 엣지랭크에 대해서는 16장에서 다시 소개할 예정이다.

이 연구 조사에서 사람들은 친구 관계가 더 가까울수록 친구가 올린 링크를 공유할 가능성이 높다는 점이 밝혀졌다. 이는 페이스북이 에코 챔버의 역할을 할 수 있음을 보이는 것이다. 그러나 동시에 오히려 약한 유대로 연결된 관계에서 공유하는 경우도 발생했는데 이는 페이스북이 아니면 알 수 없었던 정보를 담고 있다는 것이었다. 즉 가까운 관계에서 공유하는 정보는 친구가 아니더라도 어디선가에서 볼 수 있는 정보임에 반해 약한 유대를 통해 공유되는 정보는 본인이 잘 가지 않았을 웹사이트의 정보일 가능성이 높다는 것이다. 특히 약한 유대가 매우 적다면 이러한 새로운 정보는 큰 비중을 차지하지 않겠지만, 박샤이가 발견한 것은 페이스북에서 우리의 관계는 대부분 약한 유대 관계라는 점이었다. 결론적으로 페이스북에서는 많은 관계가 약한 유대 관계이고, 따라서 대부분 우리에게 제공되는 정보는 새로운 정보이며, 이에 따라 SNS는 필터 버블이 아니라 이를 깨는 공간이 될 수 있다고 박샤이는 주장했다. 이는 1973년 마크 그래노베터가 발표한, 사회학에서 아주 중요한 논문인 「약한 유대의 힘」[14]에서 언급한 약한 유대의 중요성을 다시 한 번 확인한 것이라고 볼 수 있다.

이 연구 결과는 다음과 같은 점에서 매우 중요한 의의를 지닌다. 첫째, 단지 사람들의 행동을 관찰한 것이 아니라 마치 임상 실험처럼 실제와 같은 유사한 상황을 만들어서 판별했다는 점이다. 두 번째는 데이터의 규모다. 2억 5,300만 명의 사용자와 7,500만 개의 공유 링크는 지금까지 어떤 사회학 연구에서도 볼 수 없던 규모였다. 그러나 한편, 문제점도 있었다. 새로운 정보, 즉 약한 유대를 통해서 얻은 정보라는 것이 실제 본인의 이데올로기나 세계관과 다른 것인가를 알 수는 없다는 점이었다. 즉 진짜로 사용자에게 다양한 견해를 전달해 주는 것인가는 파악되지 않았으며, 또한 이를 사용자들이 어떻게 해석했는가도 알 수 없었다. 또한 약한 유대가 단지 페이스북에서 교류의 양이 적었다는 점만으로 그가 나와 유사성이 적은 친구라고 단정하기도 어려웠다. 친구를 맺는 과정에서 유사성이 작용했고 그저 잦은 교류가 없었을 뿐이라면, 그가 제공한 링크 역시 내용적으로는 공통점이 많은 내용일 가능성 역시 무시할 수 없는 것이다. 그러나 우리가 이 실험을 통해, 페이스북 사용자들이 아주 좁은 범위의 특정한 링크만을 공유하거나 소비하지는 않는다는 점을 알게 됐다. 더군다나 이제 소셜미디어의 데이터를 통해서 인간의 행동 특성을 대규모로 파악할 수 있다는 긍정적인 환경 변화에 대한 학계의 기대가 크다.

국내에서도 정치 사회 이슈에 대한 다양한 의견이 좀 더 자연스럽게 노출되고 소비되며 다른 의견을 가진 사람을 존중하고 집단사고나 집단 편향성의 함정에 빠지지 않기 위한 소셜미디어의 기능이나 사용자 행동방식에 대한 연구가 더 많아져야 한다. 또한 어떤 소셜미디어 공간이 좀 더 이런 점에서 강점을 갖고 있는가를 밝히는 작업도 필요하며, 이를 통해 우리가 원하는 민주주의, 나아가서 새로운 디지털 민주주의가 선택할 바람직한 미디어 공간에 대한 평가가 이루어질 수 있다.

13.2 소셜미디어와 집단 행동: '혁명은 트윗될 것인가'

2010년 12월부터 시작된 튀니지의 반정부 시위는 23년간의 벤 알리$^{Ben Ali}$ 정권을 무너뜨리고 이후 이집트, 리비아, 예멘, 알제리 등으로 번져 나갔다.[15] 튀니지의 나라 꽃인 재스민을 빗대 재스민 혁명이라고 일컬어지는 이 시민 혁명을 언론이나 블로거들은 소셜미디어 혁명이라고도 부른다.[16] 트위터, 페이스북, 유튜브 등의 소셜미디어의 역할이 크게 작용했다 하여 이처럼 소셜미디어 혁명이라고 부르는 한편, 위키리크스^{WikiLeaks}의 공개문서가 역할을 했다는 사람들도 있고, 소셜미디어의 역할이 지나치게 과장되었다고 주장하는 학자들도 있다.

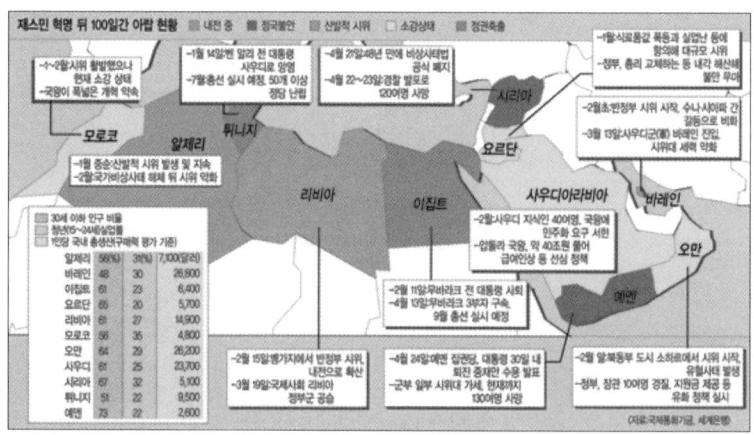

그림 13-1 재스민 혁명 후 확산된 아랍 혁명 [출처: 국민일보]

'혁명은 트윗될 것이다'라는 말은 2009년 이란 선거의 문제점을 지적하고 저항하던 사람들의 트위팅이 확산되면서 크게 유행한 문구다.[17] 실제 2010년 막스 프랑크 연구팀이 발표한 트위터 영향력에 관한 논문에서도 이란 선거가 주요 주제 중 하나로 다뤄지기도 했다. 이후 다양한 반정부 시위나 세계화 반대 시위에서도 페이스북이나 트위터, 유튜브 같은 소셜미디어와 소셜네트워크는 사람들이 메시지를 전달하고 행동을 유도하는 공간으로 활발히 사용됐다. 이에 대해 유명 칼럼리스트이며 『티핑 포인트』, 『아웃라이어』의 작가인 말콤 글래드웰은 「뉴요커」 지에 오히려 반대 의견을 올리기도 했다. '작은 변화: 왜 혁명은 트윗되지 않을 것인가'라는 이 칼럼은 큰 반향을 일으키며 찬반 논란을 불러일으켰다.[18] 글래드웰은 혁명을 위해서는 큰 희생을 감수하는 행동과 이를 유발하는 강한 연대, 그리고 느슨한 네트워크형 구조가 아닌 계층적 조직 구조가 필요한데, 트위터는 그러한 특성과는 거리가 멀다고 주장했다.

그러나 튀니지의 벤 알리 정권이나 이집트의 무바라크는 오히려 소셜미디어가 자기들의 통치에 중요한 위협이 된다고 여겼다. 튀니지는 반정부 인사들의 지메일^{Gmail}과 페이스북 로그인 정보를 해킹했고, 33세의 유명 블로거인 슬림 아마모우를 투옥했다. 무바라크는 소셜미디어를 통한 집단 행동과 저항 메시지 공유, 플래시 몹 등의 행동이 빈번히 일어나자 아예 인터넷을 차단해버렸다.[19] 이에 대응해 구글은 사람들이 일반 폰으로도 트위팅을 할 수 있게 지원했다.

구글의 마케팅 세일즈 매니저였던 와엘 고님$^{Wael\ Ghonim}$은 페이스북에 익명으로 '우리는 모두 칼레드 사이드$^{Kullena\ Khaled\ Said:\ We\ Are\ All}$

Khaled Said'라는 페이지를 개설했고 사람들은 급속하게 이에 참여했다.[20] 알렉산드리아에서 경찰에 의한 고문으로 사망한 칼레드 사이드를 기리는 그의 페이스북 페이지를 통한 저항은 사람들의 행동을 이끌어 냈고, 가장 대표적인 것이 침묵 시위를 위한 '사일런트 스탠드'라는 플래시몹이었다. 2011년 1월 14일에는 튀니지에서 했던 것을 우리도 하자라는 이벤트로 '고문, 부패, 실업, 부정에 대항하는 혁명'이라는 이벤트를 만들어 1월 25일에 모이자고 했으며 이는 혁명의 한 도화선이 되었다.

그림 13-2　2013년 5월 한국을 방문해 구글 개방성 포럼에서 '사일런트 스탠드'를 설명하는 와엘 고님

잇따른 시위에서 이집트 경찰은 고님을 11일 동안 구금했고 그는 이후 이집트 반정부 시위의 상징적 인물이 되기에 이르렀다. 이집트 혁명이 이루어진 후 그는 자신이 아니라 타흐리르 광장에 모인 젊은이들이 영웅이라고 말함으로써 소셜미디어가 혁명에 있어서 매우 중요한 역할을 했음을 강조했다. 구글을 떠난 고님은 자신의 기억에 대한 이야기를 담아 『혁명 2.0$^{Revolution\ 2.0}$』이라는 책[21]으

로 출간했으며, 이후 이집트를 위한 NGO 활동을 하고 있다. 「타임」지는 그를 세계에서 가장 영향력 있는 100인에 선정하기도 했다.[22]

이와 같이 중동에서 불붙은 혁명 확산 움직임에 인터넷이 중요한 역할을 수행함을 인식한 힐러리 클린턴 미 국무장관은 2011년 1월 21일 연설에서 앞으로 미국의 외교 정책에서 '인터넷 자유'가 새로운 핵심이 되어야 한다고 선언했다.[23] 정보의 자유가 글로벌 진보의 기반을 제공하는 평화와 안보를 지지할 수 있다는 의미였다. 그러나 소셜미디어가 과연 이러한 사회의 혁명적 변화에 어떤 역할을 했는가에 대해서는 아랍의 봄 이후에도 논의가 이어졌다.

말콤 글래드웰은 칼럼을 통해, 혁명에는 어떤 도구로든 사람들이 커뮤니케이션을 행해왔고, 페이스북이나 인터넷이 있기 전에도 사람들은 정부에 저항했으며, 전화가 많지 않았던 1980년대 동독에서도 사람들은 저항을 위해 모여들었다면서, 통신수단이 촉발제가 아님을 다시금 강조했다. 그러나 많은 저널리스트나 블로거들은 그의 칼럼을 비판하고 나섰다. 나 역시 그의 글에 대한 반론을 국내 전자신문 칼럼[24]에 기고하기도 했다. 당시 나는 소셜미디어의 약한 유대가 얼마든지 강한 유대로 변화할 수 있다는 점을 들어 반론을 폈다. 버크만 센터의 데이비드 와인버거$^{David\ Weinberger}$ 역시 마찬가지 지적을 했다. 특히 우리나라에서는 이런 경향이 다양한 오프라인 모임을 통해 빠른 시간 내에 이루어지고 있다.

두 번째로 글래드웰은, 네트워크 구조도 깊이 있게 분석해서 상호 작용이나 커뮤니케이션 패턴을 보면 계층 구조가 그 안에서 이루어짐을 알 수 있다는 점을 지적했다. 어젠다 설정자를 중심으로 이루어지는 활동을 보면 충분히 계층 구조화되는 면을 알 수 있다. 다만 사회가 필요로 하는 혁명적 변화에 소셜미디어 사용자들이 얼마나 자기 희생과 적극적 행동을 취할 것인가 하는 문제는 좀 더 다양한 사례를 통해 분석할 필요가 있다고 주장했다.

글래드웰의 주장에 동의하는 측면에서 미국의 작가이며 연구가인 에프게니 모로조프Evgeny Morozov는 그의 새로운 책 『인터넷 환상The Net Delusion』[25]에서 인터넷으로 대표되는 새로운 기술에 대해 많은 정치가들이 유토피아적으로 해석하고 있으며, 결코 새로운 미디어는 민주주의와 자유를 가져오는 것이 아니라 때로는 권위적 정권의 공고화를 가져올 수 있다고 주장했다. 앞에서 말한 이란 선거 혁명에서 트위터의 역할은 과장되었다는 것이 그의 견해였다. 당시 이란의 트위터 사용자는 2만 명이 채 안되었는데, 서방의 지나친 기대와 과장으로 인해 권위적 정부들이 온라인 활동을 더 억압하고 예민하게 받아들여 오히려 저항 그룹의 온라인 활동을 위축시키는 결과를 가져왔다는 것이다.

소셜미디어 분석회사 시소모스Sysomos의 도움을 받아 당시 이란의 소셜미디어 통계를 분석한 영국의 찰스 리드비터Charles Leadbeater와 애니카 웡Annika Wong의 보고서[26]에 따르면, 이란 인구의 단지 0.027%만 트위터 사용자였다는 것이다. 이란 인구의 3분의 1 정도인 인터넷 사용자 중 저항 세력 대부분은 젊은 층이었고 소셜미디어에 더 적극 참여했기 때문에 이런 착시 현상이 빚어졌다는 것이다. 특히 이를 지지하는 많은 언론과 유명인들의 트윗을 통해, 또한 네다 아그하솔탄[Neda Agha-Soltan]이 총격을 입고 사망한 유튜브 영상[27] 등에 의해 전반적인 분위기가 더욱 고조된 점도 이란 시위에서 소셜미디어의 역할이 과도하게 확대 해석된 점으로 보인다.

「가디언」지의 역사학자이며 칼럼니스트인 티모시 가톤 애쉬[Timothy Garton Ash]는 칼럼[28]에서 튀니지 혁명은 트위터나 위키리크스이 만들어낸 결과물이 아니라 약간의 도움을 주었을 뿐이라고 주장했다. 튀니지 인구의 18%만이 페이스북 사용자인데, 인구의 50%는 위성TV를 시청하고 있으며, 알자지라 같은 방송이 페이스북이나 유튜브의 내용을 지속적으로 보도함으로써 사람들이 저항 과정 중에서 이를 알게 만들었다고 지적했다. 다만 그러한 소수의 페이스북 사용자들이 과거 관습에 물들지 않은 젊은 세대이며, 기존 전통 미디어가 신뢰를 잃을 때 그 대안을 만들어내거나 찾아낼 세대라는 것은 우리가 주목해야 할 부분이다.

내가 만난 와엘 고님도 "이집트 혁명은 페이스북 혁명이 아니다. 소셜미디어는 단지 도구였을 뿐이다. 누군가가 산에서 외쳐도 혁명은 이루어질 수 있다. 다만 시점과 방법이 많이 달랐을 것이다. 그런 측면에서 나는 글래드웰의 입장을 지지한다. 그러나 동시에 그의 주장에 반대하는 이유는 서로 전혀 모르는 사람들이 만나 누구의 지도도 없이 힘을 합쳐 행동하게 한 것, 그것이 바로 이 시대 혁명의 방식이기 때문이다."라고 말했다.

그림 13-3 구글코리아에서 만나 이 책에 대해 나와 이야기하고 의견을 나눴던 와엘 고님

소셜미디어가 혁명을 이끄는 핵심 역할을 했는가에 대해서는 많은 저널리스트나 학자들의 의견이 서로 나뉜다. 그러나 혁명의 기운이 크게 요동칠 때 이들을 거리에 나오게 하고 클레이 셔키가 주장하는 '조직 없는 조직화'를 이루게 한 것은 바로 휴대폰, 페이스북, 트위터, 유튜브와 같은 새로운 디지털 기술과 문화임을 누구도 부정하지 않는다. 클레이 셔키는 실제로 글래드웰의 주장에 대해 「포린어페어스」 지에 기고한 장문의 에세이[29]를 통해 반대 의견을 제시했다. 셔키는 디지털 미디어가 늘 사회의 봉기에서 중요한 역할을 했다고 주장했다. 2001년 필리핀 대통령 탄핵, 2008년 한국의 촛불시위, 2009년 몰도바의 공산 정부 퇴각이 그런 사례들이라고 지적했다. 물론 그도 소셜미디어에서 이루어지는 온라인 행동주의의 피상적인 측면은 인정했다. 그저 리트윗이나 '좋아요'

버튼을 누른 것이 직접적인 행동으로 이루어진다고 생각할 수는 없기 때문이다.

이후 「포린어페어스」 지의 다음 호에 두 사람은 각각 기고문을 주고받으면서 다시 토론에 들어갔다.[30] 글래드웰은 "셔키는 소셜미디어가 없었다면 민중 봉기가 일어나지 않았을 것임을 독자에게 확신시켜야 한다."고 주장했다. 이에 반해 셔키는 "글래드웰의 질문을 두 가지로 구분하고자 한다. 소셜미디어가 반란군들이 새로운 전략을 채택하게 했는가? 두 번째는 그러한 전략이 매우 중요했던가?라는 질문으로. 지난 10년 동안의 역사적 기록은 모두 다 '예스'라고 답한다."

미국의 「와이어드Wired」 잡지는 2012년 1월호의 커버 스토리로 '#Riot: 자기 조직화, 하이퍼 네트워크화된 봉기가 당신 옆 도시로 다가온다.'라는 글을 올려 소셜미디어가 어느 정도는 군중을 조직화하는 역할을 수행했음을 주장했다.[31] 글래드웰은 2011년 2월 후속 칼럼[32]을 기고해, 혁명은 페이스북 이전에도 여전히 존재했고, 사람들은 언제나 어떤 방식으로도 커뮤니케이션을 하면서 강력한 유대 관계를 통해 혁명을 일으킨다고 주장했다. 이집트에서 저항한 사람 중 누군가가 새로운 소셜디어를 통해서 타인과 소통했는가는 전혀 중요한 문제가 아니라며 본인의 입장을 다시 한 번 확인했다.

실제 휴대폰이나 스마트폰으로 이루어지는 실시간 정보 소통이 소셜미디어로 바로 연계되지 않았다면 시위의 확대와 다른 세계와의 소통은 좀 더 시간이 걸렸을 것이며 혁명이 이루어지는 데 더 많은 희생이 따랐을 것이다. 즉 소셜미디어가 혁명을 가속화하는 역할을 하고 있음은 분명한 사실이다. 이런 주제에 대한 연구가 아랍의 봄 이후 많은 학자들에 의해 이루어졌는데, 그 중 하나는 워싱턴 대학 커뮤니케이션 전공의 필립 하워드[Philip Howard]에 의해 조사 결과가 눈에 띈다. 300만 개의 트윗과 수 기가바이트의 유튜브 동영상, 수천 개의 블로그를 분석한 결과, 소셜미디어는 분명히 아랍의 봄 도중 정치 토의의 형식을 변화시키는 데 중심적 역할을 했다는 것이다.[33]

소셜미디어는 북아프리카와 중동에 자유와 민주주의에 대한 메시지를 전파했으며, 정치적 봉기의 성공에 대한 기대감을 높였다. 무바르크 사임 일주일 전에 이집트에서 정치 변화를 요구하는 트위터는 불과 하루에 2,300개였던 것이 23만 개로 폭증했다. 저항과 정치적 견해를 담은 유튜브 비디오는 널리 퍼져나갔고 상위 23개의 비디오는 550만 뷰를 달성했다. 이 연구는 마침 몇 달 전부터 이슬람의 정보 기술과 정치에 대한 블로그를 수집해서 분석했기 때문에, 튀니지 같은 경우 사회 봉기가 일어나기 전후의 상황과 과정을 좀 더 면밀하게 분석할 수 있었다는 특징이 두드러진다. 예를 들어 튀니지의 벤 알리가 사임하던 날 그의 리더십을 20%의 블로그가 평가했는데, 이는 한 달 전인 5%에 비해 크게 늘어난 것이었다.

독재국가나 제3세계에서의 정치나 민주화 혁명뿐만 아니라 소셜미디어를 통한 집단 행동과 저항은 서구 사회에서도 여러 번 일어났다. 대표적인 것인 오픈웹을 지지하기 위한 '인터넷 자유의 날' 활동을 통해 인터넷 복제에 관련된 두 가지 법안을 저지한 것이었다.[34] 2012년 1월, 미 의회에서 추진 중인 저작권 강화를 위한 두 가지 법률인 'SOPA[Stop Online Piracy Act]'와 'PIPA[Protect IP Act]'에 저항하기 위해 대표적인 인터넷상 자유와 권리 단체인 EFF를 포함해 위키피디아, 레딧, 워드프레스 등이 사이트를 통해 24시간 저항의 메시지를 보여주며 동참했고, 구글과 페이스북 등은 사용자들에게 이에 반대하는 이메일을 의원들에게 보내도록 독려했다.[35]

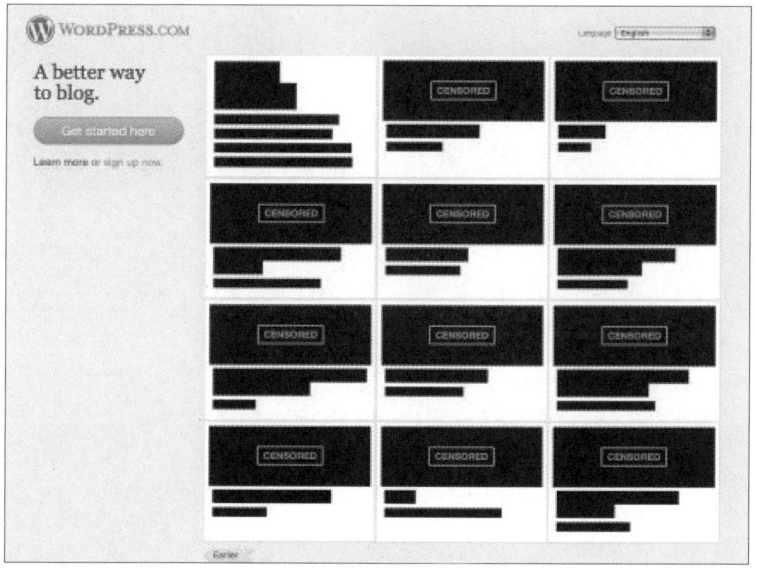

그림 13-4 블랙아웃 운동에 참여한 워드프레스의 페이지

이런 움직임에 영향을 받은 미 의회는 더 많은 공감이 형성될 때까지 법안을 미루기로 결정했다. 온라인 데모가 이루어진 일 년 뒤 '인터넷 자유의 날'인 2013년 1월 18일에는 MIT 논문 해킹 사건으로 기소되었다가 자살로 짧은 생을 마친 아론 슈왈츠^{Aaron Swartz}를 기리는 내용이 많은 그룹의 홈페이지에 올라왔다. 이렇듯 이제 온라인 저항은 많은 소셜미디어 기업과 서비스의 연대를 통해 이뤄지고 있으며, 정치, 사회적 이슈를 논의하고 토의하는 것뿐만 아니라 실제로 직접적인 행동을 실행하는 공간으로 발전하고 있다.

4부
소셜미디어의 진화와 미래

14장 피드 랭킹과 추천, 그리고 디지털 평판
15장 소셜데이터의 공공적 가치
16장 소셜컴퓨팅, 웹 사이언스, 계산 사회과학
17장 하이퍼 커넥티드, 하이퍼 커뮤니케이션, 하이퍼 퍼블릭 시대

14장 | 피드 랭킹과 추천, 그리고 디지털 평판

14.1 소셜미디어의 정보 과잉 문제

대부분의 사람들은 소셜미디어상에서 내 타임라인이나 담벼락에 보이는 글들이, 친구들이 최근에 올린 글인지 아니면 사용자가 관심을 가질 만하거나 중요하다고 판단되어서 골라서 보여주는 글인지를 잘 알지 못한다. 또한 신뢰할 수 있는 글인지 혹은 믿을 수 있는 사람들이 생성한 콘텐트인지 판단할 수 있는 기준도 없다. 내 타임라인이나 담벼락에 올라오는 글을 어떤 순서로 보여줄지를 정하는 알고리듬을 피드 랭킹 알고리듬$^{feed\ ranking\ algorithm}$이라고 부른다. 가장 단순한 방식은 트위터가 채택한 방식으로서, 내가 팔로우하거나 친구로 맺은 사람이 올린 글을 시간 역순(최신 글 먼저)으로 보여주는 실시간 랭킹 방식이다. 그러나 기능이 더 다양하게 구비된 SNS의 경우에는 댓글, 미투, 플러스 등 나와 연결된 사람들의 추가 액션이 있는 경우, 그 액션이 이뤄진 시점을 기준으로 기존 글이 재배치된다. 이런 방식을 채택한 대표적인 서비스가 미투데이와 구글플러스다.

이러한 단순 랭킹 방식에서는 팔로우하는 사람이 많거나 친구가 점점 늘어나는 경우 매우 많은 글들이 보이기 때문에 타임라인에 집중하기 어렵거나 정작 봐야 하는 글은 다른 글 속에 묻히게 되는 경우 또한 많다. 이 때문에 사용자는 전형적인 '정보 과잉' 현상을 겪게 되며, 유용한 정보가 수많은 정보에 섞여버리는 '정보 오염'의 상태에 이르게 된다. 이런 현상에 대해, 정보의 '신호 대비 잡음' 비율이라고 이르기도 하는데 이는 정보 중에 존재하는 의미 있는 것과 불필요한 것의 비율을 말한다. 순간적으로 빠르고 과도하게 제공되는 정보는 깊은 생각과 이해를 저해하고 기억 형성을 지연시키며 결과적으로 학습 과정을 어렵게 만든다. 정보 과잉은 인지 과잉으로 연결되어 정보 습득 능력을 감소시키며, 기억과 경험을 장기 기억에 연결하지 못하게 만듦으로써 깊이 있고 집중된 사고를 방해한다.

'정보 다이어트Information Diet'[1]라는 용어를 도입한 클레이 존슨Clay Johnson은 정보의 총량보다 정보의 소비 습관이 더 큰 문제라고 지적했지만, 그 역시 '정보 여과' 문제를 어떻게 할 것인가를 주요 주제 중 하나로 삼았다. 정보 여과라는 측면에서, 관심이 더 많은 대상이나 주제와 관련한 글의 규모를 관리하기 위한 방편으로 페이스북이나 트위터는 '리스트'를, 구글플러스에서는 '서클'이라는 기능을 제공한다. 사람들을 그룹화하고 그들이 생성한 콘텐트를 우선적으로 소비할 수 있는 기능이다. 그러나 이 경우도 리스트나 서클에 속한 사람들의 모든 포스팅을 솎아내서 보는 것은 아니기 때문에, 정보 여과의 기능보다는 정보 분류의 방식으로 파악해야 한다.

페이스북은 이 문제를 접근하기 위해 페이스북 고유의 새로운 알고리듬을 도입했다. 엣지랭크^{EdgeRank}라 부르는 이 알고리듬은 각 개인의 뉴스피드 어디에 무엇을 보이게 할 것인가를 결정하는 페이스북만의 기술이다. 2013년 8월, 뉴스피드 랭킹의 기술 매니저인 라스 백스트롬$^{Lars\ Backstrom}$은 엣지랭크에 의한 단순한 방식은 더 이상 사용하지 않을 것임을 발표했다.[2] 그러나 이는 엣지랭크라는 용어를 더 이상 사용하지 않되, 그 개념은 계속 진화시키겠다는 의미였다. 기본적으로 페이스북이 뉴스피드를 어떻게 선택해서 보여주는지를 이해하려면 엣지랭크의 기본 개념부터 이해해야 한다. 엣지랭크는 2010년 페이스북의 공식 행사인 F8 개발자 컨퍼런스에서 루치 상기비$^{Ruchi\ Sanghvi}$와 애리 스타인버그$^{Ari\ Steinberg}$가 처음 공개했다.[3]

페이스북에서 내 친구가 취하는 모든 행동은 잠재적인 뉴스피드의 이야기가 된다. 이러한 행동을 '엣지'라고 부르는데, 친구가 자신의 현재 마음 상태를 기술하고 다른 사람에게 댓글을 달거나 사진에 태그를 붙이고 팬 페이지에 가입하며 이벤트 참석 여부를 알려주는 행위 모두가 바로 '엣지'다.[4] 내 친구들의 엣지가 다 보이는 것이 아니라 상위 순위에 해당되는 것만을 선별적으로 보여주기 때문에 엣지의 순위를 결정하는 알고리듬을 엣지랭크라고 이름 붙인 것이다.

여기에는 또 하나의 알고리듬이 필요한데, 내 친구의 상위 엣지를 고르면서 이를 뉴스피드로 정렬하는 기술이다. 여기에는 나의 관심사와 문맥, 토픽 등을 고려하고 이들을 적절하게 섞는 방식이 사용된다.[5] 이러한 방식 때문에 우리가 가끔 친구를 만나서 왜 요즘 페이스북 활동이 뜸하냐고 물어보는 경우가 있다. 이때 친구가 '나 열심히 쓰고 있는데?'라고 답하면 서로 매우 당황스러운 상황에 놓이기도 한다. 둘 중 누군가가 서로 모르게 친구를 끊었거나 차단했나 하는 의심을 할 수 있지만 사실은 페이스북의 랭킹 알고리듬이 만들어낸 상황일 뿐이다. 페이스북은 두 사람의 친밀도를 측정해서 친구의 글이 나의 뉴스피드에 노출할 가치가 있는지를 판단해서 필터링하는데, 이를 잘 모르는 경우 상대방이 뭔가 가리고 있는 건 아닌가 하는 오해를 하는 것이다.

엣지랭크에는 친밀감^{Affinity}, 가중치^{Weight}, 시간 감소$^{Time\ Decay}$라는 세 가지 요소가 중요하게 사용된다. 엣지랭크닷넷 사이트에서 실험을 통해 확인해 본 알고리듬의 특징은 다음과 같다.

친밀감 점수는 아이템을 보는 사람과 아이템 생성자 간의 점수를 말한다. 둘 사이에 메시지가 오고 가거나 자주 프로필을 들여다 본다면 친밀감 점수는 올라간다. 엄밀히 말하자면 특정 사용자가 엣지에 어떻게 연결되어 있는가에 대한 점수를 뜻하며 여기에는 다시 행동의 세기, 행동을 취한 사람과 나와의 관계, 행동이 일어난 시점 등의 상황이 감안된다. 행동은 클릭, '좋아요' 누르기, 댓글 달기, 태깅, 공유, 친구 맺기 등이 있으며, 이런 행동을 하기 위한 노력의 정도에 따라 가중치가 다르다. 그냥 내용을 보기만 하는 것은 점수에 반영되지 않는다. 친밀감 점수는 내 행동뿐 아니라 내 친구와 친구의 친구 행동까지 고려한다. 내가 자주 방문해서 상호작용 하는 친구의 행동은 당연히 내 친밀감 점수에 영향을 많이 주게 된다. 그러나 친밀감 점수는 단방향이다. 내가 A와 자주 상호작용을 하면 A의 이야기가 내 뉴스피드에는 올라오지만, 내 이야기가 A의 뉴스피드에 반드시 올라가는 것은 아니다. 마지막으로, 내가 누군가와 과거에 자주 상호작용을 했어도 최근에 뜸해졌다면 당연히 친밀감 점수는 내려간다. 페이스북은 기본적으로 각 행동을 1/t로 곱하는데, 여기에서 t는 행동이 일어난 이후 흐른 시간을 뜻한다.

두 번째 요소인 엣지의 가중치는 각 엣지 그룹별로 기본값에 해당하는 가중치를 갖는 점에서 출발한다. 즉 댓글을 다는 것은 '좋아요'보다 더 가치가 있다. 그러나 이런 가중치는 사람들마다 다르게 생각할 가능성이 있다. 어떤 사람은 사진에 댓글 다는 것을 더 쉽게 생각할 수 있는 반면, 다른 사람은 오히려 링크에 댓글을 다는 것을 덜 부담스러워 할 수도 있다. 페이스북이 개인의 특성에 따라 어떤 엣지에 더 많은 가중치를 갖게 하는지에 대해서는 명확하게 알려진 바가 없다. 그러나 콘텐트 소스에 따라 행동에 대한 랭크를 다르게 평가하는 것으로 예측된다. 예를 들어 광고를 보고 찾아 간 페이지의 팬이 되는 경우와 검색을 통해 페이지를 찾아서 팬이 되는 것은 엣지 점수가 다르다. 또한 새로운 기능에 대한 엣지 가중치는 다른 기능에 비해 높은 편이다. 이것은 새로운 기능을 알리기 위해서다. 그러나 일정 시간이 지나면 다른 기능과 비교해서 합당한 점수를 갖는 것으로 조정된다.

세 번째로, 시간 감소 요인은 자연스러운 방식이다. 오래된 뉴스보다 새로운 뉴스의 가치가 더 높기 때문이다. 이런 의미에서 엣지랭크는 늘 같은 값이 아니라 어떤 특정 시간에서의 값을 의미한다. 그러나 시간에 따라 값이 줄어드는 방식이 균등하게 움직이는지 아니면 지수 함수의 형태를 띠는지는 알려져 있지 않다. 또한 이 요소에는, 얼마나 자주 로그인을 하는지도 반영되는 것으로 알려졌다. 자주 로그인하는 사람의 이야기는 시간 간격이 좀 더 짧게 반영되는 것이다.

페이스북 엣지랭크의 상세 기술은 세간에 알려진 바가 없다. 또한 수시로 알고리듬에 반영되는 요소나 요소의 가중치를 바꾸기 때문에 일반적인 판단이나 추측은 불가능하다. 그저 기본적인 개념을 다음과 같이 간단한 식으로 표현할 뿐이다. 세 개의 기본 요소를 곱한 것이 한 엣지의 점수고 이를 합산하면 내 친구와 연관성이 있는 모든 엣지의 랭크 점수가 되며, 그 합은 결국 나와 연결되어 있는 한 친구의 엣지랭크 점수가 될 것이다.

그림 14-1 엣지랭크 알고리듬의 기본적 의미를 도식화한 것 [출처: edgerank.net]

2013년 f8 컨퍼런스에서 라스 백스트롬은 뉴스피드 랭킹 알고리듬에 10만 개의 개별적인 가중치가 사용되고 있다는 사실도 공개했다. 여기에는 위에서 언급한 엣지랭크의 3요소와 마찬가지로 중요한 요소들이 활용되고 있었다. 이는 구글의 검색 알고리듬이 처음에 페이지랭크에서 시작했으나 점점 더 복잡해진 것과 마찬가지다.

사용자가 페이스북을 열 때마다 뉴스피드에 보이는 이야기는 평균 1,500개에 달한다. 전에는 개인 간 상호작용 중심으로 보던 것을 이제는 나와 관련된 모든 관계의 상호작용을 전체적으로 고려해 제시한다. 새로 발표한 알고리듬에서는 친밀도도 하위 범주로 세분했고, 친구와 페이지에 대해서도 사용자가 얼마나 가까운 것인가를 측정한다. 이는 관계 설정의 세부 사항에서 확인한다. 알고리듬은 각 사용자가 '좋아요'를 많이 누르는 포스트의 유형도 참고한다. 주로 사진을 열람하는 사람에게는 사진을 더 많이 보여주고, 링크를 많이 클릭하는 사람에게는 링크가 있는 포스트를 더 많이 제공하는 방식이다.

사용자가 감추거나 스팸으로 표시하는 행위도 반영하지만, 실제로 모든 이야기에 대한 노출 확률을 계산해서 감춰야 할 확률을 계산한다. 최근에 감춘 포스트일수록 당연히 가중치가 크다. 어떤 광고를 노출할지 언제 노출할지 하는 결정은 뉴스피드 알고리듬과 별도로 고려되지만, 사용자가 광고와 상호작용할 수 있는 가능성에 영향을 준다. 사용자가 사용하는 기기나 접속 속도 역시, 어떤 뉴스피드를 노출할 것인가를 판단하는 데 영향을 미친다. 피처폰으로 접속하는 경우에는 콘텐트 제시에 제약이 있으며, 인터넷 접속이 느린 경우에는 문자로 된 업데이트 위주로 보이게 조정한다.

알고리듬의 가장 큰 변화는 스토리 범핑Story Bumping과 라스트 액터Last Actor라는 두 가지 요소의 등장이다. 스토리 범핑은 새로운 이야기만 보여주는 것이 아니라, 특정 사용자에게는 새로울 수 있는 지나간 스토리도 보여준다는 의미다. 즉 전에 접속해서 미처 보지 못한 이야기 중에 다른 사용자들이 아직 상호작용을 하는 이야기를 보여주는 방식이다. 백스트롬에 따르면 이 기능을 회사 내부 직원 80%를 대상으로 테스트해 본 결과, 친구의 이야기와 상호작용하는 비율이 5% 증가했고, 페이지의 이야기는 8% 증가했으며, 이

그림 14-2 스토리 범핑의 개념

야기가 읽히는 비율은 전반적으로 57%에서 70%까지 증가했다고 한다.

라스트 액터는 가장 최근에 상호작용을 한 50명(개)의 사람과 페이지를 고려한다. 즉 누군가의 프로필이나 사진을 보고 어떤 글에 '좋아요'를 누른 실시간 신호를 통해 관련 사용자 포스팅을 뉴스피드에 노출하는 데 적극적으로 활용하는 것이다. 이를 통한 참여도는 크게 늘지는 않았지만, 전체 기준으로 보면 충분히 의미가 있기 때문에 채택했다고 한다.

이와 같이 우리가 소셜미디어에서 어떤 이야기를 보는 것이 더 유용하고 가치있는 일이 되는가 하는 문제는 SNS에서뿐만 아니라 소셜 뉴스에서도 중요한 이슈였다. 어떤 뉴스를 더 가치 있게 보는지는 나의 관심뿐 아니라 전체 사용자 집단을 통한 중요도에서도 의미가 크기 때문이다. 디그닷컴$^{digg.com}$에서는 일부 사람들이 몰려서 특정 콘텐트를 주목하게 만드는 어뷰징^{abusing} 문제가 많은 논란을 일으켰고, 결국 서비스가 몰락하는 데 큰 영향을 미쳤다. 이 점에 대해서는 2장에서 이미 설명한 바 있다. 국내에서도 다음 뷰 같은 블로거 뉴스 채널에서 뉴스의 가치를 평가하고 사용자들의 집단 지성을 추출해내기 위한 노력을 하고 있지만, 그 방식이 유추되어 악용되는 사례가 빈번하게 발생한다. 포스팅을 더 자연스럽고 유용하게 보여주는 방법에는 정답이 없다. 따라서 지속적으로 사용자의 평가를 받고 사용자 행동을 분석해 사용자가 좀 더 자연스럽게 받아들일 수 있는 알고리듬의 개발이 절실하다.

14.2 신뢰할 수 있는 글을 어떻게 가려낼까

여러 소셜미디어에서는 타임라인이나 뉴스피드에 노출되는 글이 나와 얼마나 깊은 연관성을 지니는지, 내가 관심을 가질 만한 글인지, 또는 가치가 있는 것인지를 서비스가 자체적으로 결정한다. 때로는 나와 연관된 사람들에 의해 그 글의 가치가 평가되고 널리 공유되기도 하는데, 우리는 그것이 얼마나 믿을 수 있는 글인가를 어떻게 판단해야 할까?

지난 2012년 허리케인 샌디가 미 동부 지역을 강타했을 때, 트위터에는 많은 현장 사진들이 올라왔다. 그러나 사람들을 놀라게 하고 눈길을 끌었던 자극적인 사진 중 상당수가 거짓으로 드러났다.[6] 2013년 7월 강한 장맛비가 서울에 내렸을 때에도 많은 언론이 트위터에 올라온 사진을 기사로 보도하며 강남역 일대가 침수되고 물바다가 되었다고 보도했다.[7] 그러나 맨홀 뚜껑에 넘쳐흐르는 물 사진은 2011년 침수 당시의 사진으로 판명됐다. 실시간으로 속보를 보도해야 한다는 성급한 마음에 사실 확인도 하지 않고 무분별하게 뉴스를 내보낸 것이었다. 미국의 한 언론사는 미국 NSA의 프리즘Prism 감청 사례를 폭로한 에드워드 스노든Edward Snowden이 UFO에 관련된 극비 문서를 공개했다고 보도했다.[8] 그러나 확인 결과 스노든의 트위터 계정은, 러시아 매체인 인터넷 크로니클이 스노든을 사칭해 운영하는 계정으로 밝혀졌다.

그림 14-3 대표적인 거짓 사진. 사진작가 마이크 홀링스헤드의 2004년 사진과 합성한 것

트위터뿐 아니라 페이스북이나 구글플러스에서조차 역사 왜곡이나 허위 기부 요청, 그리고 사람들의 감정을 자극하는 조작된 사진이 계속 나타나고 공유된다. 이러한 문제가 끊이지 않고 발생하는 이유는 정보를 입수한 사람이 정보의 신뢰성과 원천 정보의 정확성을 미처 확인하기도 전에 다른 사용자들에 의해 공유되거나 '좋아요'가 눌러지기 때문이다. 그렇다고 사람들에게 일일이 모든 정보의 신뢰도를 확인하라고 요구를 하기도 어려운 상황이다. 사람들은 공분하는 내용에 더 빨리 반응하고 그 글을 재빨리 공유하는 성향이 있기 때문이다.

실제로 차트비트 Chartbeat의 데이터 과학자인 조시 쉬알츠 Josh Schwartz의 분석[9]에 따르면 사람들이 소셜미디어에서 공유를 많이 하는 것과 실제로 읽는 이야기와는 별다른 상관 관계가 없었다. 트위터에서 가장 많이 트윗되는 이야기와 사람들이 깊이 있게 많이 읽는 이야기와는 큰 관계가 없다는 사실이 밝혀졌다. 사람들은 글을 25% 정도 읽었을 때 트윗팅을 가장 많이 하는 것으로 나타났으며, 특히 속보의 경우에는 헤드라인만으로도 이야기를 대부분 이해할 수 있기 때문이기도 했다. 버즈피드^{BuzzFeed}의 데이터 과학 팀도 비슷한 결과를 발견했는데, 소셜미디어에서 공유가 가장 많이 일어나는 시점은 사람들이 데스크톱에서 3.5분 이상을 머물고 난 뒤였고 모바일에서는 2분 정도 후였다.

뉴스 생성과 전달 과정에 있어 전문 저널리스트의 손을 떠나 개인들에게 더 많은 참여의 기회가 제공되면서 나타나는 이러한 투명성과 신뢰성의 문제를 어떻게 해결할 것인가 하는 문제는 소셜미디어가 발전함에 따라 풀어야 할 숙제다. 우선 첫째로, 포스팅 작성자의 평판을 확인하거나 진위 확인이 가능한 요소를 활용하는 방안을 꼽을 수 있다. 일반적으로 작성자의 평판을 확인하기 위해서는 프로필을 검사한다. 사진이나 소속, 자신을 설명하는 글을 보면서 그에 대해 1차적 판단을 한다. 두 번째 단계로는 그의 친구들이나 팔로워를 보면서 그의 소셜네트워크가 얼마나 믿을 만한 사람들로 이루어졌는가를 확인해본다. 그 다음으로, 그가 평소에 작성했던 글을 살펴보고 작성자의 수준과 신뢰성을 간접적으로 판단하게 된다.

사회적으로 큰 이슈가 발생했을 때 소셜미디어가 생성되는 속도나 양을 보면 서비스 사업자가 글의 내용을 일일이 점검하기란 거의 불가능하다. 뉴욕에 허리케인이 몰아쳤을 때 트위터에서만 55만 건의 트윗이 올라왔다. 이에 대한 대책으로 하버드 대학의 인터넷 법학자인 조나단 지트레인Jonathan Zittrain 교수는 믿을 수 없거나 정확하지 않은 트윗에 'xTweet'이라는 표시를 붙임으로써 사용자의 참여를 통한 정화를 제안했다.

트위터 창업자인 에반 윌리엄스Evan Williams는 2009년, 이미 트위터 내부에서 평판 확인 시스템을 구축하기 위해 노력하고 있다고 발표했다.[10] 그 중 한 방편으로, 포스팅의 신뢰를 높이기 위해 위치 정보를 제공했다. 즉 누군가가 뉴욕에서 발생한 사건의 사진을 올렸는데, 그 사람의 위치가 도쿄라면 일단 그 글의 진위 여부를 의심할 수 있다. 그러나 생각보다 위치 정보를 포함하는 트윗의 양은 많지 않다. 일리노이 대학 연구에 의하면 그 비중은 전체 트윗의 2% 수준에 불과하다.[11] 두 번째 방안은 다른 사용자의 평가에 기초한 평판 시스템이었는데, 이는 실제로 구체화되지 못했다. 특히 트위터는 익명에 기초한 사용자층이 많기 때문에 사용자의 편의성을 유지시키면서 신뢰성까지 확보하는 것은 트위터 같은 뉴스 전달 중심의 소셜미디어에서 시급히 해결해야 할 과제다.

사용자의 평판을 살펴보는 것말고 정보 확산 유형을 기반으로 믿을 수 없는 정보나 루머에 대한 판단을 할 수는 없을까? 카이스트 소셜컴퓨팅 랩의 차미영 교수팀과 마이크로소프트 아시아 연구소는 공동 연구를 진행했다. 차 교수 연구팀은 2006년부터 2009년까지 미국 트위터에서 전파된 정치, 연예인, IT, 건강 분야에 관한 100건 이상의 정보를 수집해 루머와 루머가 아닌 사실을 반반

씩 섞은 후 그 특성을 분석했다. 그 결과 90%의 정확도를 갖고 판단할 수 있는 방법을 제시했다.[12] 일반 뉴스는 전파 속도가 한번 정점을 찍고 나면 잠잠해지는 데 반해, 루머는 수년간 지속적으로 언급되는 모습을 보였다. 또한 루머는 서로 연관이 없는 사용자들 사이에 의해 산발적으로 전파되는 데에 반해 일반 정보는 온라인 내 친구관계를 중심으로 퍼져나가는 양상을 보였다. 그리고 인지도가 낮은 사용자들에게서 시작해 연예인이나 정치인 등 유명인에게로 전파되는 현상이 관찰됐다. 유명인의 경우는 정보 전파에 신중함을 보이지만, 일반인은 책임을 회피하는 서두를 달면서 전파에 적극적인 모습을 보이는 특징을 보였다.

루머나 믿을 수 없는 정보 확산이 손쉬운 공간에서, 사람들이 신뢰를 잃기 시작하면 공동체의 붕괴까지 이어질 수 있다. 10장에서 설명한 사회 자본의 가장 중요한 요소는 신뢰며, 소셜미디어에서도 상대방 정보의 정확성이나 타당성을 판단할 수 있는 방안이 마련되어야 소셜미디어가 건전한 미디어 공간으로 발전할 수 있다. 정보 과부하나 신뢰의 문제는 아직 소셜미디어에서 해결해야 하는 중요한 이슈로, 기술적으로나 사용자 인터페이스 측면에서도 아직 개선해야 하는 점이 많다. 좀 더 자연스러운 알고리듬과 글의 신뢰 수준을 판단할 수 있는 기능은 앞으로도 지속적으로 개선될 것이며, 이러한 부분에서 믿음을 줄 수 있는 서비스가 궁극적으로 가장 바람직한 미디어로 자리잡을 수 있을 것이다.

14.3 검색의 시대에서 발견의 시대로: 추천 기술의 발전

지금은 야후의 CEO로 활약 중인 마리사 메이어가 구글에서 검색 사업을 총괄하던 2008년 1월, 벤처비트^{VentuerBeat}와의 인터뷰에서 메이어는 검색의 미래는 소셜 검색이라고 언급했다.[13] 지메일을 통해 친구 관계를 확인하고 검색 이력을 통해 당신과 당신 소셜네트워크의 친구들의 검색 결과에 영향을 줄 수 있다는 것이다. 이후 구글은 지속적으로 소셜 검색 기능을 선보이고 이를 개선해 나갔다. 첫 번째 공식 등장은 2009년 10월에 선보인 구글랩스의 실험 결과인 소셜 검색이었다.[14] 예를 들어 구글에서 '뉴욕'이라고 검색하면 그 동안에는 내 친구의 블로그 링크가 최상단에 나오지 않았으나 앞으로는 '뉴욕에 관련된 소셜 서클에 있는 사람에게 얻은 결과'라는 제목을 달고 결과 페이지에 나타날 것이라고 소개했다.

2011년 2월에는 이를 더 개선해서 나와 관련된 사람들이 유튜브에 올린 콘텐트나 플리커 사진, 블로그와 웹사이트에 있는 정보를 얻을 수 있게 했다.[15] 과거 자체 알고리듬으로 보여지는 검색 결과와 이러한 관계를 기반으로 하는 결과가 섞여서 제시됐다. 또한 이런 결과를 누구로부터 얻었는가도 함께 표시했다. 예를 들어 '킬리만자로 산을 오르는 법'을 검색할 때 내 온라인 친구 매튜가 자신의 경험을 블로그에 올렸다면 검색 결과는 그림 14-4처럼 나타날 수 있다. 검색 결과 중 세 번째 항목은 매튜 커티스가 공유한 정보에서 얻을 수 있는 결과다. 특히 다른 친구가 어떤 경로를 통해 공유했는가를 노트로 보여줌으로써 더 상세한 정보를 알 수 있게 했다.

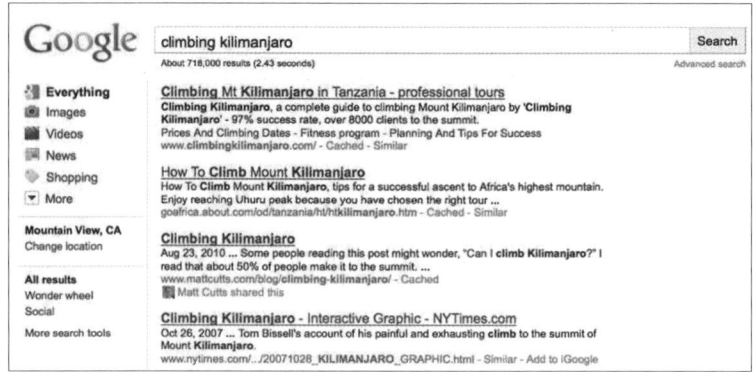

그림 14-4 2011년 버전의 구글 소셜 검색 기능

가장 최근의 변화는 바로 구글플러스와 검색을 연계한 것이다.[16] 이는 검색 부문에서 트위터와의 협력이 종료되면서 이어진 자연스러운 단계라고 볼 수 있다. 여기서는 세 가지 기능을 제시한다. 첫째, 이전에 제시한 검색 결과 방식에서 조금 더 나아가 내

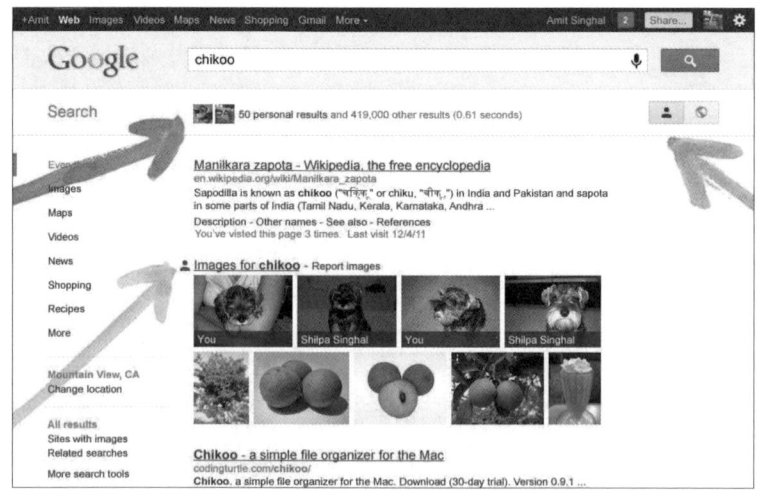

그림 14-5 구글플러스와 연계된 구글 소셜 검색의 모습 [출처: 구글 공식 블로그]

가 작성했거나 친구가 나에게 공유한 구글플러스 포스팅과 사진을 보여준다. 두 번째는 사람들의 프로필을 검색할 수 있게 했으며, 아울러 특정 토픽이나 관심 영역에 관련된 사람들의 프로필과 구글플러스 페이지까지 검색 가능하게 했다. 현재 시점에서, 구글은 아직 이 서비스를 모든 지역에서 제공하지는 않는다.

구글은 이제 공공에 개방된 정보뿐만 아니라 나를 바탕으로 만들어지거나 얻을 수 있는 정보인 '당신의 웹'까지 '검색 가능'함을 의미한다고 설명한다. 가장 큰 차이가 나는 부분은 이미지 검색으로, 내 친구가 나에게 공유한 이미지는 내가 검색할 때만 볼 수 있다. 검색은 이처럼 개인화되기에 이르렀으며, 소셜 그래프나 소셜 서클을 바탕으로 내게 공유된 정보를 활용하는 소셜 검색의 시대로 들어선 것이다. 이제 내가 누구와 관계를 맺고 있는지에 따라 중요하고 가치 있는 정보에 어떻게 접근할 수 있고 또 검색할 수 있느냐가 결정되는 것이다.

지금은 페이스북에 인수된 프렌드피드는 이런 소셜 검색이 얼마나 다양하게 이루어질 수 있는지를 보여준 좋은 사례다. "'조이 이토'의 친구가 브라이트카이트 서비스에 등록한 장소 중에 한 사람 이상이 '좋아요'를 누른 곳 중 '팩토리 조'는 제외하고 검색" 같은 검색 질의어를 표현할 수 있는 것이 프렌드피드의 검색 방식이었다. 페이스북이 인수한 후 CTO 역할을 했던 프렌드피드의 창업자 브렛 테일러가 다시 페이스북을 떠나 새로 시작한 스타트업이 무엇이 될지 궁금한 이유 중 하나다.

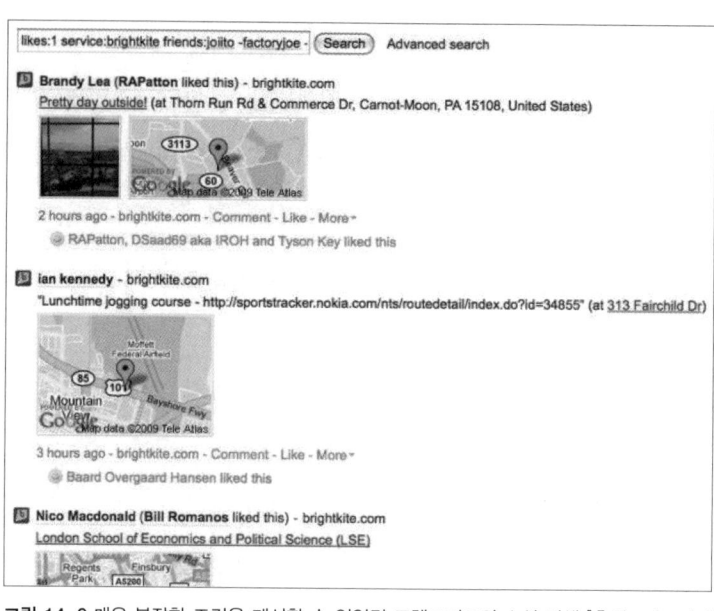

그림 14-6 매우 복잡한 조건을 제시할 수 있었던 프렌드피드의 소셜 검색 [출처: 리드라이트닷컴]

검색의 미래가 소셜 검색이라는 전망에서 한 단계 더 발전할 때, 검색의 미래는 바로 발견^{Discovery}이다. 이미 웹에 존재하는 내용 중 관심 있는 것을 찾는 과정에서 집단 지성을 활용하는 것이 구글 검색이라면, 이제 검색은 내 소셜 그래프에서 나와 관련 있는 사람들이 생성한 정보를 함께 보여주는 방식으로 진화하고 있다. 그러나 그 방식 외에도 내가 잘 모르는 정보를 찾아주거나 혹은 검색을 하기도 전에 내 행동을 기반으로 유용한 정보를 사전에 알아서 제공해주는 수준으로 발전할 수도 있다. 이에 대한 구글의 대답은 바로 모바일 검색과 연계된, 지능형 개인 비서 역할을 하는 '구글 나우$^{Google Now}$'라는 서비스다.

구글 나우는 2012년 6월 구글 I/O 컨퍼런스에서 안드로이드 4.1 젤리빈 버전을 소개할 때 데모로 세상에 처음 공개됐다. 구글 나우는 구글 검색의 응용프로그램으로서, 사용자의 기기에서 이루어진 행동을 분석한다. 즉 자주 가는 장소, 반복되는 일정, 검색 질의어 등을 이용해 사용자에게 더 유용한 정보를 '카드' 형식으로 보여준다. 이 서비스는 구글 안에서 진행되는 '지식 그래프'[17]라는 프로젝트를 활용하고 있는 것으로 알려져 있다. 구글 나우는 모바일 상에서 내 활동(자전거를 타거나 걸은 거리)을 요약해주거나, 일정과 교통 정보, 날씨, 생일을 비롯해 중요한 관심사나 뉴스 등 중요한 정보를 지속적으로 알려준다. 애플의 시리^{Siri}가 음성을 통해 정보에 접근하게 해주는 새로운 사용자 인터페이스라면 구글 나우는 내 행동을 분석해 내가 관심 있을 만한 정보를 사전에 알아서 제공하는 '발견'의 시대에 들어섰음을 알리는 의미있는 서비스다.

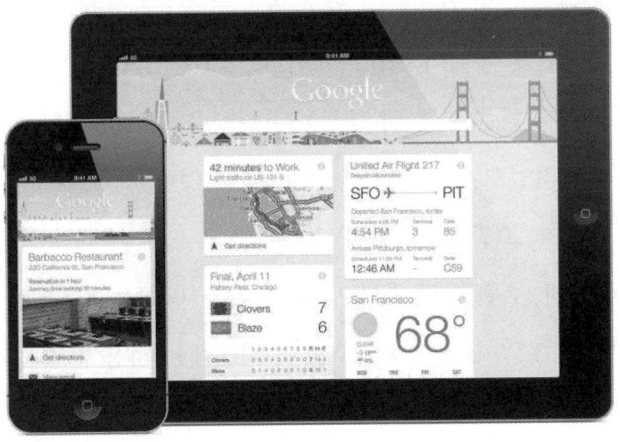

그림 14-7 구글 나우 서비스 화면 [출처: 구글 공식 블로그]

이렇듯 검색을 넘어선 발견에 대한 논의는 세상에 스마트폰이 널리 보급되면서 우리에게 더 큰 의미로 다가왔다. 즉 위치 정보를 통해 현재 위치 주변에 내가 관심 있거나 내 친구가 좋아했던 장소에 대한 정보를 '추천'이라는 방식으로 제공하는 것이다. 또 다른 영역에서는, 핀터레스트^{Pinterest}가 활성화되면서 내가 관심을 가질 제품이나 이미지 등에 대해서 일일이 찾아 다닐 필요 없이 내 소셜 그래프에서 관심을 공유하는 사람들에 의해 저절로 제공되는 세상이 도래한 것이다.

이제 사람들은 얻을 수 있는 새로운 정보의 가치를 높이기 위해 자진해서 자신의 위치를 개방하거나 좀 더 좋은 정보를 제공하는 사람과 친구 관계를 맺음으로써 얻고자 하는 정보의 품질을 높일 수 있다. 내가 원하는 것이나 관심 있는 제품, 정보, 장소 등을 추천 기술을 통해 우리에게 제시하려는 시도는 오랫동안 학계와 업계를 통해 꾸준히 개선되어 왔고 아마존 같은 전자상거래나 넷플릭스^{Netflix} 같은 미디어 서비스에서 그 효과를 충분히 발휘했다. 그러나 좋은 추천은 결국 내 감성이나 취향을 얼마나 명확히 알아내느냐에 달려있고 이에 따라 내 프로필을 얼마나 세밀하게 확보할 수 있느냐가 그 출발점이었다.

지금까지 추천 기술에서 널리 쓰여온 방식은 협업 필터링$^{CF,\ Collaborative\ Filtering}$이라는 기술이다. 이 기술에는 사용자 기반과 아이템 기반의 두 가지 방식이 있다. 사용자 기반 방식은 나와 유사한 사람들을 찾아낸 후 그들의 평가를 바탕으로 새로운 제품이나 정보를 추천하는 방식이며, 아이템 기반은 내가 과거에 평가한 대상과 유사한 대상에 대한 타인들의 평가를 기준으로 더 높은 평가를 받은 것을 추천하는 방식을 의미한다.

최근에는 이러한 방식을 결합하고, 숨겨져 있는 많은 정보를 분석해서 더 고도화된 추천 방식을 제공하고 있다. 가장 대표적인 것으로, 넷플릭스의 영화 추천 알고리듬인 시네매치^{Cinematch}를 들 수 있다. 넷플릭스는 시네매치의 성능을 10% 개선하는 연구진에게 100만 불의 상금을 걸고 콘테스트를 벌였던 것으로 유명하다.[18] 수상팀은 경쟁팀보다 고작 24분 먼저 결과물을 제출한 벨코르^{BellKor}의 프래그매틱 카오스$^{Pragmatic\ Chaos}$ 팀이었다. 이 경연은 2006년에 시작했는데 3년 후인 2009년에야 수상팀이 나왔다. 그만큼 추천 기술의 개선은 매우 어려운 수준에 도달했음을 알 수 있다.

전체 사용자 중 나와 유사한 성향을 찾는 것은 온라인상의 데이터 양을 생각할 때 매우 어려운 일이다. 그러나 소셜미디어를 통해 형성되는 소셜 그래프나 서클을 활용하면 합리적인 대안이 될 수 있다. 이미 알려진 대로 사람들은 자신과 유사성이 높은 사람들과 친구를 맺는 경향이 있기 때문에, 친구들이 생성하거나 추천한 정보를 수집해서 그 가운데 추천할 내용을 찾아내는 것은, 완벽하지는 않아도 매우 실용적이 방안이 될 수 있다. 이를 소셜 추천이라 부른다.

내가 방문하고 싶어 하는 장소를 찾으려 할 때 온라인에서 나와 취향이 유사한 사람이 추천하거나 '좋아요'를 누른 곳을 찾기 위한 계산 과정은 매우 오래 걸리기 때문에, 내 온라인 친구들이 제공한 정보를 기준으로 추천 장소를 제시하는 것이다. 물론 친구들의 충분한 참여와 정보 제공이 이뤄져야 한다. 그러나 지금처럼 사람들이 소셜미디어에 활발히 참여하고 누구나 쉽게 자신의 의사를 표현한다면 소셜 추천은 과거보다 더 용이하고 의미 있는 방식이 될 것이다. 예를 들어, 포스퀘어에서 더 많은 체크인과 참여 등의 소셜 시그널이 발생할수록 우리에게 제공되는 정보의 품질도 좋아지기 때문에, 이를 경험한 사용자는 더 많은 참여를 하게 될 것이다. 이것이 포스퀘어가 체크인보다 추천과 지역 검색 기능으로 중심을 이동하게 된 이유다.[19]

페이스북에서는 아직 검색 엔진과 같은 일반적인 검색 기능을 제공하지 않는다. 다만 사용자나 장소, 페이지 검색 등 기본 검색만을 제공해 왔다. 그럼에도 페이스북에서 이루어지는 검색은 하루에 이미 10억 건을 넘는다고 한다.[20] 페이스북이 검색 부문에서 제공해야 하는 기능은 친구들이 올려놓은 수많은 포스팅에서 나에게 도움이 되는 내용을 검색해 주는 일이다. 이는 구글이 갖고 있는 검색의 제왕 자리에 커다란 도전이 될 수 있다.[21] 예를 들어 이번 주말에 무슨 영화를 볼지 고민한다면, 일반 검색에서는 내가 모르는 사람들이 올린 영화평이나 정보가 검색되지만, 페이스북은 내가 아는 사람들이 올린 정보, 또는 '좋아요'를 눌렀던 콘텐츠를 검색할 수 있기 때문에 나에게도 매우 유용하며 광고주에게도 매우 좋은 기회가 될 수 있다.

2011년 9월 주커버그는 테크크런치가 주최한 컨퍼런스에서 향후 페이스북 검색이 지향하는 방향에 대해 슬쩍 정보를 흘린 바 있다. 그냥 검색어를 넣고 일련의 결과를 얻는 방법에서 벗어나 '내가 이런 질문이 있는데, 이에 대한 대답을 해 달라'라는 방식이 될 것이라고 밝힌 것이다. 이는 마치 소셜 질의응답 서비스를 연상시키는 이야기다. 현재 페이스북은 구글 출신의 라스 라스무센[Lars Rasmussen]이 이끄는 거의 100명의 인력이 검색 부문 개발에 종사하고 있다. 페이스북은 검색 관련 기업으로 '아크[Ark]'를 인수하려고 한 적이 있었다. 아크는 '이름은 기억이 안 나지만 기술이나 관심 분야가 나에게 유용한 친구를 찾아내는' 검색 기술을 가진 스타트업이었다.[22]

페이스북의 경우, 친구나 페이지 검색 외에 지역 추천의 기능으로 활용할 수 있는 '근처 장소' 기능을 통해, 현재 위치를 기반으로 친구들이 추천했거나 체크인 한 곳, '좋아요'를 누른 곳을 정렬해서 보여줄 수 있다. 장소 카테고리를 선택해서 같은 카테고리의 장소들을 찾을 수도 있고, 선택한 장소에 체크인한 모든 친구들을 볼 수도 있다. 그러나 국내의 경우 페이스북 지도 기능은 마이크로소프트의 '빙[Bing]' 지도 정보를 쓰고 있고 그 품질이 현저하게 떨어져 그다지 활용도가 높지 않다.

2013년 1월 페이스북은 기자들을 본사에 초대해 새로운 기능이 업데이트 될 것임을 공표하고, 15일 그 결과를 공개했다. '그래프 검색'이라는, 페이스북만이 보여줄 수 있는 새로운 검색의 방식이

그림 14-8 그래프 검색의 한 예 [출처: 페이스북 블로그]

었다.[23] '우리 회사에서 스키 타기를 좋아하는 사람은?' '내 친구가 듣는 밴드는?' '춤추기를 좋아하는 친구는?'과 같이 자연스러운 질문을 올리고 그에 해당하는 결과를 보여주는 검색 기능이었다. 구글 검색이 결과를 담고 있는 웹 페이지의 링크를 제공한다면, 페이스북은 바로 결과를 보여주기 때문에 훨씬 유용했다. 예를 들어 '내 친구가 갔던 식당'이라고 검색하면 그림 14-8과 같은 결과를 보여줬다. 이러한 기능은 체크인을 중심으로 하거나 친구의 리뷰를 중심으로 하는 포스퀘어나 옐프^{Yelp}에게 매우 중대한 도전이었다. 얼마나 많은 사람이 체크인을 하고 추천을 남기고 별점을 몇점 매겼는지를 보여줬기 때문이다.

페이스북의 막대한 규모의 소셜데이터는 이제 검색과 발견을 통해 사용자에게 가치 있는 정보로 제공될 것이다. 바야흐로 잡음에서 더 의미 있는 신호를 찾아내는 기술과 서비스가 필요한 시점인 것이다. 페이스북 사용자가 이미 12억 명을 넘어서면서 이제 페이스북에 남은 과제는 아주 흥미로운 논의거리다. 사용자를 20억 명 확보하는 것이 그들의 전략일까? 많은 투자자들이나 전문가들은 사용자 수는 중요하지는 않다고 판단한다.[24] 향후 페이스북은 인도, 한국, 일본, 러시아에서 입지를 강화하려 노력할 것이고, 아직 그들에게는 모르도르Mordor*인 중국에 진출하기 위한 전략을 짤 것이다. 그러나 무엇보다 중요한 것은 사람들이 더욱 더 적극적으로 페이스북을 사용하고, 더 많은 시간을 페이스북에서 보내면서 자신들의 모든 것을 페이스북에 노출시키게 만드는 것이다.

많은 사람들은 이미 실세계 친구 거의 대부분을 페이스북 친구로 맺었다. 중요하다고 생각하는 친구의 90% 이상은 이미 소셜 그래프에 들어와 있다. 소셜 그래프에서 전혀 모르는 사람의 비중은 불과 7% 수준이라는 퓨 리서치 센터의 조사도 있다.[25] 이대로 유지된다면 이제 페이스북에서 우리는 점점 피로를 느낄 수밖에 없다. 항상 듣는 이야기, 늘 보던 사진은 더 이상 흥미롭지 않으며 반응을 유도하기도 어렵다. 회식하는 모습이나 데이트하는 이야기도 식상하고, 여행가는 사람도 더 이상 부럽지 않으며, 매일 정치 이야기만 하는 사람도 짜증나고, 멋진 글귀만 올리는 사람도 이제는 답답해 보인다.

---

* 영화 《반지의 제왕》에 나오는 지역으로 사우론의 본거지

새로운 사람을 만나게 하는 것만이 해결책이다. 네트워크에서 네트워킹으로 변화게 해야 하는데, 여기에서 가장 큰 걸림돌은 사람들이 함부로 친구를 맺고 싶어하지 않는다는 점이다. 우리가 잘 모르는 사람을 친구로 맺을 때 제일 중요한 것은 나와의 공감대와 공통 관심사이고, 이야기가 통할 것 같은 사람이다(물론 상대의 프로필 사진이 제일 중요할지도 모른다.).

여기에서 알 수 있듯이, 앞으로 가장 중요한 역할을 할 기능은 '사람 검색'이다. 강남에 살면서 영화를 즐겨보고 공연에 자주 다니며 재즈바를 좋아하는 남자를 어떻게 찾을 것인가? 나랑 함께 자전거를 타고 다닐 수 있는 여자를 어떻게 찾아낼까? 또 누군가의 프로필을 보고 이 사람의 취향과 활동을 어떻게 확인할 것인가? 여기에 그래프 검색의 가치가 있다. 물론 이런 검색이 온라인 데이팅의 용도로 사용될 가능성도 매우 높다. 실제로 그래프 검색을 통해 가장 변화가 큰 영역이 온라인 데이팅 분야라는 견해도 있다.[26] 페이스북의 임원들은 자신의 서비스가 온라인 데이팅의 용도로 거론되는 것을 싫어한다지만, 사실 SNS의 주요 용도 중 하나는 데이트 상대를 찾는 것이라는 연구도 있다. 페이스북이 결혼을 파탄시키는 주요 원인이기도 하지만(미국 이혼 변호사의 80%가 소셜미디어에서 이혼에 합당한 유리한 근거를 찾는다.), 동시에 새로운 커플의 탄생에도 많은 기여를 한다. 그래프 검색은 사람들에게 더 안전하고 편안하게 그리고 점잖게 상대방을 찾고 말을 건넬 수 있는 기회를 만들 것이고, 이는 새로운 관계를 통한 활성화에 매우 큰 역할을 할 것이다.

두 번째로 그래프 검색이 우리에게 줄 역할은 바로 '소셜 추천'이다. 추천이 가장 잘 이루어지는 아마존에서조차 내가 잘 모르는 사람의 리뷰와 평점은 거리감이 있다. 그래서 페이스북 커넥트와 '좋아요' 기능이 처음 등장했을 때 가장 적극적인 협력을 하고자 했던 회사가 아마존이다. 내 친구들, 특히 믿을 수 있는 친구가 레스토랑, 영화, 책 등을 추천하고 리뷰한 내용을 쉽게 찾아 볼 수 있다면, 많은 기업에게는 악몽이 될 것이다. 옐프, 포스퀘어 등 리뷰와 평가 중심의 서비스들이 긴장해야 하는 이유가 여기에 있다.[27]

지역 정보, 평소의 취향, 현재 관심 대상뿐 아니라 다른 영역에서 친구가 갖는 전문성이나 성실성 등을 감안해서 추천을 얻고 판단을 하는 것이, 단지 맛집이라는 정보 범주 내에서 추천을 얻는 것보다 더 신뢰를 줄 수 있기 때문이다. 소위 말하는 '블로거지[*]'들이 몰려오는 것을 피할 수 있다는 것은 우리에게 매우 중요한 신뢰성을 제공하는 것이다.

소셜 검색은 검색이 아니라 '발견'의 기쁨을 주는 서비스다. 새로운 사람, 모르던 곳, 가보고 싶었던 장소에 대해 평소 내가 신뢰하거나 관심 있는 사람이 다녀온 곳은 내게 매우 중요한 정보를 제공하기 때문이다(반대로 이 친구가 추천하는 곳은 절대로 가면 안 된다는 반대의 정보도 중요하다.). 어차피 우리는 전문가의 추천보다 친구

---

[*] 블로거라는 신분을 이용해 업소나 업체에서 이득을 취하거나 돈을 받고 업체에 유리한 글을 써주는 블로거를 낮춰 부르는 말

의 추천과 리뷰를 더 중요하게 생각하지 않는가? 추천 정보 역시, 새로운 사람과의 관계 확대에도 매우 중요한 역할을 할 것이며, 기존 친구와 새로운 대화 주제를 삼기에도 매우 효과적일 것이다. 평소 온라인에서 왕래가 없었던 친구가 내가 관심 있는 대상에 '좋아요'를 눌렀다면, 그 친구에게 다시 댓글을 달거나 메시지를 보낼 수 있기 때문이다.

페이스북의 그래프 검색은 단지 검색을 위한 검색만을 유도하는 게 아니라, 친구들과 좀 더 자주 많은 이야기를 나누라는 것이고, 더 많은 시간을 여기에 매달려서 세상의 험난함과 외로움을 잊으라는 것이다. 자신이 옛날에 올린 글을 찾는 행동은 페이스북에는 큰 의미가 없는 것일지도 모른다. 따라서 과거의 것보다는 새로운 무엇인가를 찾아내게 만드는 것으로 검색 방향을 잡은 것이다. 물론 그것을 통해 광고 마케팅으로 매출 확대를 꾀하는 것도 가능할 것이다. 페이스북의 그래프 검색 기능은 아직 영어권의 사용자와 데스크톱 버전에서만 제공된다. 그러나 주커버그는 곧 모바일에서도 이를 제공하겠다고 선언했다.[28] 그에게 그래프 검색은 타임라인, 뉴스피드와 함께 페이스북을 구성하는 세 가지 기둥 중 하나라는 생각이 있다. 다만 사람들이 이를 사용하는 데는 좀 더 학습이 필요하고 몇 년의 시간이 걸릴 것이라는 전망이 있다. 그러나 점점 페이스북의 모든 콘텐트와 사람들의 연결 구조가 분석되어 제공되는 수준에 이른다면 구글로서는 큰 도전일 수밖에 없을 것이다.

15장 소셜데이터의 공공적 가치

15.1 소셜미디어 데이터를 통한 질병 확산 예측

2009년 「네이처」 지는 이례적으로 구글의 플루트렌드^{FluTrend}에 대한 기술 방법론과 의미에 대한 기사를 실었다.[1] 기존에 독감을 측정하는 방법은 환자가 의사를 찾아가 증세를 상담해서 일련의 증후를 파악하는 방법과 환자에 대한 실험실 데이터를 분석하는 바이러스 검사를 통한 방법이 있었다. 전통적으로 미국의 질병통제예방센터^{CDC}는 두 가지 방법을 모두 사용해 독감의 상황을 파악해 왔다. 즉 증후를 파악하는 ILInet$^{Influenza-like\ Illness\ Network}$과 NREVSS라는 바이러스학 시스템을 운영한다.

그러나 구글은 독감이 유행하는 계절에 독감 관련 검색어가 많아지고, 알레르기 계절에는 알레르기 관련 검색어가 많아지는 것에 착안해 검색어의 행태를 파악해서 독감 발생을 예측할 수 있음을 입증했다. 우선, ILInet 데이터와 가장 연관성이 높은 5,000만 개의 검색어 후보를 선정했다. 선정된 검색어군을 지역에 따라 ILInet 데이터 특성과 연계해 보니 특정 지역에서 발생하는 임의의 검색어가 중요하게 부각됨을 포착할 수 있었다. 그 다음으로는 계절에 따른 타이밍과 심각성을 기준으로 2003년부터 가장 최근까지의 데이터를 분석하고, 이 모델을 ILI 데이터와 2008년부터 비교해 최적화를 이뤄냈다. 2009년 여름 H1N1 독감에 대한 검색 패턴의 변화를 찾아낸 모델이 그 전의 데이터들보다 미국 질병통제예방센터 데이터와 일치함을 알아내고 이를 다시 「PLOS ONE」 저널에 논문으로 발표했다.[2]

이는 '집단 지성'을 이용한 가장 대표적인 시스템으로, 사람들이 몸에 이상이 생기면 과거처럼 수동적으로 미디어를 통한 보도만 참고하는 것이 아니라 직접 검색을 하기 때문에 검색 결과를 통해 신속하고 정확한 분석을 할 수 있다는 것을 보여준 중요한 사례다. 구글의 플루트렌드는 감기나 독감 관련 검색 결과를 분석해 공공기관의 조사나 서비스보다 더욱 신속하고 정확한 결과를 인터넷 상에 공개할 수 있음을 입증했다. 구글 플루트렌드는 일반적으로 미국 질병통제예방센터보다 2주 정도 빠르게 질병을 파악할 수 있다. 이후 구글은 플루트렌드라는 웹 페이지(http://www.google.org/flutrends/us/)를 통해 각국 인플루엔자 독감 확산의 예측 데이터를 실시간으로 보여주는 서비스를 개시했다. 다음은 이 페이지에서 설명하는 서비스 방식에 대한 설명이다.[3]

"구글Google은 독감과 관련된 주제를 검색하는 사람의 수와 실제로 독감 증상이 있는 사람 수 간에 밀접한 관계가 있음을 발견했습니다. 물론 '독감'을 검색하는 사람이 전부 아픈 것은 아니지만 모든 독감 관련 검색어를 합산해 보면 특정한 패턴이 나타납니다. 구글은 검색어 수를 기존의 독감 감시 시스템과 비교하여 정확히 독감 철에 관련 검색어가 많아지는 경향이 있음을 확인했습니다. 구글은 이러한 검색어가 나타나는 빈도를 집계하여 전 세계 여러 국가와 지역에서 독감이 얼마나 유행하는지를 예측할 수 있습니다."

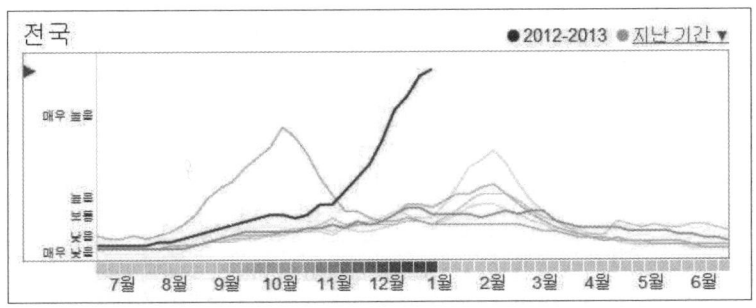

그림 15-1 2012년 말부터 독감이 급속도로 확산되기 시작하는 상황을 보여주는 미국 플루트렌드 [출처: 구글 플루트렌드]

현재 구글 플루트렌드에서는 각국의 공식적인 독감 유행 데이터와 모델을 비교해서 유용성을 입증할 수 있는 서비스가 29개의 나라에서 제공되고 있다(우리나라는 서비스 국가에 포함되지 않는다.). 구글은 이를 뎅기열 예고 데이터로도 확대하고 있다.

독감 데이터를 소셜미디어에서는 어떻게 확인할 수 있을까? 2012년 말에 미국에 강한 독감 전파가 예상됐을 때 사용자들의 포스팅을 분석해서 독감의 전파 상황을 알 수 있는지에 대한 조사 분석이 이뤄졌다. 감성 분석 회사인 크림슨 헥사곤$^{Crimson Hexagon}$은 2012년 12월부터 트위터와 페이스북에서 독감을 언급한 62만 6,379개의 글을 분석했더니 이전 달에 비해 2,336%가 늘어났음을 알아냈다.[4] 그 가운데 40%는 '나 독감에 걸렸어.'라는 문장을 포함한 것으로서 25만 개를 넘어섰으며, 10%의 사용자들은 친구나 가족이 독감에 걸렸다고 이야기하기했다. 전반적인 포스팅은 2013년 1월 13일을 기준으로 감소하기 시작했다. 이 조사 결과에서 트위터는 전체 포스팅의 90%를 차지해, 사람들이 자기가 아픈 상태를 페이스북보다는 트위터에 더 많이 올린다는 사실을 알 수 있었다. 또 영국에서 독감에 관한 포스팅의 47%는 다른 사람이 걸렸다는 이야기였다.

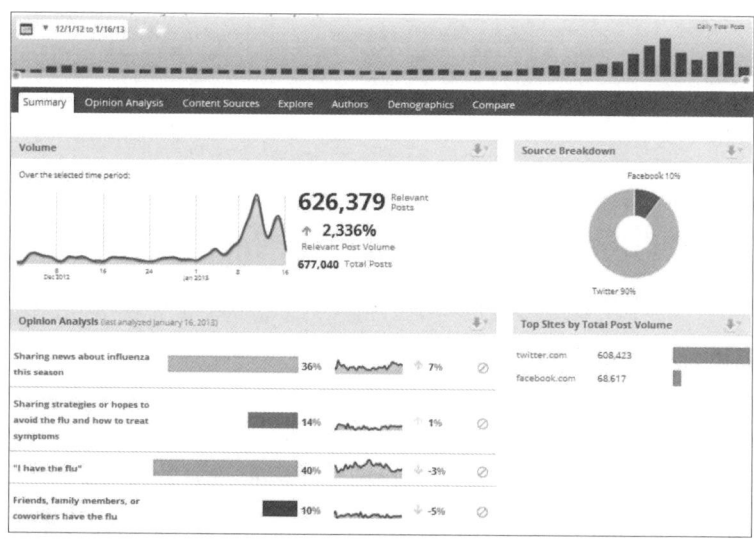

그림 15-2 독감을 언급한 글에 대한 크림슨 헥사곤의 분석

크림슨 헥사곤의 분석은 구글의 플루트렌드처럼 검증된 모델은 아니었고, 글이 감소한 경우도 진짜 독감의 확산이 완화된 때문인지 아니면 그저 사람들이 더 이상 독감 이야기를 하지 않는 것인지는 정확히 알 수 없었다. 또한 왜 사람들이 트위터를 더 많이 사용하는지에 대한 정확한 분석 결과도 없었다. 그러나 당시 해당 기간 동안 구글 플루트렌드 역시 독감에 대한 검색이 급상승을 보였다는 측면에서 소셜미디어에서 독감을 언급하는 현상 역시 특정 상황을 예측하고 파악하는 데 도움이 될 것이라 유추할 수 있다.

미국 로체스터 대학의 박사 후 연구원 학생인 아담 새딜렉[Adam Sadilek] 등의 연구팀은 트위터를 이용해서 사용자들이 어떻게 아프게 되는지를 예측할 수 있음을 조사했다.[5] 많은 사람들이 트윗 글을 모바일폰에서 올리기 때문에 GPS 데이터를 통해 사람들이 아프다는 이야기를 올리는 위치를 확인했다. 뉴욕 지역에서 생성된 공개 트윗의 샘플을 통해 그 지역 인구의 8%의 데이터를 분석했다. 이 데이터는 특히 지난 3개월 동안 최소 하루에 3번 이상 트윗을 하는 실 사용자들을 대상으로 했다. 특히, 사람들의 사회적 상태, 오염 노출도, 상호 교류 등의 요소가 건강에 어떤 영향을 주는지를 트위터를 사용해 모델링했다. 즉 누군가 아프다고 글을 올리면 그 병의 원인이 사용자의 행위나 라이프스타일에 연결될 수 있는지를 분석했다. 트윗 내용에 기초해서 질병과 연결되어 있는 것과 그렇지 않은 것을 구분하고, 한 사람의 건강 상태에 대해 추론한 후, 키워드에 입각해 수집된 데이터에 머신 러닝[machine learning] 기법을 이용해 트윗을 분류했다. 동시에 연구팀은 라이프스타일 요소와 병에 걸릴 가능성에 대한 상관 관계를 분석했다. 사회적 지위가 높은 경우 면역력이 더 좋다는 것을 밝혔고, 한적한 공원을 산책하는 빈도와 건강 유지에는 긍정적 상관관계가 있음을 발견했다. 반대로 사람들이 많이 모이는 바, 헬스클럽, 대중 교통을 이용하는 것은 건강에 부정적 상관관계가 있음을 알아냈다.

그러나 연구팀의 분석 결과에 대한 비판도 많았는데,[6] 일단 샘플 데이터가 무작위가 아니라는 점이었다. 예를 들어, 미국 성인의 13%만이 트위터를 사용하는 데다가, 공개 트윗은 비중이 더 적다. 게다가 나이든 사람들의 비중이 매우 적다는 점도 이 연구가 전체적인 상황을 나타내는 데 한계점을 드러냈다. 또한 사람들이 아프다고 글을 올렸을 때 단순한 감기인지 아니면 더 심각한 질병인지를 판별할 수 없다는 점과 위치 정보의 불확실성 문제도 있었다. 즉 누군가가 버스를 타고 헬스클럽을 지나가면서 트윗을 하면 이를 헬스클럽에 들어갔다고 파악될 수도 있었다. 이처럼 데이터의 정확성이 좀 더 정밀해져야 하는 문제점을 안고 있었다.

소셜미디어 데이터를 통해 사람들의 공중 보건에 대한 분석이 여러 가지로 이루어지고 있지만 아직은 구글트렌드 만큼 전체 인구의 현상이라고 평가할 수 있는 상황은 아니다. 그래도 질병통제예방센터 같은 곳에서 활용할 수 있는 가능성은 충분히 크다고 볼 수 있다.

15.2 위치 정보를 이용한 세상의 재구성

소셜미디어 데이터는 여러 가지 정보를 담고 있다. 이른바 정보 그림자Information shadow라 할 수 있는 정보들이다. 포스팅과 관계된 정보, 내 친구의 동의, 전파 정도, 댓글, 사진과 연계된 정보, 링크의 출처 등 세상에는 다양한 정보 그림자가 존재한다.[7] 그 중에서 가장 유용한 것은 정보를 생성하는 사람들의 위치 정보다. 이러한 위치 정보를 결합하면 매우 흥미로운 종합 결과를 보여줄 수 있다.

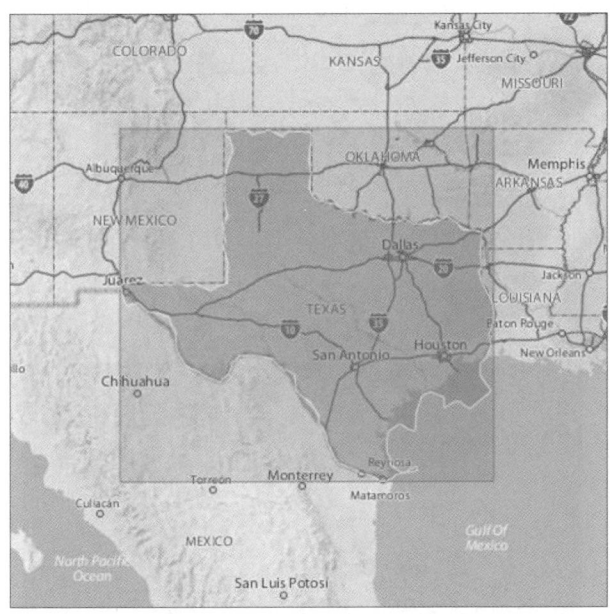

그림 15-3 플리커 데이터를 기반으로 만든 텍사스 주 지도 [출처: http://code.flickr.net/2008/10/30/the-shape-of-alpha/]

2009년 웹 2.0의 진화로서 웹 스퀘어드Web Squared 개념*을 역설한 팀 오라일리Tim O'Reilly는 자신의 글[8]에서 플리커 사진을 기반으로 지도를 구성했을 때 매우 정확한 정보를 제공할 수 있음을 예로 들며, 데이터를 기반으로 새로운 컴퓨팅을 할 수 있음을 보여줬다.

2010년 미국의 에릭 피셔Eric Fischer는 플리커와 트위터의 위치 정보 데이터를 기반으로 35개의 세계 도시 지도를 재현했다.[9] 그 외에도 많은 데이터를 기반으로 새로운 느낌의 지도를 만들어 플리커에 올렸으며, 이 내용이 「뉴욕타임스」에 소개된 후 뉴욕 현대미술관에서 전시회를 열기도 했다.[10] 포스퀘어 역시 사용자들이 생성한 체크인 데이터를 모아 실질적인 가치를 갖는 지도를 만들어 낼 수 있음을 보여줬다. 2013년 1월 17일 포스퀘어 공식 블로그에는 3개월 동안 사용자들이 실행한 5억 건의 체크인 데이터를 모아 전 지구의 모습을 만들어냈다.[11]

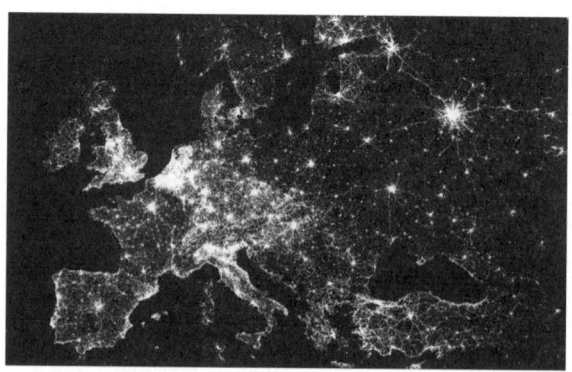

그림 15-4 포스퀘어 체크인 데이터로 구성한 유럽 지역 [출처: 포스퀘어 공식 블로그]

* 웹과 세상이 만난다는 의미로 Web+World를 이야기했고 웹이 이제 2.0, 3.0으로 진화하는 게 아니라 제곱(square)으로 발전하는 개념이라는 뜻

트위터는 위치 정보가 포함된 10억 건 이상의 트윗을 2009년부터 모아온 결과를 시각화해 2013년 5월에 발표했다.[12] 특히 유럽은 도시 간 지역 간 해상 움직임까지 볼 수 있으며, 많은 트윗을 생성하는 도시나 어느 지역에서 사람들이 트윗을 많이 발생하는가를 알 수 있다. 이처럼 트윗 분석을 통해, 특정 기간 중 어떤 지역에서 관심 갖는 주제가 무엇이고, 어떠한 사건이나 활동이 이루어졌는가를 알 수 있을 것이다.

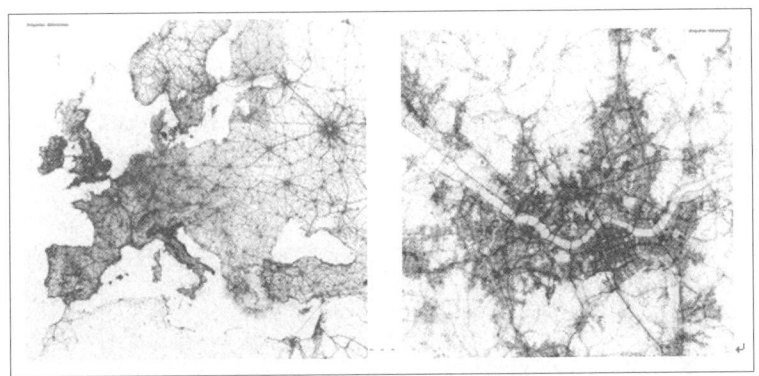

그림 15-5 트윗에 포함된 위치 정보 데이터로 구성한 유럽과 서울 지도

2012년 가을부터 실리콘 그래픽스와 일리노이 대학은 트위터 데이터 공급 업체인 GNIP과 공동으로 '글로벌 트위터 심장박동Heartbeat' 프로젝트[13]를 수행하고 있다. GNIP은 데카호스Decahose라는 트위터 데이터 스트림을 제공하는데 이는 전세계에서 하루에 발생하는 트윗의 10%에 해당한다. 이 프로젝트를 통해 위치 정보가 포함된 트윗과 나사NASA의 지구 이미지를 결합해 의미 있는 지도를 만들어 낼 수 있다는 논문을 2012년 수퍼컴퓨팅 컨퍼런스에

서 발표한 적이 있다. 이는 다시 개방형 저널인 「퍼스트 먼데이First Monday」에 상세하게 실렸다.[14]

2010년에는 페이스북의 인턴이던 폴 버틀러Paul Butler가 당시 5억 명 사용자의 친구 관계를 사용자들의 위치 정보를 통해 시각화했다.[15] 이 경우는 사용자들이 위치하는 정보만으로도 각 나라의 윤곽을 그려볼 수 있다는 점과 인턴 수준의 인력도 사용자의 데이터를 활용할 수 있다는 잠재성을 널리 알리게 된 계기가 되었다. 폴 버틀러는 소셜 그래프 데이터에서 1,000만 개의 친구 쌍을 샘플 데이터로 사용했다. 사용자의 현재 도시 데이터를 갖고 두 개의 도시 간 친구의 수를 더했고 그 데이터를 각 도시의 위도와 경도 데이터와 결합했다. 친구가 많을수록 밝게 나타났다.

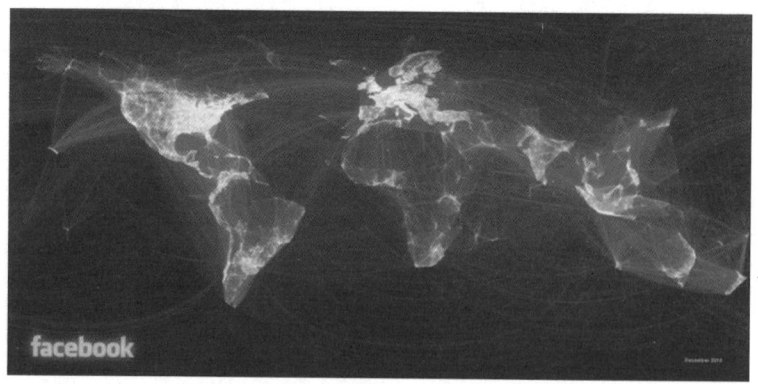

그림 15-6 페이스북 친구관계를 기반으로 만든 세계 지도 [출처: 페이스북]

가장 최근에 페이스북 데이터 사이언스 팀은 사람들의 이동 경로를 추적해 전 세계 사람들의 이주 행태와 이동 지역을 확인하는 연구를 수행했다.[16] 자신의 고향으로 표시한 지역과 현재 거주지가 크게 다른 곳을 찾아냈는데, 최소 100명이 h 지역을 고향으로 표시하고, 그들의 20% 이상 규모가 다른 지역인 c(h)를 현재 거주지로 표시한 데이터를 분석해서 단순 이전이 아닌 집단 이주의 현상을 살펴봤다.

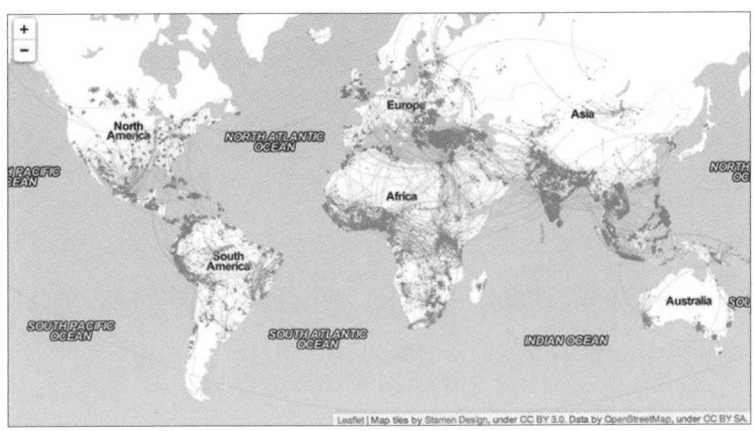

그림 15-7 대규모의 사람들이 이주한 특성 분석 [출처: 페이스북]

이 연구 결과에서는 다음과 같은 특징이 나타났다.

- 집단 이주가 이루어진 곳은 급격한 도시화가 이뤄진 국가들이다.
- 미국으로의 집단 이주는 그 특성이 다양했다. 마이애미로 이주한 쿠바인들과 멕시코인들의 이주 사유나 특징은 사뭇 다르다.
- 이스탄불은 매우 대표적인 이주 목적지로 나타났다.

그러나 이와 같은 연구의 문제점을 지적하는 사람들도 있다. 페이스북이 자신들의 연구 내용을 발표하면서 관련 데이터를 제시하지 않고, 다른 학자로부터 리뷰를 받지 않기 때문에, 방법이나 결과 추출 과정에 대한 학술적 검토가 이루어지지 않았다는 점을 그 이유로 들었다.[17] 다시 이에 대한 반론으로는, 데이터의 익명성을 확보한다 해도 완벽하지 않을 수 있기 때문에, 프라이버시 보호 차원에서 페이스북이 데이터를 공유할 수 없다는 한계가 있다는 주장도 있다. 2010년에 애플의 개발자인 피트 와든 Pete Warden이 공개 프로필을 분석해 미국 내 사용자들의 친구 관계가 지역별로 어떤 특성이 있는지를 시각화하고 데이터를 공유하겠다고 했다가 페이스북이 법적 대응을 하겠다고 해서 철회한 일이 있었다.[18]

15.3 소셜데이터로 파악하는 사람들의 감정 변화

소셜미디어에서 사람들이 표현하는 다양한 상태 변화, 감정 표현, 관계의 변화를 분석하면 사회의 구조와 변화, 실세계가 온라인에서 어떻게 투영되고 다시 영향을 받는가를 파악할 수 있다. 더군다나 과거와 비교할 수 없는 대량의 데이터를 가지고 전 지구적인 상황을 파악할 수 있게 됨으로써 지금까지 그 어떤 사회심리학, 언론정보학, 인류학자들도 할 수 없었던 대규모의 연구를 수행하기에 이르렀다.

2011년 코넬 대학의 사회학자인 스캇 골더 Scott Golder 와 마이클 메이시 Michael Macy는 「사이언스」지에 발표한 논문[19]에서, 트위터 문장을 분석해 전 세계 다양한 문화권 사람들의 감정과 기분 변화를 추적했다. 이들은 2008년 2월부터 2010년 1월까지, 영어를 쓰는 트위터 사용자 240만 명의 트윗을 각각 400개씩 수집했다. 5억 건 이상의 트위터 메시지를 분석한 결과, 세상 사람들은 아침과 저녁에 긍정적인 감정을 표현하는 경향이 높고 주말에 가장 긍정적이었다. 이러한 기분 변화는 잠과 하루 동안의 활동 리듬에 영향을 받는다는 사실을 다시금 확인했으며, 이는 문화나 환경에 상관없이 바이오리듬에 영향을 받는다는 것이다. 그러나 이에 대해 하버드 대학의 심리학자인 댄 길버트^{Dan Gilbert}는 비판적 의견을 제시했는데, 사람들은 자신이 실제로 느끼는 것보다는 팔로워가 듣기 원한다고 생각하는 것을 말하는 경향이 있기 때문에 공개된 글을 액면 그대로 믿어서는 안 된다는 주장이었다.[20]

사람들은 언제 새로운 로맨스를 시작할까? 미국 페이스북 데이터를 2010년부터 2011년까지 분석한 결과 월요일에 새로운 로맨스가 가장 많이 시작됐다.[21] 페이스북 데이터 사이언스팀은 사용자의 상태가 '싱글,' '이혼' 같은 상태에서 '연애 중,' '약혼'과 같은 커플 관계로 변화되는 것을 추적했다. 반대로 커플에서 헤어지는 경우도 조사했는데, 그 결과 2011년 12월에는 헤어지는 것보다 커플이 되는 비율이 4% 이상 높은 것을 알아냈다. 당연히 발렌타인 데이나 크리스마스 즈음해서는 더 많은 사람들이 커플이 되는 것을 파악했다. 이를 연령대와 월별로 전체 평균과 비교하고 변화의 세기를 컬러로 표현한 그래프는 그림 15-8과 같다.

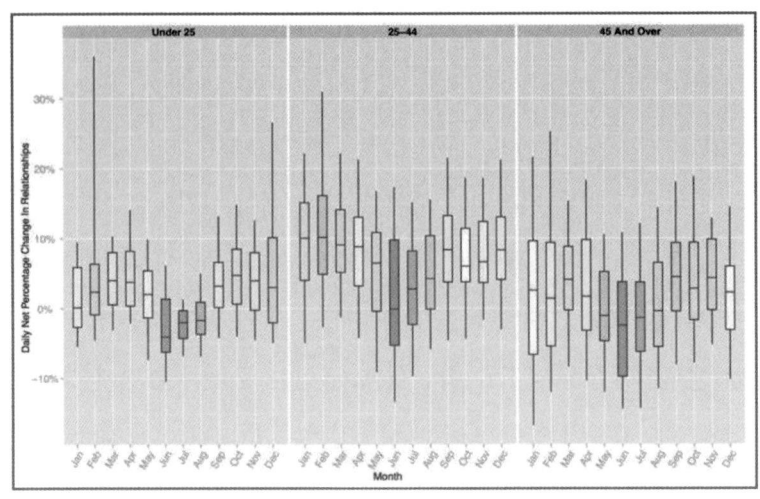

그림 15-8 연령대별, 월별로 분석한 커플 관계의 변화 [출처: 페이스북 데이터 사이언스팀]

한 주간의 패턴은 어떻게 나타날까? 주말을 보낸 다음, 월요일과 화요일에 로맨스가 가장 많이 시작됐고 주말에 헤어지는 커플이 제일 많았다. 그러나 25세 이하에서는 주말에 새로운 로맨스를 시작하는 비율이 다른 연령대에 비해 높았다. 이런 현상이 벌어지는 것은 오래된 관계를 청산하고 주로 주말에 새로운 사람을 만나거나, 헤어질 것을 고민하다가 주말에 만나 이야기를 털어놓는 경향이 많기 때문일 것이라는 추측을 할 수 있다.

트위터에서 사람들이 표현하는 감성을 기반으로 행복도를 측정하는 연구도 있었다. 미국 버몬트 대학의 수학과 통계학자인 피터 닷츠$^{Peter\ Dodds}$ 등이 연구한 결과가 2011년 「PLOS ONE」 오픈 저널에 실렸다.[22] 이들은 2008년 9월 9일부터 2011년 9월 18일 사이, 트위터 이용자 6,300만 명이 작성한 45억 8,600만 개 트위터 메시

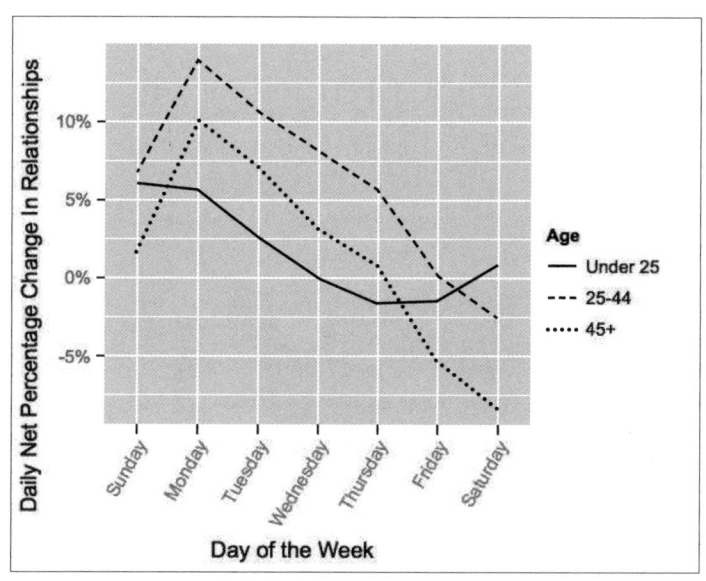

그림 15-9 요일별 새로운 로맨스 시작 비율 [출처: 페이스북]

지에서 460억 7,600만 개 단어를 추출했다. 사람들이 트윗에 언급한 감성을 분석해보면, 연말로 갈수록 행복도가 점차 증가했다가, 새해 초기에는 급감했다. 또한 행복도는 주말에 정점을 찍고 월요일과 화요일에는 바닥을 찍었다. 일반적인 흐름과 다른 예외적인 아웃라이어outlier가 나타나는 경우에도, 긍정적인 감성이 표현된 때는 주로 종교, 문화, 국가적 사건이 일어난 날이고 부정적인 감성이 나타난 때는 예상치 못한 사회적 트라우마를 겪게 되는 유명인의 죽음이나, 자연 재해를 겪은 경우로 나타났다.

피터 닷즈와 그의 연구팀은 2013년 오픈 저널「PLOS ONE」에 또 하나의 논문을 발표했다. 1,000만 개의 위치 정보가 있는 트윗을 분석해 미국 내에서 어떤 지역이 가장 행복하고, 어디가 가장 불행한 곳인지를 조사했다.[23] 가장 행복한 주는 하와이와 메인 주 등이고 가장 불행한 주는 루이지애나, 미시시피 등이었다. 가장 행복한 지역은 캘리포니아 나파였으며, 가장 불행한 곳은 텍사스의 보몽으로 조사됐다.

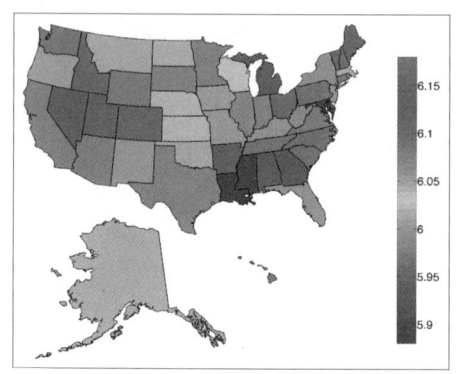

그림 15-10 트윗 내부의 단어 분석을 통한 행복도 조사 결과

2006년 노스웨스턴의 프로운트^{Freund} 교수의 연구에서는, 젊은 세대에서 가장 강한 심리는 미래에 대한 희망이기 때문에 이상적으로 하고 싶은 것에 대한 욕구와 승진 생각이 주를 이루지만, 나이가 들면서 자신이 이룬 것, 이미 소유하고 있는 것에 매달리고자 하는 성향이 있음을 밝혔다. 이를 참고로 해서, 2012년 펜실베이니아 대학의 캐시 모질너$^{Cassie\ Mogilner}$, 스탠포드 대학의 제니퍼 아스커$^{Jennifer\ Asker}$, MIT 미디어 랩의 세팬더 켐바$^{Sepandar\ Kemvar}$가 공동으로 1,200만 개의 블로그를 분석해 세대별로 행복에 대해 어떻게 다르게 느끼는지를 분석했다.[24] 그들의 연구에 따르면 젊은 블로거는 '흥분되고, 황홀하고, 의기양양한' 상황일 때 행복하다고 기

술했다. 이는 미래가 가져올 즐거움을 예상할 경우인데, 사랑을 찾 거나, 일하러 가거나, 새로운 도시로 이사할 때와 같은 상황이었 다. 그러나 나이든 세대의 경우 행복의 감정은 '평화롭고, 편안하 고, 조용하고, 안도하는' 기분이 들 때 느낄 수 있었다. 배우자와 함께하고 건강하고, 모기지 비용을 지불할 수 있을 때였다 즉 미래 보다는 현재 상황에 만족스러울 때 가장 행복감을 느꼈다.

2013년 훔볼트 대학의 학생들은 2012년 6월부터 2013년 4월까 지 위치 정보가 붙은 15만 개 트윗의 감성을 일일이 읽어서 미국 내의 지역별 증오심의 분포를 시각화했다.[25] 인종 차별, 성차별, 장 애인 차별적인 트윗을 찾아 각 지역별로 확인한 그림 15-11에서 진하게 표시된 부분이 증오심이 넘치는 표현이 더 많이 나타난 지 역을 의미한다.

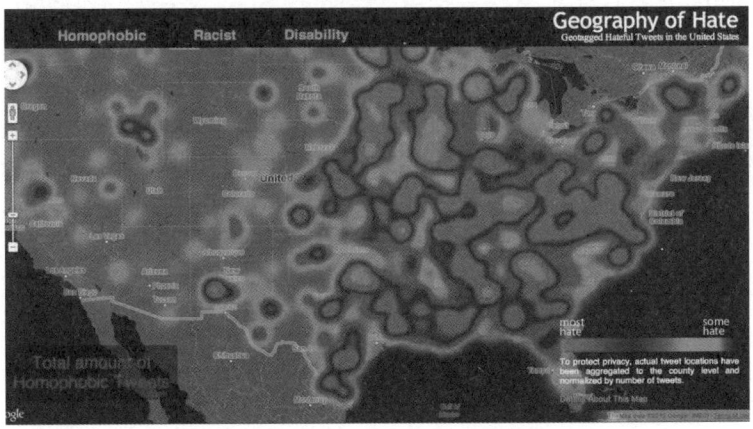

그림 15-11 훔볼트 대학의 증오 분포 분석

이와 같이 소셜미디어에서 사람들이 생성하는 수많은 데이터는 전체를 모아 분석할 경우 우리가 쉽게 알지 못했던 사회적 현상, 인간 관계, 의미 있는 패턴을 확인할 수 있다. 그러나 트위터를 제외하면(트위터도 최근에는 데이터를 유료로 제공하는 경우가 많다.), 서비스를 운영하는 회사와의 협력을 통해 개인정보가 노출되지 않는 방법으로 연구가 이뤄지고 있다. 사회 구성원이 만들어 낸 데이터를 소수의 기업만이 소유하고 그에 대한 접근을 막아 놓는 것은 개인정보보호라는 측면에서는 의미가 있지만 사회적 가치 창출이라는 점에서는 좀 더 생각해봐야 문제일 것이다.

소셜데이터를 어떻게 공공의 용도로 활용할 것인가 하는 주제는, 때로 데이터의 주권이라는 정치적으로 민감한 주제를 이끌어 내기도 한다. 우리나라 국민이 생성한 데이터를 특정 기업이 소유하고 그들에 의해 모든 운영이 이뤄지는 것을 정부가 그저 방관해도 되는지에 대한 이슈가 떠오르는 것이다. 특히 최근 애국법을 내세운 미국 정부가 이러한 데이터에 합법적으로 수시 접속하고, FBI가 국가안보서신$^{NSL, National Security Letter}$라는 문서 하나만으로 영장도 없이 원하는 정보를 수집할 수 있는 상황[26]에서 과연 소셜데이터의 소유와 활용이 올바른 방향으로 가고 있는지 확신할 수가 없다.

나의 경우에도, 어떻게 하면 소셜데이터를 공공 목적을 위해 사용할 수 있을 것인가라는 문제와 그에 따른 필요한 절차와 법적 기준 마련에 대해 2012년 한국인터넷진흥원의 요청으로, '소셜데이터의 공공적 가치 및 활용 방안 연구'를 카이스트의 앱 센터 운동본부와 함께 기초적인 연구를 수행한 적이 있다.[27] 아직은, 우리가 기업 활동을 통해 확보한 사적 재산에 대한 공공적 활용을 강제할 수는 없다. 그러나 포털이나 소셜미디어 기업이 수집한 방대한 데이터를 전체 사회의 발전과 행복, 공공적 가치 창출을 위해 좀 더 개방적으로 사용할 수 있는 방안에 대해서 앞으로도 많은 논의가 필요할 것이다.

16장 | 소셜컴퓨팅, 웹 사이언스, 계산 사회과학

16.1 웹 2.0의 등장과 소셜웹으로의 진화

오라일리 미디어의 팀 오라일리가 2004년에 웹 2.0 컨퍼런스를 주최하면서 전세계에서 웹 2.0에 대한 논의와 평가가 줄을 이었고 이를 기반으로 하는 수많은 기업들이 창업되기 시작했다. 팀 오라일리는 존 바텔(John Battelle)과 함께 이 개념을 지속적으로 발전시켜 나가기 시작했다.* 2006년 국내에서 열린 첫 웹 2.0 관련 세미나[1]에서 가장 처음으로 웹 2.0의 개념과 의의를 소개했던 나로서는 소셜미디어와 웹 2.0의 관계에 대한 생각을 정리해야 한다는 사명감을 느낀다.

웹 2.0 시대는 우리가 웹을 사용하는 방법과 정보를 생성하고 배포하는 방식에 큰 변화를 가져왔다. 이는 '참여, 개방, 공유'라는 키워드로 대표하는 큰 흐름을 만들어냈으며, 결과적으로 그 이전까지의 상황을 1.0, 사고의 틀을 새롭게 하고 문제에 대한 접근 방

---

* 팀 오라일리는 그의 첫 번째 에세이(http://oreilly.com/web2/archive/what-is-web-20.html)를 발표하고 계속 웹 2.0의 정의를 갱신한 버전을 소개했다.

식이 큰 단계로 진화하는 것을 2.0이라고 부르게 되는 사회적 현상까지 불러왔다. 또 다른 큰 변화는 바로 정보 권력의 변화일 것이다. 주로 전문가들이나 기업, 기관들에 의해 생성되고 검증되고 제공되던 정보와 지식보다는 개인에 의해 만들어지고 공유되는 정보와 지식이 더 큰 의미와 역할을 할 수 있음을 많은 성공 사례가 보여줬고, 이에 권력의 힘이 기관에서 개인으로 넘어가는 변화가 사람들의 마음 속에 자리잡게 됐다. 이처럼 대중들의 참여와 공유가 이뤄지면서 사람과 사람 사이에서 혹은 사람들이 이루는 집단과 사회에서 나타났던 이슈들이 온라인에 등장하게 된다. 즉 평판, 신뢰, 관계, 아이덴티티, 그룹, 온라인 상태 등의 이슈가 정보의 품질과 정보 자체의 신뢰에 미치는 영향이 지금까지와는 전혀 다른 차원에서 논의되고 모색되기에 이른 것이다. 웹에서 중요성을 지니는 이슈는 단순한 정보가 아닌, 다른 사람과의 커뮤니케이션, 협력, 행동 등의 사회적 활동에 더 큰 무게가 실리기에 이르렀다.

　이러한 문제에 대한 접근은 더 이상 웹 2.0에서 언급되어온 여러 기술들을 다양하게 시도한다고 가능해지는 것이 아님을 우리는 점차 깨닫게 되었다. 뭔가 본질적인 기초 연구 없이는 더 이상 소셜네트워킹과 소셜미디어가 갖는 의미와 가치를 충분히 알아내고 찾을 수가 없게 된 것이다. 더군다나 그러한 연구와 모델은 컴퓨터과학자들에게는 매우 새롭고 도전하기 힘든 영역이다. 한편, 웹에서 일어나는 여러 현상과 모습은 사회과학자들에게는 아주 흥미로운 대상이었다. 가상 커뮤니티가 실제 커뮤니티가 될 수 있는 것인지, 온라인 관계는 실제 세계에서의 관계 발전 모델을 반영할 수 있는 것인지, 대면 관계와 온라인 관계의 특성이 실제로 다른 것인지, 다중의 아이덴티티를 마음만 먹으면 얼마든지 만들어 내는 이 공간은 도대체 어떤 공간의 의미를 갖는 것인지, 정치적 저항이 온라인 도구들을 만나면 왜 이렇게 달라질 수 있는지, 왜 소수의 강력한 관계를 중심으로 하던 사람들이 왜 광범위한 느슨한 관계를 맺는 데 더 많은 시간과 열정을 쏟아 붓는지 등의 수많은 새로운 연구 과제를 만들어 냈다.

 이와 같은 상황을 파악하고 해석하고 진단하는 것은 사회과학의 방법론으로 가능하지만 이를 제어하고 유지하고 관리하는 기법, 분석적 방법으로 이를 측정하고 웹에 다시 새로운 기능을 구현하고 변화시키는 것은 사회과학자가 행하기 어려운 분야였다. 두 방향에서 만난 것이 바로 소셜컴퓨팅이다. 웹 2.0은 결국 소셜컴퓨팅으로 가는 도중 우리가 거친 중간 단계였던 것이다. 웹 2.0의 종말은 소셜컴퓨팅으로 진화하기 위한 디딤돌이었을 뿐이고, 결국 일부 사람들이 예측한 웹 3.0 시대가 아닌 소셜컴퓨팅이라는 새로운 차원을 열게 된 것이었다.

 팀 오라일리가 제시한 웹 2.0이라는 단어는 마케팅적으로는 성공했지만 이것이 학술적으로 체계화되지는 못했다. 월드와이드웹을 만든 팀 버너스리는 오히려 이러한 웹의 변화를 리드라이트웹readwriteweb으로 불렀다.[2] 오라일리는 2009년 웹 2.0 서미트에서 웹의 진화를 웹 스퀘어드Web Squared라는 새로운 용어로 제시했다. 웹

스퀘어드란 웹이 세상의 수많은 기기들과 연결되며 이를 통해 새로운 데이터와 정보와 통합되어 새롭게 진화한다는 개념이다.[3] 웹 스퀘어드의 새로운 특성으로는 센서 데이터가 통합되는 새로운 집단지성, 상호 협력하는 데이터 서브시스템, 명시적인 학습이 아닌 암시적 학습을 통한 웹의 학습 능력, 정보 그림자와 사물인터넷, 데이터 분석이나 시각화를 통한 데이터의 패턴을 확인하는 기술, 실시간을 통한 집단 마인드 등이라고 주장했다. 이러한 주요 특성은 현재 우리가 소셜 분석, 빅데이터 분석 등의 새로운 영역에서 거론되는 주제들과 일치하고 있으며, 소셜미디어의 기술 하부구조에서 거론되는 연구 주제와 크게 다르지 않다.

팀 오라일리가 마케팅 차원에서, 그리고 큰 그림에서 바라보는 흐름의 방향은 오늘날 업계와 학계에서 '소셜'이라는 새로운 용어로 대체됐고 그에 따라 새로운 컴퓨팅 모델을 만들어 내는 방향으로 수렴되고 있다. 즉 웹 2.0은 2000년대 중후반 산업계의 새로운 흐름과 경향을 나타내는 가장 대표적인 마케팅 용어였으며, 이를 통한 인터넷 서비스의 진화는 결국 소셜웹과 소셜미디어의 확산과 전개, 그에 따른 소셜 기술과 소셜 소프트웨어의 발전을 이끌어 냈다. 학계에서는 일부에서 거론하던 소셜컴퓨팅의 분야가 컴퓨터 과학의 새로운 분야로 급성장하는 계기를 만들었다.

이 장에서는 이러한 학제적 연구 방향이 어떻게 발전, 정립되었고, 새로운 연구 영역을 만들어 냈는가를 소개한다. 특히 소셜웹의 등장이 학문적 영역에서 미친 영향뿐만 아니라 기존 학문 영역을 넘어서는 새로운 학문 영역을 등장시킨 것에 대해 하나씩 소개하고자 한다.

16.2 소셜컴퓨팅과 웹 사이언스

소셜컴퓨팅은 아직도 그 개념이 발전하고 있으며 어떤 확정된 연구 범위가 있는 분야는 아니다. 위키피디아의 정의를 빌리자면 소셜컴퓨팅이란 '사회적 행위와 컴퓨팅 시스템의 접점과 연계되는 컴퓨터과학의 한 분야'로서, 크게 컴퓨팅 시스템을 통해 사회적 행위를 지원해 주기 위한 영역과 사람들에 의해 이뤄지는 정보 처리를 지원하기 위한 영역, 두 가지로 나눌 수 있다. 전자가 사람들이 서로 소통하고, 의견을 올리고, 공유하고, 협력하기 위한 소셜 소프트웨어, 즉 블로그, 위키, 인스턴트 메시징, 소셜 네트워킹을 지원하기 위한 기술 등을 의미한다면, 후자는 협업 필터링, 추천시스템, 경매, 디지털 평판 등과 같이 많은 사람의 집단적 협력과 지능을 기반으로 하는 기술을 어떻게 구현할 것인가와 더 밀접한 관련이 있다.

    소셜컴퓨팅이 등장한 배경에는 단순히 기술적 진보와 공학적 이슈만 있는 것은 아니다. 2008년 구글의 제품 담당 디렉터인 조 크라우스^{Joe Kraus}*는 펜실베이니아 대학 와튼 스쿨의 법학 교수인 케빈 워바크^{Kevin Werbach}와의 대담에서 어떻게 하면 웹 전체를 더 소

---

* 조 크라우스는 익사이트(Excite)와 잣스팟(JotSpot)의 창업자였으며 지금은 구글 벤처스의 투자 파트너다.

설한 공간으로 만들 수 있을지를 항상 고민한다고 말했다.⁴ 조 크라우스는 정보의 검색보다는 정보의 발견이 웹의 미래이며, 이는 이제 소셜에 의해 이뤄질 것이고, 우리가 정보를 공유하는 방식이 변화하고 있으므로 이제는 소셜 사이트가 아니라 소셜웹에 더 큰 관심을 가져야 한다고 예측했다.

인터넷은 원래부터 소셜 애플리케이션이 가장 중요한 곳이었다. 이메일과 채팅, 메시징은 초기부터 인터넷의 킬러 앱이었다. 2000년에 들어와서는 웹을 통한 정보의 접근과 활용이 주요 애플리케이션으로 자리잡으면서 검색이 가장 핵심이 되는 환경이 되었다. 즉 정보의 접근 통로를 누가 차지하는 것인가가 가장 큰 화두가 된 것이다. 그러나 점점 인터넷과 웹이 사회 전 분야에서 활용되면서 우리가 경험하는 많은 문제들은 공학적 이슈가 아니라 사회적 이슈의 반열에 오르기 시작했다. 또한, 인터넷이 사람과 사람 사이의 커뮤니케이션, 거래, 만남, 토의, 행동에 중요한 미디어가 됐고, 이런 미디어에서 우리가 보이는 행동이나 경험하는 모든 이슈가 중요한 주제로 오르내리게 된 것이다.

소셜컴퓨팅은 컴퓨터과학을 중심으로 이러한 사회적 이슈에 대한 컴퓨팅 모델을 어떻게 만들 것이고, 이를 기반으로 새로운 서비스를 어떻게 구축해 나갈 것인가를 중점적으로 연구하는 분야다. 소셜컴퓨팅에 대한 연구 초기에는 IBM이나 마이크로소프트 연구소에서 진행했던 기업 내에서의 그룹간 협업을 위한 다양한 소셜 기술들의 개발이 이루어졌다.⁵, ⁶ IBM의 초기 연구는 소프트웨어 개발 과정의 시각화, 오디오 컨퍼런싱을 위한 랑데뷰, 대화와 협업 지원을 위한 배블^{Babble}이나 룹스^{Loops} 같은 과제였다.[7] 현재는 개발도상국에서 모바일폰 보급에 따른 소셜컴퓨팅 기술의 역할에 대한 '넥스트 빌리언' 과제, 왓슨 자연어 처리 시스템을 이용한 사람의 상호작용 연구, 페타 스케일의 수퍼 컴퓨터의 성능과 사람들의 생산성을 연구하는 PERCS 과제, 스마트 도시 과제, 소셜 분산 컴퓨팅 시스템의 능력을 어떻게 활용할 것인가에 대한 클라우드 구조 연구 등을 수행 중이다.

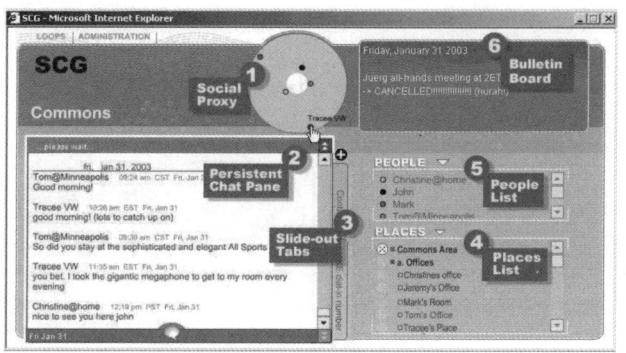

그림 16-1 IBM 소셜컴퓨팅 그룹의 초기 연구 과제 룹스 [출처: IBM]

마이크로소프트 리서치의 소셜컴퓨팅 그룹[8]은 사람들이 '가상 지구' 맵을 볼 때 주로 어디를 보는 가를 모아서 보여주는 '핫맵', GPS와 모바일폰 데이터를 기반으로 시애틀 사람들이 이동하는 루트를 공유하는 슬램XR^{SlamXR}, 소셜네트워크의 관계를 기반으로 이메일 서비스에 부가적인 정보를 제공하는 스나프^{SNARF}, 친구와 사진, 블로그를 공유하고 상호작용하는 과정을 보여주는 월롭^{Wallop}

등의 과제를 수행해왔다.

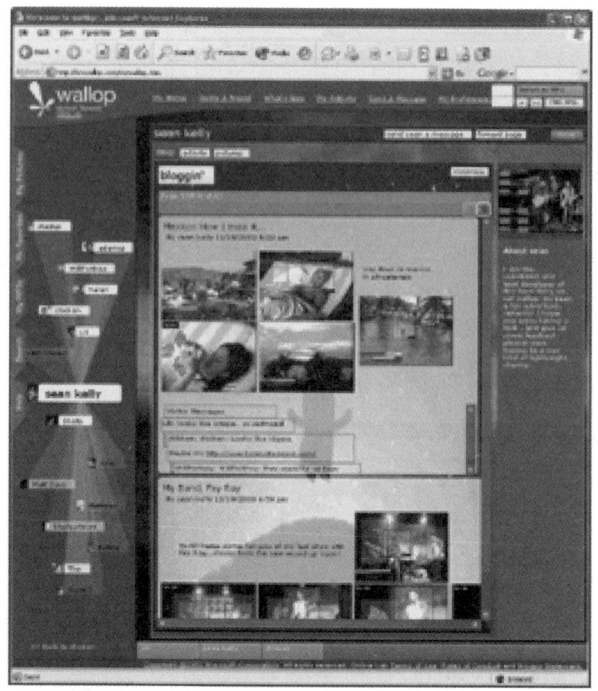

그림 16-2 마이크로소프트 리서치의 월롭 과제 화면 [출처: 마이크로소프트]

학계에서는 미시건 대학의 폴 레즈닉 교수를 중심으로 스페셜 프로그램을 운영했고, 이후 많은 해외 대학에서 소셜컴퓨팅을 컴퓨터과학과 내의 프로그램이나 정보 대학원의 학위 과정으로 제공하기 시작했다. MIT의 미디어랩에서도 소셜컴퓨팅 그룹이 구성되어 소셜 애플리케이션을 쉽고 직관적으로 개발할 수 있는 도그 DOG라는 프로그래밍 언어를 개발하는 중이다.[9] 2010년에는 페이스북에서도 소셜컴퓨팅 분야의 새로운 지원 프로그램을 시작해서 박사과정들에 연구 지원금을 제공했다. 국내에서는 최초로 2009년에 카이스트 문화기술대학원에서 소셜컴퓨팅 랩을 오픈했고 이후 전산학자, 사회학자, 통계 물리학자들이 합류해 이 분야를 이끌고 있다.*

소셜컴퓨팅 관련 주요 학술 모임은 미국 전기전자공학회[IEEE], ACM, 미국인공지능학회 산하의 여러 컨퍼런스나 워크숍 관련 활동이 있었으며, 2009년부터는 IEEE 지원으로 소셜컴퓨팅 국제 학술회의가 매년 열렸다. 전통적으로는 CHI, WWW 컨퍼런스, ICWSM[International AAAI Conference on Weblogs and Social Media] 등의 학회가 중심 역할을 하고 있다.

소셜컴퓨팅 분야의 연구 영역을 알기 위해 이러한 학술회의 논문 요청 분야 항목을 참조하는 것도 좋은 방법이다. 2013년 보스턴에서 열린 ICWSM-13의 리스트를 보면 다음과 같다.[10]

- 소셜미디어의 심리학적, 개인 특성 기반의 민족학적 연구
- 소셜미디어와 주류 미디어의 관계 분석
- 소셜미디어에 대한 양적, 질적 연구
- 소셜미디어 출판과 저자의 중심성과 영향력 관계
- 블로그와 마이크로블로그의 랭킹과 유사성, 블로그와 마이크로블로그에 기반한 웹 페이지 랭킹

---

* 카이스트 문화기술대학원 산하 소셜컴퓨팅 랩은 내가 2009년에 카이스트에 재직하면서 처음 만들었던 연구실이다.

- 소셜네트워크 분석, 커뮤니티 식별, 전문지식과 권위의 발견 방식, 협업적 필터링
- 신뢰, 평판, 추천 시스템
- 인간과 컴퓨터의 상호작용, 소셜미디어 도구, 내비게이션과 시각화
- 텍스트 데이터에서의 주제, 감성 분석, 편향과 의견 식별, 추출
- 텍스트 범주화, 토픽 인식, 인구통계적/성별/나이 식별
- 트렌드 식별과 추적, 시계열 예측, 소셜미디어 기반의 현상 예측에 대한 측정
- 새로운 소셜미디어 애플리케이션, 인터페이스, 상호작용 기술
- 소셜미디어를 통한 소셜 이노베이션과 효과에 대한 변화

16.3 웹 사이언스의 탄생과 주요 연구 영역

2006년 월드와이드웹의 발명자인 팀 버너스리는 「뉴욕타임스」와 인터뷰에서 이제 웹에서 일어나는 대부분의 이슈는 더 이상 컴퓨터과학을 통해서는 해결할 수가 없다고 주장했다.[11] 웹에서의 주요 이슈는 이제 웹에서 만나는 사람들 간의 관계에 관한 것이고, 이를 위한 학제적 연구가 필요하다고 강조했다. 팀 버너스리는 웹 자체를 연구 대상으로 삼는 것을 포함해 이러한 연구 영역을 웹 사이언스라 칭했고, 미국 MIT와 영국의 사우스햄튼 대학 간의 공동 연구를 추진했다. 후에 웹 사이언스 리서치 이니셔티브[WSRI, Web

Science Research Initiative를 설립했다. 그림 15-3은 WSRI가 제시한 학제적 연구 분야에 대한 도해다. 이후 WSRI는 유한회사인 '웹 사이언스 트러스트Web Science Trust'로 재정비됐고, 세계 유수의 학자들과 웹 사이언스 연구를 공동으로 추진하기 위해 웹 사이언스 학회를 개최하고 관련 연구소를 엮는 WSTnet을 구성했다.

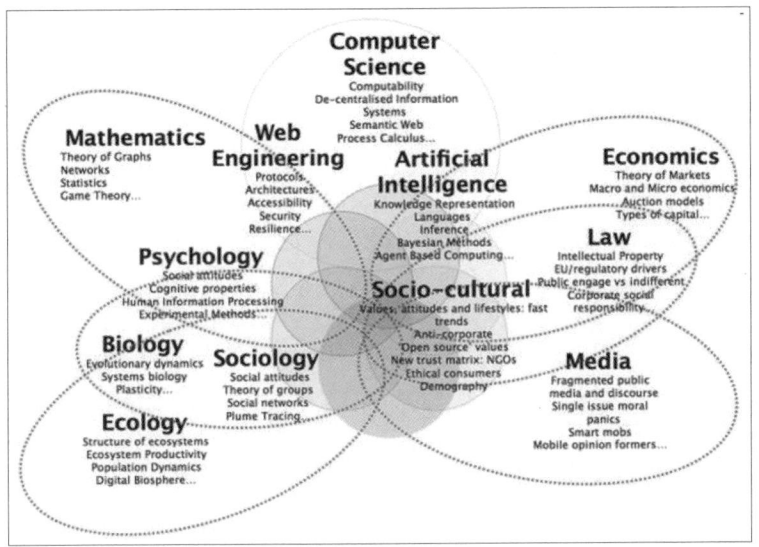

그림 16-3 웹 사이언스 연구를 위한 학제적 분야 [출처:WSRI]

국내에서도 웹 사이언스 분야가 월드 베스트 대학 과제로 선정되어 카이스트 전산학과를 중심으로 2011년부터 웹 사이언스 공학 전공이 만들어졌다. 이를 통해 이 분야 연구 인력을 본격적으로 양성하고 글로벌 협력을 진행하고 있다.

사실 웹 사이언스는 팀 버너스리와 웬디 홀, 제임스 헨들러 등 그의 동료들이 지속적으로 논문을 발표해 그 개념과 분야를 정립해왔다. 2006년 사이언스지에 실린 짧은 논문인 '웹에 대한 사이언스를 일으키기'[12]가 가장 초기 문헌이라 볼 수 있다. 또한 같은 해 WSRI에서 발간한 저널인 「웹 사이언스의 기반과 트렌드 Foundations and Trends in Web Science」 창간호에 '웹 사이언스를 위한 프레임워크'[13]를 발표해 연구 분야, 주제, 다양한 접근 방식 등을 정리했다. 2008년 다시 「사이언티픽 아메리칸」지에 '웹 사이언스가 부상하다'[14]라는 원고를 기고하면서 더 광범위한 과학 분야의 참여를 유도하기 위해 노력했다.

팀 버너스리에 따르면 웹 사이언스의 새로운 영역으로는 1) 웹의 구조를 모델링 하는 것 2) 기하급수적으로 성장하는 데 기반이 되는 구조적 특징을 명확히 파악하는 것 3) 온라인에서 사람들의 상호작용이 어떻게 사회적 관습에 의해 이루어지거나 반대로 어떻게 관습을 바꾸게 하는지에 대한 연구 등을 꼽을 수 있었다. 초기 웹 사이언스는 웹 자체를 연구 대상으로 삼아야 함을 내세웠다. 왜냐하면 그 전까지 웹에 대한 연구는 주로 컴퓨터과학자들에 의해 프로그래밍 언어, 프로토콜, 컴퓨터 구조 등에 대해 이뤄졌으며, 웹 자체가 어떤 구조를 갖고 어떤 특성을 갖는지에 대해서는 연구되지 않았기 때문이다.

1999년 노트르담 대학의 물리학자인 바라바시 교수팀에 의해 웹의 링크 구조가 척도 없는 네트워크[Scale-free Network]*를 이룬다는

---

* 바라바시-알베르 네트워크 모델(Barabasi-Albert network model)이라고도 하며, 무작위가 아닌 선호에 따라 연결하는 경우가 나타나는 네트워크다. 따라서, 평균 연결 이상으로 매우 많은 링크를 가진 노드, 즉 허브가 존재한다.

연구[15]와 제록스 팔로알토 연구소의 버나드 후버만$^{Bernard\ Huberman}$ 등에 의해 사이트의 페이지 분포가 멱함수 분포$^{Power\ law\ distribution*}$를 따른다[16]는 두 가지 결과가 「네이처」 지에 실렸다.

그 전까지 막연히 인터넷의 링크 분포가 랜덤 분포일 것이라고 생각했던 가정이 무너지고 소수의 노드가 매우 많은 링크를 갖고 있음이 밝혀진 것이다. 이에 따라 이러한 허브가 유지되는 한 많은 노드가 제거되어도 노드 간의 경로는 존재할 수 있음이 증명됐다. 또한 선호적 연결$^{Preferential\ Attachment}$ 특징을 갖고 있어서 한 번 링크를 많이 획득한 노드는 지속적으로 새로운 링크를 획득하는 특성이 있음도 밝혀졌다. 즉 웹에서도 부익부 빈익빈의 현상을 띤다는 것이다. 다시 2000년 「사이언스」 지에 월드와이드웹의 멱함수 분포와 선호적 연결이 이루어지는 이유에 대한 바라바시 팀과 후버만 팀의 토론이 실렸다.[17] 이러한 링크나 페이지 구조를 통해 웹의 전반적인 구조와 특성, 성장 다이나믹스를 연구하는 논문이 지속적으로 등장하면서 웹은 복잡계를 연구하는 물리학자 사이에서도 중요한 연구 대상으로 떠올랐다.

코넬 대학의 응용 수학자인 스티븐 스트로가츠$^{Steven\ Strogatz}$와 그의 제자 던컨 와츠$^{Duncan\ Watts}$는 웹이 생각보다 페이지들 간에 작은 경로로 연결된다는 사실을 알아냈고† 스몰 월드의 특성‡을 갖는다

---

* $f(x) = a*x\char`\^n$ 꼴의 함수로서 f(x)는 x가 커짐에 따라 급속히 줄어드는 분포를 말하는데, 웹 페이지에 연결된 링크의 수는 일부 페이지가 월등히 크며 나머지는 급격히 적은 숫자의 링크만을 갖고 있음을 발견했다. 이는 사회나 자연 현상에서 많이 관찰된다.
† 당시의 웹 구조에서는 임의의 웹 페이지에서 다른 페이지로 최대 14클릭이면 연결됨을 밝혔다
‡ 와츠-스트로가츠 모델이라고도 부른다. 몇 개의 무작위 연결 만으로도 노드 간 연결 거리가 현저히 줄어드는 네트워크를 말한다.

는 사실을 알아냈다. 또한 이들은 이메일을 가지고 1967년의 스탠리 밀그램의 연구에 기반한 6단계 분리 가설을 실험했는데 그 결과 실험자들에게 특별한 참여 동기가 없으면 경로가 형성되지 않는다는 사실을 밝혔다.

웹의 링크 분포와 특성에 주목한 또 다른 연구 결과는 스탠포드의 컴퓨터과학를 연구하는 두 박사과정 학생에 의해 이루어졌다. 1950년대 1950년대 논문들에 포함된 참고 문헌 간의 구조 분석을 통해 차기 노벨상 수상자가 누가 될 것인가를 추측해 보는 연구 등과 같이, 웹 페이지의 중요성은 페이지에 들어오는 링크가 연결되어 있는 페이지의 중요도를 기반으로 이루어지며, 다시 나가는 링크를 통해 현재 페이지의 중요도가 확산되는 간단한 방식을 통해 웹 검색의 혁신을 이뤄냈다. 이들이 구글을 창업한 세르게이 브린$^{Sergey\ Brin}$과 래리 페이지$^{Larry\ Page}$였다. 이들이 제안한 페이지랭크^{PageRank}라는 방식은 또 다른 방향에서 웹의 근본 특성과 구조 분석을 이뤄낸 결과다. 즉 웹 사이언스에 대한 연구는 때로 세계적인 기업의 탄생을 가져올 수 있음을 보여준 중요한 사건이었다.

이와 같은 연구들이 보여준 사실은 웹이 단지 네트워크 구조만을 분석한다고 이해되는 것이 아니라 그 안에 포함되어 있는 개인의 행동, 전략, 인지들이 영향을 미치며 이를 함께 파악하는 것이 더욱 중요하다는 점이었다. 이후 이러한 연구들은 소셜미디어의 전체적인 구조적 특징과 네트워크의 과학적 접근, 성장과 변화를 이루는 방식, 연결 특성 등을 연구하는 가장 기초적인 방법이 되었다.

웹 사이언스 연구의 두 번째 큰 방향은, 서비스의 급성장을 이루기 위한 기술의 역할을 파악하는 것이다. 때로 아주 작은 기술적 혁신이 한 서비스의 급속 성장을 이끌어 낼 수 있다. 예를 들어 블로고스피어가 급속도로 성장하는 데에는 트랙백^{trackback}이 주효한 역할을 했고 그 짧은 경로로 연결되는 구조적 특징 역시 블로그나 블로거를 비롯해 글의 주제나 포스팅 자체가 중요한 역할을 한다는 것이 팀 버너스리의 주장이었다. 페이스북의 '좋아요' 기능이나 트위터의 RT(리트윗) 기능이 간단하면서도 해당 서비스의 급성장을 이끌어 내고 확산에 큰 영향을 주었다는 것은 널리 알려진 사실이다. 또한 수많은 웹사이트가 '페이스북 커넥트'를 통해 페이스북과 연동해 하나의 생태계를 구성하는 것을 목격하면서, 웹 사이언스에서 분석하고자 하는 이 주제의 중요성을 다시 한 번 확인할 수 있었다.

마지막 큰 주제는 사람의 상호작용과 사회적 관념의 상호 관계다. 이는 사람들의 목표, 욕망, 이해관계, 그리고 태도 등의 사회적 요소들이 웹에서 링크를 설정하는 데 기본적 특성이 될 수 있는 이유에 대한 인문사회적 연구의 중요성을 말한다. 다시 말해 웹을 이해하기 위해서는 수학과 컴퓨터과학만이 아니라 사회학, 심리학, 인류학에 대한 연구를 병행해야 한다. 나아가 법률 이슈나 정치 이슈에 대한 논의와 뇌 과학이나 생물학적 연구 역시 웹의 성장과 변화를 연구하는 데 기초적인 시각을 제공할 수 있을 것이다.

2009년 아테네에서 처음 열린 웹 사이언스 컨퍼런스는 이러한 학제적 연구를 위한 노력이었으며, 개념 정립과 연구 방법론, 학계와 연구 분야에서 어떤 노력을 같이 할 것인가 등의 문제가 논의됐다. 이후 웹 사이언스 컨퍼런스는 매년 열리고 있으며, 2013년에는 프랑스 파리에서 열렸고 2014년에는 미국 인디애나 대학교 블루밍턴 캠퍼스에서 오는 6월 열릴 예정이다. 웹 사이언스가 현재 어떤 분야를 연구하는지 손쉽게 알아보려면 그해의 컨퍼런스에서 논문 제출을 요구하는 분야를 살펴보면 된다. 2013년 웹 사이언스 컨퍼런스에서는, 크게 소셜미디어, 모바일 기기, 온라인 커뮤니티를 사용하는 인간 행위에 대한 분석과 웹 기반의 대규모 소셜 상호작용을 분석하기 위한 방법론들에 대해 다음과 같은 세부 연구 분야를 제시했다.[18]

- 웹과 웹상의 인간 커뮤니티에 대한 데이터 마이닝과 네트워크 분석
- 웹에서의 미세 수준의 프로세스와 상호작용에 대한 상세 연구들
- 집단 지성, 협업 생산, 소셜컴퓨팅
- 웹의 구조와 철학에 대한 연구
- 웹상에서 디자인과 인간 상호작용의 교차 분야에 대한 연구
- 웹에서의 경제학과 소셜 혁신 분야
- 거버넌스 governance, 민주주의, 저작권, 그리고 공유재
- 개인 데이터, 신뢰, 프라이버시

- 웹과 소셜미디어 연구의 윤리학
- 링크드 데이터linked data, 클라우드, 디지털 에코 시스템에 대한 연구
- 웹 접근, 이해도에 대한 연구와 개발
- 웹상에서 또는 웹을 통한 지식, 교육, 학문
- 크라우드 소싱crowd sourcing, 오픈 데이터, 그리고 새로운 인터페이스를 비롯한 사람을 통해 이루어지는 웹 기술들
- 웹 아카이빙archiving 기술과 웹 아카이브를 통한 학술적 사용
- 새로운 연구 주제와 아이디어들

이 리스트를 보면 현재 우리가 인터넷에서 관심을 갖는 대부분의 문제를 그 연구 영역으로 삼고 있음을 알 수 있다.

16.4 새로운 사회과학의 탄생: 계산 사회과학

2009년 2월 「사이언스」지에 하버드 대학의 데이비드 레이저David Lazer 등 15명의 학자가 쓴 짧은 논문이 실렸다. 「계산 사회과학Computational Social Science」이라는 제목의 이 논문[19]은 사회과학의 새로운 분야의 필요성을 언급하며, 이제 개인과 그룹의 행위를 분석할 수 있는 대규모의 데이터를 모아 활용해야 한다고 주장했다. 이를 일러 '2009년 성명2009 Manifesto'이라 부른다. 나아가 사람들의 생활과 조직, 그리고 사회에 대한 우리의 이해를 변화시킬 수 있는 가능성이 계산 사회과학 연구에 있다고 주장했다. 이미 생물학이나

물리학에서 대용량 데이터를 통해 새로운 방법론을 세운 것처럼, 경제학, 사회학, 정치학 등에서도 충분한 가능성이 있음에도 불구하고 아직 의미 있는 연구가 나타나지 않았고 오히려 구글이나 야후, 또는 정부기관 등에서 앞선 연구가 진행되고 있음을 지적했다.

이메일과 스마트 기기를 통해서 사람과 그룹의 상호작용, 관계의 구조와 내용을 파악할 수 있으며, 시간에 따른 변화, 거리의 근접성이 주는 영향 등을 알아낼 수 있을 것이다. 또한 받는 뉴스와 정보의 다양성이 사람과 그룹의 능력과 성과를 예측할 수 있는지도 분석할 수 있을 것이라고 예견했다. 특히, 대규모 통신사의 수년간의 통화 패턴이나 전자상거래의 메시징 패턴을 이용하면, 사회의 매크로 소셜네트워크에 대해 파악할 수 있고, 사람들의 이동 패턴과 움직임도 알게 되며, 이를 통해 전염병의 패턴을 분석하는 데도 매우 유용할 것이라고 했다.

인터넷은 사람들이 말하는 것이나 연결 방식에 대해 새로운 채널을 제공하기 때문에, 블로고스피어에서의 주장, 루머, 정치적 입장을 어떻게 퍼뜨리는가를 연구할 수도 있고, 개인이 인터넷 서핑을 하는 패턴이나 검색 유형을 통해 선거의 당선자를 먼저 알아내는 것도 가능하다고 예측했다. 온라인 소셜네트워크 연구를 통해서는 개인의 네트워크상 위치가 다른 사람의 취향, 감정, 건강에 미치는 영향을 분석할 수 있으며, 자연어 처리는 이를 구조화하고 이해하는 데 더욱 도움을 줄 수 있음을 밝혔다. 지금까지의 주요 사회과학 분야 연구 중 인간 행위에 대한 분석은 주로 어떤 특정 기간의 소수의 사람들에 대한 분석에 머물렀었지만, 이제는 수년간 축적된 테라바이트 규모의 데이터로 개인뿐 아니라 집단의 행동도 분석할 수 있는 시대가 되었음을 선언한 것이다.

2012년 8월 짐 가일스Jim Giles는 「네이처」지에 기고한 '계산 사회과학: 링크 만들기'[20]라는 글에서, 이메일, 소셜네트워크와 현대 사회에서 생활하면서 남기는 모든 디지털 흔적들이 사회 과학을 변형시키고 있다고 말했다. 예를 들어, 코넬 대학의 컴퓨터과학자인 존 클라인버그John Kleinberg 교수는 월드와이드웹이 등장하기 전에 썼던 그래프 이론 관련 논문 연구를 이용해, 이제는 '자기 자신의 의견을 형성하는 것이 얼마나 나쁜 것인가?'와 같은 사회과학 저널에 어울리는 논문을 발표하고 있다. 클라인버그 교수가 '컴퓨터과학은 기술에 관한 것만이 아니다. 동시에 인간에 관한 주제다.'라고 말한 것과 같이 컴퓨터과학 연구 경험이 있는 많은 학자들이 계산 사회과학 분야로 몰리고 있다. 페이스북 같은 기업에서 네트워크의 구조와 정보가 어떻게 퍼져 나가는지를 연구하는 것도 이런 흐름을 반영한다고 볼 수 있다.

2002년 코넬 대학의 존 클라인버그와 노스필드 칼톤 칼리지의 데이비드 리벤노웰David Liben-Nowell은 사회과학자들이 믿어왔던 '사람들은 친구의 친구와 친구 관계를 맺는 경향이 있다'라는 가설을 실험하기로 했다.[21] 과거처럼 수십 명이나 수백 명의 사람들을 대상으로 하는 것이 아니라 네트워크를 통째로 분석하는 방식으로 접근했다. 이들은 과학자들의 협업을 분석하기로 하고 1994년부터 1996년까지 arXiv에 저장된 물리학자의 논문 수천 편을 갖고 저자 이름을 기반으로 두 사람이 협업한 것을 하나의 링크로 연결하는 그래프를 만들었다. 예측했던 대로, 물리학자들 간의 새로운 협업은 과거 협업했던 사람들로 이루어진 영역에 중첩되는 경향이 있음이 밝혀졌다. 이때 사용했던 링크 예측 방식은 당시 클라인버그의 박사과정 학생이었던 라스 백스트롬Lars Backstrom에 의해 페이스북 친구 추천 시스템에 도입돼 사용되고 있다.

사회학자들에게 유명한 마크 그래노베터의 '약한 유대'의 중요성 역시 2007년 주카 페카 오넬라의 주도로 헬싱키 대학, 옥스포드 대학, 하버드 대학, 노트르담 대학의 여러 학자들의 공동 논문 팀에 의해 확인되었다.[22] 이들은 400만 명의 모바일폰 사용자들의 사용 시간을 분석해, 적은 시간을 통화하는 지인과의 링크가 빈번한 통화를 하는 '강한 유대'의 클러스터를 연결하는 링크 역할을 하고 있음을 밝혀냈다. 2010년에는 영국에서 6,500만 명의 유선전화와 모바일폰의 데이터, 그리고 인구 조사 데이터를 결합해 분석한 결과 개인의 관계 다양성과 경제 발전이 매우 강한 상관 관계가 있음을 밝혀냈다.[23] 연결 관계가 더 다양하고 풍부할수록 그 지역이 경제적으로 더 번창하고 있었던 것이다.

2011년 MIT에서는 스마트폰 앱과 웨어러블Wearable 기록 장치를 통해 실험 대상자들의 움직임과 커뮤니케이션의 세세한 데이터를 수집했다. 이 데이터를 감정과 실제 건강과 연계해 우울증 같은 건강의 문제를 파악할 수 있었다.[24] 사람들의 평소 행동 패턴을 분석해 건강 관리와 연계하는 것이 가능하다는 사실을 입증한 것이다. 이처럼 수많은 연구가 이뤄지고 있는 상황에서 이와 같은 연구들이 더욱 활성화되기 위해서는 우선적으로 선결해야 할 과제가 많다.

가장 중요한 것으로는, 데이터에 정당하게 접근하는 방식을 검토해야 하며, 프라이버시 문제를 일으키지 않아야 한다는 것이다. 실제로 익명화시켰던 데이터에서 특정인을 파악할 수 있는 실험 결과가 나오면서 단순한 익명화를 통해서는 이 문제를 쉽게 풀 수 없음을 인정해야 한다고 사회과학자들은 지적한다. 실제로 2008년 미국 국립보건원은 익명화된 유전자 정보 DB를 온라인에서 접근할 수 없게 삭제했다. 데이터베이스 안에 있는 많은 개인 자료를 통계적으로 이용하면 익명을 풀 수 있음이 밝혀졌기 때문이다.[25] 따라서 자체 규율을 강화해 이런 문제를 사전에 없앨 수 있는 절차와 기술, 규칙 등을 정비해야 한다고 지적했다.

두 번째는 여기저기 흩어져 있는 데이터를, 프라이버시는 보장하면서 안전하고 집중화된 데이터 하부구조로 만들어야 한다. 각 필요에 따라, 데이터는 각 그룹의 연구 수준과 기술에 따라 각각 다르게 구성되어 있기 때문에 이를 체계화하는 작업이 필요한 것이다. 더구나 많은 학자들에게 이와 같은 데이터는 접근 자체가 불가능한 경우도 많다 따라서 보유하고 있는 원原 데이터에 접근하기 어려워 연구 결과를 확인 검증하거나 다른 데이터에 적용할 수 있는 일반성 분석이 불가능하기 때문에 이 문제를 해결할 수 있는 공통 데이터를 어떻게 확보하고 공유할 것인가를 거론하게 만들고 있다.

세 번째로 사회과학자들이 지적하는 문제는 데이터의 대표성이다. 트위터 초창기 특정 세대에 치우친 데이터나 페이스북의 데이터조차 실세계의 인구 비례와는 매우 상이한 분포를 갖고 있다. 이런 데이터가 과연 현실 사회를 정확히 표현할 수 있는 것인지 의문이 생긴다. 특정 그룹에서 활발히 받아들인 기술을 전체 사회 구성원의 특성으로 파악하는 것은 논리적이지 않기 때문이다. 그러나 이에 대한 반론도 있다. 이미 과거 사회과학의 연구 대상을 선정할 때에도 이러한 편향성 문제는 늘상 있어 왔고, 그 문제점을 해결하기 위한 조정 방안들이 이미 많이 시도되어 왔기 때문에, 이런 데이터의 편향성을 처리할 수 있는 방법은 얼마든지 찾아낼 수 있다는 주장이다. 더군다나 과거에는 심리학이나 인간 행위에 대한 연구가 주로 대학생만을 대상으로 수행됐기 때문에 인구통계학적으로 편향성이 더 심했으나, 이제는 페이스북이나 트위터 사용자의 숫자가 매우 거대해서 그와 같은 치우침 현상은 많이 해소되었다고 볼 수 있다.

마지막으로, 새로운 학자들의 양성이 필요하다. 과거 인지과학이 새로운 학문으로 등장하면서 다양한 자연과학, 사회과학, 공학자들의 학제적 연구를 이끌어내는 데에는 이 분야의 새로운 학자들의 양성이 매우 중요했다. 마찬가지로 계산 사회과학을 발전시키기 위해서는 새로운 영역의 젊은 학자들을 육성해내기 위한 지원이 필요하다.

미국에서는 계산 사회과학 학회가 결성되어 2011년에 산타페에서 첫 학술대회를 가졌으며, 산타페 연구소 등에서는 매년 워크숍을 개최하고 있다. 야후 연구소에서 마이크로소프트 연구소로 자리를 옮긴 던칸 와츠 박사 역시 이 분야를 위한 그룹을 만들고 지속적으로 인재를 모으고 있다. 대학에서도 이러한 학제적 연구를 하기 위해 새로운 학위 프로그램을 만들고 있다. 예를 들어 조지 메이슨 대학에서는 이 분야를 위한 학부와 석사 과정이 설립됐다. 이 학과 홈페이지에는 계산 사회과학을 복잡한 사회 시스템에 대한 연구를 컴퓨터 모델링과 관련 기술로 수행하기 위한 학제적 과학이라 정의하고 있다. 또, 스탠포드 대학의 사회과학연구소^{IRiSS}에서도 대학원생을 대상으로 과정 인증 프로그램을 실행 중이다.[26] 2009년 선언 이후 관심이 급증한 계산 사회과학은 마치 물리학 분야에 입자 가속기가 사용되고, 뇌 과학에 MRI가 도입된 것과 같은 효과를 누리게 될 것이다. 문제는, 앞에서 말한 프라이버시 보장 문제와 데이터가 실제 사회를 대변할 수 있는지가 최대 관건이다.

현재 소셜미디어에 대한 연구와 분석 또는 담론의 전개는 과거 우리가 실제 사회에서 논의해왔던 많은 이슈를 다시 한 번 온라인 공간에서 확인하거나 그 차이점을 파악하고 검증하는 방향으로 진행되고 있다. 이런 연구는 한 분야의 힘으로 이루어지는 것이 아니라, 컴퓨터과학, 사회과학, 인문학, 법학, 생물학 등이 서로 연계하고 새로운 시각을 갖고 접근하는 학제적 노력이 이루어지고 있다.

과거 사회과학이 매우 제한된 규모의 표본을 갖고 연구 조사를 한 반면, 이제는 수십만에서 수백만, 나아가 수억의 사람들이 온라인에 노출하는 감정, 행위, 의사, 상호작용의 모습을 찾아내고 있다. 이런 모습이 사회적으로 어떤 의미가 있는지를 파악하는 것은, 소셜미디어 자체에 대한 연구뿐 아니라 우리 사회 현상과 변화의 모습을 체계적이고 분석적으로 확인할 수 있는 새로운 시각을 제시할 것이다.

17장 | 하이퍼 커넥티드, 하이퍼 커뮤니케이션, 하이퍼 퍼블릭 시대

17.1 초연결 사회와 사물인터넷 기술의 확산

나는 2012년 한국정보화진흥원 의뢰로 흥미로운 연구 과제를 수행했다. 미래 IT 기술이 가져올 정보 문화의 변화를 가늠하는 연구였다. 이를 위해 사회학 전공자를 비롯해 평소 교류를 많이 하는 이경전 교수, 정지훈 교수, 정철 교수와 함께 과제를 마쳤다. 이 과제를 통해 내가 예측해 본 사회 변화의 키워드는 세 가지 '하이퍼hyper'다. 오늘날 우리 사회는 하이퍼 커넥티드hyper connected, 하이퍼 커뮤니케이션hyper communication, 하이퍼 퍼블릭hyper public 사회로 개인과 사회의 정보 문화가 진화하는 중이고 앞으로 그 변화는 점점 더 현실화될 것으로 보인다. 2012년 내한한 가트너의 다이앤 모렐로Diane Morello 부사장 역시 하이퍼 커넥티드 사회의 도래를 역설함으로써[1] 내가 예견하는 견해와 크게 다르지 않음을 확인할 수 있었다.

사람과 사람의 연결에서 사람과 사물, 사물과 사물, 사람과 기업, 조직이 끊임없이 연결되는 사회가 바로 하이퍼 커넥티드 사회다. 하이퍼 커넥티드의 개념은 새롭게 등장한 것이 아니라 이미 학계에서는 토론토 대학의 배리 웰만 교수 등에 의해 논의된 바 있다. 마이크로블로깅이 확산되던 2007년 BBC는 '하이퍼 커넥티드 세대가 떠오른다'라는 기사를 올렸다.[2] BBC는 기사에서 새로운 밀레니엄 세대가 자이쿠나 트위터 같은 마이크로블로깅과 새로운 모바일 디바이스로 인해 새로운 방식으로 일상을 기록하고 수많은 사람과 연결된다고 보도했다.

2012년 2월 더 퓨 인터넷 앤 아메리칸 라이프 프로젝트는 밀레니엄 세대가 하이퍼 커넥티드 생활에서 얻는 이점과 문제점을 정리한 리포트를 발표했다.[3] 이 리포트는 밀레니엄 세대에 대해 인터넷을 '외부 뇌'처럼 활용하고 이전 세대와는 문제를 해결하는 방식이 다르다고 지적했다. 이러한 경향은 2020년까지 매우 긍정적으로 발전할 것이지만 동시에 밀레니엄 세대는 즉각적 만족과 빠른 수정을 바라는 조바심, 인내의 부족, 다른 정보와 관심에 대해 끊임없이 변하는 스위칭에 따른 집중 부족 문제를 안고 있다.

하이퍼 커넥티드 사회의 가장 큰 문제점으로는 새로운 디지털 격차와 기기에 대한 심각한 중독성이다. 과거 세대와의 격차가 아닌 세대 내부의 격차, 그리고 단 10분도 연결되지 않으면 견디지 못하는 중독적 상황이 우리가 풀어나가야 할 숙제다. 특히 연결을 통해 얻어지는 지식과 감성의 기회를 균등하게 받지 못하는 사람들, 특히 자신이 원해서가 아니라 환경과 교육의 문제로 배제되는 사람들을 사회가 어떻게 배려해야 하는 것인가는 이제 국가적 과제가 될 것이다. 유럽은 2000년대부터 'e-Inclusion'이라는 프로그램을 추진해 2010년 유럽을 위한 디지털 어젠다에 반영했다.[4]

2013년 영국 정부의 지원을 받은 포어사이트 퓨처 아이덴티티 Foresight Future Identities의 보고서에서는, 이러한 초연결 사회가 우리로 하여금 자기 인지를 변하게 할 것이며, 일부 사람에게는 사회적 배제를 유발하고, 프라이버시와 보안에 대한 우리의 권리와 자유가 균형을 찾는 데 문제가 될 수 있음을 지적했다.[5] 특히 이러한 기술 변화로 생성되는 아이덴티티는 올림픽과 같은 행사에서 결속력을 보이기도 하고 사회에 대한 저항이나 반사회적 활동으로 이어질 수 있기 때문에 정부의 정책이 이러한 변화에 대응을 잘 해야 한다는 점을 지적한다.

초연결 사회, 즉 하이퍼 커넥티드 사회로 가는 길에 소셜미디어가 만나는 또 다른 기술과의 만남은 사물인터넷이라 부르는 IoT Internet of Things 기술의 확산이다. IoT는 기본적으로 스마트 기기, 빅데이터, 클라우드 컴퓨팅 기술이 만들어내는 큰 흐름이지만, 스마트 기기가 대부분 사용자와 연결되어 있다는 점을 주목해야 한다. 인텔은 2020년에는 2,000억 개의 스마트 기기가 사용될 것으로 보며, 개인에게 평균 26개의 스마트 기기가 존재할 수 있다고 예측했다. 이러한 스마트 기기의 편재는 결국 사람과 사람 사이의 연결에 기기가 개입하고, 기기와 기기, 기기와 사람과의 커뮤니케이션이 확산되는 것을 예상해야 한다.

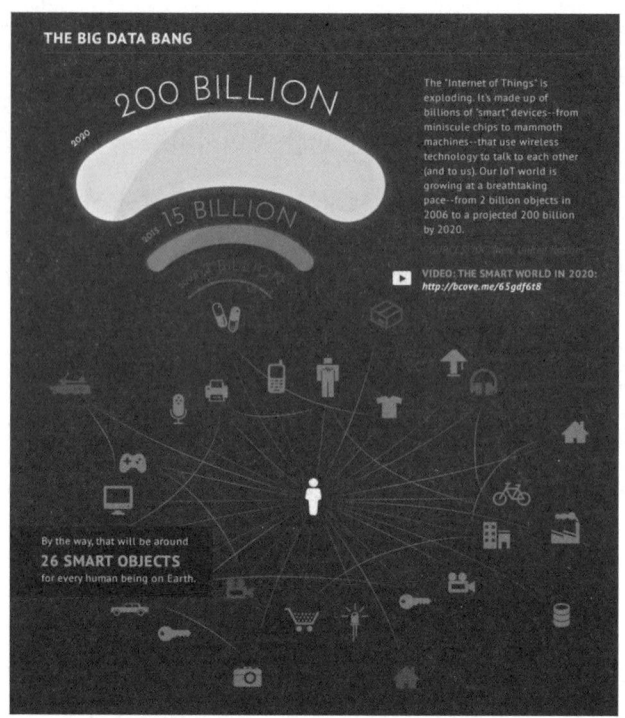

그림 17-1 인텔이 예측하는 IoT 시대 스마트 기기의 빅뱅

17.2 사람과 사물의 온갖 대화가 넘쳐나는 세상

2014년 CES에서 엘지전자는 흥미로운 제품을 선보였다. 홈챗 HomeChat이라는 이 기술은 네이버의 '라인' 서비스와 가전을 연결해 소유자와 메신저로 대화를 할 수 있는 서비스다.[6] 냉장고가 냉장고 안 음식의 유통기한을 알려준다거나 로봇 청소기가 주인이 돌아오기 전에 청소를 하겠다는 의사를 전달하거나, 황사 예보가 있을 때 세탁기가 주인에게 일찍 세탁을 해야한다고 알려주는 등의 대화가 자연어로 가능하다는 것이다.

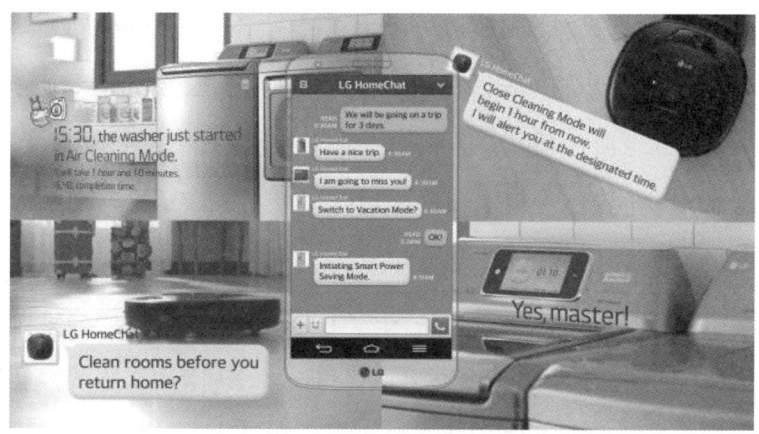

그림 17-2 엘지전자의 홈챗 기능을 알려주는 화면 예시

진화하는 스마트 기기는 우리가 앞으로 맞이할 사회를 예측할 수 있게 해준다. 다양한 스마트 기기가 연결되면서 우리가 만들어내는 수많은 데이터가 수집되고 활용되면서 소셜 기술이 하이퍼 커넥티드 기술의 한 축을 차지하게 될 것을 예상할 수 있다. 소셜 미디어로 생각과 의견을 교환하고, 새로운 방식으로 정보의 공유와 전달이 가능하게 됐지만, 이제 세상은 사람뿐만 아니라 다양한 기기와 연결되고 기기를 통해 다시 사람으로 연결되는 세상으로 진화할 것이다.

나아가 스마트 기기들끼리 소통하는 SNS도 논의되기 시작했다. '사물의 페이스북'에 대한 논의는 GE가 리딩하는 산업 인터넷Industrial Internet 분야에서부터 언급되기 시작했다.[7] GE의 글로벌 테크놀로지 디렉터인 빌 루Bill Ruh는 2011년 「포브스Forbes」에 기고한 글에서 산업 인터넷은 사물을 위한 페이스북이나 트위터 같은 것이라고 말했다. 사물에 주문 제작된 혁신적 소프트웨어가 가동되면서 자신의 성능, 이슈, 기억할 것 등에 대해 적절한 사람이나 사업자에게 상태 업데이트를 제공할 것이라 전망했다. 물론 어떤 특정페이지에 글을 올리는 것이 아니라, 확장된 네트워크의 일부로서 정보를 관련된 곳으로 전달하는 것을 의미한다.

이미 2011년 일본 자동차 회사인 도요타는 세일즈포스닷컴 salesforce.com과 제휴해 '도요타 프렌드'라는 소셜네트워크를 구축할 계획을 발표했다.[8] 이는 자동차와 사람을 연결하는 기술로서, 예를 들면 배터리를 재충전해야 할 때 운전자에게 문자로 알려준다. 다양한 제품들이 디지털 아이덴티티를 갖게 되면 기업은 그 제품이 어떻게 사용되는지 더 잘 알게 될 것이며 고객에게 더 유용한 도구와 서비스를 제공할 수 있을 것이다. 내 냉장고가 근처 마트에 직접 연락해 떨어진 요거트와 달걀을 주문할 수 있는 시대가 열리는 것이다.

이처럼 하이퍼 커넥티드 사회가 되면서 다음으로 나타나는 큰 변화는 하이퍼 커뮤니케이션이라고 할 수 있다. 지금처럼 일반적인 커뮤니케이션 방식과 도구가 아닌 새로운 상호작용 방식과 전달 체계, 미디어를 통한 초 커뮤니케이션 사회가 열리는 것이다. 한 사람이 수십만, 수백만의 사람들에게 메시지를 전달하고, 기기들의 정보가 사람들의 의사결정을 위한 데이터를 전송하고, 새로운 방식의 공유와 확산을 만드는 사회를 말한다.

이미 기업은 기존 웹페이지가 아닌 페이스북 페이지를 이용해 수천만 명의 팬과 소통하고 있으며, 팬들 간의 대화가 기업 간의 대화와 엮이는 모습을 보여주고 있다. 'KONY2012' 같은 정치 사회적 메시지를 담은 유튜브 비디오가 나흘 만에 1억 뷰를 달성하고, 영어도 아닌 싸이의 〈강남스타일〉이라는 뮤직비디오가 한 달여 만에 1억 2,000만 뷰를 달성하기도 했다. 과거에 없던 새로운 메시지와 콘텐트 전달 방식이 생겨난 것이다.

사람들은 이제 좀 더 깊고, 넓으며, 다양한 채널을 통한 커뮤니케이션을 활용하고 있으며, 이로 인해특히 정치 캠페인과 사회 운동에 있어 큰 변화를 가져오고 있다. 미국의 미디어 기업에 의해 추진되었던 SOPA$^{Stop\ Online\ Piracy\ Act}$(온라인저작권침해금지법)가 구글, 위키피디아, 페이스북 등을 통한 시민의 저항으로 폐기된 것이 그 대표적인 사례다.[9] 이런 커뮤니케이션은 온라인과 오프라인 통합의 가속을 불러왔다. 이제는 디지털 정체성이 본인의 실세계 정체성 못지않게 중요하며, 오히려 디지털 정체성이 더 중요하게 여겨지는 상황도 일어난다. '트윗한다. 그러므로 나는 존재한다.$^{I\ Tweet,\ therefore\ I\ am}$'라는 2010년 「뉴욕타임스」 기사가 이제 전혀 흥미롭거나 낯설지 않다.[10]

조셉 월더$^{Joseph\ Walther}$ 교수가 1996년에 컴퓨터 매개 커뮤니케이션^{CMC} 분야에서 이야기한 하이퍼 퍼스널 커뮤니케이션 이론에 따르면, 하이퍼 퍼스널 커뮤니케이션에서는 면대면보다 사이버 공간에서 더 깊은 친밀감이나 일체감 또는 연결을 느낄 수 있다고 한다.[11] 이러한 하이퍼 커뮤니케이션은 스스로 자신의 이미지나 아이덴티티를 관리할 수 있으며 상대방 역시 과장된 지각을 가질 수 있기 때문에, 아이덴티티에 대한 혼돈과 오해를 야기할 수 있고 개인 정체성과 집단 정체성을 혼동하거나 확증 편향 등의 모순적 상황을 불러일으킬 수 있다. 그러나 개인은 무수히 많은 커뮤니케이션 채널에 참여하면서 매우 다양한 분야의 사람들과 만나고 소통하며 새로운 방식으로 일하고 행동하는 시대가 되었다.

그러나 에단 주커만 Ethan Zuckerman이 자신의 책 『리와이어 Rewire』[12] 에서 밝혔듯이 사람들은 지역적인 정보와 뉴스에 더 큰 관심을 보이는 경향이 있다. 이는 정보 필터링과 지나친 개인화에 따른 부작용일 수도 있으며, 정보를 모으고 전달하는 과정에서의 문제점일지도 모른다. 커뮤니케이션 수단이 늘어나고 차원이 높아진다고 해서, 다양성이나 창의성까지 확보하기란 매우 어렵다는 점을 인식해야 한다. 이는 우리가 정보를 어떻게 전달하고 소비하게 할 것인가에 대한 심도있는 논의가 필요함을 의미한다.

집단 사고, 편향성, 지나친 지엽성은 결국 소셜미디어에서도 풀어야 할 숙제며, 이를 위해 어떻게 하면 내 주변의 연결에 좀 더 다양한 배경을 갖는 사람을 포함시킬 것인가 하는 문제가 된다. 사용자의 취향과 행동 패턴의 유사성만을 분석해서 친구와 정보를 추천하면, 이런 편향성의 문제가 심화될 수밖에 없다. 따라서 우리는 우연적 발견을 어떻게 제공해야 할 것인가에 대해 고민해야 한다. 이런 우연성을 통해 흥미로운 정보를 접하거나 새로운 사람을 만나는 경우가 많고, 그럴수록 커뮤니케이션의 질과 깊이가 더 향상될 것이기 때문이다.

17.3 연결된 세상에서 프라이버시와 공공의 균형 과제

2011년 하버드 대학의 버크만 센터에서는 흥미로운 심포지엄을 개최했다. '하이퍼 퍼블릭: 커넥티드 세상에서 프라이버시와 퍼블릭 공간 디자인에 관한 심포지엄'이라는 이름을 걸고 열린 이 심포지엄에는 미디어 전문가, 법학자, 디자이너, 건축가 등이 모였다.[13] 이들은 점점 확산되는 공공 공간(실세계를 비롯해 가상 세계에서도)과 프라이버시가 어떻게 새롭게 균형을 이루고 사회적 관념이 변화될 수 있는가, 어떠한 디자인이 이를 반영할 수 있는가, 사적 공간과 공적 공간의 의미의 변화는 어떻게 이루어지는가 등에 대한 발표와 토론이 펼쳐졌다. 이 주제가 바로 하이퍼 커넥티드와 하이퍼 커뮤니케이션 사회가 발전하면서 가져올 새로운 정보 문화의 트렌드가 될 것이다. 하이퍼 퍼블릭 사회는 우리의 연결과 커뮤니케이션을 통해 발생하는 수많은 데이터가 사적인 공간이 아닌 공공의 장소에서 노출되고 공유되고 활용되는 사회다.

수많은 스마트 기기와 연결된 개인의 행동 데이터는 본인이 원하는 정도와 상관 없이 파악되고 분석되며, 때로는 더 지능적인 서비스를 통해 더 품질 좋고 만족스러운 서비스를 제공한다. 그러나 사람들은 자신의 데이터가 활용되고 분석되는 것에 대해 동의했을까?

앞에서 언급한 바와 같이, 많은 유명인이 소셜 공간을 사적 공간으로 오해하는 경우는 디자인과 매우 관련이 높다고 본다(실제로 우리에게 프라이버시의 개념이 정착된 것은 집에 문이라는 장치가 생기면서부터라고 주장하는 건축가도 있다.). 작은 다이어리와 일기 형태의 싸이월드, 그리고 일촌이라는 개념은 우리에게 온라인에서 간직하는 사적 공간의 느낌을 부여했으나, 누구나 팔로우하고 누구에게나 정보를 쉽게 공유할 수 있는 트위터 공간에서는 그런 느낌이 현저하게 줄었다. 페이스북 역시 끝없이 사적인 커뮤니케이션과 개방적 기능에 의한 노출, 확산의 문제를 늘 일으킨다. 이제 우리에게 프라이버시는 더 이상 존재하지 않는다는 주장까지 나오는 상황에서 사적 공간과 공공 장소의 경계가 크게 달라질 수밖에 없는 것이다.

하이퍼 퍼블릭 사회의 이슈는 이제 과거 오프라인의 공간과 온라인 공간이 멀리 격리되어 있던 시절보다 두 공간의 간격이 급격히 좁아지는 현재가 더 중요하다. 왜냐하면 온라인 공간에서의 활동이 오프라인 경험에 영향을 주고, 오프라인 공간의 모습이 온라인에서 초연결과 초커뮤니케이션으로 변화해, 과거와는 비교할 수 없는 정도로 크게 확산됐기 때문이다. 전세계적으로 문제가 되는 인터넷 자경주의(우리에게는 '지하철 **녀'로 많이 나타나고 있다.)의 확산이 그 한 예다.

프라이버시 보호 못지 않게 중요한 주제는 공공 공간의 확산이고 이제 이런 공공 공간이 네트워크로 연결되어 있다는 점이다. 네트워크화된 공공 공간은 하버드 버크만 센터의 요하이 벵클러^{Yochai} ^{Benkler} 교수가 이미 그의 책 『네트워크 부론$^{The\ Wealth\ of\ Networks}$』[14]에서 자주 언급한 개념이고 주로 온라인 공간의 확대를 의미했지만, 이제는 온라인뿐 아니라 오프라인에서도 이런 모습이 나타날 수 있다. 길거리의 안내판, CCTV, 택시의 블랙박스 등 다양한 기기에 저장되고 공유되는 개인의 이미지와 영상, 그리고 개인과 관련된 행동 데이터, 스마트폰에서 수집하고 활용되는 데이터 패턴 등 누구나 찍어 올릴 수 있는 고화질 비디오 시대에는 이제 공공 장소에서의 개인 행동이 일정 공간에만 제한되는 것이 아니라 네트워크를 통해 온라인 공간으로 확산될 수 있다. 이것을 사회가 어디까지 받아들일 것인가 하는 문제가 중요한 논의거리로 남아 있다.

또한 개인의 온라인 활동이 오프라인 공간에 전달되고 사용되는 사회를 대비해야 한다. 내가 체크인하고 예약하고 음식을 먹은 후 사진을 올린 것에 대한 나의 행동 패턴을 분석해 새로 방문한 레스토랑에서 나의 특성과 취향을 먼저 파악하고 나에 대한 서비스 품질을 높여준다면 내가 좋아해야 할지 아니면 소름끼쳐 할지 알 수 없는 일이다. 온라인 활동은 이처럼 모이고 분석되어 오프라인 공간을 디자인하거나 오프라인에서 활동하는 내 행동에 추가적인 의미를 부여하는 방향으로 이용될 것이다. 내가 즐겨 듣는 음악을 분석한 후 내가 어떤 공간에 들어설 때 저절로 내가 좋아하는 음악이 흘러나오는 서비스가 제공된다면, 우리가 그 장소에 대해 호감을 느끼게 될 것인가 하는 문제는 단순한 서비스 개선 여부의 차원이 아니다. 내가 얼마까지 내 프라이버시를 포기하고 타인에게 정보를 제공해야 할 것인가 하는 숙제를 우리에게 안겨주는 것이다.

향후 사람들이 끊임없이 사람과 기기, 조직과 연결되고 지금까지와 다른 범위와 규모로 소통하면서 프라이버시가 아닌 퍼블리시Publicy를 활용하는 시대를 맞이하면서 사회가 갖고 있는 제도와 정책, 가치관과 관념, 행동과 판단에 대한 새로운 기준이 필요할 수 있다. 이러한 변화에 순응하는 사람과 마찰을 일으키는 사람들에 대해 어떻게 서로 포용하면서 살아가게 할 것인가, 서로 다른 기준들을 어떻게 조율할 것인가 하는 점은 이제 우리 사회에 매우 중요한 어젠다로 떠오를 것이다.

2013년 2월, 영국 정부가 지원한 '사물인터넷이 가져올 사회적 영향'에 대한 워크숍에서 옥스포드 인터넷 연구소를 중심으로 많은 학자들이 모여 이슈를 토의했다.[15] 여기에서 가장 깊이 있게 논의된 주제 역시 무의식적으로 노출되는 데이터와 프라이버시를 위해 어떻게 사회적 공감을 얻고, 새로운 규범을 만들 것인가 하는 문제였다. 다가오는 사회에서는 수많은 스마트 기기에 의해 나와 관련된 데이터가 수집되고, 저장·관리되며, 전달될 것이다. 누가 어느 정도의 데이터를 어떤 조건으로 얼마나 오랜 기간 저장하고 사용할 것인가에 대한 명확한 기준이 없다면, 앞으로 데이터 관련 기술이 야기할 사회적 충격과 문제점이 크게 불거질 것이기 때문이다.

단언컨대, 소셜미디어는 오늘날 우리가 사는 세상을 바꿔놓았다. 자신을 표현하는 방식이나 정보를 얻는 방식, 남과 소통하고, 의견을 내고, 행동하는 모든 면에서 소셜미디어는 이제 우리와 매우 복잡하게 얽혀있다. 스마트폰으로 대표되는 모바일 혁명은 소셜 혁명과 함께 우리 일상을 전혀 다른 모습으로 변화시켰다. 그러나 너무 짧은 시간 안에 큰 변화가 일어났기 때문에 우리는 아직 이와 같은 정치, 사회, 문화, 기술 세계의 변화를 온전히 받아들이기가 그다지 쉽지 않다. 우리는 아직도 사회가 움직이는 방식이 변화된 것에 쉽사리 적응하지 못한 채, 실수를 저지르거나, 분노하고, 당황해 하고 있다.

소셜미디어를 연구하는 사람들에게는 아직도 매우 많은 주제들이 연구 대상으로 남아있으며, 이제 인터넷에서 벌어지는 수많은 현상에 대한 학제적 연구가 절실히 필요하다는 사실에 모두 공감을 표한다. 컴퓨터과학을 통한 데이터 분석과 컴퓨팅 모델의 발전과 함께, 사회학적 관점, 심리학자, 인류학자들이 연구한 수많은 연구 결과를 바탕으로 새로운 인간 사회에 대한 탐구를 이어가야 할 때다. 아울러 생물학, 진화론, 정치, 철학, 법학, 경제학의 시각으로 달라진 세상을 바라봐야 할 것이다. 우리가 지금 보는 모습은 사회가 새롭게 진화하는 모습이기 때문이다.

참고 문헌

1장 소셜미디어란 무엇이며 왜 중요한가

1 Maeve Duggan and Aaron Smith. Social Media Update 2013. The Pew Internet Project, Dec. 30, 2013.

2 http://www.emarketer.com/Article/Social-Networking-Reaches-Nearly-One-Four-Around-World/1009976

3 http://www.firstpost.com/tech/smartphone-sales-will-cross-1-bn-in-2013-and-prices-will-fall-idc-1254849.html

4 eMarketer, "US Time Spent on Mobile to Overtake Desktop," Aug 1, 2013. http://www.emarketer.com/Article/US-Time-Spent-on-Mobile-Overtake-Desktop/1010095

5 이주영. 소셜미디어 서비스 현황 및 활용 – 소셜네트워크 서비스(SNS)를 중심으로. 방송통신정책 제 25권9호 통권554호, pp. 45–64, 2013년 5월.

6 Kaplan Andreas M., Haenlein Michael, (2010), Users of the world, unite! The challenges and opportunities of social media, Business Horizons, Vol. 53, Issue 1 (page 61)

7 http://www.briansolis.com/2010/01/defining-social-media-the-saga-continues/

8 http://buzzmachine.com/2011/06/23/studying-the-link-economy/

9 eMarketer. B2Cs, B2Bs See Digital, Social Ad Spend Rising, as Traditional Stalls. Oct. 3, 2013.

10 http://www.biakelsey.com/Company/Press-Releases/130410-U.S.-Social-Ad-Revenues-to-Reach-$11B-in-2017.asp

11 Salesforce.com. Everything You Need to Know about Social Media Ads. April, 2013.

12 http://www.mediapost.com/publications/article/222934/global-digital-ad-spend-estimated-to-rise-nearly-1.html

13 http://www.sec.gov/Archives/edgar/data/1418091/000119312513390321/d564001ds1.htm#toc564001_13

14 http://www.businessinsider.com/twitter-q4-earnings-2014-2

15 Jordan Weissman, "Here's Exactly What Twitter Earns Each Time You Look at Your Feed," The Atlantic, Oct. 3, 2013.

16 http://www.pcworld.com/article/250443/operators_face_sms_revenue_dip_due_to_social_networking.html

17 http://techcrunch.com/2013/08/26/now-worth-100b-facebook-has-recovered-58b-in-market-cap-since-last-september/

18 http://thenextweb.com/facebook/2012/10/24/final-cost-to-facebook-to-purchase-instagram-715-million/

19 http://money.cnn.com/2014/02/19/technology/social/facebook-whatsapp/

20 http://techcrunch.com/2014/02/04/foursquare-cuts-15m-deal-with-microsoft-to-power-location-and-context-for-windows-and-mobile/

21 http://techcrunch.com/2012/08/03/230-million-people-played-games-on-facebook-com-in-the-last-30-days/

22 https://developers.facebook.com/blog/post/2014/03/19/facebook-at-gdc-2014/

23 http://www.webpronews.com/facebook-app-economy-infographic-2012-06

24 David Rowan and Tom Cheshire, "Commerce gets social: How social networks are driving what you buy," Wired UK, Jan. 18, 2011.

25 http://www.mediabistro.com/alltwitter/social-research-revenue_b46843

26 http://biz.chosun.com/site/data/html_dir/2013/08/01/2013080101952.html

27 Rachel Botsman, What's Mine Is Yours: The Rise of Collaborative Consumption, HarperBusiness, 2010.

28 Mattathias Schwartz, "Pre-Occupied: The origins and future of Occupy Wall Street.," The New Yorker, Nov. 28, 2011.

29 Malcolm Gladwell," Small Change: Why the revolution will not be tweeted," The New Yorker, Oct. 4, 2010.

30　http://news.mt.co.kr/mtview.php?no=2013092918321255086&VRT

2장 소셜미디어의 태동과 발전

1　http://www.lifewithalacrity.com/2004/10/tracing_the_evo.html

2　Eric K. Drexler, "Hypertext Publishing and the Evolution of Knowledge," Social Intelligence, Vol. 1, No. 2, pp. 87-100, 1991. (원래는 Hypertext 87 컨퍼런스에 제출한 논문이며 이를 편집한 버전이 여기에 참고된 논문이다.)

3　http://nform.com/publications/social-software-building-block

4　d. boyd and Nicole Ellison, "Social Network Sites: Definition, History, and Scholarship," Journal of Computer-Mediated Communication, 13(1), 2007.

5　http://en.wikipedia.org/wiki/Blog

6　http://www.jeffbullas.com/2012/08/02/blogging-statistics-facts-and-figures-in-2012-infographic/#

7　Jim Giles, "Internet encyclopedias go head to head,"Nature438(7070): 900?901, December 2005.

8　Neil L. Waters, "Why you can't cite Wikipedia in my class," CACM, Vol. 50, Issue 9, September 2007. http://dl.acm.org/citation.cfm?doid=1284621.1284635

9　boyd, d., "Friendster and publicly articulated social networks,"Proceedings of ACM Conference on Human Factors in Computing Systems(pp. 1279-1282). New York: ACM Press, 2004.

10　http://www.nytimes.com/2006/10/15/business/yourmoney/15friend.html?_r=2&

11　http://www.newscorp.com/news/news_251.html

12　http://mashable.com/2006/07/11/myspace-americas-number-one/

13　http://gigaom.com/2006/08/08/google-myspace/

14　http://gigaom.com/2011/04/08/was-it-google-who-killed-myspace/

15　http://techcrunch.com/2011/06/28/sean-parker-on-why-myspace-lost-to-facebook/

16　http://money.cnn.com/magazines/business2/business2_archive/2006/01/01/8368130/

17　https://www.flickr.com/help/forum/8280/

18 http://news.softpedia.com/news/Flickr-Boasts-6-Billion-Photo-Uploads-215380.shtml

19 "Yahoo Unveils 'Awesome' New Look for Flickr,'Mashable, May, 21, 2013. http://mashable.com/2013/05/20/yahoo-flickr-event/

20 http://techcrunch.com/2009/08/10/facebook-acquires-friendfeed/

3장 세상을 뒤흔든 5대 소셜미디어 서비스

1 데이비드 커크패트릭. 페이스북 이펙트. 에이콘 출판사, 2010년 11월.

2 http://www.businessinsider.com/facebook-is-selling-just-4-of-the-company-for-2x-as-much-as-yahoo-could-have-paid-to-buy-the-whole-thing-2011-1?op=1

3 http://www.forbes.com/sites/tomiogeron/2012/06/15/facebook-cto-brett-taylor-to-leave-company/

4 http://newsroom.fb.com/News/577/Graph-Search-Some-Favorite-Searches

5 http://techcrunch.com/2013/09/30/graph-search-posts/

6 http://newsroom.fb.com/News/633/Public-Conversations-on-Facebook

7 페이스북 10-K 보고서, 2013년 2월 1일. http://investor.fb.com/financials.cfm

8 http://www.emarketer.com/Article/Mobile-Growth-Pushes-Facebook-Become-No-2-US-Digital-Ad-Seller/1010469

9 페이스북 뉴스피드의 진화. http://mashable.com/2013/03/12/facebook-news-feed-evolution/

10 http://investor.fb.com/secfiling.cfm?filingID=1326801-13-3&CIK=1326801

11 http://techcrunch.com/2013/04/08/report-46-of-social-login-users-still-choose-facebook-but-google-is-quickly-gaining-ground/

12 http://news.cnet.com/8301-1023_3-57498531-93/facebook-processes-more-than-500-tb-of-data-daily/

13 http://www.informationweek.com/hardware/data-centers/facebooks-data-center-where-likes-live/240149671

14 http://www.informationweek.com/software/information-management/facebook-open-compute-project-shapes-big/240146481

15 http://www.latimes.com/business/la-fi-facebook-next-billion-20121201-g,0,7048029.graphic

16 이미 2011년 5월에 미국 내 실 사용자의 수가 600만 명이나 줄어들었다는 보고가 있다. http://www.dmwmedia.com/news/2011/06/13/facebook%E2%80%99s-monthly-active-users-decrease-in-u-s

17 http://investor.fb.com/releasedetail.cfm?ReleaseID=780093

18 http://techcrunch.com/2014/02/19/facebook-whatsapp/

19 http://thenextweb.com/us/2012/09/19/internet-giants-including-google-facebook-amazon-yahoo-form-new-lobbying-association/

20 http://articles.latimes.com/2013/apr/11/business/la-fi-zuckerberg-lobby-20130412

21 http://www.insidefacebook.com/2013/08/21/facebook-joins-nokia-ericsson-qualcomm-others-to-form-internet-org/

22 A Focus on Efficiency: A Whitepaper from Facebook, Ericsson and Qualcomm. Internet.org, September 16, 2013.

23 'To Twitter or Dodgeball at SXSW?' CNET, March 10, 2007. http://news.cnet.com/8301-17939_109-9696264-2.html

24 http://mashable.com/2012/12/18/twitter-200-million-active-users/

25 Steve Levy, "Mob Rule! How Users Took Over Twitter," WIRED, Oct 19, 2009.

26 http://techcrunch.com/2011/03/11/twitter-ecosystem-guidelines/

27 http://www.politico.com/news/stories/1112/83417.html

28 http://www.breitbart.com/Breitbart-Sports/2013/02/04/Live-action--Twitter-grabs-Super-Bowl-spotlight

29 http://www.hollywoodreporter.com/news/japan-smashes-tweets-second-world-599381

30 http://www.loc.gov/today/pr/2013/files/twitter_report_2013jan.pdf

31 https://blog.twitter.com/2013/new-tweets-per-second-record-and-how

32 http://blog.echen.me/2013/01/08/improving-twitter-search-with-real-time-human-computation/

33 Twitter is NOT a social network, says Twitter Exec. Readwriteweb, Sept. 14, 2010. http://readwrite.com/2010/09/14/twitter_is_not_a_social_network_says_twitter_exec

34 https://twitter.com/about

35 http://magazine.hankyung.com/business/apps/news?popup=0&nid=01&c1=1005&nkey=2013040500905000011&mode=sub_view

36 http://www.telegraph.co.uk/technology/twitter/4269765/New-York-plane-crash-Twitter-breaks-the-news-again.html

37 http://www.forbes.com/sites/jeffbercovici/2013/03/27/twitters-revenue-forecast-jumps-again-this-time-to-almost-1-billion/

38 http://allthingsd.com/20100412/as-promised-here-come-the-twitter-ads/

39 https://support.twitter.com/articles/20169253-promoted

40 http://allthingsd.com/20130209/twitter-hikes-its-promoted-trend-prices-again-to-200000-a-day/

41 https://dev.twitter.com/docs/cards

42 http://techcrunch.com/2012/12/05/kevin-systrom-on-pulling-twitter-cards-integration-we-want-images-viewed-on-instagram-com/

43 http://allthingsd.com/20120801/the-future-of-twitters-platform-is-all-in-the-cards/

44 http://advertising.twitter.com/2013/05/Capture-user-interest-with-the-Lead-Generation-Card.html

45 http://www.bloomberg.com/news/2013-05-29/twitter-ceo-costolo-says-investing-heavily-in-tv.html

46 http://online.wsj.com/article/SB10001424127887324412604578515702548585058.html?mod=e2tw

47 '트위터 창업자….뭐하고 지내나?' http://mushman.co.kr/2691933

48 http://articles.businessinsider.com/2011-06-15/tech/30047964_1_paypal-internet-consumer

49 http://blog.linkedin.com/2013/05/06/the-evolution-of-linkedin/

50 http://blog.linkedin.com/2013/01/09/linkedin-200-million/

51 http://investors.linkedin.com/releasedetail.cfm?ReleaseID=738977

52 http://www.reuters.com/article/2013/08/01/us-linkedin-results-idUSBRE97019I20130801

53 "Inside Operation InVersion, the Code Freeze That Saved LinkedIn", Businessweek, April 2013. http://www.businessweek.com/articles/2013-04-10/inside-operation-inversion-the-code-freeze-that-saved-linkedin

54 http://www.whitehouse.gov/blog/2012/01/30/president-obama-hangs-out-america

55 http://socialsolutionscollective.com/does-the-google-1-button-affect-search-engine-results/

56 http://mashable.com/2012/08/08/infographic-google-plus-ghost-town/

57 https://plus.google.com/+AndyCarvin/posts/CjM2MPKocQP

58 http://www.huffingtonpost.com/2012/03/10/vic-gundotra-google-plus_n_1336601.html

59 http://googleblog.blogspot.kr/2012/12/google-communities-and-photos.html

60 http://www.engadget.com/2012/06/27/google-has-250-million-users-more-mobile-than-desktop/

61 http://marketingland.com/google-users-spend-12-minutes-per-day-in-the-stream-15423

62 http://www.businessinsider.com/key-turning-points-history-of-youtube-2013-2?op=1

63 http://www.washingtonpost.com/wp-dyn/content/article/2006/02/17/AR2006021701986.html

64 http://googlepress.blogspot.kr/2006/10/google-to-acquire-youtube-for-165_09.html

65 http://techcrunch.com/2006/11/13/google-closes-youtube-acquisition/

66 http://www.nytimes.com/2008/12/11/business/media/11youtube.html?_r=0

67 http://www.businessinsider.com/google-invest-in-vevo-2013-2

68 http://allthingsd.com/20111028/youtube-and-hollywood-finally-link-up-and-come-clean/

69 "YouTube Now Has One Billion Monthly Users,"Mashable, March, 21, 2013. http://mashable.com/2013/03/21/youtube-one-billion/

70 http://www.youtube.com/yt/press/statistics.html

71 http://adwordsagency.blogspot.kr/2013/03/how-does-gen-c-watch-youtube-on-all.html

72 http://www.theverge.com/2014/1/16/5269664/facebook-plans-suite-of-standalone-mobile-apps-for-2014

73 http://online.wsj.com/articles/twitter-operating-chief-resigns-1402579193

74 http://mashable.com/2014/05/28/sergey-brin-google/

75 http://investorplace.com/2014/06/linkedin-stock-lnkd/#.U5rDk_I_vY9

4장 개성 강한 모바일 기반 소셜미디어 서비스

1 http://www.forbes.com/sites/stevenbertoni/2012/08/01/instagrams-kevin-systrom-the-stanford-millionaire-machine-strikes-again/3/

2 http://www.forbes.com/sites/stevenbertoni/2012/08/01/instagrams-kevin-systrom-the-stanford-millionaire-machine-strikes-again/

3 http://dealbook.nytimes.com/2012/04/12/the-instagram-deal-a-mark-zuckerberg-production/

4 http://thenextweb.com/facebook/2012/10/24/final-cost-to-facebook-to-purchase-instagram-715-million/

5 http://www.washingtonpost.com/business/technology/instagram-40-million-photos-posted-daily/2013/01/18/9404feb2-6198-11e2-9940-6fc488f3fecd_story.html

6 http://allfacebook.com/instagram-reaches-100-million-monthly-active-users_b111646

7 http://mashable.com/2013/06/20/instagram-video/

8 http://www.wired.com/business/2013/06/twitter-vine-growth/

9 http://techcrunch.com/2013/06/21/instagram-hit-5-million-video-uploads-within-24-hours/

10 http://www.mobile-ent.biz/news/read/chart-instagram-video-traffic-overtakes-youtube-and-vine/022025

11 http://venturebeat.com/2013/06/21/why-instagrams-videos-are-15-seconds-long/

12 https://blog.compete.com/2010/12/27/im-the-mayor-so-what/

13 12번과 같음

14 http://www.crunchbase.com/company/foursquare

15 http://allthingsd.com/20130605/checking-into-foursquare-yahoos-cfo-talks-about-next-mobile-ma-including-importance-of-localization/?mod=atd_email_daily_list

16 http://blog.foursquare.com/2013/04/10/the-new-foursquare-4-years-and-3-5-billion-check-ins-in-the-making/

17 http://blog.foursquare.com/2013/04/11/continuing-foursquares-growth/

18 http://mashable.com/2011/08/26/facebook-deals-is-dead/

19 http://mashable.com/2012/05/04/facebook-acquires-glancee/

20 http://mashable.com/2010/01/14/twitter-growing-internationally/

21 http://firstmonday.org/ojs/index.php/fm/article/view/4366/3654#fig1

22 http://mashable.com/2013/06/19/twitter-spindle-acquisition/

23 http://techcrunch.com/2013/01/21/dave-morin-at-dld-search-traffic-on-path-up-40-expect-premium-services-this-year/

24 http://techcrunch.com/2013/07/16/path-is-raising-50m-at-a-500m-valuation/

25 http://techcrunch.com/2013/01/21/dave-morin-at-dld-search-traffic-on-path-up-40-expect-premium-services-this-year/

26 http://mashable.com/2012/02/08/path-address-book-controversy/

27 http://techcrunch.com/2013/02/01/path-settles-with-ftc-over-privacy-row-will-pay-800k-and-establish-new-privacy-program-including-outside-audits/

28 http://mashable.com/2013/05/05/facebook-path-finding-friends-spam/

29 http://blog.path.com/post/26138738807/fuelband

30 http://blog.path.com/post/30041197400/counting-sheep-with-path-data-science

31 http://www.businessinsider.com/tumblr-cto-steps-down-to-focus-on-instapaper-independent-career-2010-9

32 http://adage.com/article/special-report-digital-conference/social-media-tumblr-announces-foray-paid-ads/234214/

33 http://adage.com/article/digital/tumblr-unveils-major-brand-campaign-adidas/235262/

34 http://www.forbes.com/sites/jeffbercovici/2013/01/02/tumblr-david-karps-800-million-art-project/

35 http://www.businessinsider.com/tumblr-12-creative-agencies-a-list-partnership-program-2012-11

36 http://www.tumblr.com/about

37 http://www.usatoday.com/story/tech/2013/05/19/yahoo/2324083/

38 http://marissamayr.tumblr.com/post/50902274591/im-delighted-to-announce-that-weve-reached-an

39 http://staff.tumblr.com/post/50902268806/news

40 http://www.usatoday.com/story/money/2013/05/20/yahoo-tumblr-deal-announcement/2326531/

5장 국내 소셜미디어 서비스의 혁신과 성장

1 SNS(소셜네트워크서비스) 이용 추이 분석. 정보통신정책연구원, 2013년 12월 26일.

2 "페북 韓 이용자 월 1천 100만명…마케팅 강화" ZDNET Korea, 2013. 2. 14. http:// www.zdnet.co.kr/news/news_view.asp?artice_id=20130214134109

3 http://www.socialbakers.com/facebook-statistics/south-korea

4 http://www.bloter.net/archives/185828

5 http://www.insidefacebook.com/2010/04/12/does-taiwans-explosive-facebook-growth-mean-more-to-come-in-east-asia/

6 http://biz.chosun.com/site/data/html_dir/2013/03/07/2013030701755.html

7 http://www.hani.co.kr/arti/society/society_general/606739.html?_fr=mt3

8 http://www.osinews.co.kr/ArticleView.asp?intNum=4520&ASection=001011

9 http://itviewpoint.com/259792

10 http://likelink.co.kr/14728

11 http://www.zdnet.co.kr/news/news_view.asp?artice_id=20121112090014

12 http://www.cnet.co.kr/view/31366

13　http://www.asiae.co.kr/news/view.htm?idxno=2013041618254859036

14　http://www.zdnet.co.kr/news/news_view.asp?artice_id=20130206155419&type=det

15　http://www.edaily.co.kr/news/NewsRead.edy?SCD=JE41&newsid=02341926602970952&DCD=A00504&OutLnkChk=Y

16　http://mbn.mk.co.kr/pages/news/newsView.php?news_seq_no=1331021

17　http://limwonki.com/412

18　http://blog.cizion.com/245

19　http://www.hani.co.kr/arti/society/media/625120.html

6장 모바일 우선에서 모바일 중심 전략의 시대로

1　디지털 광고 에이전시인 Vertic의 예측임. http://www.forbes.com/sites/markfidelman/2012/05/02/the-latest-infographics-mobile-business-statistics-for-2012/

2　http://www.huffingtonpost.com/2012/02/14/mobile-devices-outnumber-world-population-by-2016_n_1275923.html

3　http://www.kpcb.com/insights/2013-internet-trends

4　Facebook S-1 filing.http://www.sec.gov/Archives/edgar/data/1326801/000119312512034517/d287954ds1.htm

5　http://news.yahoo.com/mobile-ads-help-grow-facebooks-1q-revenue-38-220015243.html

6　http://www.cbsnews.com/news/facebook-launches-news-feed-redesign/

7　IDC-Facebook Always Connected: How Smartphones and Social Keep Us Engaged. Marc. 27, 2013.https://fb-public.box.com/s/3iq5x6uwnqtq7ki4q8wk

8　Seven Shades of Mobile: The Hidden Motivations of Mobile Users. AOL - BBDO Mobile Research, Oct. 2012.

9　http://allthingsd.com/20131018/youtube-is-going-mobile-first-too/?mod=thisweek

10　http://techcrunch.com/2014/02/05/twitter-crushes-in-fourth-quarter-with-revenue-of-242-7m-eps-of-0-02-241m-monthly-actives/

11　http://techcrunch.com/2013/09/09/twitter-said-to-acquire-mopub/

12 http://allthingsd.com/20130104/eight-percent-of-amazons-sales-are-coming-from-mobile/?mod=mailchimp

13 http://news.hankooki.com/lpage/world/201312/h2013122706081022470.htm

14 http://allthingsd.com/20130417/whatsapp-snapchat-and-the-real-second-screen-10-things-you-missed-at-day-two-of-dive-into-mobile/?mod=obinsite

15 http://allthingsd.com/20121204/what-if-mobile-ads-dont-catch-up/

16 http://techcrunch.com/2013/07/09/iab-mobile-ad-revenue-will-pass-9b-globally-in-2013-after-83-surge-in-2012-thanks-to-smartphone-boom/

17 http://www.emarketer.com/Article/Facebook-Sees-Big-Gains-Global-Mobile-Ad-Market-Share/1010171

18 http://thenextweb.com/mobile/2013/10/27/whatsapp-is-leading-the-mobile-messaging-battle-but-will-it-win-the-war/

19 http://allthingsd.com/20130806/the-quiet-mobile-giant-with-300m-active-users-whatsapp-adds-voice/

20 http://www.reuters.com/article/2014/02/19/us-whatsapp-facebook-idUSBREA1I26B20140219

21 http://www.bloter.net/archives/161350

22 http://www.newswire.co.kr/newsRead.php?no=715594

23 Mary Madden, et. al., "Teens, Social Media, and Privacy," Pew Internet and American Life Project, May 21, 2013.

24 http://blog.snapchat.com/post/61770468323/the-liquid-self

25 지그문트바우만, 액체 근대, 출판사 강, 2009년 6월.

26 http://mashable.com/2012/12/21/facebook-snapchat-poke/

27 http://blogs.wsj.com/digits/2013/10/25/snapchat-mulls-raising-money-at-3-4-billion-valuation/

28 http://www.theverge.com/2013/12/12/5203302/instagram-direct-photo-text-messaging

7장 소셜미디어의 발단이 된 인간 행동과 동기

1 J.M. Twenge and W.K. Campbell. The Narcissism Epidemic: Living in the Age of Entitlement. Atria Book, April 2009.

2 http://shrinkrap.co.za/psychotherapy/facebook-and-the-rise-of-narcissism

3 http://www.guardian.co.uk/technology/2012/mar/17/facebook-dark-side-study-aggressive-narcissism

4 http://www.psychologytoday.com/blog/compulsive-acts/201102/rise-the-online-narcissist

5 http://www.huffingtonpost.com/2013/04/12/facebook-home-narcissism-online_n_3065433.html

6 http://www.bbc.co.uk/news/uk-24992393

7 http://www.telegraph.co.uk/technology/news/10123875/Family-albums-fade-as-the-young-put-only-themselves-in-picture.html

8 http://www.nytimes.com/2013/10/20/sunday-review/my-selfie-myself.html

9 B. Bumgarner, "You have neen poked: Exploring the uses and gratification of Facebook among emerging adults," First Monday, Vol. 12, No. 11, Nov. 2007.

10 Clay Calvert.Voyeur nation: Media, privacy, and peering in modern culture. Boulder, Colo.: Westview Press, 2000.

11 http://pewinternet.org/Reports/2011/Why-Americans-Use-Social-Media/Main-report.aspx

12 한국인터넷 진흥원. 마이크로블로그 이용 실태 조사. 2010년 10월.

13 인터넷 진흥원. 신규 인터넷 서비스 활성화에 따른 이용자 행태 조사. 2010. 10

14 http://faculty.poly.edu/~onov/Nov_Wikipedia_motivations

15 Karim R. Lakhani and Robert G. Wolf," Why Hackers Do What They Do: Understanding Motivation and Effort in Free/Open Source Software Projects," in Perspectives on Free and Open Software, edited by J. Fleer, B. FitzgeraldD. Hissam, and K. Lakhani, MIT Press 2005.

16 Jurgen Blitz, Wolfram Schrettle, and Philipp J.H. Schroeder, "Intrinsic Motivation in Open Source Software Development," Journal of Comparative Economics 35, 2007

17 Nardi, B., et. al., "Why We Blog,"Communications of the ACM − The Blogosphere, Pages 41−46,Volume 47 Issue 12, December 2004.

18 http://www.psmag.com/media/why-blog-to-change-the-world-and-blow-off-steam-7303/

19 A. Joinson, "Looking at, looking up or keeping up with people?: motives and use of facebook,"Proceedings of the SIGCHI Conference on Human Factors in Computing Systems (CHI'08), pp. 1027−1036, 2008.

20 http://nytmarketing.whsites.net/mediakit/pos/

21 http://www.emarketer.com/Article/Europe-Content-Sharing-on-Twitter-Near-Even-with-Facebook/1010490/1

8장 6단계 분리 이론과 관계 이론

1 http://arxiv.org/abs/1111.4570

2 S. Milgram, Psychol. Today 2, 60 (1967); M. Kochen (ed.) The Small World (Ablex,Norwood, NJ, 1989)

3 알버트 라즐로 바라바시. 링크: 21세기를 지배하는 네트워크 과학. 동아시아 2002.

4 Duncan Watts. Six Degrees: The Science of a Connected Age. W.W. Norton & Company, 2004.

5 P.S. Dodds, R. Muhamad, D. Watts, "AN Experimental Study of Search in Global Social Networks," Science, vol. 301, August 2003.

6 http://www.newscientist.com/article/dn4037-email-experiment-confirms-six-degrees-of-separation.html

7 http://www.adweek.com/news/technology/facebook-yahoo-test-six-degrees-theory-134204

8 http://searchenginewatch.com/article/2130550/Yahoo-Study-Seeks-Algorithmic-Answer-to-Six-Degrees-of-Separation

9 http://research.microsoft.com/en-us/um/people/horvitz/Messenger_graph_www.htm

10 http://research.microsoft.com/en-us/um/people/horvitz/Leskovec_Horvitz_worldwide_buzz.pdf

11 http://socialcomputing.tistory.com/entry/Dunbars-Number

12 http://www.pewinternet.org/Press-Releases/2011/Social-networking-sites-and-our-lives.aspx

13 The Pew Internet and American Life Project. Why most Facebook users get more than they give, Feb. 2012.

14 http://www.pcmag.com/article2/0,2817,2418142,00.asp

15 http://www.marketingcharts.com/wp/direct/18-24-year-olds-on-facebook-boast-an-average-of-510-friends-28353/

16 http://www.sysomos.com/insidetwitter/sixdegrees/

17 http://www.telegraph.co.uk/technology/news/9601327/Average-Twitter-user-is-an-an-American-woman-with-an-iPhone-and-208-followers.html

18 https://plus.google.com/+JaanaNystr%C3%B6m/posts/GcR9Kzhs2XQ

19 http://www.nytimes.com/2013/02/19/science/the-average-american-knows-how-many-people.html?_r=0

20 Robin Dunbar, "Neocortex size as a constraint on group size in primates," Journal of Human Eveolution, Vol.22, No.6, pp.469-493, June 1992

21 Robin Dunbar. How Many Friends Does One Person Need?: Dunbar's Number and Other Evolutionary Quirks. Harvard University Press Nov. 1, 2010.

22 Keith Hampton, et. al, "Social networking sites and our lives," The Pew Internet, June 2011.

23 폴 아담스. Grouped: 세상을 연결하는 관계의 비밀. 에이콘출판사, 2012년 7월.

24 Mark Granovetter, "The Strength of Weak Ties," American Journal of Sociology, Vol. 78, Issue 6, pp. 1360-1380, May 1973.

25 http://www.dailymail.co.uk/news/article-1344281/Facebook-suicide-None-Simone-Backs-1-082-online-friends-helped-her.html

26 William Deresiewicz, "Faux Friendship," The Chronicle Review, Dec. 6, 2009. http://chronicle.com/article/Faux-Friendship/49308

9장 소셜미디어에서 '나'는 누구인가

1 http://www.forbes.com/sites/kashmirhill/2011/08/29/googles-eric-schmidt-says-plus-is-an-identity-service-not-a-social-network/

2   http://www.michaelzimmer.org/2010/05/14/facebooks-zuckerberg-having-two-identities-for-yourself-is-an-example-of-a-lack-of-integrity/

3   http://buzzmachine.com/2011/03/08/one-identity-or-more/

4   http://knowledge.wharton.upenn.edu/article.cfm?articleid=3286

5   M. Poster. Virtual Ethnicity: Tribal Identity in an Age of Global Communications. In: Jones, S. (ed.) Cybersociety 2.0: Revisiting Computer-Mediated Communicaition and Community. Sage Publications, 1998.

6   Giddens, A. The consequences of modernity. Stanford, CA.: Stanford University Press, 1990.

7   Derrida, J. Monolingualism of the other; or, the prosthesis of origin (P. Mensah, Trans.): Stanford University Press, 1998.

8   Judson Brewer, "Are We Addicted to Facebook, or Are We Just Addicted to Ourselves?" Huffington Post, Oct. 14, 2013.

9   http://www.nytimes.com/2011/09/30/science/30twitter.html?_r=0

10 http://articles.economictimes.indiatimes.com/2011-07-30/news/29833303_1_facebook-users-networking-sites-identity-crisis

11 Wilcox, Keith, and Andrew T. Stephen. "Are Close Friends the Enemy? Online Social Networks, Self-Esteem, and Self-Control."?Journal of Consumer Research 2013 (forthcoming).

12 http://online.wsj.com/article/SB10000872396390444592404578030351784405148.html

13 K. Raynes-Goldie, "Aliases, creeping, and wall cleaning: Understanding privacy in the age of Facebook," First Monday, Vol. 15, No. 1, January 2010.

14 Amir Efrati, "There's No Avoiding Google+," 월 스트리트 저널, 2013, 1월 2일 기사 참조. http://online.wsj.com/article/SB100014241278873247313045781937818520249800.html?mod=djemTECH_h

15 구글은 2012년 3월 1일자로 70여개의 프라이버시 관련 문서 중 60여 개를 하나로 통합하는 조처를 취했다. (관련 구글의 공식 블로그는 http://googleblog.blogspot.ca/2012/01/updating-our-privacy-policies-and-terms.html에서 볼 수 있다). 이 조치는 여러 국가에서 논란을 불러 일으켰고, 결국 2012년 10월에 유럽 27개 데이터 보호청이 공식 문서를 래리 페이지에 보내 구글의 글로벌 프라이버시 정책을 수정하도록 요구했다. 즉 사용자의 어떤 데이터가 모여지는지 어떤 데이터가 광고주에게 제공되는지 쉽게 알 수 있게 했다 (「뉴욕타임스」 기사 참

조: http://www.nytimes.com/2012/10/17/business/global/17iht-google17.html?pagewanted=all&_r=0)

16. https://plus.google.com/u/0/+BradleyHorowitz/posts/SM5RjubbMmV
17. 줄리안 바지니. 에고 트릭. 미래인, 2012년 4월.
18. http://sproutsocial.com/insights/2012/11/create-second-twitter-account/
19. 셰리 터클. 외로워지는 사람들. 청림출판 2012 (원제는 Alone Together 임).
20. Judith Donath, "Identity and Deception in the Virtual Community," in Communities in Cyberspace, edited by Kollock and Smith, Routledge, 1998.
21. http://techcrunch.com/2009/06/04/hey-there-tony-la-russa-is-suing-twitter/
22. http://www.zdnet.com/blog/security/congressman-steny-hoyer-twitter-impersonation-attack/7983
23. http://amyraineymcdm.wordpress.com/law-final-project/2-twitter-impersonation-cases/
24. http://deadspin.com/5976517/manti-teos-dead-girlfriend-the-most-heartbreaking-and-inspirational-story-of-the-college-football-season-is-a-hoax
25. http://deadspin.com/manti-teos-dead-girlfriend-the-most-heartbreaking-an-5976517
26. http://mashable.com/2013/01/17/manti-teo/
27. http://news.donga.com/3/all/20100727/30134894/1
28. http://news.donga.com/3/all/20101020/31988348/1
29. http://amyraineymcdm.wordpress.com/law-final-project/2-twitter-impersonation-cases/
30. http://www.dailymail.co.uk/news/article-1347034/Facebook-cyberbullying-Schoolgirls-arrested-creating-fake-page-naked-pictures.html
31. http://media.daum.net/society/others/newsview?newsid=20140107223105529
32. http://blog.prnewswire.com/2011/03/12/the-social-network-users-bill-of-rights/

10장 소셜미디어 속의 행복지수

1 http://www.theatlantic.com/magazine/archive/2012/05/is-facebook-making-us-lonely/308930/

2 http://media.daum.net/society/others/newsview?newsid=20111017135228592

3 http://www.hani.co.kr/arti/economy/economy_general/549132.html

4 http://www.nytimes.com/2012/02/12/fashion/America-Single-and-Loving-It.html?_r=0

5 Kraut et. al, "Internet paradox. A social technology that reduces social involvement and psychological well-being?"American Psychology, Vol. 53 No. 9, pp. 1017-1031, 1998.http://www.ncbi.nlm.nih.gov/pubmed/9841579

6 Tracii Ryan and Sophia Xenos, "Who uses Facebook? An investigation into the relationship between the Big Five, shyness, narcissism, loneliness, and Facebook usage," Journal of Computers in Human Behavior, Vol. 27, No. 5, pp. 1658-1664,Sept. 2011.

7 Alex Jordan, et. al., "Misery Has More Company Than People Think: Underestimating the Prevalence of Others' Negative Emotions," PersSocPsychol Bull January,vol. 37 no. 1, pp.120-135, 2011

8 Hanna Krasnova, Helena Wenninger,Thomas Widjaja,and Peter Buxmann, "Envy on Facebook: A Hidden Threat to Users' Life Satisfaction?" Wirtschaftsinformatik Proceedings 2013.

9 http://www.abc.net.au/science/articles/2013/01/23/3675158.htm

10 "Why women constantly lie about life on Facebook," The Telegraph, March 2013.http://www.telegraph.co.uk/technology/facebook/9925072/Why-women-constantly-lie-about-life-on-Facebook.html

11 http://www.economist.com/news/science-and-technology/21583593-using-social-network-seems-make-people-more-miserable-get-life?*
12Fennegroße DetersandMatthias R. Mehl, "Does PostingFacebookStatus Updates Increase or Decrease Loneliness? An Online Social Networking Experiment,"Social Psychological and Personality Science,vol.4, no.5, pp.579-586, September 2013

13 Why You Shouldn't Have More Than 354 Facebook Friends. Men'sHealth News, Feb. 2012. http://news.menshealth.com/facebook-self-esteem/2012/02/12/

14 http://technosociology.org/?p=1035

15 Keith Hampton, L. Sessions, E.H. Her, "Core Networks, Social Isolation, and New Media," Information, Communication & Society, Vol. 14, No. 1, 2011.

16 http://www.prweb.com/releases/loneliness/help/prweb4088414.htm

17 Z. Tufecki, "Who Acquires Friends through Social Media and Why? "Rich Get Richer" versus "Seek and Ye Shall Find"," Proc.Of the 4th International AAAI Conf. on Weblogs and Social Media, Washington DC, May 2010.

18 블로터닷넷의 2012년 한국 페이스북 사용자 조사 결과임. http://www.bloter.net/archives/126488

19 http://ko.solecopedia.org/index.php?title=사회적_자본

20 Bourdieu, P.The forms of capital. In. J. Richardson (Ed.), Handbook of theory andResearch for the Sociology of Education, NY: Greenwood. 241~258.1986.

21 Coleman, J. S. "Social capital in the creation of human capital,"American Journal of Sociology, 94, 95~120, 1988.

22 이영현. 사회적 자본의 정책적 활용. 직업과 인력개발 2007년 가을호.

23 로버트퍼트남. 나 홀로 볼링. 페이퍼로드, 2009.

24 http://en.wikipedia.org/wiki/Robert_D._Putnam

25 22번과 같음.

26 Keith Hampton, et. al, "Social networking sites and our lives," The Pew Internet, June 2011.

27 Valenzuela, S., Park, N., and Kee, K.Is There Social Capital in aSocial Network Site?: Facebook Use and College Students' LifeSatisfaction, Trust, and Participation. JCMC 14(4), 875-901, 2009.

28 금희조, "소셜미디어 시대, 우리는 행복한가?"한국방송학보 통권 제25-5호, 7-48, 2011.9.

29 Moira Burke, Cameron Marlow, and Thomas Lento, "Social Network Activity and Social Well-Being," CHI 2010, Atlanta, US, April 2010.

11장 공적 공간과 사적 공간, 새로운 프라이버시 시대

1 http://www.digitaltrends.com/social-media/no-warrant-required-judge-rules-police-can-subpoena-tweets-even-deleted-ones/

2 https://www.eff.org/file/35144#page/1/mode/1up

3 boyd, danah, "Social Network Sites: Public, Private, or What?" Knowledge Tree 13, May 2007.

4 한나 아렌트, 인간의 조건, 한길 그레이트 북스, 한길사, 1996년 8월.

5 Habermas, J., "Reconciliation through the public use of reason: Remarks on John Pawls political liberalism," The Journal of Philosophy, Vol. 92, 1995.

6 이원태, 김춘식, 이나경, 소셜미디어에서 온라인 정치담론의 특성. 정보통신정책연구원, 2010년 12월.

7 Nancy K. Baym and danah boyd, "Socially Mediated Publicness: An Introduction," Journal of Broadcasting and Electronic Media, Vol. 56, Issue 3, 2012.

8 http://www.wired.com/politics/law/news/1999/01/17538

9 http://mashable.com/2012/12/26/randi-zuckerberg-privacy-breach-photo/

10 http://www.reuters.com/article/2013/03/12/us-google-wifi-fine-idUSBRE92B0VX20130312

11 http://www.itworld.co.kr/news/71180

12 http://mashable.com/2012/08/09/ftc-google-22-5-million/

13 http://bgr.com/2013/01/28/google-safari-tracking-scandal-309710/

14 http://content.time.com/time/nation/article/0,8599,1532225,00.html

15 https://www.facebook.com/notes/facebook/thoughts-on-beacon/7584397130

16 RIP Facebook Beacon http://mashable.com/2009/09/19/facebook-beacon-rip/

17 http://www.nytimes.com/2011/11/30/technology/facebook-agrees-to-ftc-settlement-on-privacy.html?_r=0

18 http://boingboing.net/2011/10/18/eu-vs-facebook-facebooks-dossiers-on-europeans-breach-eu-privacy-laws.html

19 http://www.dataprotection.ie/docs/21-09-12-Press-Release---Facebook-Ireland-Audit-Review-Report/1233.htm

20 http://mashable.com/2012/12/26/facebook-privacy-fail/

21 http://en.wikipedia.org/wiki/The_Right_to_Privacy_(article)

22 http://www.ala.org/Template.cfm?Section=ifissues&Template=/ContentManagement/ContentDisplay.cfm&ContentID=25304

23 http://www1.umn.edu/humanrts/instree/K-z17euroco.html

24 http://ec.europa.eu/justice/newsroom/data-protection/news/120125_en.htm

25 http://www.stanfordlawreview.org/online/privacy-paradox/right-to-be-forgotten

26 http://www.theatlantic.com/technology/archive/2011/02/in-europe-a-right-to-be-forgotten-trumps-the-memory-of-the-internet/70643/

27 http://www.yonhapnews.co.kr/international/2013/07/15/0606000000AKR20130715002400009.HTML

28 http://readwrite.com/2010/01/09/facebooks_zuckerberg_says_the_age_of_privacy_is_ov#awesm=~oc7c1WsITwkROA

29 http://readwrite.com/2010/01/11/why_facebook_is_wrong_about_privacy#awesm=~oc844ORdlCcCLC

30 http://blogoscoped.com/archive/2009-12-07-n83.html

31 http://blogoscoped.com/archive/2009-07-30-n65.html

32 S. Barnes, "A Privacy Paradox: Social Networking in the United States," First Monday, Vol. 11., No. 9, Sept. 2006. http://firstmonday.org/ojs/index.php/fm/article/view/1394/1312

33 Joinson et al. (eds.) The Oxford Handbook of Internet Psychology. Oxford Univerrsity Press 2007.

34 http://annenberg.usc.edu/News%20and%20Events/News/130422CDF_Millennials.aspx

35 http://www.pewinternet.org/Reports/2013/Teens-Social-Media-And-Privacy/Summary-of-Findings.aspx

36 http://www.whitehouse.gov/blog/2013/01/17/pcast-updates-assessment-networking-and-infotech-rd

12장 영향력자에 대한 진실 혹은 환상

1 말콤 글래드웰. 작은 아이디어를 빅트렌드로 만드는 티핑 포인트. 21세기 북스, 2004. 9.

2 Katz & Lazarsfeld. Personal Influence. New York: Free Press 1955.

3   Lazarsfeld, P.F., Berelson, B. & Gaudet, H. The people's choice: How the voter makes up his mind in a presidential campaign. New York: Columbia University Press, 1944.

4   D.J. Watts and P.S. Dodds, Influentials, networks, and public opinion formation, in Journal of Consumer Research, vol. 34, no. 4, pp. 441-458, JSTOR, 2007

5   5 S. Wu, J.M. Hofman, W.A. Mason, and D.J. Watts, Who says what to whom on twitter, in Proceedings of the 20th international conference on World wide web, 2011

6   박현우. 트위터상에서의 정보영향력자 의제 설정자 발견에 관한 연구. 카이스트 문화기술대학원 석사논문, 2011.2

7   Meeyoung Cha, et. al., "Measuring User Influence in Twitter: The Million Followere Fallacy," ICWSM, 2010.

8   Kathy E. Gill, "How can we measure the influence of the blogosphere?' WWW 2004, Workshop on the Weblogging Ecosystem, May 17-22, New York, 2004.

9   Nitin Agarwal, et. al., "Identifying the Influential Bloggers in a Community," WSDM'08, Feb. 11-12, Palo Alto, USA, 2008.

10 http://technorati.com/what-is-technorati-authority/

11 Eunyoung Moon and Sangki Han. "A qualitative method to find influencers using similarity-based approach in the blogosphere," International Journal of Social Computing and Cyber-Physical Systems Vol 1, No. 1, pp. 56-78, 2011.

12 M. McPherson, L. S. Lovin, and J. M. Cook. Birds of a Feather: Homophily in Social Networks. Annu. Rev. Sociol., 27(1):415{444, 2001

13 J. J. Brown and P. H. Reingen. Social ties and word-of-mouth referral behavior. J. Consumer Research, 14(3):pp. 350{362, 1987.

14 D.J. Watts and P. Dodds, The accidental influentials, in Harvard Business Review, vol. 85, no. 2, pp. 22-23, 2007. http://business.twoday.net/static/foehrenbergkreis/files/20070216HBR_Accidental.pdf

15 N. Pathak, A. Banerjee, J. Srivastava, "A Generalized Linear Threshold Model for Multiple Cascades," In ICDM (International Conference on Data Mining), pp. 965-970, 2010.

16 M. Granovetter. Threshold models of collective behavior. American Journal of Sociology, 83(6):1420-1433, 1978

17 D. Watts. A simple model of global cascades in random networks. In Proc. Natl. Acad. Sci, pages 5766–71, 2002.

18 D. Kempe, J. Kleinberg, and E. Tardos. Maximizing the spread of influence through a social network. In Proc. 9th ACM SIGKDD Intl. Conf. on Knowledge Discovery and Data Mining, 2003.

19 http://poptech.org/e1_duncan_watts

20 S. Goel, D. Watts, D. Goldstein, "The Structure of Online Diffusion Networks," EC'12, June 4–8, Valencia, Spain, 2012.

21 E. Bakshy, et. al., "The Role of Social Networks in Information Diffusion," WWW2012, Lyon, France, April 16–20, 2012.

22 Brian Solis and Alan Webber, "The Rise of Digital Influence," Altimeter Group, March 2012

23 http://therealtimereport.com/2012/04/03/influence-what-are-tools-like-klout-really-measuring/

13장 집단 사고와 편향성, 집단 행동을 통한 사회 변화

1 Kelman, H. (1958). Compliance, identification, and internalization: Three processes of attitude change.?Journal of Conflict Resolution,?1, 51–60.

2 제임스 서로위키. 대중의 지혜. 랜덤하우스 코리아, 2005

3 "When We're Cowed by the Crowd," The Wall Street Journal, May 28, 2011. http://online.wsj.com/article/SB10001424052702304066504576341280447107102.html

4 니콜라스 카. 생각하지 않는 사람들: 인터넷이 우리의 뇌 구조를 바꾸고 있다. 청림출판, 2011.

5 James A. Evans, "Electronic Publication and the Narrowing of Science and Scholarship," Science Vol. 321, pp.395–399, Sept. 2008.

6 S. Wu, J.M. Hofman, W.A. Mason, and D.J. Watts,?Who says what to whom on twitter, in?Proceedings of the 20th international conference on World wide web, 2011

7 'Everything You Wanted to Know about Twitter in Korea," 다음소프트, Jan. 2011. http://www.slideshare.net/Daumsoft/everything-about-twitter-in-korea

8 Cass Sunstein, "The Daily We: Is the Internet really a blessing for democracy?" Boston Review, Summer 2001.

9 캐스 선스타인. 우리는 왜 극단에 끌리는가. 프리뷰 2011.

10 권재륜, '침묵의 나선이론과 SNS,' 인사이트 2014. 1. 20.

11 Miller Mcpherson, Lynn S. Lovin, and James M. Cook. Birds of a feather:Homophily in social networks. Annual Review of Sociology, 27(1):415-444,2001.

12 엘리 패리저. 생각 조종자들, 알키, 2011.

13 https://www.facebook.com/notes/facebook-data-team/rethinking-information-diversity-in-networks/10150503499618859

14 Mark Granovetter, "The Strength of Weak Ties," American Journal of Sociology, Vol. 78, Issue 6, pp. 1360-1380, May 1973.

15 http://media.daum.net/foreign/others/newsview?newsid=20110424182710855

16 http://en.wikipedia.org/wiki/Arab_Spring

17 "Revolution will be tweeted: Iranian citizens take to Web to capture protests, violence," NY Daily News, June 16, 2009. http://www.nydailynews.com/news/world/revolution-tweeted-iranian-citizens-web-capture-protests-violence-article-1.375414

18 Malcolm Gladwell, "Small Change: Why the revolution will not be tweeted," The New Yorker, Oct. 4, 2010

19 http://electronicintifada.net/content/mubarak-regime-shuts-down-internet-futile-attempt-stop-protests/9794

20 http://www.nytimes.com/2012/02/19/books/review/how-an-egyptian-revolution-began-on-facebook.html?pagewanted=all

21 Wael Ghonim. Revolution 2.0: The Power of the People Is Greater Than the People in Power: A Memoir, Houghton Mifflin Harcourt, January 2012.

22 http://nymag.com/news/features/wael-ghonim-2012-1/

23 http://www.nytimes.com/2011/02/15/world/15clinton.html

24 한상기. 소셜미디어와 사회변화 또는 혁명, 전자신문 ET칼럼, 2010년 10. 06. http://www.etnews.com/news/opinion/2281977_1545.html

25 Evgeny Morozov. The Net Delution: The Dark Side of Internet Freedom. PublicAffairs, Jan. 2011

26 http://gawker.com/5400268/the-revolution-will-not-be-tweeted-because-only-0027-of-iranians-are-on-twitter

27 https://www.youtube.com/watch?v=bbdEf0QRsLM

28 http://www.guardian.co.uk/commentisfree/2011/jan/19/tunisia-revolution-twitter-facebook

29 Clay Shirky, "The Political Power of Social Media," Foreign Affairs, Jan/Feb 2011. http://www.foreignaffairs.com/articles/67038/clay-shirky/the-political-power-of-social-media

30 Malcolm Gladwell and Clay Shirky, "From Innovation to Revolution," Foreign Affairs, March/April 2011. http://www.foreignaffairs.com/articles/67325/malcolm-gladwell-and-clay-shirky/from-innovation-to-revolution

31 Bill Wasik, "#Riot: Self-Organized, Hyper-Networked Revolts? Coming to a City Near You," Wired, Dec. 2011.

32 Malcom Gladwell, "Does Egypt Need Twitter?" The New Yorker, Feb. 2, 2011. http://www.newyorker.com/online/blogs/newsdesk/2011/02/does-egypt-need-twitter.html

33 http://www.washington.edu/news/2011/09/12/new-study-quantifies-use-of-social-media-in-arab-spring

34 'Web activists celebrate 'Internet Freedom Day,' Washington Post, Jan. 19, 2012. http://www.washingtonpost.com/business/technology/web-activists-celebrate-internet-freedom-day/2013/01/18/45655826-617d-11e2-9940-6fc488f3fecd_story.html?wpisrc=nl_tech

35 http://www.washingtonpost.com/business/technology/sopa-action-delayed/2012/01/20/glQAFxYhDQ_story.html

14장 피드 랭킹과 추천, 그리고 디지털 평판

1 클레이 존슨. 똑똑한 정보 밥상. 에이콘출판사, 2012년 10월.

2 http://marketingland.com/edgerank-is-dead-facebooks-news-feed-algorithm-now-has-close-to-100k-weight-factors-55908

3 http://techcrunch.com/2010/04/22/facebook-edgerank/

4 http://edgerank.net/

5 http://www.quora.com/What-is-the-algorithm-behind-the-Facebook-News-Feed-aggregation-of-stories-around-a-particular-keyword

6 http://www.nytimes.com/2012/11/01/technology/on-twitter-sifting-through-falsehoods-in-critical-times.html?_r=0

7 http://www.edaily.co.kr/news/NewsRead.edy?newsid=02801126602872552&SCD=JG31&DCD=A00703

8 http://media.daum.net/foreign/others/newsview?newsid=20130709154706617

9 http://www.theverge.com/2014/2/14/5411934/youre-not-going-to-read-this

10 http://www.cbsnews.com/2100-205_162-5358982.html

11 http://firstmonday.org/ojs/index.php/fm/article/view/4366/3654#fig1

12 http://www.yonhapnews.co.kr/society/2014/01/09/0703000000AKR20140109066300063.HTML

13 http://venturebeat.com/2008/01/31/googles-marissa-mayer-social-search-is-the-future/

14 http://googleblog.blogspot.kr/2009/10/introducing-google-social-search-i.html

15 http://googleblog.blogspot.kr/2011/02/update-to-google-social-search.html

16 http://googleblog.blogspot.kr/2012/01/search-plus-your-world.html

17 http://googleblog.blogspot.co.uk/2012/05/introducing-knowledge-graph-things-not.html

18 http://en.wikipedia.org/wiki/Netflix_Prize

19 http://www.fastcompany.com/3008078/creative-conversations/foursquare-rethinks-iphone-app-focus-search-discovery

20 http://www.theverge.com/2012/9/11/3317720/facebook-billion-search-queries-a-day

21 http://www.nytimes.com/2013/01/15/technology/fortunes-of-facebook-may-hinge-on-searches.html?_r=0

22 http://techcrunch.com/2012/05/21/after-walking-away-from-acquisition-talks-with-facebook-ark-opens-its-people-search-engine/

23 http://www.guardian.co.uk/technology/2013/jan/16/facebook-google-search-mark-zuckerberg

24 http://www.latimes.com/business/la-fi-facebook-next-billion-20121202,0,5809865,full.story

25 http://www.pewinternet.org/Reports/2011/Technology-and-social-networks/Summary.aspx

26 http://mashable.com/2013/01/16/facebook-online-dating/

27 http://allthingsd.com/20130116/wall-street-to-yelp-facebook-search-should-scare-you/?utm_medium=referral&utm_source=pulsenews

28 http://news.cnet.com/8301-1023_3-57618039-93/facebook-graph-search-launching-pretty-soon-on-mobile/

15장 소셜데이터의 공공적 가치

1 http://static.googleusercontent.com/external_content/untrusted_dlcp/research.google.com/en/us/archive/papers/detecting-influenza-epidemics.pdf

2 Samantha Cook, Corrie Conrad, Ashley Fowlkes, Mattew Mohebbi, Assessing Google Flu Trends Performance in the United States during the 2009 Influenza Virus A (HiN1) Pandemic," PLOS ONE, 6(8), Aug 19, 2011. http://www.plosone.org/article/info:doi/10.1371/journal.pone.0023610

3 http://www.google.org/flutrends/about/how.html

4 http://mashable.com/2013/01/16/facebook-twitter-flu/

5 A. Sadilek and H. Kautz, "Modeling the Impact of Lifestyle on Health at Scale," WSDM'13, Rome, Italy, Feb. 2013.

6 http://dailyfreepress.com/2013/02/19/twitter-a-disease-networking-site/

7 http://www.emc.com/collateral/demos/microsites/emc-digital-universe-2011/index.htm

8 Tim O'Reilly and John Battelle, "Web Squared: Web 2.0 Five Years On," Web 2.0 Summit, San Francisco, Oct. 2009. http://www.web2summit.com/web2009/public/schedule/detail/10194

9 http://farm7.static.flickr.com/6057/5912169471_7a2c7bb06b_o.jpg

10 http://www.uchicago.edu/features/20111017_fischer/

11 https://ko.foursquare.com/infographics/500million

12 https://blog.twitter.com/2013/geography-tweets-3

13 http://www.sgi.com/go/twitter/

14 K.H. Leetaru, S. Wang, G Cao, A. Padmanabhan, and E. Shook, "Mapping the global Twitter heartneat: The geography of Twitter," First Monday, Vol. 18, No. 5, May 2013. http://firstmonday.org/ojs/index.php/fm/article/view/4366/3654#fig1

15 http://techcrunch.com/2010/12/13/facebook-intern/

16 https://www.facebook.com/notes/facebook-data-science/coordinated-migration/10151930946453859?notif_t=notify_me

17 http://www.wired.com/wiredenterprise/2013/12/facebook-data/

18 http://petewarden.com/2010/02/06/how-to-split-up-the-us/

19 S. A. Golder and M.W. Macy, "Diurnal and Seasonal Mood Vary with Work, Sleep, and Daylength Across Diverse Cultures," Science Vol. 333, No. 6051, pp. 1878-1881, Sept. 2011. http://www.sciencemag.org/content/333/6051/1878.abstract

20 http://www.nytimes.com/2011/09/30/science/30twitter.html

21 The Right Time for Love: Tracking the Seasonality of Relationship Formation. Facebook Data Science. March 21, 2012. https://www.facebook.com/notes/facebook-data-science/the-right-time-for-love-tracking-the-seasonality-of-relationship-formation/10150643989093859

22 P.S. Dodds et. al., "Temporal Patterns of Happiness and Information in a Global Social Network: Hedonometrics and Twitter," PLOS ONE, Vol. 6, No. 12, Dec. 2011. http://www.plosone.org/article/info%3Adoi%2F10.1371%2Fjournal.pone.0026752

23 Lewis Mitchell, et. al., "The Geography of Happiness: Connecting Twitter sentiment and expression, demographics, and objective characteristics of places," PLUS ONE, Vol. 8, No. 5, May 2013.

24 http://www.theatlantic.com/health/archive/2013/05/how-happiness-changes-with-age/276274/

25 http://mashable.com/2013/05/13/geography-of-hate/

26 http://news.cnet.com/8301-13578_3-57587003-38/judge-orders-google-to-comply-with-fbis-secret-nsl-demands/

27 한국인터넷진흥원. 소셜데이터의 공공적 가치 및 활용방안 연구. KISA-WP-2012, 2012.12.11.

16장 소셜컴퓨팅, 웹 사이언스, 계산 사회과학

1 http://nextwebcon.egloos.com/page/3

2 http://news.bbc.co.uk/2/hi/technology/4132752.stm

3 http://www.web2summit.com/web2009/public/schedule/detail/10194

4 "Google's Joe Kraus on How to Make the Web More Social," Published: June 11, 2008 in Knowledge@Wharton. http://knowledge.wharton.upenn.edu/article.cfm?articleid=1982

5 http://researcher.ibm.com/researcher/view_project.php?id=1782

6 http://research.microsoft.com/en-us/groups/scg/

7 http://researcher.ibm.com/researcher/view_project_subpage.php?id=1791

8 http://research.microsoft.com/en-us/groups/scg/

9 http://www.media.mit.edu/research/groups/social-computing

10 http://www.icwsm.org/2013/index.php

11 "Group of University Researchers to Make Web Science a Field of Study," New York Times, Nov. 2006. http://www.nytimes.com/2006/11/02/technology/02compute.html

12 Tim Berners-Lee, Wendy Hall, James Hendler, Nigel Shadbolt, Daniel J. Weitzner, "creating a science of the web," Science 11, Vol. 313 no. 5788 pp. 769-771 August 2006.

13 Tim Berners-Lee, et.al., "A framework for Web Science," Trends and Foundations in Web Science, Vol.1, No.1, pp. 1-130, 2006.

14 N. Shadbolt and Tim Berners-Lee, "Web Science Emerges," Scientific American, pp. 32- 37, Oct. 2008.

15 R. Albert, H. Jeong, A.-L. Barab?si, "Diameter of the world wide web," Nature 401, 130-131, 1999.

16 Bernardo A. Huberman, Lada A. Adamic, "Growth dynamics of the World-Wide Web," Nature, Vol. 401, September, 1999.

17 Lada A. Adamic, Bernardo A. Huberman, "Power-Law Distribution of the World Wide Web," Science Vol. 287, No. 5461, p. 2115, March 24, 2000.

18 http://www.websci13.org/deadlines/

19 David Lazer, et. al., "Computational Social Science," Science, Vol. 323, Feb. 2009.

20 Jim Giles, "Computational Social Science: Making the Links," Nature, August, 2012.

21 Liben-Nowell, D. & Kleinberg, "The Link-Prediction problem for social networks," J. J. Am. Soc. Inf. Sci. Technol. 58, 1019?1031, 2007.

22 Onnela, J.-P. et al., "Structure and tie strengths in mobile communication networks," Proc. Natl Acad. Sci. USA 104, 7332?7336, 2007.

23 Eagle, N., Macy, M. & Claxton, R., "Network Diversity and Economic Development," Science 328, 1029?1031, 2010.

24 Madan, A., Cebrian, M., Moturu, S., Farrahi, K. & Pentland, S., "Sensing the "Health State" of a Community," IEEE Pervasive Computing, 2011.

25 http://articles.latimes.com/2008/aug/29/local/me-dna29

26 https://iriss.stanford.edu/css/certificate

17장 하이퍼 커넥티드, 하이퍼 커뮤니케이션, 하이퍼 퍼블릭 시대

1 http://news.inews24.com/php/news_view.php?g_serial=678603&g_menu=020200

2 http://news.bbc.co.uk/2/hi/technology/6637865.stm

3 http://pewinternet.org/Press-Releases/2012/Millennials-will-benefit-and-suffer-due-to-their-hyperconnected-lives.aspx

4 http://ec.europa.eu/information_society/activities/einclusion/index_en.htm

5 Foresight Future Identities.Executive Summary.The Government Office for Science, London, 2013.

6 http://lgusblog.com/product-news/lg-homechat-makes-easy-communicate-smart-appliances/

7   http://www.forbes.com/sites/ciocentral/2011/11/23/the-industrial-internet-like-facebook-for-things/

8   http://toyotanewsroom.com/releases/toyota+friend+social+network.htm

9   http://www.washingtonpost.com/business/economy/sopa-bill-shelved-after-global-protests-from-google-wikipedia-and-others/2012/01/20/gIQAN5JdEQ_story.html

10 0 http://www.nytimes.com/2010/08/01/magazine/01wwln-lede-t.html?_r=1&

11 J.B. Walther, "Computer-mediated communication: Impersonal,interpersonal, and hyperpersonal interaction," Communication Research, 23, 3-43, 1996.

12 E. Zucherman. Rewire. W. W. Norton and Company, June 2013.

13 http://www.hyperpublic.org/

14 YochaiBenkler. The Wealth of Networks: How Social Production Transforms Markets and Freedom. Yale University Press, 2006.

15 BCS.The Societal Impact of the Internet of Things. Feb. 2013.

찾아보기

ㄱ

가면의 아이덴티티 248
가상 민족 249
가상 시장 144
감정 변화 394
강한 유대 242, 322
개인정보 297
거짓 우정 244
검색 가능성 289
게임화 144
결속형 관계 283
결속형 사회 자본 279
경매 407
경제적 의의 31
경제 효과 31
계산 사회과학 419
고립감 274
공유 51
공유 경제 40
공유 기능 30
공적 공간 289, 292
관계 51
관음증 214
광고 31
광고주 39
구글 185
구글 나우 372
구글 버즈 119
구글 웨이브 119
구글은 유튜브 인수 127
구글플러스 119, 255

구인 정보 118
구직자 116
국내 소셜미디어 시장 180
귀속 유대 275
규범 280
그래프 검색 80, 377, 381, 382
그룹 51
그린피스 43
근처 장소 149, 377
글랜시 149
글로벌 서비스 166
글로벌 폭포 현상 318
금희조 교수 282
기업 가치 37
기업 공개 33, 81
기업 네트워킹 116

ㄴ

나르시시즘 211
나이키 퓨얼밴드 155
낸시 베임 291
냅스터 56
네이버 검색 190
네이버 모바일 검색 190
네트워크 280
네트워크의 밀도 320
넷플릭스 374
노출된 아이덴티티 249
노출증 212
누스피어 249
누피디아 57

뉴스피드 84, 184, 294
니콜라스 카 334

ㄷ

다나 보이드 93, 288, 327
다음TV팟 174
다음 뷰 71, 176
다음 블로거 뉴스 71
다이나믹스 320
다이앤 모렐로 427
다중 아이덴티티 265
닷지볼 67
대중의 지혜 332
대화 51
던바의 수 153, 235, 237
던칸 와츠 232, 312, 317, 334, 425
데이브 모린 152
데이비드 카프 157
데이비드 커크패트릭 77
데이터 423
데이터가 수집 307
데이터 보호 법규 298
데이터의 대표성 424
데이터 폭주 97
데카호스 391
도요타 프렌드 432
독감 387
독감 데이터 385
독립 폭포형 모델 319
동질성 336
디그닷컴 70, 363
디그 효과 70
디지털 격차 428
디지털 영향력 323
디지털 원주민 27, 306
디지털 평판 306, 407
딕 코스톨로 105, 109, 111
딜리셔스 62, 66
딜리셔스 매각 66

ㄹ

라스 백스트롬 357, 361, 422
라스트 액터 363
라스트에프엠 63
라이브저널 53
라이즈닷컴 56
라인 180, 192, 193
래리 생거 57
래리 페이지 185, 416
랜디 주커버그 292
런던 올림픽 186
로버트 퍼트남 279
로빈 던바 237
루디코프 67
루머 368
리니어 한계형 모델 319
리드라이트웹 300, 405
리드 제너레이션 카드 108
리드 호프만 114
리블로깅 158
리스트 356
리스트 기능 93
리쿠르트 담당자 116
리트윗 93, 313
링크드인 114

ㅁ

마드리드 대학 274
마르코프 임의 장 321
마리사 메이어 68, 160, 301, 369
마이스페이스 62
마이스페이스 몰락 65
마이젠트 53
마이크 크리거 136
마크 그래노베터 242, 322, 340, 422
마크 주커버그 76
만티 테오의 가짜 여자 친구 사건 260
말콤 글래드웰 44, 310, 343
말콤 해리스 287
매치닷컴 60

매트 콜러 139
메이븐 310
멕 하우리안 55
면대면 사회성 276
모바일 광고 188
모바일 사용자 분석 185
모바일 중심 전략 89, 191
모바일 트래픽 182
미건 메이어 264
미건 메이어 사건 264
미시간 대학 272
미친 172
미투데이 167, 171
미투밴드 173
밀레니엄 세대 303, 428

ㅂ

바인 141
박수만 171
발견 372
밴드 174
뱃지 144
버티컬 SNS 135
벌집 모델 50
범주형 사기 258
베를린 대학 273
베보 128
보이지 않는 청중 289
복제성 289
브라이언 솔리스 29, 323
브래드 피츠패트릭 54
브렛 테일러 72, 371
블랙플래닛 53
블로거닷컴 53, 55
블로그 55
블로그 플랫폼 56
비콘 294

ㅅ

사물인터넷 307, 429
사생활 298

사이버불링 264
사이버 비사회성 277
사일런트 스탠드 344
사적 공간 288, 292
사진 중심의 모바일 서비스 136
사칭 259
사회 연결망 230
사회 자본 277, 278, 368
사회적 아이덴티티 248
사회적 영향력 효과 332
사회적 외로움 269
서클 120, 356
성취 유대 275
세르게이 브린 416
세일즈맨 310
세컨드 계정 257
셀카 사진 213
셀피 213
셰리 터클 253, 257, 276
소셜 간식 274
소셜 객체 135
소셜 검색 369
소셜 공유 40
소셜 그래프 372, 375
소셜넷닷컴 114
소셜 뉴스 서비스 70
소셜 데이터 394, 400
소셜 레이어 124
소셜 로그인 86
소셜미디어 25
소셜미디어 정의 29
소셜미디어의 참여 동기 224
소셜베이커스 165
소셜 소프트웨어 50, 407
소셜 아이덴티티 257
소셜 추천 375, 381
소셜컴퓨팅 405, 407
소외감 273
숀 파커 77
숀 패닝 152
수용 한계점 320

스냅챗 203
스마트폰 181
스몰 월드 문제 229
스콧 맥닐리 292
스택 66
스탠리 밀그램 53, 311
스테니 호이어 의원 사칭 사건 260
스토리 범핑 362
스튜어트 버터필드 67
스트리트뷰 294
스티브 첸 126
스핀들 151
시몬 백 243
식스디그리즈닷컴 53
신뢰 368
신뢰성 366
실명 250, 252
실시간 트렌드 93
싸이월드 54, 56, 163, 166, 169
씨온 178

ㅇ

아담 단젤로 140
아드리안 스코트 56
아랍의 봄 129, 350
아리조나 대학 273
아시안애비뉴 53
아이덴티티 51, 220
아이덴티티 은폐 258
아임인 178
아프리카TV 175
안토니 위너 290
알버트 라즐로 바라바시 230
애국법 301
애드버스터 42
액체 자아 203, 204
앵커링 297
야머 154
야후의 페이스북 인수설 77
야후 텀블러 인수 160
야후 플리커 인수 67

약한 유대 242, 322, 340, 422
어젠다 세터 313
에고센트릭(egocentric) 네트워크 338
에드워드 스노든 364
에릭 드렉슬러 50
에릭 슈미트 247, 301
에릭 클라이넨버그 269
에릭 호로비츠 234
에반 스피겔 204
에반 윌리엄스 55, 92, 111, 367
에이탄 박샤이 339
에코 챔버 337
에프게니 모로조프 346
엘리 패리저 338
엣시닷컴 72
엣지랭크 357, 358
엣지랭크 알고리듬 339
연결형 관계 283
연결형 사회 자본 279, 282
영향력 310
영향력자 117, 309
옐프 378
오디오 92
오라일리 390
오바마 대통령의 재선 96
오비어스 92
오이코랩 168
오커트 67
오픈 백과사전 59
오픈소스 프로젝트 221
오피니언 리더 311
온라인 친구 244
와엘 고님 41, 343, 347, 348
왓츠앱 195
외로움 267, 284
외로움 해소 273
요즘 173
요하이 벵클러 437
우리는 모두 칼레드 사이드 343
우발적 영향력자 317
울프럼 알파 235

워드프레스 56
원형교도소 302
월스트리트를 점령하라 42, 287
웹 2.0 403
웹 로그 55
웹 사이언스 407, 412
웹 사이언스 리서치 이니셔티브 412
웹 사이언스 컨퍼런스 417
웹 스퀘어드 390, 405
위챗 197
위치 기반 데이터 147
위치 정보 145
위키리크스 342
위키트리 176, 177
위키피디아 57, 220, 332
윌리엄 데레시비츠 244
유령 트위터 262
유리 상자 302
유튜브 126
유튜브 리얼타임 130
유튜브 트렌드 대시보드 131
의견의 다양성 332
의견의 독립성 332
이람 56
이베이 186
이베트 비커스 268
이영현 280
익명 250, 252
익명화 423
익스플로러 기능 146
인게이지먼트 323
인스타그램 68, 135
인스타그램 다이렉트 206
인터넷 자경주의 436
인터넷 자유 345
인터넷 트롤 258
인터넷 패러독스 269
잊혀질 권리 299

ㅈ

자기애 212
자기 정량화 155
자아 248
자아 정체성 248
자크 데리다 251
재스민 혁명 102, 342
잭 도시 92, 111
정보 그림자 389
정보 네트워크 113
정보 분류 357
정보 영향력자 313
정보의 발견 408
정보통신정책연구원 164
정체성 265
정치 참여 45
정치 활동 222
제이넵 튜페키 교수 275
제임스 서로위키 332
제임스 콜맨 279
제프 와이너 118
제프 자비스 247
조나단 에이브람스 60
조드 카림 126
조슈아 새크터 66
조 크라우스 407
존 바저 55
존 바텔 403
존재 상태 51
'좋아요' 버튼 78
주커버그 184
중재된 공적 공간 288
쥬르 레스코벡 234
지미 웨일즈 57
지속성 289
지역 검색 146
지역 추천 146
질병통제예방센터 383
집단 사고 341
집단 지성 332, 384
집단 편향성 336, 341

ㅊ

차미영 313, 367
채드 헐리 126
챗온 201
체크인 정보 146
초연결 사회 429
추천 374
추천시스템 407
침묵의 나선 이론 337

ㅋ

카카오스토리 163, 169, 179, 200
카카오톡 169, 179, 192, 199
카테리나 페이크 67
칼레드 사이드 41
캐스 선스타인 336
커넥터 310
케빈 시스트롬 136
크로스토퍼 알렌 50
크리스 드울프 63
크리스 휴즈 254
크림슨 헥사곤 386
클라우트 324, 325
클레이 셔키 43, 50, 348
클레이 존슨 356
키스 햄프턴 275

ㅌ

타인과의 공유 225
탠리 밀그램 229
텀블러 157
테일러 원 263
테크노라티 315
테크노라티 권위 315
토니 라 루사의 사례 259
톰 앤더슨 63
투명성 366
튀니지 42, 350
튀니지의 반정부 시위 342
튀니지 혁명 347

트위터 92, 93, 163, 167
트위터 앰플리파이 109
트위터의 주가 112
트위터 카드 107
트위터 플레이스 150
트윗 93
트윗레벨 326
팀 버너스리 224, 405, 412
팀 오라일리 403

ㅍ

파트너 기업 37
판도라TV 174
패스 152
퍼블리시 438
페이스매시 75
페이스북 68, 76, 163, 223
페이스북 데이터 395
페이스북 데이터 사이언스팀 395
페이스북 로그인 소셜 플러그인 86
페이스북 우울증 268
페이스북의 데이터 센터 88
페이스북의 플랫폼 공개 86
페이스북 인스타그램 인수 140
페이스북 커넥트 86
페이스북 코리아 165
페이스북 크레딧 79
페이지랭크 416
페이팔 114
페이퍼(Paper) 90
편향성 424
평균 연결 거리 229
평판 51, 323, 328, 366
평판 관리 306
포스퀘어 73, 143
포크 205
폴 버크하이트 78
폴 아담스 240
퓨 리서치 센터 215, 280
프라이버시 145, 287, 292, 394, 423
프라이버시 관리 306

프라이버시는 끝났다 300
프라이버시 시대의 종말 301
프라이버시 제어 307
프라이버시 침해 154, 249, 293
프라이버시 패러독스 302
프렌드피드 72, 78, 371
프렌스터 60
프로모티드 계정 106
프로모티드 트윗 104
프로필 85
프로필 디자인 113
프리게스 카린시 230
플랫폼 49
플랫폼 전략 86
플루트렌드 383
플리커 67, 139
피드 랭킹 알고리듬 355
피라 랩스 55
피에르 부르디외 279
피터 닷즈 396
피터 머홀츠 55
핀터레스트 374
필터 137

ㅎ

하버드 크림슨 211
하버마스의 공론장 이론 290
하이파이브 62
하이퍼 427
하이퍼 커넥티드 427
하이퍼 커뮤니케이션 432
하이퍼 퍼블릭 435
학자들의 양성 424
해시태그 81, 93
핵심 유대 239
행아웃 121
행위 데이터 224
허드슨 베이 불시착 99
허리케인 샌디 364
허브 310, 311
헌법 제17조 298

혁명은 트윗될 것이다 342
협업 필터링 374, 407
확증 편향 337
훔볼트 대학 399
힐러리 클린턴 345

A

Adam D'Angelo 140
Adbusters 42
Adrian Scott 56

B

Blogger.com 53
Brad Fitzpatrick 54
Bret Taylor 72

C

Cass Sunstein 336
Caterina Fake 67
Chad Hurley 126
Chris DeWolfe 63
Chris Hughes 254
Clay Shirky 43
C로그 170
C세대 129

D

Dave Morin 152
David Karp 157
delicious.com 63
del.ico.us 66
Discovery 372
dodgeball.com 67
Dunbar's number 237
Duncan Watts 232

E

eBay 186
Eric Klinenberg 269
Eric Schmidt 247

Etsy.com 72
Evan Spiegel 204
Evan Williams 92

F

F8 78
Facebook 76
facemash.com 75
Flickr 67
FluTrend 383
Foursquare 143
FriendFeed.com 72
Friendster 60

G

Glancee 149
Google Now 372
Googleplus 119
Greenpeace 43

H

Hangout 121
hi5.com 62
hyper 427

I

ICWSM 411
ILInet 383
Independent Cascade Model 319
Influencers 117, 309
Internet of Things 307
IoT(Internet of Things) 429

J

Jack Dorsey 92
James Surowiecki 332
Jawed Karim 126
Jeff Weiner 118
Jimi Wales 57

John Battelle 403
Jonathan Abrams 60
Joshua Schachter 66

K

Kevin Systrom 136
KISDI 163
Klout 324

L

Larry Sanger 57
Lars Backstrom 357
last.fm 63
Linear ThresholdModel 319
LinkedIn 114
LiveJournal 53
Ludicorp 67

M

Malcolm Gladwell 44
Marissa Mayer 68
Mark Granovetter 242
Mark Zuckerberg 76
match.com 60
Matt Cohler 139
Meg Hourihan 55
Mike Krieger 136
MIT 410
MySpace 62

N

Napster 56
newsfeed 84
NHN 171
Nicholas Carr 334
Noosphere 249
NREVSS 383
Nupedia 57

O

Obvious 92
Odeo 92
opt out 295
orkut.com 67

P

PageRank 416
Path 152
Paul Adams 240
Paul Buckheit 78
Poke 205
Pyra Labs 55

R

Reid Hoffman 114
retweet 93
Robin Dunbar 237
Ryze.com 56

S

Sean Parker 77
Selfie 213
Shawn Fanning 152
Sherry Tuckle 253
SixDegrees.com 53
Snapchat 203
Social Identity 248
Spindle 151
stack 66
Steve Chen 126
Stewart Butterfield 67

T

Tim Berners-Lee 224
Tom Anderson 63
Tumblr 157
TweetLevel 326

V

Vevo.com 128

W

WeChat 197
WikiLeaks 342
Wikipedia 57
WordPress 56
WSRI 413

Y

Yammer 154
YouTube 126

기호·숫자

+1 버튼 122
『Grouped 세상을 연결하는 관계의 비밀』 240
〈강남스타일〉 129
『나 홀로 볼링』 279
『링크』 230
『생각 조종자들(The Filter Bubble)』 338
『생각하지 않는 사람』 334
《소셜 네트워크》 267
『외로워지는 사람들』 257
《천공의 성 라퓨타》 96
『티핑 포인트』 310
『페이스북 이펙트』 77, 211, 247
6단계 분리 법칙 53
2009년 성명 419

에이콘 소셜미디어 시리즈

series editor 한상기

소셜노믹스

세계를 강타한 인터넷 문화혁명, 트위터와 소셜미디어

에릭 퀄먼 지음 | inmD 옮김
9788960771123 | 340페이지 | 2009-12-10 | 16,500원

전 세계 정치, 경제, 사회, 문화 전반의 패러다임을 바꾸고 있는 트위터와 유튜브 등 소셜미디어에 대한 모든 것. 새로운 마케팅 패러다임과 컬처 트렌드인 소셜노믹스는 과연 산업혁명 이후 가장 큰 변화의 바람이 될 것인가? 개인과 기업의 경쟁력을 높이고자 소셜미디어에 뛰어들려는 모든 이가 꼭 읽어야 할 책.

START! 트위터와 미투데이

파워 트위터러 제이미가 들려주는 마이크로블로그와 소셜미디어 활용법

박정남 지음
9788960771239 | 236페이지 | 2010-02-26 | 15,000원

소셜미디어의 선두주자 트위터와 미투데이를 목적에 맞게 잘 활용할 수 있도록 다양한 사례와 전략적 조언을 제시한 책. 일반인부터 연예인, 기업 마케터까지 누구나 재미있게 읽고 쉽게 활용할 수 있다.

소셜미디어 마케팅

기업 마케터를 위한 단계별 소셜미디어 마스터 전략

데이브 에반스 지음 | 최윤석 옮김
9788960771314 | 468페이지 | 2010-04-28 | 25,000원

틀에 박힌 기존 방식에 익숙한 전통적인 기업 마케터들이 꼭 읽어야 할 소셜미디어 마케팅 필독서! 성공적인 통합 소셜미디어 전략 개발을 마스터하는 단계별 완벽 가이드.

신뢰! 소셜미디어 시대의 성공 키워드

마음을 여는 신뢰 에이전트, 뉴미디어 마케팅의 선봉에 서다

크리스 브로건, 줄리엔 스미스 지음 | inmD 옮김
9788960771420 | 324페이지 | 2010-07-09 | 14,800원

트위터, 페이스북, 온 세상을 들썩이는 뉴미디어 열풍! 투명성과 신뢰도로 통하는 비즈니스 소셜미디어 성공 노하우 – "신뢰를 얻는 기업이 살아남는다. 신뢰 에이전트를 키워라!" 온라인 마케터와 기업 홍보팀, CEO 그리고 소셜네트워크 세상을 살아가는 당신이 꼭 읽어야 할 오늘의 필독서.

비즈니스 미투데이
미투데이와 함께하는 소셜미디어 마케팅 실전 가이드

이주형, 김라희, 김수진 지음
9788960771611 | 140페이지 | 2010-11-08 | 9,500원

국내 환경에 최적화된 소셜미디어 미투데이(me2day.net)와 함께 스트레스 없이 소셜미디어 마케팅을 마스터하는 실전 가이드! 유형별로 골라 보는 베스트 활용 가이드와 파워 활용 팁은 물론 삼성전자부터 YG엔터테인먼트까지 다양한 성공사례를 소개한다.

페이스북 이펙트
전 세계 5억 명을 연결한 소셜네트워크 페이스북의 인사이드 스토리

데이비드 커크패트릭 지음 | 임정민, 임정진 옮김
9788960771635 | 524페이지 | 2010-11-25 | 17,900원

「포브스」지 선정 2010년 부자 순위 35위로 전 세계 최연소 억만장자 기록, 전 세계 6억 명에 달하는 사용자, 650억 달러의 시장 가치를 평가 받는 페이스북(facebook). 이제는 인류의 일상생활을 지배하는 막강 미디어로 떠오른 페이스북의 최대 주주이자 창업자 마크 주커버그. 지구촌을 열광시키고 온 세상을 하나로 묶는 신화를 이룩한 하버드 천재의 꿈과 이상, 페이스북 성공의 인사이드 스토리, 그 생생한 실화가 이제 펼쳐진다.

인게이지
ENGAGE! 기업 브랜드가 살아남기 위한 소셜미디어 마케팅 가이드

브라이언 솔리스 지음 | 이주만 옮김
9788960771840 | 560페이지 | 2011-02-28 | 25,000원

기업이 소비자에게 브랜드에 대해 설명하던 시대는 가고, 이제는 소비자가 기업 브랜드에 대해 말하는 새로운 마케팅과 커뮤니케이션 혁명의 시대가 도래했다. 기업은 소셜미디어 마케팅에 참여하고 소비자의 이야기를 이끌어내야 한다. PR2.0의 대가이자 저명한 소셜미디어 전문가 브라이언 솔리스가 알려주는 뉴미디어 시대 기업 브랜드의 생존 전략 프로젝트 완벽 가이드.

인바운드 마케팅
Inbound Marketing 고객 참여를 유도하는 소셜미디어 마케팅 패러다임

브라이언 핼리건, 다메쉬 샤 지음 | 최윤석 옮김
9788960771871 | 244페이지 | 2011-03-11 | 18,500원

DM이나 광고로 고객에게 간섭하기보다, 소셜미디어나 블로그 등을 이용해 고객의 참여를 유도하고, 고객이 검색 결과를 통해 회사를 발견할 수 있는 새로운 마케팅 기법을 소개하는 책이다. '리마커블'한 컨텐츠를 만들어서 SEO, 소셜미디어, 블로그에서 유통한 후, 성과를 분석하는 법에 이르기까지, 실제 사례와 함께 간단히 소화할 수 있는 분량으로 설명한다.

페이스북 비즈니스
고객과 친구가 되는 페이스북 마케팅 가이드

저스틴 R. 레비 지음 | 콜레오마케팅그룹, 조은경, 김라희 옮김
9788960771932 | 264페이지 | 2011-04-25 | 18,000원

마케팅 실무자를 위한 실전 페이스북 마케팅 가이드! 저자는 자신의 실제 경험을 바탕으로 기업 페이스북이 고객을 만나고 이를 수익으로 연결하는 전략을 전수한다. 페이스북의 다양한 기능과 모범 사례, 애플리케이션, 페이스북 광고 등을 단계별로 살펴보다 보면 어느새 여러분의 머릿속에 자신만의 페이스북 전략이 자리 잡고 있음을 알게 될 것이다.

프리젠테이션, 소셜네트워크를 만나다
백채널 Backchannel

클리프 앳킨슨 지음 | 정진호 옮김
9788960771994 | 240페이지 | 2011-05-25 | 18,000원

백채널은 발표가 진행되는 동안 청중이 만들어가는 소통 채널을 말한다. 청중은 이제 더 이상 얌전히 앉아 발표자의 이야기에만 귀 기울이지 않는다. 노트북, 스마트폰 등 자신들의 무기를 이용해 소셜네트워크를 활용해 발표자의 이야기를 검증하고 공유하며 새로운 소통 채널을 만들어간다. 인터넷의 발달로 이 소통 채널은 발표장 안에만 머무르지 않는다. 발표자는 백채널의 존재를 인정하고 이를 긍정적으로 이용할 수 있는 지혜가 필요하다.

기업 소셜미디어 활용 전략
액센츄어 컨설턴트가 전하는 기업 소셜마케팅 가이드

닉 스미스, 로버트 월런, 캐서린 주 지음 | 액센츄어 코리아 옮김
9788960771888 | 460페이지 | 2011-11-15 | 20,000원

정치, 사회, 문화, 비즈니스 모든 분야에서 혁신과 열풍을 일으키고 있는 소셜미디어. 이제 소셜미디어 활용은 기업의 선택이 아니라 필수인 시대가 열렸다. 투명하게 열린 소셜네트워크 세상에서 생존해야 하는 대기업, 중소기업, 비영리 단체, 정치권 등 모든 조직을 위한 필독서! 소셜미디어를 제대로 활용하기 위해 꼭 알아야 할 모든 것이 이 한 권에 담겨 있다!

소셜미디어 ROI

올리비에 블랜차드 지음 | inmD 옮김
9788960772496 | 408페이지 | 2011-11-30 | 18,500원

소셜미디어를 활용해 고객과 소통을 원하는 기업이 목표를 명확히 설정하고 달성할 수 있게 하기 위한 마케팅 바이블이다. 저자는 이 책을 통해 소셜미디어의 성공적인 임무 완성을 위한 전략, 계획, 실행, 측정, 분석, 최적화의 방법을 제시한다. 원하는 ROI(투자대비효과)가 재무적이든 비재무적이든 간에, 소셜미디어 확산으로 인한 기업의 위기관리 능력을 확립하고 매력적인 기업매체로서 고객들과 소통할 수 있는 구조와 프로그램이 무엇인지에 대한 혜안을 제시할 것이다.

(개정판) 소셜노믹스

세상을 바꾼 SNS 혁명

에릭 퀄먼 지음 | inmD 옮김
9788960772540 | 440페이지 | 2012-01-02 | 18,500원

소셜미디어가 기업에 미치는 영향을 날카롭게 분석한 저자 에릭 퀄먼과 함께, 세일즈를 높이기 위한 소셜미디어의 영향력 진단, 마케팅 비용 절감, 소비자와의 직접 소통 방법에 관해 통찰함으로써 소셜미디어 세계에서 방향을 잃지 않고 올바른 길을 찾아 갈 나침반으로 삼아보자.

START! 링크드인 LinkedIn

세계로 향하는 개인과 기업의 필수 비즈니스 SNS 가이드

이정주 지음
9788960772915 | 200페이지 | 2012-03-30 | 16,500원

꿈의 직장에 들어가고 싶은가? 해외 비즈니스 파트너를 손쉽게 만나고 싶은가? 글로벌 시장 진출을 위해 SNS마케팅을 준비하고 있는가? 전 세계 유명 기업인들과 인맥을 맺고 비즈니스를 확장하고 싶은가? 링크드인(LinkedIn)은 자신의 경험과 인맥의 효용을 극대화해 비즈니스 목표를 달성하게 해주는 세계 최대 글로벌 비즈니스 SNS다. 이 책은 개인 학생·직장인이든 기업(1인기업·중소기업·대기업)이든 비즈니스를 무기로 세계로 뻗어나가고 싶은 사람을 위한 링크드인 실전 활용 가이드다.

GROUPED 세상을 연결하는 관계의 비밀

마케터가 꼭 알아야 할 소셜 웹의 숨은 영향력, 그룹의 특성 탐구

폴 아담스 지음 | 이지선 옮김
9788960773264 | 252페이지 | 2012-07-23 | 18,500원

이 책은 사람들 간의 소규모 그룹들이 소셜 웹에서 어떻게 형성되고, 어떻게 영향력을 확보하는지, 어떤 관계를 맺는지 등에 대해 상세하게 설명해준다. 이 책이 소셜 웹을 설명하는 방식은 더 이상 '신기술'의 영역으로 접근하지 않는다. 대신 사회학적인, 그리고 집단 심리학적인 측면에서 친구 그룹, 즉 소비자의 행동을 해석한다. 미디어의 발전 과정이 궁금하거나 커뮤니케이션에 관심이 있는 사람들, 그리고 시장에서 소비자의 관심 끌기에 노력하는 마케터들이 꼭 읽어야 할 필독서다.

소셜 시대 입소문 전자상거래 전략 PRE-COMMERCE

밥 피어슨 지음 | 김익현 옮김
9788960773875 | 392페이지 | 2013-01-23 | 24,000원

이 책에서는 소셜미디어 채널 이용이 폭발적으로 늘어나면서 고객들의 구매 결정과 교육 방법, 그리고 특정 브랜드를 선택하는 이유가 어떻게 근본적으로 달라지고 있는지를 설명해준다. 또한 기업들이 고객, 직원, 그리고 경쟁자들과 상호작용하고, 뭔가를 배우는 방식을 재창조해야 한다는 점도 보여준다. 저자인 밥 피어슨은 델의 글로벌 소셜미디어 팀장과 「포춘」 1,000대 기업을 상대로 컨설턴트로 일할 당시 행한 수많은 영향력 있는 최고 임원들과의 독점 인터뷰와 일화를 이 책에 실었다.

구글 플러스를 활용한 소셜 비즈니스 마케팅
Google+ for Business
크리스 브로건 지음 | 김익현 옮김
9788960774841 | 320페이지 | 2013-10-23 | 19,800원

기업 소셜미디어, 어떻게 하면 제대로 운영할 수 있을까. 이 책은 이와 같은 문제의식을 갖고 있는 사람들에게 큰 도움이 되는 책이다. 저자는 구글 플러스 활용법을 설명하기보다는, 바탕에 깔려 있는 근본 원리 쪽에 초점을 맞춘다. 소셜미디어라는 공통분모를 출발점 삼아 비즈니스에서 어떻게 활용할 수 있을지에 대해 설명한다. 또한 이 책은 구글 플러스에만 국한되지는 않는다. 어떤 소셜미디어를 이용하든지에 상관 없이 찬찬히 새겨 들을 만한 가치가 있다.

디지털 컨슈머 & 마케팅 전략
조봉수 지음
9788960775428 | 264페이지 | 2014-3-31 | 19,800원

인간과 디지털 그리고 마케팅에 대해 본연적인 질문을 던진다. 디지털의 내재된 속성과 그 안에서 이루어지는 인간의 구매행동 변화, 그리고 이로 인해 나타나는 마케팅의 변화 발전에 대해 깊이 고민하게 만드는 책이다. 단순한 현상이 아니라 디지털과 인간의 내면을 탐구하고, 디지털 시대의 고객 집단인 디지털 컨슈머(Digital Consumer)를 위한 새로운 마케팅 전략에 관한 커다란 흐름에 눈을 뜨게 해 준다.

한상기의 소셜 미디어 특강
한상기 지음
9788960775701 | 488페이지 | 2014-6-27 | 28,000원

지금까지 당신이 읽었던 소셜미디어 책은 모두 잊어라! 이 책은 그저 흔한 소셜미디어 마케팅 책이 아니다. 국내 최고 권위를 자랑하는 소셜컴퓨팅 전문가가 연구 자료를 집대성하여, 소셜미디어의 발전사와 사회적 가치, 그리고 미래까지 전망한 소셜미디어의 바이블과도 같은 책이 출간됐다! 저자만의 일방적인 주장이나 관념적 이야기를 풀어내는 것이 아니라, 학계의 방대한 연구조사와 업계의 치밀한 데이터 분석 결과를 바탕으로 소셜미디어의 태동과 역사를 정리하고, 국내외 유명 소셜미디어 서비스의 성공과 실패요인을 분석해보며, 각종 소셜미디어의 사회적 이슈와 논점 등을 깊이 있게 살펴본다. 또한 소셜미디어 사회를 넘어 미래의 초연결 사회, 사물인터넷 사회에서 우리가 준비해야 할 자세는 무엇인지 정리해본다. 당신이 알고 있던 어설픈 소셜미디어 지식은 이제 버리고, 이 책으로 다시 시작하자!

에이콘출판의 기틀을 마련하신 故 정완재 선생님 (1935-2004)

한상기의 소셜미디어 특강

초판 인쇄 | 2014년 6월 19일
2쇄 발행 | 2014년 7월 14일

지은이 | 한 상 기

펴낸이 | 권 성 준
엮은이 | 김 희 정
표지 디자인 | 그린애플
본문 디자인 | 선우숙영

인   쇄 | (주)갑우문화사
용   지 | 한신P&L(주)

에이콘출판주식회사
경기도 의왕시 계원대학로 38 (내손동 757-3) (437-836)
전화 02-2653-7600, 팩스 02-2653-0433
www.acornpub.co.kr / editor@acornpub.co.kr

Copyright ⓒ 에이콘출판주식회사, 2014, Printed in Korea.
ISBN 978-89-6077-570-1
ISBN 978-89-6077-111-6 (세트)
http://www.acornpub.co.kr/book/topics-in-social-media

이 도서의 국립중앙도서관 출판시도서목록(CIP)은 서지정보유통지원시스템 홈페이지(http://seoji.nl.go.kr)와 국가자료공동목록시스템(http://www.nl.go.kr/kolisnet)에서 이용하실 수 있습니다.
(CIP제어번호: CIP2014017807)

책값은 뒤표지에 있습니다.